Über dieses Buch

Haben Sie Vergnügen an spielerischem Gestalten, suchen Sie
einen schöpferischen Zeitvertreib? – KNAURS BASTELBUCH wird
Ihnen stets ein unentbehrlicher und anregender Ratgeber sein.
Da gibt es einen Lehrgang für Holzschnitzer und einen Kursus
für Kupferschmiede, da lernt man das Formen von Ton und
die Kunst des Webens. Man dringt ein in die Geheimnisse des
Bilddrucks und der Mosaikarbeit, erhält Anleitungen für das
Anfertigen von Schmuck und Spielzeug, von Flechtarbeiten und
allerlei Dingen, mit denen Sie Ihr Heim verschönern können.
Sachkundig und leicht verständlich vermittelt der Autor Ihnen ein
solides Wissen über die handwerklichen Grundlagen, über
Material und Werkzeug. Seine lebendige Schilderung der einzelnen Arbeitsvorgänge und die reiche, anschauliche Bebilderung
nehmen selbst schwierigen Techniken ihre Schrecken, und auch
der Ungeübte wird sich bald in die Geheimnisse des Bastelns
hineinfinden.
Eine Fülle von Beispielen und Anregungen macht KNAURS
BASTELBUCH zu einem zuverlässigen Wegweiser durch das
bunte Bastelreich.

W0188590

© 1959 by Droemersche Verlagsanstalt
Th. Knaur Nachf. München/Zürich
Umschlaggestaltung Atelier Blaumeiser
Gesamtherstellung Richterdruck Würzburg
Printed in Germany
ISBN 3-426-00334-1

1.–25. Tausend November 1973
26.–30. Tausend Dezember 1975
31.–35. Tausend April 1977

Günther Voss:
Knaurs Bastelbuch

Mit 155 meist farbigen Illustrationen von Horst Sikorra

Droemer Knaur

Inhalt

Vorwort

Die schönste Zeit des Tages ist der Feierabend, da sich der Mensch von den Mühen des Arbeitstages erholt und Entspannung sucht. Jeder tut dies auf seine Weise: Der eine wandert hinaus ins Freie, ein anderer besucht den Fußballplatz — viele jedoch suchen das Glück der Freizeit nicht in passiver Muße, sondern in schöpferischer Tätigkeit. Und diesen will das vorliegende Buch ein beratender Freund sein.

Unter Basteln wollen wir hier nicht eine nützliche Tätigkeit für Heim und Garten verstehen, bei der es um die Schaffung materieller Werte geht (hierfür ist KNAURS HANDWERKSBUCH zuständig), sondern jene »Spielereien«, in denen sich unsere Phantasie, unsere Lust am Spiel und Freude am schöpferischen Gestalten ausleben können. So will unser Streifzug durch die bunte Vielfalt des Bastlerreichs nicht Vorschriften und strenge Regeln geben, sondern Anregungen, die jeder nach seiner Neigung weiter ausbauen mag.

Eine wirklich befriedigende Bastlertätigkeit ist allerdings nur dann möglich, wenn wir über Material und Werkzeug Bescheid wissen und die Möglichkeiten kennen, die uns in dem gewählten Rahmen gegeben sind. Deshalb wird der Band durch eine ausführliche Erläuterung der handwerklichen Grundlagen eingeleitet. Eine kurze Materialkunde und eine Werkzeugübersicht sagen das, was man aus diesen Gebieten wissen sollte, während ein kleines Kompendium oft gebrauchter handwerklicher Begriffe und Arbeitstechniken eine Hilfe in der täglichen Praxis sein möchte. Die Ansprüche, die von den angeführten Arbeitsbeispielen an die handwerkliche Geschicklichkeit gestellt werden, sind nicht allzu hoch, so daß auch Jüngere und Unerfahrene die Aufgaben meistern können, vor allem da die einzelnen Arbeitsgänge klar und anschaulich geschildert sind.

Holz- und Metallarbeiten, Spielzeug- und Schmuckherstellung, Weberei, Knüpferei, Selbstherstellung von Aquarien und Terrarien und vieles andere mehr bietet KNAURS BASTELBUCH — eine Fülle von Beispielen und Anregungen für jeden Geschmack und jede Neigung. Zahlreiche, größtenteils farbige Abbildungen beleben den Text und machen auch scheinbar komplizierte werktechnische Vorgänge verständlich.

1 Der Werkstoff des Bastlers

Jedes Material hat seine nur ihm eigenen Charakterzüge, die dem Unkundigen nicht selten als reiner Schabernack oder als Tücke erscheinen. Wer nicht auf halbem Wege steckenbleiben oder den Boden unter den Füßen verlieren will, der gebe seinem Schaffen ein festes Fundament durch den sicheren Griff nach dem Material, das für sein jeweiliges Arbeitsvorhaben sinn- und zweckgerecht, also in höherem Sinne ein »echter« Werkstoff ist. Dazu ist es nötig, die Eigenheiten der einzelnen Werkstoffe wenigstens in großen Zügen kennenzulernen. Ihre Auswahl ist riesengroß.

Das Holz

Die Kulturtätigkeit des Menschen beginnt mit der Verwendung des Holzes zum Feuermachen. Zwar läßt sich die Theorie, der Höhlenmensch habe durch seine ersten Holzfeuer das Eis der Eiszeit zum Schmelzen gebracht, nicht halten, doch erkannte dieser Mensch sehr bald, daß sich das Holz auch mit primitiven Werkzeugen aus Rentierhorn und Flintstein relativ leicht bearbeiten und zu überaus nützlichen Zweckformen umgestalten ließ.
Die Zeiten haben sich geändert, aber das Holz blieb dem Menschen auf seinem Weg durch die Jahrtausende bis auf den heutigen Tag einer der vielseitigsten und beliebtesten Werkstoffe. Für uns Bastler ist es wegen seiner leichten Formbarkeit, seiner konstruktiven Vielseitigkeit und wegen seiner Schönheit äußerst interessant. Und daß ihm eine geheime Macht innewohnt, die unter anderem rein mechanischer Natur ist, das erfahren wir sehr schnell im Umgang mit dem Holz. Auch im geschlagenen, zersägten und getrockneten Holz ist noch etwas von der Lebenskraft des wachsenden Baumes wirksam. Holz kennt keine Ruhe, Holz »arbeitet«, wie der Fachmann sagt. Dadurch unterscheidet es sich wesentlich von allen übrigen Werkstoffen, die uns zur Verfügung stehen.

Aufbau und Wesen des Holzes

Alle Eigenarten des Holzes haben ihren Grund in der Uneinheitlichkeit des Zellgewebes, aus dem es aufgebaut ist. Seine Festigkeit und Elastizität ist abhängig von Richtung und Länge der Faser, vom Feuchtigkeitsgehalt und von seinem Raumgewicht. Dabei ist die Druckfestigkeit gesunden Holzes nur etwa halb so groß wie seine Zugfestigkeit. Diese mechanischen Eigenschaften des Holzes sind weitgehend bedingt durch die Art, das Alter und den Standort des Baumes, aus dem unser Werkstoff geschnitten worden ist, aber auch vom Klima und von sonstigen Wachstumsbedingungen. Außerdem ist es keineswegs gleichgültig, ob unser Werkstück aus den Randzonen eines Stammes oder aus dem herznahen Kernteil genommen wurde. Die mechanischen Eigenschaften des außen liegenden jüngeren, meist hell gefärbten Splintholzes bleiben weit hinter denen des älteren, dunkler gefärbten Kernholzes zurück. Deshalb ist das Kernholz auch allemal das wertvollere; indes: nicht alle Bäume bilden Kernholz.
Die Anatomie des Holzes wird sichtbar, wenn man einem abgesägten Baum frontal auf die Schnittfläche blickt, die als »Hirnholz« ansteht. Man nennt diesen Schnitt deshalb auch den Hirnschnitt. Im Gegensatz dazu legt ein Radial- oder ein Sehnenschnitt längs des Stammes das in seiner Wachstumsrichtung liegende »Langholz« frei.
Beim Querschnitt fallen zunächst im

Wechsel von Hell und Dunkel deutlich unterscheidbare Zonen auf, die konzentrisch um einen mehr oder weniger stark ausgeprägten Mittelpunkt, den »Markzylinder«, angeordnet sind. Das sind die allbekannten »Jahresringe«, die durch das periodische Wachstum des Baumes entstehen. Im Wechsel der Jahreszeiten bildet sich im Frühjahr ein Ring aus weitlumigem, dünnwandigem und demzufolge lockerem, hellem »Frühholz«, dessen Zellgefüge dem Baum als Wasserleitung dient. Im weniger feuchten Sommer wird das Holz immer dickwandiger und englumiger. Es wächst der dunkle Ring des »Spätholzes«, der dem Baum Festigkeit und Tragfähigkeit verleiht. Da bei uns zulande das Wachstum des Holzes etwa gegen Ende des Monats August ganz aufhört, entsteht zwischen dem Spätholz und dem nächstjährigen Frühholz eine scharfe Grenze, so daß man aus der Anzahl der Jahresringe das ungefähre Alter eines Baumes ablesen kann. Es leuchtet ein, daß die Breite der Jahresringe Aussehen und Qualität des Holzes stark beeinflußt; je enger infolge kurzer Wachstumsperioden die Ringe, um so fester das Holz. Allerdings werden wir für manche Zwecke weniger auf die Festigkeit des Holzes als vielmehr auf die Schönheit seiner Oberfläche achten. Was im Hirnholz als Jahresring sichtbar ist, kehrt im Längsschnitt als Maserung wieder. Das Bild der Maserung wechselt mit der Lage des Schnittes. Es ist in den Seitenbrettern, das heißt in den Sehnenschnitten des Stammes, sehr viel lebhafter als in den Mittelbrettern. Durch die im spitzen Winkel angeschnittenen Jahresringe entsteht die oft sehr lebhafte und interessant gezeichnete »Fladerung«. Im Radialschnitt, der genau durch das »Herz« des Stammes läuft, zeichnen sich die Jahresringe als mehr oder weniger parallel laufende Linien ab. Man nennt das »stehende« oder »schlichte Maserung«. Menschen mit dem berühmten Lupenblick entdecken in den hellen Ringzonen bei manchen quergeschnittenen Baumstämmen zu allem bisher Gesagten noch nadelfeine Löcher. Das sind die angeschnittenen

Harzkanäle oder Poren, jene lebenswichtigen Adern des Baumes, in denen auf Grund der Kapillarwirkung der Saft von den Wurzeln bis in die Äste geleitet wird. Kommerziell veranlagte Naturen zapfen den dafür geeigneten Bäumen aus diesen Adern den Rohstoff für Naturkautschuk und Birkenhaarwasser ab. Die querlaufende Wasserversorgung zwischen Rinde und Herz ist Aufgabe der Markstrahlen, die beispielsweise in Buchen- oder Eichenbrettern als querlaufende »Spiegelmaserung« in Erscheinung treten.

An einem Hirnschnitt durch einen Ulmenoder auch durch einen Kiefernstamm erkennt man auf den ersten Blick die beiden sich in der Farbe deutlich unterscheidenden Zonen des Kern- und des Splintholzes. An der Außenkante des Splintholzes liegt eine dünne Bastschicht, die von der Borke oder Rinde umschlossen wird. Die äußersten Teile des Baumes wandern, wenn der Stamm auf der Säge zum Vierkant »gesäumt« wird, auf den Schwartenhaufen. Doch ganz wertlos sind auch diese Schwarten nicht; für Kisten und Lattenverschläge reicht ihre Qualität oft gerade noch aus; sonst werden sie als Brennholz verkauft.

Laubholz wird zumeist als ungesäumter Stamm auf dem Gatter zu Brettern oder Bohlen aufgeschnitten. Dabei entstehen je nach ihrer Lage im Stamm Seiten- und Mittelbretter. Das mittelste der Mittelbretter, also jenes, in dem das Herz des Baumes erhalten bleibt, heißt Herzbrett. Die Mittelbretter sind widerstandsfähiger als die Seitenbretter; man erkennt sie an der stehenden Maserung. Wie die Menschen, so haben auch die Bretter eine von der Blickrichtung unabhängige rechte und linke Seite. Die rechte Seite eines Brettes bleibt also die rechte Seite, auch wenn sie nach links zeigt. Sie ist der Baummitte zugewandt, erkennbar an der Rundung der Jahresringe, die auch im Kernholz stets auf der rechten Seite angeschnitten sind. Die linke Seite des Brettes weist nach außen, kehrt ihr Gesicht also der Borke zu. Enthält ein Seitenbrett Kern- und Splint-

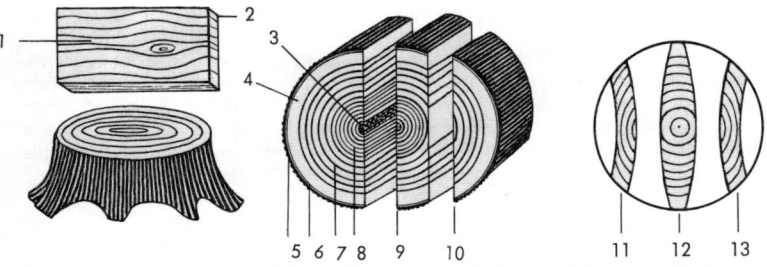

Zur Anatomie des Holzes: 1 Langholz – 2 Hirnholz – 3 Markzylinder – 4 Splintholz – 5 Rinde – 6 Bast – 7 Jahresringe – 8 Kernholz – 9 Radialschnitt – 10 Sehnenschnitt – 11 und 13 Seitenbretter – 12 Herzbrett

holz, so liegen die Kernholzanteile stets rechts. Das Herzbrett gehört zu den wenigen Dingen dieser Welt, die zwei rechte Seiten haben. Und das, obwohl seine beiden Seiten zwangsläufig nach außen weisen und also logischerweise zwei linke Seiten sein müßten. Diese im ersten Augenblick verwirrende, aber zunftgerechte Bezeichnung hat indessen – wie wir gleich sehen werden – einen tiefen und durchaus berechtigten Sinn. Er hängt mit dem »Arbeiten« des Holzes zusammen. Hierin liegt auch der Grund für das kummervolle Gesicht manches Bastlers, der zum Handwerkszeug griff, ohne sich vorher gründlich mit den Eigenschaften dieses Werkstoffes auseinandergesetzt zu haben. Deshalb wollen wir uns hier ausgerechnet mit dem Holz so intensiv befassen. Ein großer Teil des handwerklichen Könnens des Tischlers besteht nämlich darin, die innere Bewegung des Holzes, des aus dem Walde in die Werkstatt hinübergeretteten Lebens, zu überlisten und in geeigneten Verbindungen unschädlich zu machen, damit es nicht eines Tages in seinem fertigen Werk verhängnisvoll zu krachen beginnt.

Frisches Holz, so wie es unmittelbar nach dem Einschlag aus dem Walde kommt, enthält 40 bis 60 Prozent Wasser. Dieses Wasser muß ihm durch einen langen Trocknungsprozeß entzogen werden, bis es zum brauchbaren Werkstoff ausgereift ist. Dabei verliert das Holz an Volumen, es schwindet, und zwar schwindet es in der Breite wesentlich

stärker als in der Länge. Da nun die weitlumigen Randzonen eines Stammes mehr Feuchtigkeit führen als das englumige, verharzte Kernholz, so muß ein Brett auf der Seite, die im Stamme außen lag, mehr schwinden als auf der Herzseite. Die Folge: das Brett wirft sich nach links. Die linke Seite wird hohl, während sich die rechte wölbt, und zwar tritt die Verformung um so stärker auf, je weiter außen das Brett im Stamm lag. Die Seitenbretter werfen sich also kräftiger als die Mittelbretter. Nur das Herzbrett des Baumes macht eine Ausnahme. Bei ihm liegen die Splintholzanteile nicht auf einer Seite, sondern sind gleich breit in den Flanken verteilt. Der Hauptschwund tritt also in den Flanken auf, während die Mitte stehenbleibt. Das Herzbrett wird linsenförmig nach beiden Seiten gewölbt, hat also zwei rechte Seiten.

Das Holz schwindet jedoch nicht nur während des Austrocknens, sondern es ist obendrein – um die Sache möglichst kompliziert zu machen – auch noch hygroskopisch, oder auf deutsch gesagt, es nimmt in feuchter Umgebung Wasser aus der Luft auf. Das löst eine gegenläufige Bewegung in seinem Gefüge aus, das Holz quillt und entwickelt dabei eine bemerkenswerte Kraft. Hinzu kommt noch, daß es bei zu scharfem Trocknen liebend gern in Richtung der Markstrahlen aufreißt. All diese aus dem zellularen Spannungsgefüge des Materials erwachsende Eigenschaften, die man nicht etwa als Holzschäden bezeichnen darf, kann man durch sachgemäße Lagerung und Behandlung des Holzes zwar in erträglichen Grenzen halten, doch müssen wir sie bei der Verarbeitung berücksichtigen.

So heißt das erste Gebot der Tischlerei: Rechte Brettseite nach oben! Derartig auf einer Unterlage befestigt, wird es sich am wenigsten werfen; zumindest bleiben die Ränder liegen. Im übrigen ist es angebracht, Seitenbretter möglichst nicht in voller Breite zu verarbeiten, sondern sie zu Leisten aufzuschneiden. Beim Verleimen mehrerer Bretter wird stets rechte Seite auf rechte und linke Seite auf linke gelegt, und wer aus zwei schmalen Brettern eine breitere Schalung zimmern will, indem er die Kanten aneinander leimt, der muß den Lehrsatz von den beiden rechten Seiten in der

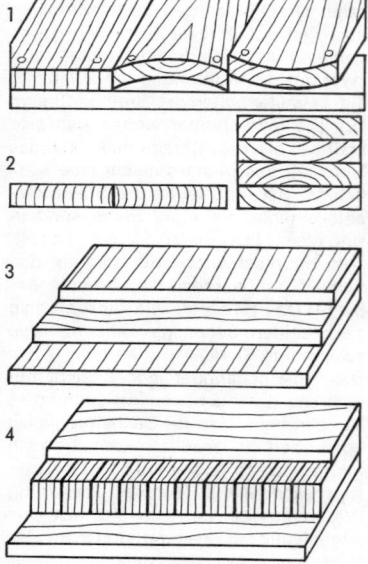

Das Werfen des Holzes wird durch richtige Verarbeitung unschädlich gemacht: 1 Bei genagelten Dielen liegt die rechte Brettseite stets oben − 2 Verleimte Schalung: Alle rechten Seiten der Einzelbretter weisen nach einer Richtung. Beim Aufeinanderleimen mehrerer Bretter liegt linke auf linker und rechte auf rechter Seite − 3 Sperrholz, Schichtplatte − 4 Abgesperrte Möbelplatte

Weise berücksichtigen, daß sie in die gleiche Richtung, bei waagerechter Anordnung also nach oben schauen. Wer Langholz auf Querholz oder umgekehrt verleimt, der darf sich nicht wundern, wenn die Leimung reißt, weil ja das Holz in verschiedenen Richtungen verschieden stark arbeitet.

Holzschäden und Holzkrankheiten

Holzeinkaufen kommt gleich nach dem Pferdehandel. Wer auf diesem Gebiet noch nicht sattelfest ist, der nehme zum Einkauf unbedingt einen ausgekochten Experten als Berater mit, denn es gibt Pilzerkrankungen des Holzes, die nur schwer erkennbar sind. Klingt das Holz dumpf, wenn man mit dem Knöchel drauf klopft, oder riecht es modrig, ist es verfärbt oder läßt es sich leicht mit dem Fingernagel eindrücken, so lasse man die Hände davon! Sehr unangenehm ist eine besonders bei Fichtenholz auftretende, ins Rot spielende Streifigkeit, die als »Nagelhärte« bezeichnet wird. Nagelhartes Holz ist schwerer als gesundes. Abgesehen davon, daß man kaum einen Nagel hineinkriegt, reißt es leicht und verzieht sich nach allen Richtungen. Es ist, genau wie drehwüchsiges Holz, nur zum Feueranmachen vorbehaltlos zu empfehlen.

Drehwüchsiges Holz stammt meist von Bäumen, die einzeln gestanden und sich im steten Kampf gegen Wind und Wetter korkzieherartig nach oben geschraubt haben. Diese Drehung ist auch in den aus solchen Bäumen geschnittenen Brettern deutlich zu erkennen und kann durch nichts unschädlich gemacht werden. Drehwüchsige Bretter verziehen sich in jedem Fall − da helfen kein Hobel und kein Hebel.

Massivholz − Sperrholz

Alles Holz, das »im Originalzustand« verarbeitet wird, also so, wie die Natur es liefert, wird als »Massivholz« bezeichnet, und die Kunst des Tischlers besteht seit

eh und je in einem listenreichen Klein-
krieg gegen die Tücken dieses Materials,
das nicht ohne weiteres geneigt ist, sich
dem konstruktiven Willen des Menschen
zu unterwerfen.

Nun waren Tischler seit jeher aber nicht
bloß kunstfertige, sondern auch praktisch denkende Leute, und sie sannen
demzufolge schon frühzeitig darauf,
den sich ständig wiederholenden Kampf
gegen die Unarten des Holzes ein für
allemal aus der Werkstatt zu verbannen.
Um das Werfen und Arbeiten des Massivholzes zu unterbinden, erfanden sie das
Sperrholz.

In der Sperrholzplatte ist zwar außer dem
Oberflächenbild in gewissem Sinne auch
noch die Struktur des Massivholzes erhalten, doch unterscheidet sich ihr Gefüge grundsätzlich vom Urzustand des
Brettes. Das »Absperren« des Holzes
wird dadurch erreicht, daß man drei oder
mehr dünne Massivholzplatten – jedoch
stets eine ungerade Anzahl – mit kreuzweise verlaufender Faserrichtung über-
einander verleimt. In der Kraft des Leimes
erstickt das Eigenleben der einzelnen
schwachen Schichten, die Platten werfen sich nicht mehr und arbeiten kaum
noch: der Werkstoff Sperrholz ist praktisch tot.

Neben der dünnen »Schichtenplatte«
gibt es noch als stärkeres Material die
»Block«- oder »Möbelplatte«. Sie besteht zumeist aus einer Mittelschicht von
zusammengeleimten Leisten oder Stäben
aus Fichte, Erle, Buche, Birke oder Pap-
pel und zwei dünneren Deckschichten,
mit denen das »Blindholz« beiderseits
abgesperrt ist.

In der Fabrikation der »Holzspanplatte«
und der »Hartfaserplatte« ist man bei der
Aufbereitung des Ausgangsmaterials
noch einen Schritt weitergegangen. Hier
hat man das Holz bis zum Span bezie-
hungsweise bis zur Faser zerstückelt und
dann – ähnlich wie bei der Papierher-
stellung – unter Zusatz von Bindemitteln
unter hohem Druck und starker Hitze zu
Platten von großer Festigkeit und Widerstandsfähigkeit zusammengepreßt.
Während die Schichtenplatte und die
Hartfaserplatte das Massivholz überall

dort, wo es um Rückwände und Füll-
flächen geht, fast vollständig verdrängt
haben, steht dem Bastler in der Holzspanplatte ein sehr schönes und vielseitiges Baumaterial zur Verfügung. Die
Holzspanplatte wird in allen gängigen
Brettstärken gehandelt. Sie ist wesentlich härter als das für Konstruktionen
sonst gern verwendete Kiefernholz, läßt
sich jedoch genau wie jedes Massivholz
sägen, hobeln, bohren und stemmen.
Grundelement des Sperrholzes, insbesondere der Schichtenplatte, ist das
»Furnier«. Ganz allgemein versteht man
darunter dünne Holzblätter, die in Stärken von 0,3 bis 2,7 mm gesägt, ge-
messert oder auch nach dem Drehbank-
prinzip vom Stamm geschält werden.
Man unterscheidet demnach Säge-,
Messer- und Schälfurniere. Am besten
und teuersten ist das Sägefurnier, doch
hat das Schälfurnier die lebhaftere Maserung. Sie erinnert an die Fladerung von
Massivholz-Seitenbrettern. Schälfurnier
wird deshalb gern zur Erzielung raffinierter Oberflächeneffekte als Deckfurnier bei Möbelplatten verarbeitet.
Nimmt man dazu obendrein noch Furniere aus Edelhölzern (Mahagoni, Nußbaum oder Rosenholz), so ist das trüge-
rische Blendwerk vollkommen! An den
Kanten, wo Massivholz ehrliches Hirnholz zeigt, wird der Charakter der furnierten Möbelplatte offenbar: Hier steht
das billige Blindholz an. Man muß deshalb solche Kanten schamhaft verstecken, wenn nicht anders, dann ebenfalls unter einem aufgeklebten Furnierstreifen.

Von den Holzarten

Von den verschiedenen Holzarten, die
uns die Natur bietet, sind nur relativ
wenige für die Werkstatt des Bastlers
von Bedeutung. Für alle konstruktiven
Aufgaben werden vorwiegend Nadelhölzer verwendet, und zwar Fichte,
Kiefer, Tanne und Lärche.
Das Holz der Fichte (Rottanne) ist
weißlich-gelb, billig und läßt sich sehr
leicht bearbeiten. Es ist gut spaltbar, wie

alle Nadelhölzer harzhaltig, dabei leicht, weich, elastisch, trotzdem aber sehr tragfähig. Gut geeignet für alle einfachen Holzarbeiten.

Tannenholz (Weißtanne) ist dem der Fichte in Aussehen und Charakter so ähnlich wie ein Zwilling dem andern.

Die Kiefer oder Föhre ist im Gegensatz zu Tanne und Fichte ein Kernholzbaum. Ihr Holz ist härter und harzhaltiger und gegen Witterungseinflüsse widerstandsfähiger, seine starke Maserung ergibt schöne Oberflächen. Es ist das bei allen Tischlern beliebteste »Brotholz«.

Ebenfalls ein Kernholzbaum ist die Lärche. Mit ihrem gelb- bis orangefarbenen Holz, das dem der Kiefer ähnelt und das gegen Witterungseinflüsse außerordentlich widerstandsfähig ist, verrät sie ihre Zugehörigkeit zur großen Familie der Nadelbäume.

In den weitaus meisten Fällen, bei denen es um formende Arbeiten »aus dem vollen« geht, wird der Bastler zum Laubholz greifen, das ihm in noch größerem Artenreichtum als das Nadelholz zur Verfügung steht. Wie nur ein Teil der Nadelhölzer, so zeigt auch nur ein Teil der Laubhölzer den Unterschied von Kern- und Splintholz. Zwar tritt er bei der Eiche und der Esche sehr deutlich in Erscheinung, doch ist bei der Buche oder der Linde ein Unterschied zwischen dem festeren Holz aus der Mittelzone und dem Holz der Randzone äußerlich nicht erkennbar. Derartige Bäume nennt man »Reifholzbäume«.

Man kann das heimische Laubholz in weiche, mittelharte und harte Hölzer unterteilen.

Das ideale Schnitzholz für den Anfänger wie für den Fortgeschrittenen das weiße bis rötlich-gelbe Lindenholz. Es ist sehr weich, trotzdem wunderbar fest im Gefüge und läßt sich »wie Butter« in allen Richtungen gleich gut schneiden. Seine Oberfläche ist wegen der kaum hervortretenden Jahresringe völlig neutral.

Noch weicher und leichter als Lindenholz ist Pappelholz. Wer jedoch glaubt, daß es sich deshalb besonders gut zum Schnitzen eignet, irrt sich. Pappelholz ist sehr kurzfaserig und großporig wie ein Schwamm; es »steht« nicht und schiebt sich auch vor dem schärfsten Messer weg. Seine Oberfläche wirkt stets wollig; man sollte es nur als Blindholz verarbeiten. Dafür eignet es sich sehr gut. Ausgesprochen weiche Hölzer liefern außerdem Kastanie und Erle. Besonders das Erlenholz ist wegen seiner schönen rotbraunen Farbe und wegen seiner gleichmäßigen dichten Struktur von den Drechslern hoch geschätzt. Es ist etwas härter als Linde, läßt sich wie dieses auch in nicht ganz trockenem Zustand gut schneiden, bricht jedoch leichter aus.

Mittelharte Hölzer sind Birke, Walnuß und Birnbaum. Birnbaumholz ist sehr dicht, hellbraun bis dunkelbraun gefärbt und unauffällig gemasert. Wegen seiner ruhigen Oberfläche eignet es sich besonders gut für kleinere Arbeiten, während das stark gemaserte und oft lebhaft geflammte Nußbaumholz größere Flächen verlangt.

Mit der edlen Eiche gelangen wir in den Bereich der harten Hölzer. Die Eiche ist ein Kernholzbaum. So schön und so dauerhaft ihr Kern auch ist – er gehört zu unsern widerstandsfähigsten Hölzern überhaupt –, so leicht geht der Wurm in das helle Splintholz der Eiche. Dieses darf nicht mitverarbeitet werden!

Eiche und Eiche ist nicht dasselbe. Das Holz der Steineiche ist sehr spröde und so hart, daß selbst das Messer des Geübten daran schartig wird. Sehr viel umgänglicher, aber immer noch wesentlich schwieriger zu schneiden als die bisher genannten Hölzer ist das weniger spröde hellere und mildere Holz der »feinjährigen« Sommereiche.

Es ist für den Holz- und Bildschnitzer einer der prächtigsten und edelsten Werkstoffe, die er sich nur wünschen kann.

Sehr hart und ein ausgesprochener Werkzeugfresser ist das langfaserige und stark gemaserte Eschenholz. Viel feiner in der Struktur sind die Rotbuche und der sehr schöne weiße Ahorn, dessen fast porenloses Holz das ideale Ausgangsmaterial für Löffel, Kellen und Küchengeräte aller Art liefert.

Zu den härtesten einheimischen Hölzern gehören Pflaume, Weißbuche und Buchsbaum. Wer Spielzeuge oder Modelle mit hölzernen Rädern und Achsen basteln will, wer ein geeignetes Material für Kuchenteigrollen und Spindeln am Spinnrad sucht, der greife zur Weißbuche.

Für allerfeinste Holzarbeiten wird das sehr harte, hellgelbe, gleichmäßig und fein gemaserte Buchsbaumholz verwendet. Seine überaus feine Struktur gestattet das Schneiden haardünner Linien und Schraffuren selbst im Hirnholz. Deshalb ist Buchsbaum das edelste, aber auch das teuerste Material für den Druckstock des Holzschnittes.

Grundvoraussetzung für alle Holzarten ist, daß sie gut durchgetrocknet sind, bevor sie verarbeitet werden. Für dünne Bretter aus weichem Holz ist diese Bedingung nicht sonderlich schwer zu erfüllen, doch bei dichten, harten Holzarten in Bohlenstärke wird die Sache schon schwieriger. Derartiges Holz, zum Beispiel Eiche, braucht nach einer alten Praktiker-Daumenpeilung für jeden Zentimeter Tiefentrocknung an der Luft ein Jahr Zeit. Daraus wird das oft berechtigte Mißtrauen gegenüber »garantiert« trockenem Holz und auch der hohe Preis für etwa acht Zentimeter starke Eichenbohlen begreiflich.

Das Metall

Die zweite große Gruppe der Werkstoffe, die dem Menschen von der Natur geliefert werden, sind die Metalle. In der Bastel-Praxis haben wir es in den allermeisten Fällen mit Legierungen zu tun. Darunter versteht man eine Vereinigung von zwei oder mehreren Metallen durch Zusammenschmelzen oder -gießen.

Metalle sind kristallinische Stoffe, deren Atome in ganz bestimmten Raumgittern angeordnet sind. Durch Veränderung ihres Gefüges beeinflussen sie sich in den einzelnen Legierungen gegenseitig, so daß der dadurch entstehende neue Werkstoff auf die verschiedenartigsten Beanspruchungen abgestimmt werden kann. Je nach Zusammensetzung, Eigen-

schaft und Verwendungszweck spricht man von Leicht- und Schwermetall-Legierungen, von magnetischen, säurefesten, hitzebeständigen Legierungen usw.

Allen Metallen eigentümlich ist infolge ihres hohen Reflexionsvermögens ein starker Glanz, sie besitzen eine hervorragende thermische und elektrische Leitfähigkeit und lassen sich durch Walzen, Schmieden, Ziehen und Treiben plastisch verformen.

Die wichtigsten Metallarten

Gemessen am Bedarf, an der Häufigkeit seines Vorkommens und der sich daraus ergebenden Billigkeit steht das Eisen (chem. Zeichen: Fe) auch heute noch an erster Stelle auf der Rangliste der Schwermetalle. In einer Ordnung, die nach dem Vorkommen aller chemischen Elemente in der Erdkruste aufgestellt ist, nimmt das Eisen den vierten Platz ein. Genau genommen ist alles, was landläufig unter der Flagge »Eisen« durch unsern Alltag segelt, kein Eisen, sondern Stahl — noch genauer Baustahl. Als Eisen bezeichnet der Fachmann nur das wegen seines hohen Kohlenstoffgehalts und seiner sonstigen »Eisenbegleiter« (Schwefel, Phosphor, Silicium, Mangan usw.) nicht schmiedbare Roheisen und das spröde Gußeisen.

Im Konverter, im Siemens-Martin-Ofen oder im Krupp-Renn-Verfahren wird das Roheisen zu schmiedbarem Stahl veredelt. Dieser ist zäh und fest, läßt sich walzen und treiben und durch Spanabnahme leicht verformen. Baustahl ist auf Druck, Stoß und Zug stark beanspruchbar. Kein Wunder also, daß er uns auf Schritt und Tritt und in allen nur denkbaren Formen, von der Schuhzwecke bis zur Brückenkonstruktion, begegnet. Die unerhörte Vielseitigkeit des Stahls beruht vornehmlich auf Menge und Gefügeform des in ihm enthaltenen Kohlenstoffs und läßt sich durch Wärmebehandlung und durch Legierung mit andern Metallen wesentlich steigern. Durch Glühen und »Abschrecken« lassen sich

Härte und Zähigkeit des Stahls weitgehend beeinflussen, aber auch durch Kaltverformung tritt eine Härtung ein. Durch Zusätze von Nickel und Chrom wird dem Stahl die Neigung zum Rosten genommen, während der durch Legierung mit Vanadium gewonnene Edelstahl wegen seiner besonderen Härte und seiner guten Oberflächenbeschaffenheit als wertvoller Werkzeugstahl Verwendung findet.

Aluminium (chem. Zeichen: Al) ist das wichtigste der Leichtmetalle. Es ist das bei weitem am häufigsten vorkommende Metall der Erde überhaupt (ca. 8 Prozent der festen Erdrinde bestehen aus Aluminium), findet sich allerdings in der Natur nie in reinem Zustand. Nach einem Aufbereitungsprozeß des Rohstoffes (Bauxit, Laterit) zu wasserfreier Tonerde wird es durch Reduktion im Elektrolyse-Ofen gewonnen.

Die mechanische Festigkeit des in reinem Zustand silberweißen Aluminiums ist sehr gering, kann jedoch durch geeignete Legierungszusätze so gesteigert werden, daß sie der des Stahls nahekommt. Diese Aluminium-Legierungen, die ein geringes spezifisches Gewicht mit hoher Festigkeit und hervorragender chemischer Widerstandsfähigkeit verbinden, haben als Werkstoffe einen schnellen Sieg in der gesamten metallverarbeitenden Industrie davongetragen. Als Friedrich Wöhler in Eschersheim bei Frankfurt a. M. vor rund 150 Jahren (1827) das erste metallische Aluminium gewann, war es teurer als Silber. Inzwischen hat es die Herrschaft im gesamten Flugzeugbau angetreten und droht sogar das Eisen aus seiner Vormachtstellung zu verdrängen. Da es wesentlich billiger als Kupfer, in entsprechenden Legierungen aber ein hervorragender Wärme- und Stromleiter ist, wird es im Geräte- und Apparatebau als willkommener Austauschwerkstoff begrüßt. Ein weiterer großer Vorzug des Aluminiums ist seine Korrosionsfestigkeit. An der Luft überzieht es sich mit einer sehr dünnen, aber dichten und wasserunlöslichen Oxydationsschicht und wird dadurch widerstandsfähig gegen alle Witterungseinflüsse.

Alles in allem ist Aluminium ein typischer Heimwerkstoff und auch für uns Bastler von hervorragender Bedeutung. Es ist billig und leicht, läßt sich nicht nur gut formen, sondern bietet auch ausgezeichnete Möglichkeiten der Oberflächenbehandlung. Es läßt sich jedoch als einziges von allen bekannten Metallen nicht emaillieren.

Blei (Pl) ist eines der weichsten aller bekannten Metalle und gleichzeitig das schwerste unter den unedlen. Es ist so weich, daß man es mit dem Fingernagel ritzen kann. Früher wurde es zum Schreiben und Zeichnen benutzt, doch besteht die Füllung unserer heutigen Bleistifte zumeist aus Graphit, dem nächsten Verwandten des Brillanten. Wegen seines niedrigen Schmelzpunktes (327 Grad) wird es gern zum Gießen von Blei-Indianern und Silvesterorakeln gebraucht.

Der Bleibedarf der Industrie ist sehr groß. Dort findet das Metall Verwendung in Akkumulatoren, im Letternmetall und im Lötzinn, ferner als Dichtungsmaterial, als Stoff für Kabelmäntel und für viele andere Zwecke. Außerdem eignen sich Bleiplatten vorzüglich als Unterlagen beim Lochen und Stanzen. Der Umgang mit Blei ist nicht ohne Gefahr, denn alle Bleiverbindungen, auch Bleidämpfe und Bleistaub, sind giftig!

Zink (Zn) ist ein grauweißes, stark glänzendes Metall von geringer Härte. In reinem Zustand läßt es sich kalt schmieden und zu sehr dünnen Folien auswalzen. Es ist zwar säureanfällig, aber wetterbeständig, und läßt sich gut löten. Aus diesem Grund wurde es zum Hauptwerkstoff des Klempners oder Spenglers, der daraus Dachrinnen, Fenstergesimse, Bedachungen und Ablaufrohre fertigt. Da Zink relativ teuer ist, verwendet man statt des reinen Metalls oft Eisenblech, das durch einen Zinküberzug korrosionsbeständig und laugenfest wird. Verzinkte Eimer und Waschwannen sind an ihren schuppenartigen und an Eisblumen erinnernden Zinkblumen erkenntlich.

Das silberweiß glänzende Zinn (Sn) ist nur wenig härter als Blei; sein Schmelzpunkt liegt sehr niedrig (231,8 Grad). Es ist deshalb das geeignete Gießmetall für den Bastler und findet als Lötzinn Verwendung. Zinn ist sehr schmiegsam und kommt in seiner Dehnbarkeit dem Gold nahe. Im Badezimmer begegnet es uns als Zahnpasta-Tube, in der Lebensmittel-Industrie als Verpackungsmaterial für Vollkornbrot und Schokolade, und zwar in Form von Stanniolfolie, eine Bezeichnung, in der das lateinische Wort »stannum« für Zinn wiederkehrt. Verzinntes Eisenblech heißt Weißblech und wird hauptsächlich zu den bekannten Dosen der Konservenindustrie verarbeitet.

Zinn ist zwar ungemein wetter- und luftbeständig, doch gegen Kälte empfindlich: Bei niedrigen Temperaturen zerfällt es zu weißem Pulver. An dieser eigenartigen Krankheit, der »Zinnpest«, leiden im Winter besonders die zinnernen Orgelpfeifen in ungeheizten Kirchen und die schönen alten Zunftgeräte des Mittelalters in kalten Museen. Charakteristisch und interessant ist das »Zinngeschrei«: ein knisterndes Geräusch, das beim Biegen von Zinnstangen entsteht.

Kupfer (Cu), das einzige Metall von roter Farbe, ist eines der wichtigsten Metalle überhaupt. Es glänzt stark, ist verhältnismäßig weich, zäh und sehr dehnbar. Es läßt sich zu dünnem Blech ausschlagen und zu feinsten Drähten ziehen. Diese technologischen Eigenschaften, vereint mit der Schönheit des Materials, machen das Kupfer zu einem der herrlichsten Werkstoffe für Treibarbeiten. Durch Hämmern und Walzen wird es zwar hart, doch kann man es durch Glühen wieder weich machen. Kupfer läßt sich hart und weich löten und überzieht sich an feuchter Luft mit einer prächtigen grünen Oxydationsschicht, der ehrwürdigen »Patina«, die man an vielen hansischen Kirchen- und Rathausdächern bewundern kann, und

wird dadurch völlig wetterfest. Seine Leitfähigkeit für Wärme und Elektrizität wird nur vom Silber übertroffen.

Zu den Nachteilen des Kupfers gehört, daß es sich schlecht gießen läßt und in Gestalt von Kochkesseln dem Menschen nach dem Leben trachtet. Beim Kochen saurer Fruchtsäfte bildet sich nämlich leicht der giftige »Grünspan«. Dafür läßt sich das Kupfer mit vielen anderen Metallen zu Verbindungen legieren, die als völlig neue Werkstoffe anzusehen sind.

Die wichtigste aller derartigen Legierungen ist das Messing, eine Zusammenschmelzung von Kupfer und Zink. Legierungen mit einem Gehalt von 67 bis 90 Prozent Kupfer werden vielfach als Tombak bezeichnet. Der Ausdruck stammt aus dem Malaiischen und bedeutet Kupfer. Mit steigendem Zinkgehalt wechselt die Farbe des Messings von Goldrot und Goldgelb über Hellrot, Grünlichgelb zu Ockergelb, ja sogar bis zu Silbergrau. Dieser reichen Farbtonskala, seiner großen Dehnbarkeit und der Tatsache, daß es sich ausgezeichnet polieren läßt, verdankt das Messing seine wichtige Stellung unter den Werkstoffen des Kunsthandwerks. Da sich das Messing, besonders in den sogenannten »Knetlegierungen«, hervorragend treiben läßt, stellt es auch für den Bastler einen bevorzugten Werkstoff dar. Wie das Kupfer, so wird auch das Messing bei Kaltverformung unter dem Hammer schnell hart und fest.

Wird Kupfer mit Zinn legiert, so entsteht Bronze. Diese ist ebenfalls sehr dehnbar, läßt sich leicht verarbeiten und ist von schöner Farbe. Wie das Kupfer, so bildet auch die Bronze an der feuchten Luft eine schöne grüne Patina. Gegen Verschleiß ist sie außerordentlich widerstandsfähig; wegen ihrer Festigkeit aber ist sie geradezu prädestiniert für die künstlerische Formgebung.

Gold (Au) und Silber (Ag) gehören zu den Edelmetallen. Sie sind selten und demzufolge teuer. In reinem Zustand wird Gold praktisch nur vom Zahnarzt verarbeitet. Normalerweise wird der Bastler das kostbare Metall — außer vielleicht zur Schmuckherstellung — höchstens bei der Glas- und Porzellanmalerei oder für die Goldprägung eines Bucheinbandes benötigen, aber dort braucht er es in so geringen Mengen, daß dadurch sein Etat kaum gefährdet wird. Gold ist nämlich von erstaunlicher Dehnbarkeit, eine Eigenschaft, in der es alle anderen Metalle übertrifft. Es läßt sich zu Blattgold von nur 0,00011 mm Dicke ausschlagen.

Auch das glänzend weiße, sehr polierfähige Silber ist für uns nur für Schmuck und kleine Treibarbeiten bedeutungsvoll. Es ist ebenfalls sehr dehnbar, seine Härte liegt zwischen der des Kupfers und der des Goldes. Zusätze von Kupfer machen das Silber härter; Tafelsilber enthält meistens 20 Prozent Kupfer. Der bekannte Silberstempel »800« besagt, daß in 1000 Teilen einer Legierung 800 Teile reines Silber enthalten sind. Von allen Metallen ist Silber der beste Leiter für Wärme und Elektrizität.

Handelsformen des Metalls

Alle Metalle und deren Legierungen werden, ehe sie zur industriellen oder gewerblichen Weiterverarbeitung gelangen, durch Walzen, Ziehen, Schmieden oder Gießen zu handelsüblichen Halbfabrikaten vorgearbeitet. Man nennt derartige Rohteile »Halbzeuge«. Dazu gehören Stangen, Rohre, Formstähle (flach und profiliert), Bleche und Draht in verschiedenen Stärken und Abmessungen. Über Form, Gefüge und Anteile der verschiedenen Metalle in den Legierungen, die den jeweiligen Charakter der einzelnen Werkstoffe bestimmen, wacht der Deutsche Normen-Ausschuß (DNA) und schafft durch die Normierung (DIN = Das Ist Norm) Ordnung in der Vielzahl des Angebots.

Für den Bastler sind Draht und Blech die wichtigsten Halbzeuge, denn in den allermeisten Fällen werden seine Wünsche über die Arbeitstechniken der Kalt

verformung nicht hinausgehen. Selbst dort, wo er bei konstruktiven Arbeiten auf den Baustahl angewiesen ist, stehen ihm in jeder guten Eisenwarenhandlung nahezu alle erforderlichen Bauelemente in vorgefertigter Form reichlich zur Verfügung.

Was bietet die Kunststoff-Industrie?

Kunststoffe sind keine Ersatzstoffe, sondern Ausweichstoffe. Sie haben zwar erst im Verlauf der letzten Jahrzehnte ihre volle Bedeutung erlangt, doch begann das spannende Drama von der Schatzsuche in den Laboratorien schon vor mehr als hundert Jahren. Die mit Riesenschritten vorwärtsstrebende Industrie verlangte nach neuen Rohstoffen, die in mechanischer, physikalischer oder chemotechnischer Hinsicht mehr zu leisten imstande waren als die althergebrachten Werkstoffe, wie sie die Natur lieferte, und die Wissenschaft — in erster Linie die Chemie — machte sich an die Aufgabe, die Wünsche der Industrie zu erfüllen. Nachdem es ihr gelungen war, der Materie das Geheimnis ihres molekularen Aufbaus zu entlocken, stellte sie die Bausteine des Rohstoffes auf synthetischem Wege in der Retorte her und fügte sie zu neuen, bisher unbekannten Stoffen zusammen. Es wäre wenig sinnvoll und ohne jeden praktischen Gewinn für uns, wollten wir uns im Rahmen dieser begrenzten Betrachtung daranmachen, die schier unübersehbar gewordene Reihe der heute vorhandenen Kunststoffe im einzelnen durchzugehen. Das Feld ist so riesengroß geworden, daß es für den Laien auch nicht mehr annähernd zu überschauen ist.

Der wichtigste Sektor aus dem gesamten Gebiet ist die Gewinnung synthetischer Roh- und Werkstoffe aus der Steinkohle nach dem Prinzip der Polykondensation und Polymerisation. Das sind, grob gesprochen, chemotechnische Vorgänge, bei denen sich sehr viele niedermolekulare Verbindungen ohne Bildung weiterer Stoffe zu einem Vielfachen der eingesetzten Grundmoleküle zusammenschließen.

Eines der wichtigsten Endprodukte der verschiedenen Verfahren der organisch-chemischen Industrie, die auf diesen beiden Grundtechniken beruhen, ist die bedeutende Gruppe der Kunstharze, die den Rohstoff für mehr als die Hälfte aller Kunststoff-Fabrikate liefert. Kein Wunder also, daß sich im heutigen Sprachgebrauch die beiden Begriffe »Kunstharz« und »Kunststoff« weitgehend decken, obwohl das, strenggenommen, natürlich nicht ganz richtig ist.

Wie die Naturharze, so sind auch die Kunstharze amorph, das heißt, ihre Moleküle sind nicht regelmäßig geordnet, und sie neigen nicht zur Kristallisation. Kunstharze sind zähflüssige, halbweiche oder feste Massen mit verschieden hohem Erweichungspunkt. Solche, die sich bei Wärmebehandlung nicht chemisch verändern, heißen »Thermoplaste« oder auch plastische Massen. Das Gegenstück sind die härtbaren Kunstharze.

Ein wahrer Allerweltskunststoff aus der Familie der durch Polymerisation gewonnenen Kunstharze ist das Polyvinylchlorid, kurz PVC genannt. Es begegnet uns auf Schritt und Tritt in Gestalt von Grammophon- und Tischplatten, Eierbechern, Gardinen, Flaschenstopfen, Fußbodenbelägen, Autopolstern, Gartenschläuchen, Lampenschirmen, Seifendosen und Regenmänteln. Außerdem verblüfft es uns in tausend anderen Variationen. Und die ganze Pracht besteht im Grunde aus nichts anderem als aus einer Bindung von Chlorwasserstoff, den man aus Salzsäure zieht, an Kohlenwasserstoff.

PVC verdankt diese erstaunliche Vielseitigkeit einmal der Tatsache, daß es sowohl als harter Werkstoff wie auch als weiche Masse auftritt. Zum andern, daß es gegen Wasser, gegen fast alle Säuren und Laugen, gegen Alkohol und Benzin und die meisten Gase außerordentlich widerstandsfähig ist. Außerdem brennt es nicht. Es ist als Werkstoff von oft außerordentlicher Farbfreudig-

keit und Glätte, ist zäh und fest und läßt sich auch als Platte durch spanabnehmende Bearbeitung relativ leicht verformen.

Dem Bastler begegnen die Kunststoffe in Gestalt von Platten (z. B. Resopal, Getalit, Hornitex u. a. m.) und Folien. Die Platten bestehen zumeist aus einer farbigen Dekorschicht und einer Trägerschicht, der verschiedenartige Füllstoffe zugesetzt sind. Sie lassen sich mit den herkömmlichen Tischlerwerkzeugen bearbeiten und eignen sich in erster Linie für rein zweckgebundene Arbeitsvorhaben, bei denen das schöne Aussehen nicht zu kurz kommen soll. Kunststoff-Platten sind typische »Flächenbildner«, prächtige »Baustoffe« für den Bastler, aber leider gehören sie nicht gerade zu den billigsten.

Neben den Platten steht die Flut von Folien, die entweder als glasklare Häute, als lederähnliche »Plastics« oder auch, als textiles Material getarnt, von den Kalandern der Kunststoff-Fabriken rollen und auf dem besten Wege sind, die ganze Welt einzuwickeln. Mit ihren vielen guten Eigenschaften sind diese Folien durchaus in der Lage, den traditionellen Werkstoffen im Bereiche der Dekoration, Polsterung und Buchbinderei den Rang abzulaufen. Plastik-Folien (Cellophan, Acella, Placeta, Hovelin und wie sie alle heißen) sind haltbar, leicht abzuwaschen, hygienisch und von oft nahezu sinnverwirrender Farbenpracht.

Ihrem ganzen Charakter nach sind sie für den Bastler ein vielseitig verwendbares und durchaus schönes Material zur Flächengestaltung. Sie lassen sich mit Messer und Schere schneiden und besser kleben als nähen. Wer sie verarbeiten will, beachte die Behandlungsvorschriften der Hersteller und berücksichtige, daß die Kunststoff-Folie, auch wenn sie wie ein Textilgewebe aussieht, keine Gewebestruktur besitzt, sondern eine in sich geschlossene Fläche darstellt.

Will man nicht allzu dogmatisch verfahren, so kann man auch die Klebstoffe in den Kreis der Bastler-Werkstoffe einbeziehen. Wie auf andern Gebieten, so haben die Kunststoffe – allen voran die Kunstharze und die Kunstkautschuke – auch auf dem Gebiet der Haltbarkeit revolutionierend gewirkt. Die synthetischen Klebstoffe (Bostik, Nobelux, Movicoll, Terokal, Ardal, UHU, um nur einige zu nennen) haben zum Teil die alten Leime auf Glutin-, Kasein- und Stärkebasis völlig verdrängt und ganz neue Anwendungsgebiete der Klebetechnik erschlossen.

Bei allem Lobenswerten, das über diese Klebstoffe zu sagen ist, verfahre man jedoch nicht leichtfertig mit ihnen. Zum Teil müssen sie vor dem Gebrauch mit speziellen Verdünnern versetzt werden, und zumindest diese sind in flüssigem Zustand meistens feuergefährlich. Also Pfeifen und Lunten aus, ehe man mit ihnen zu hantieren beginnt! Außerdem reizen ihre Ausdünstungen die Schleimhäute. Man sorge also für Frischluft in der Werkstatt, wenn umfangreiche Klebearbeiten vorgenommen werden sollen. Schließlich ist es wichtig zu wissen, ob man einen Kleber auf Kunstharzbasis, einen Kunstkautschukkleber (Neoprene) oder einen Zellulosekleber vor sich hat. Insbesondere die Kunstharzkleber wollen sklavisch genau nach der Gebrauchsanweisung behandelt werden, sonst streiken sie. Wer verschiedene Sorten von Klebstoffen zusammenmixt, um etwa die Vorzüge des einen durch die des andern noch zu ergänzen, begeht die größte Sünde wider die geklebte Haltbarkeit.

Sonstige Werkstoffe

Natürlich ist mit dem Holz, dem Metall und mit den Erzeugnissen der Kunststoff-Industrie die Werkstoff-Skala des Bastlers noch lange nicht erschöpft. Wer will, kann sie bis ins Uferlose erweitern, denn sie ist wirklich dehnbar wie ein Gummiband.

Vor allen Dingen aber wären die Schätze des Mineralreiches zu nennen, der Ton zum Beispiel als Urstoff aller plastisch-bildnerischen Gestaltung oder der Gips als Rohmaterial für zahlreiche Form- und Modell-Arbeiten. Mancherlei Gesteinsarten, Glas und Glasflüsse stehen uns als formbare Materialien oder als Schmuckmittel zur Verfügung, und wenden wir uns gar den organischen Stoffen Leder, Papier und den zahllosen Textilien zu, so erkennen wir, daß die gute, alte Mutter Natur es an Phantasie und Ideenreichtum immer noch getrost mit der Retortenkonkurrenz aufnehmen kann. Die Stufenleiter des Roh- und Werkstoffes, die sie dem Bastler bietet, geht hinab bis zum Strohhalm, bis zur Nußschale oder bis zum abgenagten Schinkenknochen. Mit einer Charakterisierung all dieser Dinge könnte man Bibliotheken füllen. Da wir jedoch keine Theoretiker, sondern in erster Linie Praktiker sind, bescheiden wir uns damit, sie im einzelnen genauer unter die Lupe zu nehmen, sobald und soweit sie uns bei den Vorhaben, die dieses Buch behandelt, von Nutzen sein können.

2 Das Werkzeug des Bastlers

Während der Werkstoff sich auf einer steten Wanderschaft durch unsere Werkstatt befindet, um sie nach einer mehr oder weniger langen Gastrolle, zu neuer Form mit neuem Gesicht erhoben (oder auch verdorben), wieder zu verlassen, ist das Werkzeug darin ständig zu Hause. Dabei untersteht der Werkstoff als passives, das Werkzeug als aktives Element der gestaltenden Ordnung des Bastlergeistes.

Hammer und Zange gehören zum eisernen Bestand. Legt man eine Säge hinzu, einen Schraubenzieher, Stemmeisen, Hobel, Feile, Meißel und einen sogenannten »Engländer«, dann ist eine Grundausrüstung beisammen, mit der man sich »aus der ersten Verlegenheit« helfen kann. Sie enthält die allernotwendigsten Werkzeuge der Holz- und Metall-Bearbeitung. Man ist damit zwar durchaus in der Lage, einfache Reparaturen, wie sie im Hause anfallen, auszuführen, doch können sie den gehobenen Ansprüchen des Bastlers kaum gerecht werden. Von ihm wird nicht selten ein hohes Maß handwerklichen Könnens und Geschicks verlangt, das er natürlich nur mit einem guten Werkzeugbestand erfüllen kann.

Der Nutzeffekt einer Werkzeugausrüstung wächst nicht mit ihrem Umfang, sondern liegt einzig und allein in der Zweckmäßigkeit ihrer Zusammenstellung und in der Qualität ihrer Einzelstücke begründet. Billiges Werkzeug wird auf die Dauer recht teuer. Nicht allein deshalb, weil es sich schnell aufbraucht, sondern auch deshalb, weil es uns den Werkstoff verdirbt. Von dem Ärger und den Enttäuschungen, die aus dem Umgang mit schlechten Werkzeugen erwachsen, ganz zu schweigen.

Das Beste also ist gerade gut genug für uns! Zum andern ist Bastlertätigkeit keine Schwerarbeit. Machen Sie sich das Leben nicht dadurch sauer, daß Sie sich unnötig schweres Werkzeug einhandeln. Auf Vorschlaghämmer, Baumsägen oder armstarke Rohrzangen können wir neidlos verzichten, denn normalerweise holen wir uns unser Rohmaterial ja doch in vorgefertigtem Zustand in die Werkstatt. In Ausnahmefällen setze man klugerweise nicht das eigene Werkzeug in Bewegung, sondern lasse die diplomatischen Beziehungen zu einem befreundeten, einschlägigen Handwerksbetrieb und dessen Maschinenpark spielen. Auf diese Weise gelangt man schneller und müheloser an jenen Punkt, an dem es lohnend und freudvoll wird, den eigenen Ehrgeiz ansetzen und wirken zu lassen.

Holz oder Metall, das ist für uns also die Frage. Gehören eines Menschen ganze Liebe und Leidenschaft nur einem dieser Werkstoffe, so wird er bestrebt sein, auch seinen Werkzeugpark ganz und gar auf sein Lieblingsmaterial auszurichten und ihn zu einer raffinierten Perfektion zu steigern. Im allgemeinen aber werden die Grenzen nicht so eng gezogen sein. Der echte Bastler ist ein Wanderer zwischen den einzelnen Lagern der Spezialisten, und so braucht er eine Ausrüstung, die seinen vielschichtigen Wünschen und Fertigkeiten ohne Einschränkung zur schöpferischen Entfaltung verhilft.

Betrachten wir also, um System in die Sache zu kriegen, unsere Werkzeugbeschaffung einmal unter der Ordnung und nach den Forderungen der einzelnen Haupt-Werkstoffe, die damit bearbeitet werden sollen.

Werkzeuge für die Holzbearbeitung

Die Urfunktionen der menschlichen Hand als des in seiner Anlage universalsten Werkzeugs, also das Schlagen und das Zupacken, übernehmen auch in der Abteilung Schreinerei unseres Bastlerbetriebes Hammer und Zange.

Ein Schreinerhammer von höchstens

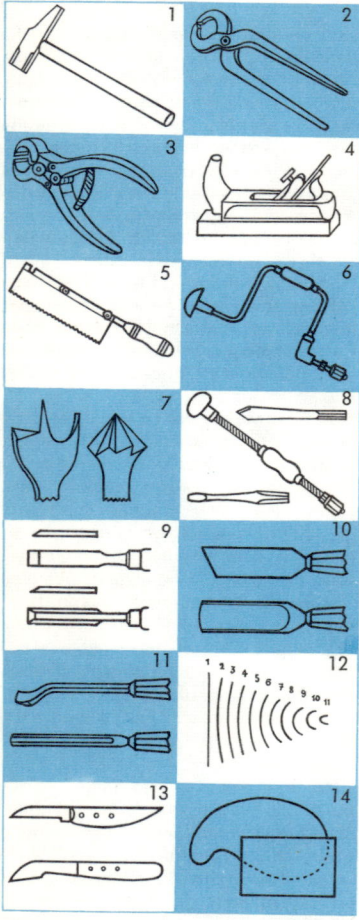

250 g Kopfgewicht bringt für unsere Zwecke reichlich genug Schlagkraft mit. Er unterscheidet sich übrigens vom Schlosserhammer dadurch, daß er nur einseitig, und zwar auf der Frontfläche abgeschrägte Finne hat. Die Finne ist sozusagen die Schwanzflosse des Hammers, der Teil, der beim normalen Hämmern nach oben weist. Was dem Nagel auf den Kopf saust, ist die Hammerbahn. Im Gegensatz zum Schlosser- und Schreinerhammer hat der Lattenhammer eine abgerundete, schwalbenschwanzartig gekerbte Finne, deren Enden manchmal ungleichmäßig lang und sogar leicht angeschärft sind. Man kann damit Latten spalten und schwere Nägel ausziehen.

Ein kurzer Hammerstiel ist keine Versicherung gegen blau unterlaufene Daumennägel linker Hand. Ungefähr 30 cm Länge machen einen zügigen, sicheren Schlag aus, wenn man den Stiel, so wie es dem gesunden Selbstvertrauen des Bastlers ansteht, am Ende packt. Außerdem soll der Stiel, damit er gut in der Hand liegt, einen ovalen Querschnitt haben.

Ist Ihr Werkprogramm auf ausgesprochen zierliche Arbeiten ausgerichtet, so verschaffen Sie Ihrem Schreinerhammer die Assistenz und sich selbst die Annehmlichkeit eines leichten Glaserhammers von 100 g Gewicht. Sie schlagen mehrere Fliegen mit einer Klappe, wenn Sie einen solchen mit magnetischem Kopf wählen. Der sammelt nicht bloß winzige Stifte und Schrauben mühelos auf, sondern hält auch kleine Nägel und Blaupinnen beim Einschlagen fest. Man braucht sich dabei also nicht mit den Fingern der linken Hand in die direkte Gefahrenzone zu begeben.

Die Kneif- oder Beißzange ist weder zum Kneifen noch zum Beißen da, sondern in erster Linie zum Festhalten von Metallteilen bei der Bearbeitung mit Hammer, Hitze oder sonstigen den Fingern unbekömmlichen Mitteln und zum Nagelziehen. Sobald es ums Beißen geht, also um das Abzwicken von Drahtenden oder eines zu langen Nagels, tritt die Drahtzange mit ihren scharfen Backen oder

Wichtige Werkzeuge des Bastlers für die Holzbearbeitung: 1 Schreinerhammer – 2 Kneifzange – 3 Hebelvorschneider – 4 Hobel (Patenthobel) – 5 Gehrungssäge – 6 Bohrwinde – 7 Zentrumbohrer und Krauskopf – 8 Drillbohrer – 9 Stemmeisen und Stechbeitel – 10 Balleisen mit schräger Schneide und Hohleisen – 11/12 Gekröpftes Balleisen und gerader »Bohrer« – 13 Schnitzmesser – 14 Ziehklingen

besser noch der Hebelvorschneider in Aktion. Diese technisch komfortable Zwickzange erleichtert sich die Arbeit mit einer Hebelübersetzung und beweist ihre Fähigkeit, selbst starke Nägel mühelos wie weichgekochte Nudeln zu durchbeißen, höchst eindrucksvoll, aber im unpassenden Augenblick, wenn Sie einmal versuchen, mit ihr einen Nagel auszuziehen.

Alle formgebende Arbeit am Holz beruht, abgesehen von der engbegrenzten Möglichkeit des Biegens, auf der Spanabnahme. Deshalb sind Leistungsqualität und richtige Auswahl der Schneidwerkzeuge für uns von großer Bedeutung.

Erstes aller Schneidwerkzeuge für Holz ist die Säge. Nur wer sich mit umfangreichen Arbeiten, die sich in ihrem Zuschnitt dem Möbelbau nähern, beschäftigen möchte, sollte sich eine Bügelsäge mittlerer Zahnung leisten. Im allgemeinen genügt für den Bastler aber ein Fuchsschwanz ohne Rückenversteifung von etwa 30 cm Blattlänge. Er darf eine recht kräftige Zahnung haben, soll jedoch nicht zu stark auf Stoß gefeilt sein, da er sich sonst zu leicht im Holz festfrißt und im Blatt abknickt. Unerläßlich wird der Fuchsschwanz auch für Möbeltischler beim Trennen größerer Sperrplatten, denn diese Säge hat weder einen Rücken noch einen Spannrahmen, der nur Schnitte von begrenzter Breite oder Tiefe zuläßt.

Für feine Schnitte und paßgerechte Holzverbindungen nehmen wir statt des Fuchsschwanzes eine Feinsäge oder Gehrungssäge. Aus dem Angebot verschiedener Ausführungen wählen wir eine solche mit verstärktem Rücken und gekröpftem, umschwenkbarem Griff für Rechts- und Linksgebrauch. Sie ist zwar etwas teurer als das ganz simple Modell, dafür jedoch auch bedeutend vielseitiger.

Wer seinen Sägenpark noch weiter ergänzen will und wem es die Mittel erlauben, der kaufe sich einen der recht praktischen Patentgriffe, zu dem es ein ganzes Sortiment von auswechselbaren Spezialsägeblättern gibt, wie Feinsägen,

Loch- und Stichsägen für Holz und Metall oder auch die für den Bastler sehr nützlichen schmalen Blätter der Bohrsägen.

Auf keinen Fall aber wollen wir auf einen sehr stabilen, spannkräftigen Bügel für die Laubsäge und einen auskömmlichen Vorrat an Sägeblättern verschiedener Stärke verzichten. Die Laubsäge ist das ideale Gerät für feinste Sägeschnitte in der Geraden wie auch in den gewagtesten Kurvenführungen. Außerdem bleibt der Umgang mit der Laubsäge nicht allein dem »Holzwurm« vorbehalten, sondern sie leistet auch – mit den geeigneten Blättern bestückt – hervorragende Dienste in der Abteilung für feine Metallarbeiten in unserer Bastlerwerkstatt. Wie das Fortkommen der Säge, so beruht auch das des Bohrers im Holz auf einer spangebenden Fähigkeit. Den allbekannten Nagelbohrer aus der Küchenschublade wird der auf handwerkliche Qualität bedachte Bastler sehr bald gegen eine handliche Bohrwinde mit einem Satz verschieden starker Schnekkenbohrer oder auch Wendelbohrer (Spiralbohrer) auswechseln. Für besonders tiefe Bohrungen ist der Schlangenbohrer da, während der Zentrumbohrer großkalibrige Löcher mit sehr sauberen Wandungen und gerader Bodenfläche liefert.

All diese Bohrer werden in das Klemmbackenfutter der Bohrwinde gesteckt, die ihnen Führung, Drehung und die erforderliche Vorschubkraft verleiht. Mit ihr wird auch der Krauskopf in Bewegung gesetzt, der eigentlich kein Bohrer, sondern eine Fräse ist. Er dient bei der Verwendung von Holzschrauben mit Versenkköpfen zum Aufweiten der Bohrlöcher.

Für Holzbastler mit feinmechanischen Neigungen macht sich der Kauf eines Drillbohrers bezahlt. Er ist wie die Bohrwinde kein eigentlicher Bohrer, sondern ein Bohrgerät, das mit winzig kleinen Schneidbohrern bestückt wird. Er hat eine gerade Triebspindel mit Schneckengang, die durch eine auf und nieder gleitende Nuß abwechselnd in Links- und Rechtsdrall versetzt wird. Steckt man statt des Bohrers einen kleinen Schraubenzieher in das Haltefutter, so hat man einen überaus flink arbeitenden Helfer zum Setzen zierlicher Holzschrauben-Reihen bei der Hand.

Von den vielen Hobeln, die sich vor dem Maschinenzeitalter aus den handwerklichen Erfordernissen entwickelten, sind nur zwei für den Bastler von Wichtigkeit: der Schlichthobel und der Putzhobel. Der Schlichthobel ist für gröbere Arbeiten da, in erster Linie zum Vorglätten oder zum Wegnehmen überschüssiger Holzstärken, während der Putzhobel, wie sein Name sagt, nur für feinste Putzarbeiten zu verwenden ist. Im Gegensatz zum Schlichthobel hat er ein doppeltes Eisen, das heißt, auf dem eigentlichen Schneideisen liegt eine Stahlklappe von gleicher Breite, die dieses abdeckt und nur Millimeterbruchteile seiner Schneide frei läßt. Diese Vorrichtung bewirkt, daß der Span gebrochen wird, und verhindert dadurch, daß das Eisen bei gegenläufiger Faser das Holz einreißt. Der Putzhobel wird also überall dort zur unabdingbaren Voraussetzung für eine wirklich glatte Oberfläche, wo kraus gewachsenes Holz ansteht, etwa in der Nähe einer Aststelle, wo so oder so die Holzfaser »gegen das Eisen« läuft.

Schauen Sie bitte beim Hobeleinkauf nicht allzu kleinlich auf den Preis! Wollen Sie mit dem Hobel auch die Garantie erwerben, daß das Werkzeug Sie nicht im Stich läßt, so sollte es schon ein Hobel von normaler Werkstattgröße sein mit einem Eisen aus erstklassigem Schneidstahl von 45 mm Breite. Es ist nicht unbedingt nötig, daß der ganze Hobelkasten samt Nase und Handschutz aus Hartholz besteht, aber achten Sie darauf, daß er wenigstens eine Hartholzsohle aus Weißbuche besitzt.

Es ist anfangs nicht ganz einfach, einen Hobel so zu richten, daß er unter dem Ausstoß goldlockiger Späne reibungslos über die Oberfläche pfeift. Noch schwieriger wird diese Manipulation beim Putzhobel, dessen Klappe bei herausgenommenem Eisen gerichtet werden muß. Dabei ist zu beachten, daß der

Span um so feiner wird, je weniger die Klappe von der Schneide freigibt. Es kann bei manchen Brettern passieren, daß man seinen Putzhobel während der Arbeit mehrfach nachrichten muß. Das hebt natürlich nicht gerade die Arbeitsfreudigkeit, und so kam jemand auf den nützlichen Gedanken, den famosen Patent-Putzhobel zu erfinden, dessen Stellschraube ein Nachrichten der Klappe auch bei geschlossenem Hobel gestattet. Wie alles Gute in der Werkstatt, so ist auch der Patenthobel allerdings nicht gerade billig.

Eine noch feinere Spanabnahme als der Putzhobel ermöglicht die Ziehklinge, sofern man sich nur zur Regel macht, mit ihr nicht »gegen den Strich« zu arbeiten. Das einfache, aber raffiniert geschärfte Werkzeug begegnet uns als gerade oder auch als gerundete oder geschweifte Stahlklinge unter der schönen Bezeichnung »Schwanenhals«. Ihre feine Gratkante zieht einen seidenfadenfeinen Span von der Holzoberfläche ab. Nahezu den gleichen Effekt erreicht man bei kleineren Flächen schon mit den Splitterkanten einer sinnvoll zertöpperten Fensterscheibe. Außerdem ist es sehr viel leichter, eine Fensterscheibe einzuschlagen, als eine Ziehklinge so zu schärfen, daß sie einwandfrei abzieht.

Ermöglichen Hobel und Ziehklinge eine Spanabnahme nur in der Ebene, so beginnt mit dem Stemmeisen und dem Stechbeitel die Holzverformung in der dritten Dimension: das Ausstemmen von Nuten, Zapfen und Löchern oder auch das Absetzen gegebener Holzstärken für Überplattungen.

Der Aufgabenbereich beider Eisen ist im Grunde genommen der gleiche. Sie unterscheiden sich nur darin, daß der Querschnitt des Stemmeisen-Blattes rechteckig ist, während der Stechbeitel ein Blatt hat, dessen Seitenkanten nach dem Rücken zu fasenartig abgeschrägt sind.

Wer nicht zufällig als lachender Erbe von einem verblichenen Zimmermann mit einem kompletten Satz von Stemmeisen bedacht wurde, der entscheide sich bei der notwendigen Neubeschaffung für den Stechbeitel. Er hat bei den durchweg leichteren Arbeiten, die wir als Bastler zu bewältigen haben, seine unbestreitbaren Vorzüge.

Anzahl und Breite der Eisen richten sich nach unseren Arbeitsvorhaben. Im allgemeinen dürfte ein Dreiersatz mit den Eisenbreiten von 8, 12 und 16 mm den durchschnittlichen Anforderungen gerecht werden. Wenden Sie beim Einkauf der Eisen Ihre kritische Aufmerksamkeit nicht nur der Qualität des Stahls zu, sondern auch dem Handgriff oder Heft. Hefte, die parallel zum Blattverlauf oben und unten abgeflacht sind, lassen sich sicherer mit der Hand führen als solche mit rundem Querschnitt. Außerdem soll das Heft am Kopf und an der Krone des Eisens mit einer Metallzwinge gesichert sein, denn einen Stechbeitel werden wir nicht selten mit dem Schlegel zu erhöhter Dienstleistung nötigen müssen. Unbewehrte Holzköpfe aber sind auf die Dauer weder Schlegel- noch Schicksalsschlägen gewachsen.

Sobald es um die plastische Ausformung des Holzes geht, also am Beginn einer künstlerischen Gestaltung, ist es mit der Weisheit des geraden Stechbeitels bald zu Ende. Hier beginnt die Domäne des Bildhauereisens, und es erhebt sich für jeden Bastler die schwerwiegende Frage, welche materiellen Opfer er seiner Passion zu bringen bereit ist. Es ist hier jedoch wie auf allen andern Gebieten handwerklicher oder kunsthandwerklicher Betätigung auch: Das Geheimnis des Erfolgs liegt nicht nur in der Vielzahl der Werkzeuge. Ein Schock Bildhauereisen auf dem Zeugrahmen einer Werkstatt ist zwar ein eindrucksvoller Anblick, doch notwendig sind sie nicht. Zumindest nicht, ehe Talent und Fertigkeit den Bastler dazu ermutigen, den Herrgottschnitzern von Oberammergau Konkurrenz zu machen oder an figürlichen Zusammenballungen profanen Inhalts seine Meisterschaft zu beweisen. Der eigentliche Vorteil eines reichhaltigen Werkzeugarsenals liegt nicht darin, eine Arbeit zu ermöglichen, sondern darin, daß es sie erleichtert.

Das Bildhauereisen unterscheidet sich vom Stechbeitel des Tischlers durch seine wesentlich leichtere Ausführung und durch sein achteckiges Heft, dem die Metallzwingen an Kopf und Krone fehlen. Es soll normalerweise nicht mit dem Schlegel durchs Holz getrieben, sondern mit der unbewehrten Hand geführt werden.

Das Bildhauereisen ist sozusagen ein »Schönschriftwerkzeug«; grobe Vorarbeiten werden mit dem zwingenbewehrten Tischlerhohleisen ausgeführt, das einen kräftigen Hammerschlag verträgt, oder mit dem sogenannten Tiroler Eisen, einem geraden Stecheisen mit schräg gestellter Schneide, dessen kräftiges Blatt sich von der Krone aus fächerförmig verbreitert.

Die wichtigsten Bildhauereisen für den holzschnitzenden Bastler mit künstlerischen Ambitionen sind die Hohleisen. Sie haben eine mehr oder weniger stark gekrümmte Schneide; es gibt sie mit geradem und gekröpftem Blatt. Das gekröpfte Eisen wird dort zur letzten Hilfe, wo es darum geht, den Holzspan aus schwer zugänglichen Winkeln oder aus großen Tiefen herauszuholen.

Die Blätter der Eisen sind normalerweise mit einer Zahl zwischen 1 und 11 geprägt. Sie kennzeichnen den »Stich« des betreffenden Eisens. Damit ist der Grad der Krümmung, nicht etwa die Breite der Schneide gemeint. Eisen mit der Kennzahl 1 haben eine gestreckte Schneide, sind also völlig flach. Sie werden Stecheisen oder Balleisen genannt. Zum Schrägeisen wandeln sie sich, wenn ihre Schneide nicht rechtwinklig zum Blatt steht, sondern mehr oder weniger stark nach links oder rechts angeschrägt ist. Derartige Eisen in nicht zu geringen Breiten eignen sich gut zum ersten Heranfühlen an die Form und werden entweder mit einem leichten Schlegel oder mit dem Handballen geschlagen. Daher der Name Balleisen.

Eisen mit den geringen Krümmungen der Kennziffern 2 bis 4 werden als Flacheisen bezeichnet, ab Nr. 5 tragen sie die Bezeichnung Hohleisen, während die Eisen mit den sehr stark gekrümmten Schneiden zwischen den Stichen 9 bis 11

Bohrer genannt werden. Ein Spezialeisen zum Stechen scharfkantiger Rillen ist der Geißfuß, dessen Schneide zu einem spitzen Winkel geknickt ist. Er ist für Druckstockschneider wichtiger als für den Holzbildhauer und bringt jeden zur Verzweiflung, der zum erstenmal versucht, ihn anständig zu schleifen.

Diese Fülle von Formen gerader und gekröpfter Eisen in den verschiedensten Breiten erklärt so manchen Stoßseufzer, mit dem ein anfangs noch so lebhafter Schwung vor der Erstbeschaffung in Ratlosigkeit erstarrt. In der Beschränkung zeigt sich auch hier der Meister, dem alles sehr viel leichter wird, wenn er sich darüber klar ist, daß er noch kein Meister ist und daß es im Beginn um nichts mehr als um eine möglichst praktische Grundausrüstung geht. Dazu gehören etwa zwei Schrägeisen von 8 und 15 mm Breite, zwei Flacheisen von 8 und 12 mm Breite mit Stich 4 sowie zwei Bohrer von 4 und 6 mm Breite mit Stich 10. Wer sich dazu das schmälere Flacheisen und die beiden Bohrer obendrein noch als gekröpfte Eisen beschafft, der darf sich mit dieser Ausstattung schon an recht anspruchsvolle Arbeiten heranwagen. Um die kostbaren Eisen nicht unnötig schnell aufzubrauchen und um schnell bis in jene Tiefe des rohen Holzes vorzudringen, wo die Oberfläche der uns vorschwebenden Form »durchzuschimmern« beginnt, besorgen wir uns noch ein stabiles, nicht zu schmales Tischlerhohleisen zum Ausschlagen der Rohform.

Zum Schluß runden wir unsern Bestand an schneidenden Werkzeugen noch durch ein bis zwei Schnitzmesser mit kurzen, kräftigen Klingen aus. Sie sind für Linien-, Kerb- und Flachschnitte und für kleine Arbeiten »aus der Hand« unentbehrlich.

Es gibt Grenzgebiete der Holzmodellierung, in denen die Arbeit mit dem Eisen zu langwierig wird. Dahin gehört beispielsweise das Ausformen eines runden Zapfens oder das Glätten eines Hammerstiels. In solchen Fällen tritt die Raspel in Aktion, eine grobe Feile zum Bearbeiten weicher Werkstoffe. Die für uns am vielseitigsten verwendbare Form ist die halbrunde, spitz zulaufende Raspel. Beim Ausarbeiten von Hohlformen helfen die Schuster- oder Treppenbauraspeln: kurze, halbrunde oder löffelähnlich geformte Raspeln, die paarweise wie die Blätter eines Paddelruders oder eines Modellierholzes auf einem gemeinsamen Stiel sitzen.

Klein- und Hilfswerkzeuge

Neben all diesen Hauptwerkzeugen, die mehr oder weniger auf ein festumrissenes Arbeitsgebiet abgestimmt sind, gibt es eine ganze Reihe Klein- und Hilfswerkzeuge, die sich im Laufe der Zeit aus den Bedürfnissen der Praxis entwickelt haben und die auch dem Bastler die Arbeit wesentlich erleichtern können.

Die Nennung einer Hobelbank rührt des Bastlers tiefsten Kummer auf und malt den Inhalt so manch stillen Wunschtraums an die Wand. Wohl dem, der eine hat, denn eine zünftige Hobelbank mit Vorder- und Hinterzange ist – darüber braucht kein Wort verloren zu werden – der idealste Werktisch, der sich denken läßt. Wer keine Hobelbank hat, dem bleibt nur die Möglichkeit, diesen Mangel durch den Bau einer behelfsmäßigen Hobelbank wettzumachen.

Der Weg zum Ziel führt über die Schraubzwinge, eines der wichtigsten Hilfswerkzeuge in der holzverarbeitenden Bastlerwerkstatt. Wir können sie in jeder Größe gebrauchen, vom kleinen mit Federkraft wirkenden Spannring, der mit einer Spreizzange geöffnet und auf das Werkstück gesetzt wird, bis hinauf zur ausgewachsenen Schraubzwinge mit einer Gleitschienenlänge von 50 und mehr Zentimetern. Es gibt Schraubzwingen aus Holz und aus Stahl; die aus Stahl sind viel besser. Spannweite und Länge der Gleitschiene richten sich nach den Ausmaßen des jeweiligen Arbeitsvorhabens.

Hauptaufgabe der Schraubzwinge ist es, bei allen Leimungen mit Tischlerleim für den nötigen Druck zu sorgen und zusammengehörende Bauelemente, die in einem Arbeitsgang bearbeitet werden sollen, zusammenzuhalten, so z. B. beim gleichzeitigen Absetzen von zwei Latten bei Überplattungen oder beim Bohren von Dübellöchern bei Eck- oder anderen Verbindungen.

Mit Hilfe einiger Schraubzwingen ist es möglich, jeden einigermaßen stabilen Küchentisch in eine behelfsmäßige Hobelbank zu verwandeln, denn sie kann bei allen im normalen Bastlerbetrieb anfallenden Größenordnungen der Werkstücke sowohl die Vorder- wie auch die Hinterzange der Bank ersetzen. Hierbei ist es allerdings ratsam, die Tischplatte während der Bastelstunden durch eine abnehmbare Arbeitsplatte abzudecken und zu verstärken. Es genügt dazu eine 4,5 cm starke, gut abgelagerte Buchenholzbohle von 40 cm Breite, die etwas länger als die Tischplatte ist. Sehr viel besser noch als die Platte aus einem Stück ist eine aus mehreren Streifen zusammengeleimte Platte. In unserm Falle würde das, um auf das gleiche Maß zu kommen, eine Platte sein, die aus fünf je 8 cm breiten Langhölzern zusammengefügt ist. Eine solche Arbeitsplatte wird sich im Gegensatz zum Massivholz-Brett nicht verziehen. Denn leider ist es so, daß gerade das Buchenholz, unbeschadet seiner Härte, stark zum Arbeiten neigt. Gerade und völlig plan aber sollte unsere Arbeitsbasis auf jeden Fall sein! Die Platte wird von unten her mit zwei kräftigen Querstreben gesichert, deren Sitz so abzumessen ist, daß sie links und rechts stramm über die Seitenkanten der Tischplatte greifen. Wer einen Tisch hat, den er durchlöchern darf, durchbohrt Tisch- und Arbeitsplatte und hält beides mit zwei kräftigen Flügelschrauben zusammen; andernfalls muß man sich mit Schraubzwingen helfen. Die Platte sitzt richtig, wenn sie etwa 7 cm über die vordere Tischkante hinausragt.

Warum das so sein muß, erkennen wir sofort, wenn wir uns an die Konstruktion der behelfsmäßigen Hinterzange machen, die für uns wichtiger ist als die Vorderzange. Die Zange allein indessen nützt nichts, wenn kein Widerlager vorhanden ist, gegen das sie das Werkstück pressen

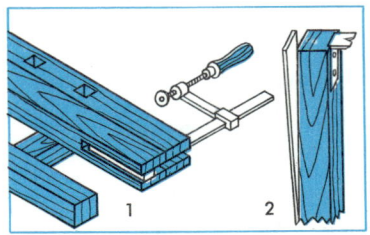

Zum Selbstbau einer Arbeitsplatte aus mehreren Langhölzern: 1 Schraubzwinge mit versenktem Spannarm als Vorderzange – 2 Behelfsmäßiger Bankhaken aus Hartholz

kann. Bei der regulären Hobelbank übernimmt diese Aufgabe ein Bankhaken aus Stahl, dessen Fuß in einem Durchbruch der Bankplatte, dem sogenannten »Köcher«, steckt. Genau diese Vorrichtung bauen wir uns selbst. Allerdings verzichten wir auf das Schmieden von Stahl, sondern begnügen uns mit einem 3 mal 3 cm starken Vierkant aus Hartholz (Rotbuche), das den Hakenschaft abgibt. In dessen oberes Ende wird ein kleines Winkeleisen so eingelassen und verschraubt, daß dessen abstehender Schenkel mit der Oberkante des Holzschaftes auf gleicher Höhe liegt. Das Ende dieses Schenkels feilen wir schwalbenschwanzförmig aus und schärfen die beiden so entstehenden Zacken von unten her mit einer Fase an.

Der Köcher für diesen Haken wird links, etwa 4 cm von der Vorder- und 6 cm von der Seitenkante einwärtsgerückt, durch die Arbeitsplatte gestemmt. Es ist vorteilhaft, erst den Köcher, und zwar genau senkrecht, zu stemmen und danach die genaue Stärke des Hakenschaftes zu hobeln. Der Haken kommt mit linksweisendem Zackenkopf in den Köcher, und das Brett, das bearbeitet werden soll, wird einfach gegen den angeschärften Schwalbenschwanz gestoßen. Rechts wird das Brett von einer dagegengesetzten Schraubzwinge gehalten. Ist das Brett dünner als der Zwingenarm, so wird ein genügend breites Schonbrett zwischengelegt, damit man auf der rechten Seite ungehindert anhobeln kann.

Je dicker das Werkstück, um so weiter wird der Haken aus dem Köcher herausgezogen. Damit er in jeder Höhe stehen bleibt, wird ihm auf der Rückseite des Schaftes eine Blattfeder aufgeschraubt, die ihn vor dem Abrutschen in den Köcher bewahrt. Dazu eignet sich hervorragend ein Stück einer kräftigen Uhrfeder oder ein Streifen Stahlblech, den man von einem alten Sägeblatt schneidet. Verschraubt wird die Feder am Fußende des Hakens. Die nötige Spannkraft erhält sie durch ein kleines Holzklötzchen, das dicht über der Schraubstelle zwischen Zunge und Schaft getrieben wird. Eine etwas einfachere Art des Widerlagers für leichtere Arbeiten kann man sich aus einem Laubsägetischchen schaffen. In diesen ebenfalls schwalbenschwanzartig auslaufende Schenkel treibt man von der Stirnseite her zwei kurze Nägel, kneift ihnen die Köpfe ab und feilt die Schaftstümpfe spitz. Wird das so präparierte Tischchen mit einer Schraubzwinge links auf die Arbeitsplatte geschraubt, tut es für schwächere Bretter den gleichen Dienst wie der selbstgebastelte Bankhaken. Zum Halten stärkeren Materials kann man es sogar mit einem Brett unterlegen, damit die Haltedorne mehr Bodenfreiheit gewinnen.

Fehlt noch die Vorderzange. Die wird teuer, denn wir brauchen dazu eine sehr große Schraubzwinge. Ihre Gleitschiene sollte mindestens 10, besser noch 15 cm länger sein, als unsere Arbeitsplatte breit ist. Ihre einfachste Verwendungsmöglichkeit besteht darin, daß man sie von links her über die Seitenkante der Platte greifen läßt, so daß man das Werkstück, das man bearbeiten will, mit der Spannschraube frontal gegen die Vorderkante der Platte drückt. Dabei dient ein als »Zangenholz« unter die Klemmschraube gelegtes Brett der Schonung des Werkstücks. Zugegeben – so wirkt die Sache etwas primitiv und improvisiert. Man kann die ganze Anlage aber sehr viel eleganter gestalten, wenn man in die linke Kantenfläche der Arbeitsplatte eine Nut stemmt, deren Maße dem Querschnitt der Zangengleitschiene entspre-

chen und in welche die Schiene beim Anschlagen der Zange einrastet. Bringt man auf der rückwärtigen Kante der Platte eine ähnliche Auszargung für den Spannarm der Zwinge an, so gewinnt man vorn nicht nur ein paar Zentimeter Spannbereich, sondern die ganze Apparatur liegt obendrein als feste Vorderzange in der Platte. Man kann eine solche Zange jederzeit lösen, ohne befürchten zu müssen, daß sie einem auf die Füße saust. Noch feudaler wird die ganze Geschichte, wenn man eine Arbeitsplatte hat, die aus mehreren Langholzteilen zusammengefügt ist. Dabei kann man die Auszargung für den Spannarm der Zwinge schon vor dem Verleimen etwa im zweiten oder dritten Teilstück – von vorn gerechnet – ausstemmen. Dadurch entsteht in der fertig verleimten Platte ein genügend tiefes Loch, in das der Spannarm von links hineingreifen kann. Diese Lösung hat neben ihrer Eleganz noch den Vorteil, daß man mit einer wesentlich kleineren Schraubzwinge auskommt.

Viele Haltesorgen und Klemmprobleme kann dem Bastler übrigens ein sehr praktisches Gerät abnehmen, das unter der Bezeichnung »Hobelfix« von Bastlerbedarfsgeschäften geführt wird. Das ist eine patente Kombination von Schraubstock und Zwinge, die man an jedem Arbeitstisch befestigen kann. Es ist indessen mit dem »Hobelfix« wie mit allen guten Sachen, die man sich nicht selbst machen kann – sie sind nicht gerade billig.

Streich- und Meßwerkzeuge

Einige Sorgfalt ist der Auswahl der Meß- und Streichgeräte zuzuwenden, denn sie verleihen all unserer Arbeit Maß und sicheren Halt. Für die Bestimmung von Längenmaßen ist der altehrwürdige Zollstock besser als die Notlösung Lineal oder das metallene Bandmaß in der Springdose. Man wähle den Tischlerzollstock von 1 m Länge, der sich vom Zimmermannszollstock dadurch unterscheidet, daß seine Gelenke nicht in der

Geraden einrasten. Nur dem Anfänger erscheint das als Nachteil, die Vorteile des gelenkigen Zollstocks gehen ihm während der Werkstattpraxis auf, nachdem er drei der steifnackigen Gesellen aus der Zimmermannsfakultät zerbrochen hat. Gute Zollstöcke sind aus Weißbuche gefertigt.

Wichtigstes aller Maße ist der rechte Winkel. Ihn garantiert uns der Anschlagwinkel. Von seinen beiden Schenkeln ist der eine als verstärkter Anschlag, der andere als dünnere Anreißzunge ausgebildet. Zumindest die Anreißzunge sollte aus Metall und zuverlässig im Anschlag vernietet sein.

Ein Winkel von 45 Grad wird mit dem Gehrmaß angerissen. Es wird ergänzt durch die sehr praktische Gehrlade oder Schneidlade. Das ist ein länglicher, beidseits offener Kasten, in dessen Seitenwände Führungsnuten für das Blatt der Gehrungssäge, die verschiedenen Winkeln entsprechen, eingeschnitten sind. Die Lade ist also gleichzeitig Meß- und Führungsgerät.

Nicht weniger wichtig für den Holzbastler ist das Streichmaß, mit dem alle parallel zur Längskante eines Brettes verlaufenden Maße angerissen werden. Es besteht aus einem planparallelen Anschlagklotz, in dem ein oder auch zwei verstellbare Maßstäbe laufen, die je nach der abzumessenden Breite ausgezogen werden. Den eigentlichen Riß markiert ein scharfer Stift im Kopf der Maßstäbe, der während des Anreißens seine Spur in die Holzoberfläche zeichnet.

Unter den Tastgeräten rangiert der Zirkel an erster Stelle, und zwar ist ein einfacher Spitzzirkel für die Werkstatt wertvoller als ein Zeichengerät mit Bleistiftmine. Wer viel mit Hohlmaßen und Außendurchmessern zu tun hat, sollte sein zweibeiniges Werkzeug durch einen Innen- und einen Außentaster ergänzen. Ein Präzisionsinstrument, das Außendurchmesser und Dicken aller Art bis auf $1/10$ mm genau bestimmt, ist die Schublehre. Besonders raffinierte Schublehren sind zusätzlich mit einem Innentaster ausgestattet. Ehe man sich eine anschafft, überprüfe man allerdings sein

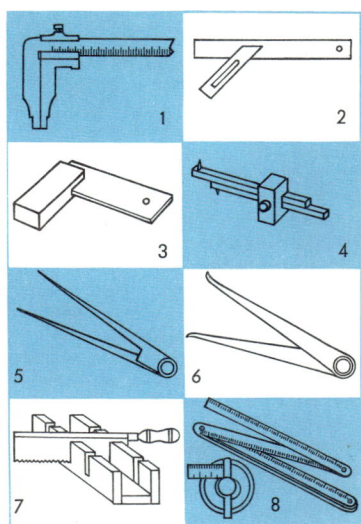

Streich- und Meßwerkzeuge: 1 Schublehre – 2 Gehrmaß – 3 Anschlagwinkel – 4 Streichmaß – 5 Zirkel – 6 Innentaster – 7 Gehrlade – 8 Zollstock und Bandmaß

Arbeitsgebiet kritisch, ob sie wirklich erforderlich ist.

Ähnlich ist es mit der Notwendigkeit einer Wasserwaage. Sie ist zwar ein überaus praktisches und präzises Instrument zur Bestimmung der absoluten Horizontalen und Vertikalen, doch ob sich ihre Anschaffung bezahlt macht, muß sich nach Art und Umfang des Bastelprogramms ergeben.

Werkzeuge für die Metallbearbeitung

Die oben für die Holzbearbeitung aufgeführten Meßwerkzeuge finden in der Metallbearbeitung die gleiche Verwendung, so daß wir uns darüber weiter keine Sorgen zu machen brauchen. Das Anreißen von Trennlinien oder sonstigen Maßen geschieht mit der Reißnadel oder aushilfsweise mit der Stechahle. Zum Markieren einzelner Punkte auf Metall, zum »Ankörnen«, dient der Körner. Er sieht ähnlich aus wie der Versenker, nur ist er vorn nicht platt, sondern spitz. Mit ihm wird auch der Ansatzpunkt des Metallbohrers angekörnt, damit die Bohrerspitze von vornherein die richtige Führung bekommt und auf der glatten Fläche nicht hilflos herumschlittert. Dem Versenker noch ähnlicher als der Körner ist der Durchschlag. Er hat eine plan geschliffene Grundfläche und dient zum Ausschlagen von Nieten oder zum Stanzen kleiner Löcher in dünnes Blech. Von den spangebenden Werkzeugen ist für den Bastler die Feile das weitaus wichtigste. Wir brauchen uns jedoch nicht gleich einen ganzen Satz von Dutzend- oder Schlosserfeilen zuzulegen, sondern werden im allgemeinen mit einer Flachfeile von 20 cm Länge und mittlerem Hieb, einer sogenannten »Bastardfeile«, auskommen. Für feine Metallarbeiten sind besonders die zierlichen Schlüsselfeilen oder auch die spitzen Nadelfeilen geeignet. Sie haben die gleichen Formen wie die Schlosserfeilen, sind im Blatt aber nur 10 cm lang. Man kann sie ohne Heft benutzen.

Was dem Zimmermann das Stemmeisen, das ist dem Schlosser der Meißel. Von seinen drei Formen ist der Blechmeißel mit seiner abgerundeten Schneide für uns der wichtigste. Er dient, wie sein Name sagt, zum Trennen von Blechen mittlerer Stärke. Der Flachmeißel, mit dem man Flachstahl oder schwere Bleche im Schraubstock trennt, ist für uns von untergeordneter Bedeutung. Ganz verzichten können wir auf den Kreuzmeißel, der nur bei grober Spanabnahme in Aktion tritt. Derartige Arbeiten kommen bei uns nicht vor.

Wohl aber können wir in die Lage kommen, ein Wasserrohr, einen stärkeren Schraubenbolzen oder ein Flacheisen sauber zerschneiden zu müssen. Dazu benötigen wir eine Metallsäge mit auswechselbarem, im Bügel verstellbarem und am besten zweischneidigem Blatt. Wie die holzschneidende Bügelsäge, so arbeitet auch die Metallsäge auf Stoß und hat eine sehr feine, meißelförmige Zahnung, die nicht nachgeschärft werden kann. Stumpf gewordene Blätter müssen gegen neue ausgetauscht wer-

den. Wer weiche Metalle zu sägen hat, besorge sich das etwas gröber gezahnte Buntmetall-Sägeblatt. Wichtig sind in der Bastlerwerkstatt außerdem spezielle Metall-Sägeblätter für die Laubsäge.

Zum Schneiden dünner Bleche, wie es bei uns wahrscheinlich des öfteren vorkommen wird, ist die Blechschere da. Mit geraden, breiten Schneidbacken meistert sie Linienschnitte und Außenkreisbögen. Ihre Schwester mit den schmalen, leicht gebogenen Backen benutzt man für Innenkreisbögen und Lochausschnitte. Deshalb heißt sie auch Lochschere. Über den Hebelmechanismus der Blechschere führt ein direkter Weg zur Zange, deren Fähigkeiten in der Vorstellung vieler Menschen bis zur Allmacht eines Zauberstabs der Werkstatt übersteigert werden. In der Tat kann eine richtige Zange, im richtigen Augenblick richtig angesetzt, erstaunlich hilfreich sein, doch darf uns das nicht zu einem Zangenkult verleiten. Einer Kombinationszange, die sich bei näherer Betrachtung als Arbeitsgemeinschaft von Flachzange, Drahtschere, Zwickzange und Rohrzange legitimiert, dürfen wir getrost 80 Prozent aller in der Bastlerwerkstatt erforderlichen Zangengriffe zumuten. Für eine Monopolstellung aber reicht ihre Vielseitigkeit doch nicht aus. Insbesondere wer es mit diffizilen Arbeiten zu tun hat, die viel manuelles Geschick und Fingerspitzengefühl erfordern, sollte zwei Assistentinnen an die Seite stellen: eine Flachzange mit langen, vorn spitz zulaufenden Backen und eine zweite mit runden, nach vorn sich verjüngenden Greifbacken, eine sogenannte Rundzange.

In Sonderfällen erweist sich eine nicht zu grobe, aber dennoch stabile Rohrzange als nützlich. Da ihre Maulweite durch Verstellen der beiden Zangenschenkel im Drehpunkt variabel ist, kann man erreichen, daß Ober- und Unterkiefer der Zange annähernd mit Parallelversetzung zupacken. Man darf eine solche Zange im Notfall also auch einmal als Schraubenschlüssel verwenden. Aber bitte, eine Rohrzange stets richtig ansetzen! Während der Drehbewegung soll der Oberkiefer ziehen, der Unterkiefer drücken. Sonst rutscht die Zange, wenn es einmal etwas stramm geht, ab, und es gibt zerschundene Fingerknöchel.

Im übrigen gilt in einem Muster-Bastelbetrieb das stählerne Gesetz, daß man Schraubenmuttern nur mit passenden Schraubenschlüsseln anpacken darf. Muttern werden durch unsachgemäße Behandlung mit minderwertigen Schlüsseln oder gar mit der Kneifzange sehr schnell verdorben, so daß sie sich schließlich nur noch mit größter Mühe lösen lassen. Wo regelmäßig oder häufig Schraubverbindungen anfallen, sollte ein Satz erstklassiger Schraubenschlüssel aller gängigen Größen aus allerbestem Chrom-Vanadium-Stahl nicht fehlen. Wer allerdings nur gelegentlich mit Schrauben zu tun hat, der wird mit einem einzigen verstellbaren Schlüssel, dem allbekannten »Engländer« oder »Franzosen«, auskommen. Im übrigen gilt für das Ansetzen eines Schraubenschlüssels dieselbe Regel wie für das Arbeiten mit der Rohrzange: der Oberkiefer soll ziehen, der Unterkiefer drücken.

Es gibt Kombinationszangen, deren einer Griffschenkel mit beidseitiger Fase als Schraubenzieher angefeilt ist. Nichts gegen eine derartige Patentlösung, aber sie gehört ins Gebiet der technischen Nothilfe und ist nur für Mammut-Holzschrauben bekömmlich. Unsere Schrauben dagegen bewegen sich in der Regel zwischen Größenabmessungen, für die zwei exakt geformte Schraubenzieher von 3 und 4 mm Breite mit kantigem oder geriffeltem Griff zur Verfügung stehen sollten. Verwürgte Holzschrauben mit ausgedrehten Kopfnuten wachsen sich zu wahren Schreckschrauben aus, man gehe ihnen also vorsichtig und mit gepflegtem Werkzeug zu Leibe. Die Fase des Schraubenziehers darf nicht keilförmig oder gar »ballig« angeschliffen sein. Die Seitenflächen sollen im unteren Teil parallel verlaufen, die Grundfläche muß plan sein, damit das Werkzeug bis auf den Boden der Kopfnut reicht, sie ausfüllt und sicher greifen kann.

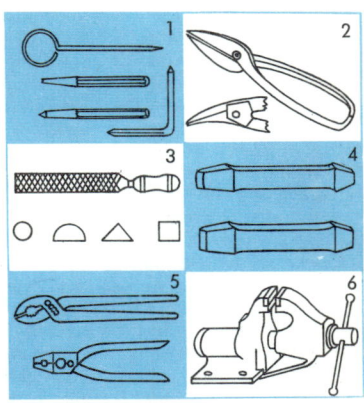

Unerläßliche Werkzeuge für die Metallbearbeitung sind: 1 Reißnadel, Körner, Durchschlag und Reibahle (Winkelahle) – 2 Blechschere – 3 Feilen mit verschiedenen Querschnitten – 4 Blechmeißel und Flachmeißel – 5 Rohr- und Kombinationszange – 6 Parallelschraubstock

Haupthammer in der Metallwerkstatt ist der Schlosserhammer mit gehärteter Hammerbahn und ebenfalls gehärteter, fasenartig zulaufender Finne. Ein Kopfgewicht von 300 Gramm ist schwer genug. Haupthammer heißt nicht Universalhammer. Das Richten leichter Bleche auf harter Unterlage übernimmt der Holz- oder Gummihammer, der dem Metall die Möglichkeit gibt, vor der sonst unvermeidlichen Querschnittschwächung in die weiche Hammerbahn auszuweichen.

Die Arbeitsbühne des Metallarbeiters sei teils hart, teils weich. Als weiche Unterlage zum Lochen, Stanzen und Treiben eignet sich hervorragend die Hirnfläche eines Hartholzklotzes, während eine kleine Richtplatte aus Stahl mit glatt gehobelter Oberfläche das harte Pendant dazu bietet. Auch wo diese beiden vorhanden sind, wird man auf den Amboß nicht verzichten wollen und können. Man vermeide jedoch – genau wie bei der Richtplatte – das Extrem der Schwere. Ein kleiner Tischamboß von höchstens 5 kg Gewicht wird allen Anforderungen unserer ja schließlich »ambulanten« Werkstatt gerecht werden. Notfalls kann ein Stück Eisenbahnschiene als ausgezeichnete Amboß-Zwischen- oder -Übergangslösung gelten.

In dem Werkzeug-Etat haben wir ein weiteres, relativ kostspieliges Grundausrüstungsstück unserer Metall-Werkstatt einzuplanen, nämlich den Schraubstock. Von den beiden üblichen Modellen ist für uns nur der Parallelschraubstock interessant, und von ihm wieder jene Ausführung, die gehärtete Stahlbacken besitzt und eine kräftige Grundplatte, die mit vier Schlüsselschrauben auf dem Arbeitstisch befestigt werden kann. Nur dort, wo die häuslichen Gegebenheiten diese Ausführung nicht gestatten, lasse man sich zu einem Kompromiß herab. Er besteht in einer Klemmschraube, die den Schraubstock ähnlich wie eine Fleischhackmaschine am Tisch festhält. Der einzige Vorteil, den diese Vorrichtung zu bieten hat, ist, daß man die Maschine, wenn eine Arbeit beendet ist, wegräumen kann. Es gibt verblüffend billige Schraubstöcke, doch handelt es sich dabei meistens um Spielzeuge, die für eine ernste Arbeit nicht stabil genug sind.

Für das Vernieten von Blechen brauchen wir zwei kleine Hilfswerkzeuge von der ungefähren Größe des uns schon bekannten Durchschlags. Das ist einmal der Nietenzieher, mit dem die Bleche vor dem Anstauchen des Nietenschaftes fest zusammengezogen werden, zum andern der Kopfmacher, mit dem man den zunächst provisorischen Schließkopf des Niets zu einem ordentlichen und haltbaren Halbrund formt. Diese Arbeit geschieht also nicht nur im Interesse der Schönheit, sondern auch der zuverlässigen Haltbarkeit. Das Nietloch wird — sofern stärkeres Material nicht den Einsatz des Bohrers erfordert — mit dem Durchschlag geschlagen. Nachgerundet und vom Grat befreit wird es mit der Reibahle. Praktisch ist die Winkelreibahle mit je einem Vierkant- und einem Sechskantschenkel.

Die kreuzfidelen Kupferschmiede und alle sonstigen Bastler, die es auf umfangreiche Metall-Formarbeiten auf kaltem Wege abgesehen haben, benötigen für ihr Spezialgebiet eine kleine Sonderausrüstung, mit der die beiden hier vorherrschenden Techniken des Streckens und Stauchens bewältigt werden. Es handelt sich dabei gewissermaßen um eine Reihe kleiner Spezialambosse oder »Stöcke« mit entweder gerader, gerundeter oder kantiger Bahn, auf der das Werkstück mit dem Hammer bearbeitet wird. Während der Arbeit selbst steckt man diese Formeisen mit ihrem verjüngten Fuß in passend ausgestemmte Löcher eines genügend standfesten Arbeitsklotzes aus Holz.

Ihr Sortiment wird eröffnet vom Umschlageisen mit einer gestreckten, pultartigen Kantenbahn. Es dient vornehmlich zum Abkanten von Blechwinkeln. Eine ebenfalls kantige, jedoch runde Bahn hat das Bördeleisen, über dem Kreisbögen in Blech — etwa der Falzrand eines runden Dosenbodens oder -deckels — aufgebördelt werden. Eine völlig plane, quadratische Bahn hat dagegen der Polierstock zum Schlichten feiner Bleche, zum Falzen oder auch zum Nieten. Ähnliche Arbeitsstöcke sind die kleinen sogenannten »Fäuste« mit flachen oder halbkugelähnlich gerundeten Bahnen. Sie dienen zum Schlichten feiner Hohlformen, während die langgestreckten, runden Schweifstöcke und Sperrhaken zum Runden und Schweifen da sind. Das aktive Gegenstück zu dieser mehr passiven Stock-Reihe ist eine Sammlung von Hämmern, die dadurch auffallen, daß sie doppelbahnig sind, also keine Finne haben. Sie unterscheiden sich durch die verschiedenen Formen ihrer Bahnen. So hat der Schlichthammer zwei flache Bahnen, von denen die eine quadratisch, die andere kreisrund ist. Der Treibhammer zum Ausformen von Flächen und Rundungen arbeitet mit zwei kugelköpfigen Bahnen, während der Schweifhammer die Eignung zum streckenden Schlag seinen halbrunden Bahnen verdankt. Eine Sonderform des Schweifhammers ist der Sickenhammer.

Das einzige warme Verfahren aus der gesamten Metall-Bearbeitung, das für uns Bastler wichtig werden kann, ist das Löten. An der Spitze des dazu erforderlichen Werkzeugs steht der Lötkolben, von alters her als kupferner Hammerlötkolben im Schwange, von modernen Menschen in der Gestalt des Elektro-Lötkolbens bevorzugt. Der Elektro-Lötkolben, der durch einen eingebauten Heizwiderstand angewärmt wird, hat für uns nicht nur wegen seiner sauberen Manieren und wegen der bequemen Art des Aufheizens große Vorzüge, sondern gute Geräte dieser Art besitzen daneben verstellbare Schwenkfüße und auswechselbare Lötspitzen, so daß man mit ihnen auch sehr feine Lötungen an schwer zugänglichen Stellen ausführen kann.

Sehr viel billiger in der Anschaffung allerdings ist der Hammerkolben oder der Spitzkolben. Man kann beide über dem Bunsenbrenner oder notfalls über dem Gaskocher anwärmen. Normalerweise macht man das jedoch mit der benzingespeisten Lötlampe, mit der auch größere Lötstellen vorgewärmt werden, um ein allzu plötzliches Erstarren des Lötmittels zu vermeiden. Leider ist der Umgang mit der Lötlampe nicht ganz ungefährlich, denn sie besitzt die Eigenschaften eines Flammenwerfers und entwickelt Temperaturen, die ausreichen, eine komplette Werkstatt mühelos in einen Aschenhaufen zu verwandeln. Dennoch sollte der Gewissenhafte ihre

Gesellschaft dulden, weil sie hervorragend dazu geeignet ist, Metalle, die sich während der Treibarbeit unter stetem Hammerschlag gehärtet haben, durch Ausglühen wieder schmiegsam zu machen. Zur Vollständigkeit des Lötgeschirrs gehört schließlich noch ein Dreikantschaber, mit dem die fertige Lötnaht von überschüssigem Lötmittel gereinigt wird, sowie ein Salmiakstein zum Verzinnen der Kolbenschneide. Lötwasser und Lötzinn in Stangen oder als Draht gehören nicht zu den Werkzeugen, sondern zu den Verbrauchsgütern.

Die Pflege des Werkzeuges

Selbst das beste Werkzeug verliert sehr bald alle seine guten Eigenschaften, wenn man ihm nicht die notwendige Pflege angedeihen läßt. Dazu gehört in erster Linie eine schonende und praktische Unterbringung. Am wenigsten wohl fühlt sich das Werkzeug in einer Kiste, in der alles wie Kraut und Rüben durcheinanderpurzelt. Sobald der Werkzeugbestand über einen gewissen Umfang hinauszuwachsen beginnt, wird der Zeugrahmen oder besser noch der verschließbare Werkzeugschrank zur Heimstatt unseres hilfreichen Geräts. Erster Grundsatz für seine Einrichtung heißt: Äußerste Raumausnutzung bei überdeckungsfreier Hängung der Werkzeuge. Bohrer oder Kleingeräte gehören in Steckhölzer, alle Eisen hängen – der Breite nach geordnet – mit der Schneide nach unten in Hängeleisten, die so konstruiert sein sollen, daß das einzelne Werkzeug nicht von oben hineingesteckt wird, sondern von der Frontseite her eingehängt werden kann. Nur so werden Rangierprobleme vermieden, denn Schrank oder Zeugrahmen sind nur dann wirklich praktisch eingerichtet, wenn man jedes Einzelstück mit einer Hand schnell greifen und mühelos wieder an seinen Platz zurückhängen kann, ohne daß man mit anderen kollidiert.

Für Bildhauereisen und Schnitzmesser gibt es übrigens recht praktische Wickeltaschen aus Segeltuch, Leder oder

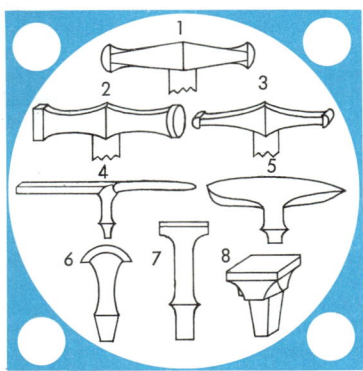

Spezialhämmer und Formeisen für Treibarbeiten: 1 Treibhammer – 2 Schlichthammer – 3 Schweifhammer – 4 Sperrhaken – 5 Schweifstock – 6 Bördeleisen – 7 Umschlageisen – 8 Polierstock

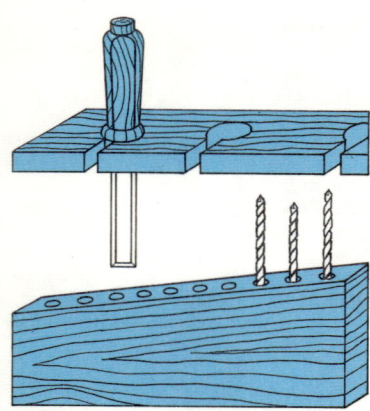

Hängeleiste und Steckholz für die Unterbringung des Werkzeugs auf dem Zeugrahmen oder im Werkzeugschrank

Kunststoff, in denen jedes Eisen in einem separaten Fach steckt, so daß die Schneiden nicht gegeneinanderschlagen können, selbst wenn die Tasche zusammengerollt wird. Diese Vorrichtung bewährt sich besonders in der Hand eines Menschen, der hin und wieder mit seinem Handwerkszeug auf die Wanderschaft geht.

Größter Feind allen Werkzeugs ist die Feuchtigkeit, oder vielmehr der durch sie erzeugte Rost. Werkzeuge, die im Freien benutzt oder sonstwie der Feuchtigkeit ausgesetzt worden sind – zum Beispiel Sägeblätter, mit denen nasses Holz geschnitten wurde –, sollte man unverzüglich trockenreiben und leicht einfetten. Alle – auch nur gelegentlich benützten – Werkzeuge sollten von Zeit zu Zeit mit Knochenöl oder Vaseline eingerieben werden. Wo sich dennoch Rostflecke zeigen, müssen diese mit Hilfe von Petroleum entfernt werden. Sandpapier erzielt nur Scheinerfolge. Es hinterläßt Schmirgelriefen, zerkratzt die Politur und kommt damit der Rostbildung nur entgegen.

Daß alle gleitenden Teile, also Zangengelenke, Spindeltriebe an Schraubzwingen, Schraubstöcke usw. regelmäßig eingefettet werden müssen, braucht dem gewissenhaften Bastler nicht erst durch deren quietschenden Gang in Erinnerung gebracht zu werden. Das einzige Stahlwerkzeug, dem Öl oder Fett in jeder Form ein Greuel ist und seine Leistung schmälert, ist die Feile. Feilen wollen nicht gleiten, sondern beißen. Das aber können sie nur, wenn ihr Blatt peinlichst vor jeder Berührung mit Fett bewahrt bleibt. Schon ein Fingerdruck aufs Blatt kann eine stumpfe Zone verursachen. Fettige und verschmierte Feilen müssen darum in Petroleum ausgebürstet werden.

Überhaupt ist die Sauberhaltung ein wichtiges Kapitel der Werkzeugpflege. Aus Fett, Staub und Feilspänen bildet sich mit der Zeit eine Schmirgelpaste, die auch in kleinen Mengen von erheblicher Verschleißwirkung ist. Feilen und Raspeln wollen nach der Arbeit grundsätzlich und gründlich mit der Stahlbürste ausgefegt werden, damit sich ihr Hieb nicht verstopft. Hobelsohlen tummeln sich nicht selten auf harzigen Holzoberflächen herum und verschmutzen. Harzreste, wenn sie getrocknet sind, ergeben auf der Hobelsohle – ebenso wie Leim, Farbe oder Lack – eine Art von Hornhaut, von der man natürlich keinen sauberen Hobelgang verlangen kann. Also stets peinlich sauberhalten und leicht einölen!

Es sollte zwar nicht passieren, kommt aber hin und wieder doch einmal vor, daß sich die Hobelsohle verzieht und nicht mehr völlig plan ist. Um sie zu richten, legt man einen Bogen feinen Sandpapiers auf die Richtplatte oder sonst eine garantiert plane Unterlage und fährt darauf so lange mit dem Hobel hin und her, bis die Sohle einen völlig gleichmäßigen Schliff zeigt. Hobelsohlen verziehen sich meistens dann, wenn das Eisen allzu kräftig festgekeilt worden ist.

Das Sägeblatt ist für eine eifrig geübte Zahnbürstenhygiene – insbesondere nach dem Schneiden feuchten Holzes – sehr dankbar. Metall- und Schreiner-Spannsägen wollen nach der Arbeit Feierabend machen. Man entspanne also bei »Ruhe im Betrieb« die Sägeblätter!

Bilden sich an Meißelköpfen, auf dem Rücken altgedienter Hobeleisen, am Durchschlag oder an den Kanten stählerner Bankhaken, die als Amboß mißbraucht wurden, auch nur Spuren von Grat, so sollen sie der eigenen Sicherheit wegen sofort entfernt werden. Derartig ramponierte Werkzeugköpfe stellen nicht bloß dem Besitzer ein schlechtes Zeugnis aus, sondern sind auch recht gefährlich. Solange der Grat noch festsitzt, wirkt er als Messer am falschen Ort, splittert er aber unter kräftigem Hammerschlag ab und verwandelt sich so zum Geschoß von nicht zu unterschätzender Durchschlagskraft, so kann das leicht ins Auge gehn! Werkzeugköpfe, die dem Hammerschlag ausgesetzt sind, sollen stets mit einer schmalen Fase angefeilt werden.

Es ist böswillige Unterstellung, zu behaupten, die Vielzahl der verschiedenen Werkzeuge sei nur deshalb ersonnen, um den armen Bastlern das Geld aus der Tasche zu locken. Sicherlich erscheint in Einzelfällen die Spezialisierung auf die Spitze getrieben, dennoch entbindet dies nicht vom Einhalten der Regel, jedes Werkzeug nur und ausschließlich für die ihm zugedachte Arbeit zu benutzen. Ein Stechbeitel ist kein Schraubenzieher, eine Zange kein Hammer, der Hobelkasten kein Schlegel für das Stemmeisen, und die Spannsäge ist nicht zum Sägen von Eisenteilen da. Wer sein Werkzeug zweckentfremdet, darf sich nicht wundern, wenn er an den mißhandelten Geräten bald keine Freude mehr hat.

Wichtigstes Kapitel der gesamten Werkzeugpflege ist das Schleifen der Eisen und sonstigen Schneidwerkzeuge. Stumpfe Eisen sind schlimmer als gar keine, denn sie taugen nur zur Erhöhung der Unfallquote und des Leukoplastverbrauchs.

Als praktische Universalschleifmaschine für die Bastlerwerkstatt hat sich eine Schmirgelscheibe mittlerer Körnung mit Handkurbelantrieb und Zahnradübersetzung erwiesen. Wer sich einen derartigen Handschleifapparat kaufen will, wähle eine Scheibe nicht zu geringen

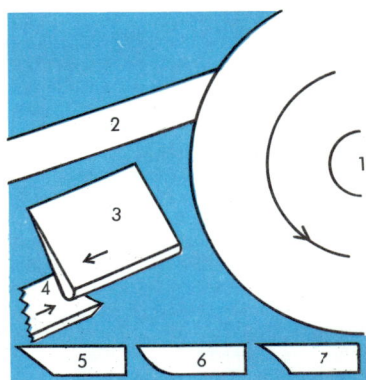

Guter Schnitt des Werkzeugs durch richtiges Schleifen: Die Drehrichtung des Schleifsteins (1) verläuft gegen das Eisen (2) — Mit einem gerundeten Abziehstein (3) wird die Spiegelseite des Hohleisens (4) gegen den Strich abgezogen — 5 Richtig geschliffene Fase — 6 Ballige Fase — 7 Hohlschliff

Durchmessers von genügender Mantelbreite. Bei zu kleiner Scheibe ist die Krümmung der Mantelfläche so stark, daß man auf ihr statt eines geradflächigen Fasenschliffs einen Hohlschliff erzielt. Das tut der Schneidfähigkeit zwar keinen Abbruch, aber die Schneide »steht« nicht. Das Eisen wird allzubald wieder stumpf und muß neu geschliffen werden. Des Liedes trauriges Ende sind schnell aufgebrauchte Werkzeuge. Mit anderen Worten: die kleine Schmirgelscheibe frißt Werkzeuge und wird trotz ihres niedrigen Anschaffungspreises auf die Dauer sehr teuer.

Beim Eisen — gleichgültig, ob es sich um ein Hobeleisen oder um einen Stechbeitel handelt — schneidet nicht nur die Schneide, sondern auch die Fase. Sie darf weder zu flach noch zu steil verlaufen, ist sie zu steil, keilt sich das Eisen im Holz fest, ist sie zu flach, schneidet das Eisen zwar sehr gut, nutzt sich aber zu schnell ab und bricht leicht aus. Bindende Maße sind für die Fasenlänge nicht anzugeben; sie gehört zu den Dingen, die man im Gefühl haben muß. Im allgemeinen darf die Fase bei weichen Hölzern etwas länger sein als bei harten. Als grobe Faustregel gilt, daß sie doppelt so lang sein soll oder darf, wie das Blatt des betreffenden Eisens dick ist.

Die ideal geschliffene Fase ist eine im mathematischen Sinne plane Fläche. Hohlschliff ist gegenüber der rund oder »ballig« geschliffenen Fase das weitaus kleinere Übel. Eisen mit ballig zugerichteter Fase werden niemals vernünftig schneiden, und seien sie noch so scharf. Die Erklärung dafür liegt auf der Hand: Während des Stechens gleitet das Eisen mit seiner Fase über das Holz. Hat die Fase nun aber einen Hängebauch, so schwebt die Schneide sozusagen in der Luft und stößt ins Leere. Die rund geschliffene Fase ist in fast allen Fällen der Grund dafür, daß der Unkundige trotz eifrigen Schleifens keinen Schnitt in sein Eisen bekommt, statt dessen aber graue Haare vor Kummer, wenn sein »noch ganz neues« Eisen buchstäblich im Handumdrehen bis auf die Krone heruntergeschliffen ist.

Geschliffen wird immer nur die Fase, niemals die Spiegelseite des Eisens, wobei die Drehrichtung der Scheibe gegen das Eisen verlaufen soll. Da die Scheibe trocken läuft, ist beim Schleifen äußerste Wachsamkeit vonnöten. Je feiner ihre Körnung und je höher die Tourenzahl, um so stärker wird die Reibungswärme, und immer gerade dann, wenn das Eisen fast fertig geschliffen ist, läuft es blau an, weil es ausglüht. Das geht unheimlich schnell! Ein ausgeglühtes Eisen aber ist weich, es schneidet nicht mehr. Sorgen Sie also beim Schleifen stets für einen Topf mit Kühlwasser, in dem sich das Eisen häufig genug von der Strapaze auf der Scheibe erholen kann.

Geschliffen wird, bis längs der Schneide auf der Spiegelseite des Eisens ein gleichmäßig feiner Grat ansteht. Danach bekommt es den letzten Feinschliff auf dem Abziehstein. Dieser soll gerade und nicht zu hart sein. Gut bewährt haben sich Tonschiefer oder die sogenannten Belgischen Brocken. Achten Sie beim Einkauf des weichen gelblichen Steins darauf, daß Sie ein ungeädertes, also nichtmarmoriertes Stück bekommen. Die Adern sind härter als die übrigen Stein-partien und beeinträchtigen das Abziehen.

Auf dem angefeuchteten Stein wird zunächst die flach aufliegende Spiegelseite mit kreisenden Bewegungen abgezogen, sodann die Fasenseite mit geradem Strich in Richtung gegen das Eisen. Das alles hat unter nur mäßigem Druck zu erfolgen, denn es handelt sich ja hierbei nur um eine feine Nachbearbeitung. Beide Seiten des Eisens werden wechselweise so lange bearbeitet, bis der Schleifgrat völlig verschwunden ist und die Schneide bei Aufsicht keinerlei hellen Schimmer mehr zeigt. Die sich auf dem Abziehstein allmählich bildende »Schleiferbrühe« muß hin und wieder weggewischt und durch frisches Wasser ersetzt werden. Niemals darf auf trockenem Stein abgezogen werden! Da der gerade Stein gegenüber der gerundeten Spiegelseite eines Hohleisens machtlos ist, wird diese mit einem keilförmigen oder einem sehr flachen Stein, dessen Schmalseiten abgerundet sind, abgezogen. Nicht jedesmal, wenn die Schneidfähigkeit des Eisens nachläßt, muß es wieder auf die Schmirgelscheibe. Man kann nach jedem Schleifen seine volle Schärfe mehrmals dadurch wieder herbeiführen, daß man es auf einem Korundstein abzieht, ehe man ihm die feine Nachbehandlung auf dem Belgischen Brocken angedeihen läßt. Ein Eisen ist scharf, wenn die Haare fliegen, sobald man sich mit der trocken gewischten Schneide über den Unterarm oder den Handrücken fährt.

Für den letzten Oberflächenschnitt des Bildhauereisens wird die Schneide auf einem Lederriemen abgezogen, über den man zuvor ein paarmal mit einem Bleistab oder einer sauberen Stange Lötzinn hinweggestrichen hat. Ein so poliertes Eisen ergibt einen wunderbar sauberen Schnitt, unter dem die Struktur des Holzes klar zutage tritt.

Beim Zurichten der Säge kommt vor dem Schärfen das Schränken. Man versteht darunter das wechselweise nach links und rechts erfolgende Herausbiegen der einzelnen Zähne aus der Ebene des Sägeblattes. Dadurch wird jedem einzelnen Zahn beim Vorstoßen der Säge die Möglichkeit der Spanabnahme gegeben. Je stärker die Schränkung ist, desto breiter ihr Schnitt, desto mehr »Weg« hat die Säge. Man soll die Schränkung jedoch nicht so weit treiben, daß der Weg breiter wird, als das Anderthalbfache der Sägeblattdicke ausmacht. Sonst wird der Schnitt zu grob, und die Säge läuft zu schwer. Geschränkt wird die Säge mit dem Schränkeisen oder mit der Schränkzange. Dazu spannt man das Blatt in die Feilkluppe, so daß es nicht federn und nachgeben kann, und biegt zunächst alle linksweisenden, sodann alle rechtsweisenden Zähne – oder umgekehrt – aus. Wesentlich ist, daß Links- und Rechtsschränkung völlig gleichmäßig erfolgen, andernfalls läuft die Säge aus dem Schnitt. Eine gleichmäßige Schränkung erreicht man mit der Zange sehr viel müheloser als mit dem Schränkeisen.

Das Schränken ist nicht etwa, wie viele Menschen glauben, eine einmalige Angelegenheit. Bei jedem Schärfen der Säge wird ja eine Kleinigkeit von der Spitze des einzelnen Zahnes weggenommen, während dessen Basis tiefer in das Sägeblatt hineinwächst. Damit wird auch die Schränkung langsam weggefeilt, abgesehen davon, daß sie sich, im Laufe der Zeit, besonders bei unsicherer Führung der Säge auch weggedrückt.

Nach dem Schränken wird die Säge geschärft. Das erfolgt ebenfalls in der Feilkluppe, und zwar nur mit einer Dreikantfeile, die dabei genau rechtwinklig zum Sägeblatt geführt wird. Das Blatt wird stets in seiner ganzen Länge von vorn bis hinten gegen den Stoß der Säge durchgefeilt. Dabei wird die Feile so durch die einzelnen Zahnlücken geführt, daß mit einem einzigen Strich Rücken und Brust zweier aufeinanderfolgenden Zähne geschärft werden. Man lasse sich nicht dazu verleiten, eine Säge anders als mit einer Dreikantfeile zu schärfen! Während dieser Arbeit faßt man die Feile beidhändig. Die Rechte greift das Heft, während die Linke das Werkzeug an der Spitze faßt und es während des Strichs im letzten Teil seines Weges leicht anhebt. Damit man den gestreckten Schnitt der Säge im Laufe der Zeit nicht zu einer Berg- und-Tal-Bahn ausfeilt, bekommen alle Zahnlücken immer nur die gleiche Anzahl von Feilstrichen. Die Säge ist scharf, wenn ihre Zähne bei der Aufsicht keine blanken Spitzen mehr zeigen.

3 Was ist das?

Kleines Kompendium oft gebrauchter handwerklicher Begriffe und Arbeitstechniken.

A

Abbeizen: Verfahren zum Entfernen alter Öl- und Lackanstriche mit Hilfe ätzender, lösender oder kombinierter Abbeizmittel. Die lösenden Mittel werden mehrfach mit einem alten Pinsel auf die zu säubernde Fläche aufgetragen und nach kurzer Einwirkungszeit zusammen mit der aufgelösten Farbe mit dem Spachtel abgeschabt. Die ätzenden Mittel enthalten starke Laugen und verseifen das Öl der Farbe, sind aber gegen Nitro-, Spiritus- und Kunstharzlacke wirkungslos. Lösende Mittel sind bei furnierten oder Naturholzflächen den alkalischen vorzuziehen, da diese das Holz dunkel färben. Auch erfordern die lösenden Mittel keine Nachbehandlung. Nach dem Abbeizen mit alkalischen Mitteln muß der Malgrund sorgfältig mit einer schwachen Säure neutralisiert und abgewaschen werden. An die Stelle der chemisch wirkenden Abbeizmittel kann bei größeren, ebenen Flächen auch die Lötlampe treten. Mit ihr werden die alten Anstriche abgebrannt und – solange sie unter der Hitzewirkung noch weich sind – mit dem Spachtel abgeschabt.

Abbinden: Im Baufach allgemein das Trocknen und Festwerden des Mörtels oder des Betons. Die Dauer des chemischen Abbindeprozesses und die durch ihn bewirkte Festigkeit ist abhängig vom Wassergehalt des Gemenges. In der Möbeltischlerei wird oft auch das Trocknen des Leims als »Abbinden« bezeichnet.

Abkanten: Das Biegen eines Blechwinkels in eckiger oder, bei stärkerem Material, in leicht gerundeter Kante. Abgekantet wird auf dem Umschlageisen, über den Backen des Spannwinkels, über der Amboß- oder einer sonstigen geraden Stahlkante.

Abrichten: Das Glätten oder Ebnen eines Werkstücks durch Hobeln, Feilen (Schlichten) oder Schleifen. In der Tischlerei werden die zugeschnittenen Bretter über den »Abrichter«, eine Art Hobelmaschine, geschickt, auf der sie mit genau parallelen Seitenflächen und rechtwinkligen Kanten abgerichtet werden. Auch Sägeblätter, deren Zähne nach mehrfachem Schärfen nicht mehr alle gleich hoch sind, werden abgerichtet. Diese recht mühevolle und schwierige Zurichtung besteht aus zwei Arbeitsgängen. Im ersten werden sämtliche Zähne mit einer in der Längsrichtung des Sägeblattes geführten Flachfeile auf gleiche Höhe zurückgefeilt. Danach muß man die abgeplatteten Zähne mit der Dreikantfeile wieder in die richtige Form bringen und auf den ursprünglichen Stoß zufeilen.

Abschrecken: Schnelles Abkühlen glühender Werkstücke in einem Wasser-, Öl- oder Salzbad zum Erreichen besonderer Härtegrade. Fabrikationsgang bei der Stahlherstellung.

Absetzsäge: Spannsäge des Schreiners mit verstellbarem Blatt von verschiedener Breite und Zahnung.

Alabaster siehe Gips.

Ampere: Maßeinheit für die Stärke des elektrischen Stromes (Zeichen: A).

Arkansasstein: Abziehstein für Schneidwerkzeuge. Sogenannter Ölstein, weil man auf ihm nicht mit Wasser, sondern mit Öl abzieht. Ölsteine dürfen nicht trocken liegen, sie sollen in Petroleum aufbewahrt werden.

Ausnageln: Das Lösen genagelter Holzverbindungen mit der Kneifzange oder bei schweren Nagelungen mit der Klaue des Lattenhammers.

Azeton: Farblose, leicht brennbare Flüssigkeit von eigentümlichem Geruch, die infolge ihres sehr niedrigen Siedepunktes (56°) schon bei Zimmertemperatur verdampft. Azeton entsteht bei der Trockendestillation von Holz. Es ist mit Wasser, Alkohol und Äther mischbar. Dient als Lösungsmittel für organische und anorganische Stoffe in der Lack- und Klebstoff-Fabrikation und als chemisches Ausgangsmaterial für viele andere Stoffe. Vorsicht, Feuergefahr! Azeton stets in gut schließenden Gefäßen aufbewahren.

B

Backenfutter: Einspannvorrichtung für Werkzeuge oder Werkstücke. Es gibt Zwei-, Drei- oder Vierbackenfutter, deren einzelne Spannbacken mit einem Spannschlüssel zentral bewegt werden und das Werkzeug oder Werkstück gemeinsam umfassen. Ähnlich arbeitet das Zangen- oder Klemmfutter, wie es an Bohrwinden, Handbohrmaschinen oder am Drillbohrer Verwendung findet. Es besteht aus einer geschlitzten Buchse, deren Kegelstücke von einer Überfangverschraubung radial zusammengepreßt werden und so das Werkzeug halten.

Balsaholz: Gelblichweiße weiche bis mittelharte Holzarten aus Zentralamerika und dem nördlichen Südamerika. Als leichtestes Nutzholz der Welt wird es von den Eingeborenen zum Boots- und Floßbau benutzt. Findet industriell im Flugzeugbau und als Wärmedämmstoff Verwendung. Für den Bastler geeignetes Stützmaterial im Flugmodellbau, für Luftschrauben und Schiffsmodelle.

Band: Bau- und Möbelbeschlag zum drehbaren Aufhängen von Fenstern und Türen. Häufigste Arten sind das gerade Band (Langband), das Kreuzband, das Winkelband für schwere Türen, das Aufsatz-, das Scharnier- und das Klavierband. Bei den an Fenstern und Türen gebräuchlichsten Bändern unterscheidet man den Stocklappen mit Stock oder Kloben und den Bandlappen mit der Rolle. Derartige Bänder lassen sich aushängen, nicht dagegen das Scharnier- und das Klavierband.

Bandstahl, fälschlich meistens Bandeisen genannt: in Rollen gehandelte Stahlstreifen von 0,05 bis 5,0 mm Dicke. Breite ab 10 mm. Halbzeuge aus Baustahl über 5,0 mm Dicke werden als Flachstahl bezeichnet.

Bastardfeilen siehe Feilen.

Beizen: Oberflächenbehandlung fester Körper zur Reinigung oder Färbung. Holzoberflächen werden gebeizt, wenn man eine Dunkeltönung erreichen will, ohne daß die Maserung des Holzes verlorengehen soll. Man unterscheidet wasserlösliche, spirituslösliche und chemische Beizen. Am bekanntesten ist die Nußbaum-Körnerbeize, ein tiefbraunes Granulat, das in Wasser oder Spiritus gelöst wird. Sodazusätze erhöhen die Haltbarkeit der Beize. Salmiakgeist intensiviert ihre Farbgebung. Nach dem Beizen wird die Holzoberfläche geschliffen und mit Wachs oder Mattine nachbehandelt. Wachsbeizen, die als fertige Lösungen mit einem Wachszusatz käuflich sind, ergeben einen matten Glanz, wenn man die Oberfläche nach dem Trocknen ohne sonstige Nachbehandlung kräftig mit einer Roßhaarbürste poliert. Das Verarbeiten chemischer Beizen ist schwierig und erfordert viel Erfahrung.

Beton siehe Mörtel.

Bindemittel: Allgemein Stoffe zum Zusammenhalten, Verkitten oder Verkleben fester Körper. Wichtigste Bindemittel in der Malerei sind Leinöl und Leinölfirnis für Ölfarbe, Lacke für Lackfarben, Emulsionen aus Wasser und Öl oder Harz (Kunstharz) für Binderanstriche (Emulsionsanstriche) und Leim (Pflanzen- und Zell-Leim) für Leimfarbenanstriche. Sie bewirken die Bindung des in sich geschlossenen Films, in dem die Farbe beim fertigen Anstrich erstarrt. Gleichzeitig schaffen sie eine feste Verbindung zwischen Farbe und Untergrund. Im Baugewerbe werden die Zement- und Kalkanteile im Mörtel und Beton als Bindemittel bezeichnet, im Gegensatz zu den Zuschlagstoffen (Sand, Kies, Splitt usw.).

Binderanstrich siehe Bindemittel.

Bleiweiß: Wichtige Mineralfarbe für Außenanstriche von hohem Deckvermögen. Sehr wetterbeständig, dunkelt jedoch allmählich nach. Bleiweiß ist wie alle Bleiverbindungen giftig, seine Anwendung aus diesem Grunde möglichst zu vermeiden. In der Bastlerwerkstatt tritt an seine Stelle das ungiftige Zinkweiß.

Blindholz: Das billige, leichte Holz der Zwischenlagen bei furnierten Sperrplatten (Möbelplatten).

Bördeln: Aufbiegen eines Randes an gekrümmten Blechen, etwa zur Herstellung eines Falzrandes, oder um einem Werkstück die scharfen Kanten zu nehmen. Dabei muß das Material mit dem Hammer gestaucht, also in seinem Querschnitt verstärkt werden. Gebördelt wird mit dem Holzhammer über dem Bördeleisen.

Bunsenbrenner: Ein von dem deutschen Chemiker und Naturforscher Robert Bunsen (1811–1899) entwickelter Gasbrenner, dessen Prinzip auch bei der Konstruktion von Kochbrennern angewendet wird. Das aus dem Rohr des Bunsenbrenners austretende Gas saugt durch regulierbare Öffnungen Luft an, wodurch eine wesentliche Steigerung der Flammentemperatur erreicht wird. Der Bunsenbrenner brennt bei richtig geregelter Luftzufuhr mit schwach leuchtender Flamme.

C

CC-Lacke (Abkürzung für Chlorkautschuk-Lacke): Deckanstriche von hoher Widerstandskraft gegen chemische Einwirkungen. Käuflich als Lösungen von Chlorkautschuk in organischen Lösungsmitteln. Da Chlorkautschuk im Gegensatz zum Naturkautschuk sehr spröde ist, verlangen CC-Lacke besondere Weichmacher-Zusätze. Die Lacke werden in Verbindung mit Spezialverdünnungs- und Grundierungsmitteln verarbeitet, die von den Herstellerfirmen vorgeschrieben werden. Chlorkautschuk-Lacke trocknen sehr schnell auf.

Cellophan: Handelsname für Zellglas. Folien aus Hydratzellulose, die mit bestimmten Weichmachern geschmeidig gemacht sind. Nicht wasserfest. Mit einer Lackschicht überzogen, dienen sie als vielseitiges Verpackungsmaterial. Auf vielen Gebieten Ausweichstoff für das leicht entflammbare Zelluloid.

Ceresit: Handelsbezeichnung für ein porenschließendes Zusatzmittel zum Beton oder Zementmörtel (Sperrzusatz), welches das Gemenge wasserdicht macht; erforderlich bei Unterwasserbeton und Außenputz an Wetterseiten.

Chromleim: Tischlerleim (Glutinleim), der durch einen Chromzusatz wasserfest gemacht ist. Zur Herstellung werden ca. zwei Gewichtsteile doppelchromsaures Kali in zehn Teilen Wasser gelöst und dem heißen Tischlerleim zugesetzt. Da Chromleim lichtempfindlich ist, müssen Herstellung und Verarbeitung im Dunkelkammer (rotes Licht!) erfolgen. Auch ist der Leim lichtgeschützt aufzubewahren. Werden die geleimten Stücke später dem Licht ausgesetzt, geht der Leim mit dem Chrom eine wasserunlösliche Verbindung ein.

D

DD-Lacke: Chemisch härtende Lacke auf Kunststoffbasis (Polyurethane) von großer Widerstandsfähigkeit gegen mechanische und chemische Einwirkungen. Auch Versiegelungslacke genannt, weil sie nicht wie gewöhnliche Lacke als Film auf dem Untergrund (Holz, Putz, Mauerwerk) liegenbleiben, sondern tief in die Poren eindringen, wodurch eine ungewöhnlich feste »Versiegelung« mit dem Auftragsgrund zustande kommt. Die Lacke werden in zwei oder drei getrennten Bestandteilen (Komponenten) geliefert und dürfen erst kurz vor der Anwendung zusammengegossen werden. Sie sind mit äußerster Vorsicht zu verarbeiten, da sie in flüssigem Zustand leicht entflammbar sind und durch ihre Ausdünstungen die Atmungswege stark reizen. Gebrauchsanweisung und Sicherheitsvorschriften genau beachten!

Dextrin: Weißes oder gelbliches Stärkegummi-Pulver, das in heißem Wasser vollkommen löslich ist. Dient mit Zusätzen von Borax und Alkali als Papierkleister.

Doppelhobel siehe Hobel.

Douglasbohrer: Wenig gebräuchliche Bezeichnung für Schlangenbohrer.

Dreieckszeichen: Kennmarke in der Möbelschreinerei in Form eines gleichseitigen Dreiecks zur Kennzeichnung der Zusammengehörigkeit verschiedener Werkstücke nach Holzart, Seite, Faserverlauf oder gemeinsamer Fertigung.

Dübel: Holzpflock oder mit Innengewinde versehener Stahlkeil, der zur Befestigung von Traghaken oder Verschraubungen in Stein- und Betonwände oder Zimmerdecken eingelassen wird. Für die einfache Hängung von Bildern, leichten Borden, Garderobehaken o. ä. wird ein Stabdübel aus Langholz mit Gips oder Zementmörtel in einem passend vorgebohrten Loch vermauert. Schwere Gewichte erfordern einen Konusdübel, ein Vierkantholz mit breiter Grund- und schmaler Frontfläche. Das Setzloch muß ausgestemmt werden. Der Konusdübel wird mit der breiten Grundfläche nach hinten mit Zementmörtel eingemauert; Gips hält die von ihm geforderte Belastung nicht aus. Die aus einer Metallhülse mit Asbestfüllung bestehenden Patent-Spreizdübel werden nicht vermauert, sondern halten sich dadurch, daß sie von dem eingeschlagenen Haken auseinandergetrieben werden. Sie erfordern maßgenaue Bohrlöcher, die auf ihren jeweiligen Durchmesser abzustimmen sind. In der Schreinerei dienen eingeleimte Holzdübel zur nagelfreien Verbindung zweier Werkstücke in einer Ebene oder zur Ecke.

E

Elektro-Vielzweck-Werkzeug: Eine Kombination verschiedener Kleinwerkzeug-Maschinen zum Bohren, Schleifen, Fräsen, Sägen, Drehen, Polieren usw., deren Grundelement und Antriebsaggregat aus einer elektrisch betriebenen Handbohrmaschine besteht. Das Spannfutter der Maschine ist so ausgebildet, daß es die unterschiedlichsten Werkzeuge, deren Wirkung auf Rotation beruht, aufnehmen kann. Das ganze Werkzeug wird entweder frei beweglich benutzt oder kann in Verbindung mit einer Reihe von senkrecht oder waagerecht angeordneten Spezialhalterungen und Tischen zu stationären Bohrmaschinen, Drehbänken oder Schleifapparaten abgewandelt werden. Eine biegsame Welle gestattet die Kraftübertragung auf Dekupier- und Kreissägen, aber auch auf frei bewegliche Kleinwerkzeuge, wie Bohrer, Fräsen, Polierbürsten usw. Das große und sehr vielseitige Sortiment von Zusatzgeräten zu der Handbohrmaschine kann in der Bastlerwerkstatt einen ganzen Maschinenpark für die Bearbeitung von Holz, Metall und Kunststoffen ersetzen.

Erdfarbe siehe Körperfarbe.

Eternit: Dämmplatte aus Asbestzement für Decken- und Wandverkleidungen. Wird auch zu profilierten Bauelementen, Blumenkästen, Gewächsschalen oder ähnlichen Behältern verarbeitet.

F

Falle: Teil des Türschlosses, das durch den Drücker bewegt wird und die Tür geschlossen hält. Man unterscheidet die »hebende Falle« (meist an Kastenschlössern einfacherer Konstruktion), die sich beim Druck auf den starren Hebel des Drückers aus dem Schließkloben heraushebt, und die »schließende Falle«. Bei dieser ist der Hebelarm des Drückers durch ein Gelenk unterbrochen. Dieses bewirkt, daß die Falle in einer Ebene hin- und hergleitet und in das Fallenloch des im Türrahmen sitzenden Schließbleches »einklinkt«.

Faltwerk: Alte Schmuckform der Tür- und Wandfüllungen bei Rahmenbau-Möbeln. Um die großen Flächen derartiger Füllungen zu beleben oder sie der Architektur des ganzen Möbels harmonisch einzuordnen, wurden sie in geradlinig (meist senkrecht) verlaufende Falten aufgeteilt. (Schnitztechnik.)

Fase: Abgeschrägte Kante eines Flachstahls, Vierkantholzes oder ähnlichen Gegenstandes. Im besonderen die schräg zum Blatt angeschliffene Schneidenfläche bei spangebenden Werkzeugen. Derartige Werkzeuge können einfasig (Stechbeitel, Hobeleisen) oder zweifasig (Messer, Meißel) geschliffen sein.

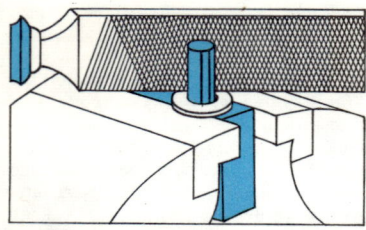

Modellieren eines Zapfens mit der Flachfeile. Die Absetzkante wird möglichst lange durch eine Unterlegscheibe geschützt

Feilen: Spangebende Werkzeuge zur Bearbeitung von Metall, Holz, Kunststoffen und anderen Werkstoffen. Die Spanabnahme erfolgt durch den Hieb, der das Feilenblatt in viele Schneiden aufteilt. Man unterscheidet einhiebige Feilen mit nur einer Schar parallel liegender Hiebe zum Bearbeiten weicher Werkstoffe und zweihiebige Feilen mit sich kreuzenden Hieben (Unter- und Oberhieb) zum Bearbeiten harten Materials. Feilen mit Raspelhieb (zum Bearbeiten weicher Werkstoffe) haben einzelne Erhöhungen als Schneiden. Je härter der Werkstoff, desto feiner muß der Hieb der Feile sein. Je nach der Feinheit des Hiebes spricht man von Schruppfeilen, Bastardfeilen und Schlichtfeilen, von denen die letztgenannten zur Feinbearbeitung und zum Glätten (Schlichten) der fertig geformten Oberfläche dienen. Die genauen Bezeichnungen der einzelnen Feilen sind nach DIN genormt. Für feine Bastlerarbeiten sind die kurzen Schlüsselfeilen interessant. Zur Technik des Feilens: Werkstück unter Beilegung von Schutzbacken stets fest in den Schraubstock einspannen. Es darf nicht federn! Feile mit rechter Hand so am Heft packen, daß der Daumen oben liegt. Das Feilenende wird von der Linken mit aufliegendem Handballen geführt. Die Spanabnahme erfolgt beim Vorstoß. Ruhig und gleichmäßig arbeiten: Feile langsam unter kräftigem Druck vorstoßen, schnell und ohne Druck zurücknehmen. Feile stets gerade halten, jedes Schaukeln mit ihr ist zu vermeiden. Beim Bearbeiten großer Werkstücke wird die Feile in annähernder Diagonalrichtung über die Feilfläche geführt, wobei sie während des Vorstoßens um nicht ganz die eigene Blattbreite parallel versetzt wird. Die Angriffsrichtung der Feile wird während der Arbeit ständig gewechselt. Die genaue Beobachtung des Feilstriches ermöglicht eine Kontrolle, ob die ganze Fläche erfaßt wird. Maßhaltiges Feilen verlangt häufige Kontrollen der Arbeit mit Winkel, Schublehre oder Mikrometer.

Beim Ausarbeiten von Zapfen oder Absätzen wird das Werkstück so in den Schraubstock gespannt, daß die Absetzgrenze in Höhe der Backen liegt. Gefeilt wird mit der Flachfeile, deren unbehauene Schmalseite dabei an der Absatzkante gleitet. Runde Zapfen zunächst als Vierkant anlegen, dann mehrkantig feilen und durch stetes Brechen der Kanten unter rundgreifender Feilenbewegung den Zapfen ausmodellieren. Niemals auf den gehärteten Schraubstockbacken feilen. Während der ersten Arbeitsgänge über den Zapfenschaft einen Unterlegring schieben, der den Schraubstockbacken aufliegt.

Fettspuren von Feile und Feilfläche fernhalten! Nicht mit dem Finger auf die Oberfläche des Werkstücks tupfen. Feilenhieb während der Arbeit hin und wieder mit Stahlbürste ausbürsten.

Die feine Schlußbearbeitung der Oberfläche nach dem Zufeilen der gewünschten Form heißt Schlichten. Dabei wird das feinhiebige Blatt der Schlichtfeile nicht stoßweise geführt, sondern reibend, mit der Breitseite voran, über die Fläche geführt. Damit sich keine Feilspäne in den Hieb setzen und die Oberfläche zerschrammen, wird die Feile kräftig mit Kreide eingerieben.

Feilkloben: Haltewerkzeug für kleine Arbeitsstücke nach Art eines verkleinerten Flaschenschraubstockes, das mit der Hand gehalten wird. Praktisches Gerät zum Zufeilen von Schlüssel-Rohren und -Zapfen über dem Steckholz. Für schwaches Rundmaterial gibt es kleine Stielfeilkloben mit hohlem Griff und gerundeten Klemmbacken.

Fixativ: Wasserklares, lackartiges Schutzmittel für leicht verwischbare Zeichnungen (Kreide, Kohle, Pastell). Die gebräuchlichen Fixative bestehen aus Harzen oder harzähnlichen Stoffen in leicht verdunstenden Lösungsmitteln. Sie werden mit einem Zerstäuber auf die Zeichnung gesprüht, wodurch diese »fest gemacht« (fixiert) wird. Auch durch mehrmaliges Aufsprühen von Zaponlack kann man wertvolle Originale wischfest machen.

Furnieren: Verfahren der Oberflächenveredelung von Sperr- oder Massivholzplatten durch Abdecken mit einer sehr dünn geschnittenen Edelholzauflage, dem sogenannten Deckfurnier. Das Furnieren großer Flächen ist ein technisch recht aufwendiger Kleb- oder Leimvorgang, der so umfangreiche Hilfsvorrichtungen und Pressen voraussetzt, daß er dem Bastler versagt bleiben muß. Kleinere Flächen kann man selbst furnieren, wobei das Kaltverfahren mit Kunstharzklebern sehr viel leichter auszuführen ist als das früher ausschließlich und auch heute bei großen Möbelfabriken gern geübte Verleimen mit Glutinleim. Folgende Grundregeln sind zu beachten: Furnier und Grundplatte (Blindholz) müssen zuverlässig trocken sein. Bei Massivholz wird das Furnier so aufgebracht, daß die Faserrichtung von Furnier und Blindholz gleichläuft. Bei Sperrplatten verläuft die Faserrichtung des Furniers quer zu derjenigen der Plattenoberfläche. Stets müssen beide Seiten einer Platte mit gleich starkem Furnier überzogen werden, da sie sich sonst verzieht. Für die Rückseite kann Abfallfurnier oder billigeres Material verwendet werden.

Sollen bei stärkeren Platten auch die Seitenkanten veredelt werden, so werden diese zuerst furniert, damit im fertigen Stück das Furnier der Plattenfläche das Kantenfurnier überdeckt. Wenn man in der Fläche auf Stoß furnieren muß, so wird die Stoßkante der beiden Furnierstücke bei überlappten Enden (rechte Seite nach oben!) gemeinsam mit einem sehr scharfen Messer am sicher liegenden Stahllineal gemeinsam geschnitten. Dabei ist auf gleichmäßigen und möglichst gegeneinander nicht versetzten

Faserverlauf zu achten. Eine schräg zum Furnierstreifen verlaufende Stoßkante wirkt unauffälliger als eine gerade und hält besser. Werden Furnierstreifen in der Längsrichtung aneinandergestoßen, so müssen die Kanten sehr sauber und vollkommen gerade mit dem Putzhobel gefügt werden. Man spannt die Furnierblätter dazu am besten fest zwischen zwei hochkant gestellte Bretter und arbeitet mit der Rauhbank. Scharfes, äußerst knapp gestelltes Eisen! Die Spanabnahme muß haarfein erfolgen! Vor dem Kleben ist die Rückseite des Furniers und der Blindholzoberfläche völlig sauber und plan zu schleifen. Eventuelle Vertiefungen in Massiv-Unterholz werden mit Holzkitt oder selbstangesetzter Kreide-Leim-Paste ausgeglichen. Auf keinen Fall Ölkitt nehmen! Zum Verkleben beide Flächen mit Kunstharzkleber einstreichen. Hirnholzflächen einmal dünn mit Kleber vorstreichen, um die Poren zu schließen. Gebrauchsvorschrift und Ablüftezeit des jeweiligen Klebers genau beachten (sie schwankt je nach Raumtemperatur und verwendeter Marke zwischen etwa 5 und 15 Minuten). Nach dem Ablüften des Klebers das Furnierblatt auf den Untergrund legen und mit einem Tuch oder mit der Hammerbahn festreiben. Man arbeitet dabei von der Mitte her nach den Seiten zu. Besondere Sorgfalt erfordern die Kanten und Stoßstellen. Kunstharzkleber binden sehr rasch, nachträgliche Sitzkorrekturen sind nicht mehr möglich. Furnierblätter sind stets etwas größer zu wählen als die Blindholzfläche, überstehende Kanten nach dem Abbinden des Klebers mit Stechbeitel abzustechen und mit Putzhobel nachzuputzen. Fertig furnierte Flächen mit Ziehklinge abziehen und mit feinstem Sandpapier auf Schleifklotz in Faserrichtung schleifen. Soll das Furnier gebeizt werden, nach dem ersten Schliff mit feuchtem Schwamm wässern und nach dem Trocknen abermals schleifen.

G

Gehrung: Bei einer Eckverbindung von Holz oder Metallteilen das halbe Maß desjenigen Winkels (meist 45°), in dem die beiden Teile zusammenstoßen. Zum Anschneiden des Gehrungswinkels dient die Gehrungslade. Den Zusammenstoß im rechten Winkel (Bilderrahmen) nennt man »echte Gehrung«. Sie wird entweder stumpf zusammengestoßen oder mit einer eingeleimten Feder aus dünnem Sperrholz verstärkt. Recht schwierig auszuführen ist die Gehrung mit Schlitz und Zapfen.

Gewindekluppe, Schneidkluppe: Werkzeug zum Schneiden von Außengewinden auf Rohrwandungen oder Bolzen. Das Werkzeug besteht aus dem Schneideisen, das mit zwei Hebelarmen von Hand gedreht wird, und den verstellbaren Schneidbacken, die in das Gehäuse der Kluppe eingesetzt werden. Profil, Gangtiefe und Steigung des Gewindes werden von den jeweils verwendeten Schneidbacken bestimmt.

Gips: Weißliches, bisweilen gefärbtes, plastisch biegsames, großkristallisches Mineral. Eine sehr feinkörnige Gipsart ist der Alabaster. Durch Austreiben des chemisch gebundenen Wassers bei Erhitzung des Gesteins und anschließendem Mahlen entsteht gebrannter Gips. Dem Modell- oder Formgips sind etwa 75 Prozent des Kristallwassers entzogen. Je nach dem mit der Brenntemperatur variierenden Wassergehalt unterscheidet man Stuck-Gips (für Stuck- und Rabitzarbeiten), Putz-Gips (als Zusatz zum Kalkputzmörtel und für Vergipsarbeiten) und den sehr harten und festen Estrich-Gips (zur Herstellung von Gipsfußböden und Gipsbaukörpern). Der zweimal gebrannte und mit Alaun getränkte Marmor-Gips (Hartalabaster) dient zum Verfugen von Wandfliesen.
Gips bindet durch Wasseraufnahme (Gipsmörtel). Der Abbindeprozeß kann durch Zusatz von Borax oder Knochenleim verzögert, die Festigkeit dadurch erhöht werden. Alaun-, Wasserglas- und Glaubersalzzusätze steigern seine Härte erheblich, während Milch den Gips besonders schmiegsam macht.

Glaserkitt, Ölkitt: Ein butterweicher Kitt aus Kreide und Leinöl, dient zum Verglasen von Fensterscheiben und zum

Ausspachteln von Unebenheiten in Holz (Überdecken von versenkten Nagelköpfen bei Ölanstrichen). Selbstherstellung durch inniges Vermengen von 8 bis 10 Gewichtsteilen Schlämmkreide mit 1 Teil Leinölfirnis. Frisch verarbeiten, luftdicht aufbewahren, am besten in Ölpapier oder unter Wasser. Kitt, der durch längeres Lagern »streng« geworden ist, kann durch Leinölzugabe wieder geschmeidig gemacht werden. Soll sehr harter Kitt von alten Kittstellen entfernt werden, wird er mit konzentrierter Natronlauge aufgeweicht. Der Kitt läßt sich dann leicht von den Kittstellen ablösen. Diese müssen vollkommen sauber werden.

Glutinleim, Tischlerleim: Leim aus tierschen Abfällen (Knochen, Häuten, Fischgräten), dessen Wirkung auf der Gelatinierbarkeit der Eiweißstoffe (Glutin) beruht. Quillt in kaltem Wasser auf, ist in heißem Wasser löslich. Bekanntester Glutinleim ist der in Tafeln, Würfeln oder Perlen gehandelte Tischlerleim (Fischleim flüssig aus Fischabfällen, Hasenleim aus Hasen- und Kaninchenhäuten). Eine reine Form des Glutins ist die Speisegelatine.

Glyzerin: Dreiwertiger Alkohol. Klare, dickflüssige, süßliche, stark hygroskopische Flüssigkeit, die bei der Verseifung von Fetten anfällt. Mit Wasser und Alkohol in jedem Verhältnis mischbar. Dient als Zusatz für Druckfarben, um sie geschmeidig zu halten, und zum Auffrischen ausgetrockneten Plastilins.

Graphit: Elementarer Kohlenstoff. Dient zur Herstellung von Bleistiften, Elektroden (Bogenlicht), Schmelztiegeln, als Schmier- und Dichtungsmaterial und als Anstrichmittel für Ofenrohre.

Grundierung: Erster Grundanstrich auf Malgründen zum Schutz des Anstrichträgers gegen Korrosion und Schädlingsbefall oder zur Verminderung der Saugwirkung des Untergrundes (Leinwand). Bei starkporigen Untergründen (Holz, Wandputz) schließt das Grundierungsmittel (Leinöl mit und ohne Kreidezusatz, Leimwasser usw.) die Poren, tränkt den Malgrund und bewirkt, nachdem es getrocknet ist, eine feste Bindung zwischen Grund und Farbfilm.

H

Hartlöten siehe Löten.

Heraklith: Handelsbezeichnung für eine Leichtbauplatte aus Holzwolle mit Magnesit als Bindemittel.

Hieb siehe Feilen.

Hobeln: Spanabnehmendes Verfahren zur Bearbeitung meist ebener Flächen von Hand oder mit Hobelmaschinen. Zur Arbeitstechnik bei der Holzbearbeitung: Stets nur mit wenig und völlig parallel zur Hobelsohle vorstehendem Eisen in Richtung des Faserverlaufs hobeln. Während der Arbeit greift die rechte Hand den Hobel am Handschutz hinter dem Keil. Der Daumen liegt links vom Keil, die übrigen Finger an der rechten Kastenwand. Die Linke faßt die Nase des Hobels. Das Werkzeug wird in gleichmäßig nebeneinandergesetzten Strichen horizontal über die Brettfläche gestoßen. Der Hobel darf dabei den Unebenheiten der Fläche nicht folgen, sondern muß alle Erhöhungen wegnehmen,

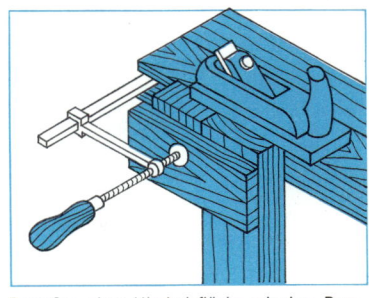

Bestoßen einer Hirnholzfläche mit dem Putzhobel. Ein Beilagebrett verhindert das Splittern der Langholzkante

bis die Fläche plan ist. Beim Auslaufen wird der Hobel hochgerissen, damit er nicht »durchgeht« und über die linke Brettkante herunterfällt. Dadurch würde das Brett keilförmig abgeflacht werden. Beim Anhobeln wird der Hobel so angesetzt, daß das Eisen außerhalb des Brettes liegt, damit man einen kräftigen Anstoß bekommt. Dabei darf nur die

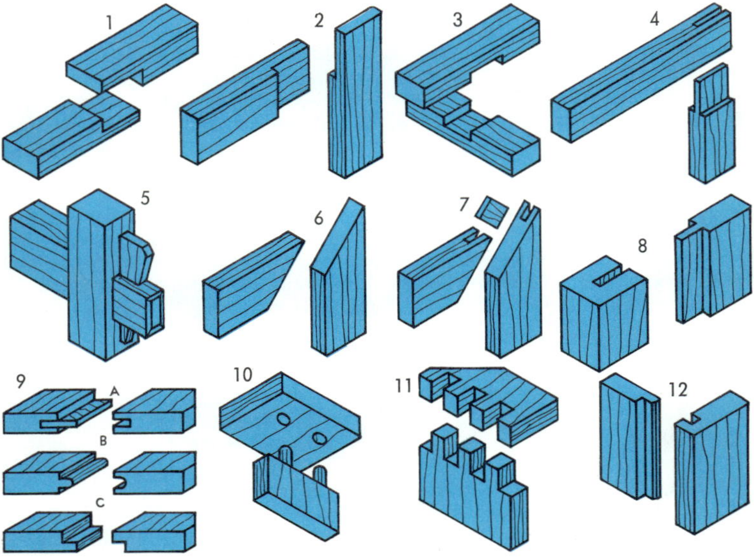

Holzverbindungen: 1 Gerades Blatt – 2 Eckplatten – 3 Gerade Überplattung – 4 Schlitz und Zapfen – 5 Verkeilter Fingerzapfen – 6 Stumpfe Gehrung – 7 Gefederte Gehrung – 8 Brustzapfen – 9 Drei Arten der Schalung: A mit Nut und Feder – B mit Kamm und Nut – C Falzschalung – 10 Gedübelte Ecke – 11 Gerade Zinkung – 12 Genutete Ecke

linke Hand den Hobel kräftig niederdrücken. Drückt die rechte, so wird die Kante keilförmig gehobelt. Muß bei verwachsenem Holz, etwa in der Nähe von Aststellen, gegen die Faser gehobelt werden, so tritt der Doppel- oder Putzhobel in Aktion. Die Rauhbank dient zum Abrichten großer Flächen und zum Fügen mehrerer Werkstücke in einem Arbeitsgang. Der Umgang mit dem unhandlichen Werkzeug erfordert einige Übung! Die Rauhbank gibt es sowohl als Schlicht- wie auch als Putzhobel.

Das Bearbeiten der schmalen Hirnholzflächen mit dem Hobel nennt der Schreiner »Bestoßen«. Dazu wird das Brett hochkant in die Vorderzange der Bank gespannt. Damit das Langholz an den Kanten nicht wegsplittert, wird immer nur, von links und rechts her, bis etwa zur Mitte der Fläche vorgestoßen. Bei Hölzern mit geringen Querschnitten müssen zusammen mit dem Werkstück sicherheitshalber zwei Beilagebretter von gleicher Höhe mit eingespannt werden, deren Kanten etwas abgeschrägt werden. Zum Bestoßen eignet sich am besten der Putzhobel.

Hoffmannsche Sicherung: Glasrohr-Sicherung (Schmelzsicherung) für niedere Stromstärken (0,1 bis 3 A). Die Belastungsskala der Sicherungsreihe steigt um je $^1/_{10}$ Ampere.

Holz, flüssiges: Gebrauchsfertig käuflicher Holzkitt zum Ausbessern von Holzfehlern. Will man ihn selbst herstellen, mischt man feinstes, ausgesiebtes Holzmehl (Laubsägespäne) mit Tischlerleim, Zellulosekleber oder mit Schelllack-Lösung.

Holzverbindungen siehe Zeichnung auf der vorhergehenden Seite unten.

J

Japanlack: Milchsaft des japanischen Lackbaumes. Früher wegen seines schönen Glanzes und seiner Widerstandskraft gegen chemische Einflüsse viel verarbeiteter Lack, insbesondere für feine Holzarbeiten. Heute meist durch Öl- oder Kunstharzlacke verdrängt.

Japanspachtel: Dünner, elastischer Flächenspachtel ohne Handgriff zum flächigen Verteilen von Spachtelmassen oder Klebstoffen.

K

Kalkputz: Putzmörtel, eine Mischung von luftbindendem Kalk mit Sand. Wegen seiner Elastizität und Luftdurchlässigkeit bevorzugter Putz für Wohnbauten.

Kaolin siehe Ton.

Kilowatt: Tausend Watt, siehe Watt.

Körperfarben: Im Gegensatz zum farbigen Licht alle Farben, die durch das auffallende Licht erst sichtbar werden, also alle Farbstoffe, die als körperhafte Schicht einem Gegenstand aufgetragen (Anstrichfarbe) oder einem andern Körper beigemischt werden. Man unterscheidet nach Herkunft und Zubereitung natürliche Farben (aus Mineralien, pflanzlichen oder tierischen Stoffen) und künstliche, meist aus Steinkohlenteer gewonnene Farbstoffe. Erdfarben heißen Farbstoffe aus künstlich aufbereiteten Mineralien oder farbigen Erden, z. B. Ocker, Terra di Siena, Umbra, Grüne Erde u. a. Wasserglasfarben enthalten Wasserglas als Bindemittel. Pigmente sind farbgebende Stoffe, die von den Bindemitteln zwar aufgenommen, aber nicht gelöst werden.

Kreide: Feinerdiger, weißer Kalkstein. Kreide dient zum Zeichnen, Putzen und Polieren. Sie wird auch als Zusatz zu Grundierungsanstrichen verwendet.

L

Lack: In Binde- oder Lösungsmitteln gelöste Lackstoffe (Harze oder Kunstharze), die als flüssige Substanz aufgestrichen oder gespritzt werden und als trockene Lackfilme einer Oberfläche Hoch- oder Mattglanz verleihen und sie gegen chemische und mechanische Einwirkungen schützen. Lacke können farblos oder farbig, durch Farbzusätze dekkend oder lasierend sein. Sie erhärten

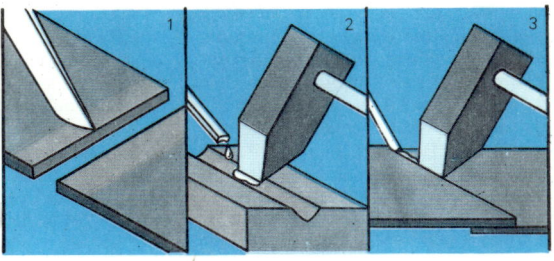

Zur Praxis des Lötens:
1 Blankschaben der Nahtstellen — 2 Verzinnen des Kolbens auf dem Salmiakstein — 3 Verstreichen des Lötzinns mit dem heißen Kolben in die verzinnte und gebeizte Lötnaht

durch Verdunsten ihrer Lösungsmittel (Spirituslacke, Zelluloselacke) oder durch chemische Reaktion oder Oxydation des Bindemittels (Öl-Lacke, Kunstharzlacke). Die wichtigsten Lacke sind die Nitrozellulose-Lacke. Asphaltlack ist ein billiger, deckender Eisenlack. Emaillelacke sind Klarlacke mit einem Zusatz weißer oder bunter Körperfarben (Pigment-Lacke). Kopalöl-Lacke werden als Schleiflacke verarbeitet. Ein Lack von großer Widerstandskraft ist der farblose Bootslack.

Lasieren: Maltechnik, bei der nichtdeckende Farben (Lasurfarben) so dünn aufgetragen werden, daß der Malgrund oder die Untermalung durch die Lasur hindurchscheint.

Lehm siehe Ton.

Leichtbauplatten: Gepreßte, leicht zu verarbeitende Bauplatten aus Holzwolle, Torf, Kork oder Holzspänen. Als Bindemittel wird Gips, Zement oder Magnesit verarbeitet. Sie dienen zur Wärme- und zur Schalldämmung. Leichtbauplatten sind als Material für Trennwände geeignet, doch müssen sie vor Feuchtigkeit geschützt werden.

Leichtmetalle: Metalle und Legierungen mit einem spezifischen Gewicht unter 3,5. Von besonderer Bedeutung sind Aluminium und Magnesium sowie deren Legierungen.

Leimgips: Masse zum Auffüllen von Fugen, Löchern und Unebenheiten in Holz und zum Ausgleichen kleiner Wandschäden. Wird hergestellt als Gipsansatz in heißem Leimwasser (100 g Tischlerleim auf 1 l Wasser).

Leimkitt: Mischung von heißem Tischlerleim und Kreide. Dient wie Leimgips und Ölkitt zum Ausfüllen von Löchern und Rissen im Holz. Leimkitt schwindet beim Trocknen etwas, muß also reichlich aufgetragen werden. Überschüssige Partien nach dem Trocknen abschleifen.

Linoleum: Handelsname für einen Fußbodenbelag. Wird auch als Wandverkleidung und zum Belegen von Tischplatten benutzt. Trägerstoff des Linoleums ist ein starkes Jutegewebe, auf das eine in langwierigem Fabrikationsprozeß gewonnene, in der Masse gefärbte Mischung aus Leinöl, Harzen, Kork, Holzmehl und verschiedenen mineralischen Füllstoffen aufgewalzt wird. Hochwertiges Linoleum ist elastisch und sehr dauerhaft.

Löten: Verfahren, um zwei oder mehrere Metallteile durch eine leicht schmelzbare Metall-Legierung, das Lot, miteinander zu verbinden. Das Lot, zumeist eine Legierung von Blei und Zinn, wird durch Erwärmen mit dem Lötkolben zum Schmelzen gebracht. Das Löten mit derartigen Weichloten (Schmelzpunkt unter 400°) wird als »Weichlöten« bezeichnet. Der Schmelzpunkt der beim »Hartlöten« verwendeten Hartlote liegt über 500°. Wegen der dazu erforderlichen Temperaturen ist das Verfahren für den Bastler selten ausführbar. Wird vom Löten schlechthin gesprochen, so ist immer das Weichlöten gemeint.

Die sehr feste Verbindung zwischen dem Lot und den zu lötenden Teilen kommt durch eine Oberflächenlegierung zustande, die jedoch nur haltbar ist, wenn diese Oberflächen frei von allen Verunreinigungen und Oxydschichten sind.

Zum Reinigen oder Beizen verwendet man Flußmittel (Lötwasser, Lötfett oder Lötpaste). Lötwasser besteht aus verdünnter Salzsäure (Mischungsverhältnis mit Wasser 1:1), in der Zinkschnitzel gelöst sind, mit einem Zusatz von Ammoniak. Für Blei-, Messing- und Kupferlötungen dient Kolophonium als Flußmittel. Man benutzt zum Löten dieser Metalle – besonders zum Löten von Schaltungen in der Schwachstromtechnik – den sogenannten Lötdraht, einen röhrenförmigen Zinndraht, dessen Inneres mit Kolophonium gefüllt ist. Für Zink und Zinkbleche genügt reine, im Verhältnis 1:1 verdünnte Salzsäure. Am leichtesten lassen sich Zinn und verzinnte Bleche löten, sehr schwer und nur mit speziellen Lötmitteln sind Aluminium und dessen Legierungen zu löten. Zur Praxis des Lötens: Blankschaben der Nahtstellen mit Dreikantschaber oder Feile (möglichst kein Sandpapier!). Dann sofort mit Lötwasser einstreichen (beizen) und verzinnen. Verzinnt wird mit dem erwärmten Lötkolben, dessen Schneide das geschmolzene Lot in dünner Schicht auf die Lötstellen verstreicht. Nach dem Verzinnen wird wiederum gebeizt. Wie die Lötstelle, so muß auch die Kolbenschneide gesäubert und verzinnt werden. Ist der Kolben warm, wird seine Schneide mit einer alten, groben Feile »entzundert«, das heißt vom Abbrand befreit, also blank gerieben. Verzinnt wird seine Lötbahn, indem man die blanke Schneide zusammen mit einem Tropfen Lötzinn einige Male auf einem eingekerbten Salmiakstein hin und her reibt. Das Verzinnen des Kolbens muß während der Arbeit von Zeit zu Zeit wiederholt werden, da sich der Zinn-Film nach mehrmaligem Erwärmen verflüchtigt.

Beim Löten von Zink oder Zinkblech darf man auf das Verzinnen verzichten und das Lot direkt in die überlappte Naht fließen lassen. Lötnähte dabei so legen, daß sie senkrecht auf den Arbeitenden zulaufen. Bei kleineren Nähten nimmt der heiße Kolben einzelne Lottropfen von der Stange und verstreicht sie mit der langziehenden Schneide in die Naht.

Bei breiten Überlappungen Zinnstange dicht über die Naht bringen, abtropfen lassen und mit Kolbenschneide zum Einfließen bringen. Lotstange dazu eventuell mit dem Hammer etwas breitklopfen. Das Lot muß die ganze Naht durchdringen, denn nur das, was zwischen den Blechen sitzt, hält. Je dünner der Fluß, um so besser! Auf keinen Fall dürfen die Bleche hohl liegen. Wo gelötet wird, werden sie mit einem Holzstab fest aufeinander gedrückt. Wichtig ist die richtige Kolbentemperatur. Zu starke Hitze läßt das Lot verbrennen oder kochen. Das Resultat ist eine borkige Lötnaht. Ist der Kolben zu kalt, fließt das Lot nicht tief genug in die Naht ein.

Ist die Lötnaht fertig, wird sie zusammen mit ihrer näheren Umgebung sorgfältig mit Sodawasser abgerieben, um alle Spuren von Lötwasser zu neutralisieren. Danach erst wird das überschüssige Zinn, das außerhalb der Lötnaht liegt, sauber mit dem Dreikantschaber entfernt, da es zur Haltbarkeit der Lötstelle nicht beiträgt.

Luffa, Luffaschwamm: Getrocknetes Fasergewebe einer kürbisähnlichen, langgestreckten Frucht, die besonders in Japan angebaut wird. Das von der Schale und dem Fruchtfleisch befreite Gewebe der reifen Frucht wird getrocknet und kommt als harte, schwammartige Rohluffa in den Handel. Die Rohluffa wird durch Stanzen in die verschiedensten Formen gebracht und zu Frottierschwämmen, Badeschuhen, aber auch in gefärbtem Zustand zu allen möglichen Dekorationsstücken, Spielwaren und zu Verblendmaterial verarbeitet.

M

Madenschraube: Kleine, zylindrische Schraube ohne Kopf mit spitzer Kappe, die im oberen Ende einen Schlitz zum Eingriff eines Schraubenziehers trägt. Wird als Stell- und Sicherungsschraube benutzt.

Mennige: Rostschutzfarbe für Eisen. Als Bleimennige ein leuchtendrotes, wasserunlösliches Pulver von starker Deck-

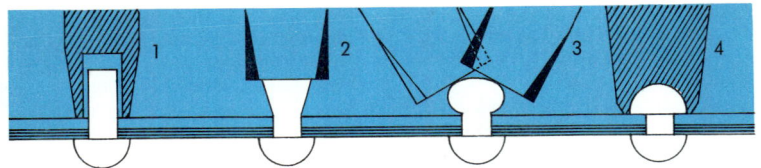

Das Nieten: 1 Zusammenziehen der Bleche mit dem Nietenzieher – 2 Anstauchen des Nietenschaftes – 3 Schlagen des Schließkopfes – 4 Ausformen des Nietenkopfes mit dem Kopfmacher

kraft. Giftig! Wetterbeständiger und billiger als Bleimennige ist die ungiftige Eisenmennige.

Metallsägen siehe Sägen.

Milchglas siehe Trübglas.

Mörtel: Breiiges Gemenge aus Bindemitteln, Zuschlagstoffen und Anmachwasser zum Mauern oder Verputzen von Mauerwerk (Mauerspeise). Bindemittel sind Kalk, Zement, Gips oder auch Lehm. Als Zuschlagstoff dient normalerweise Sand (Flußsand, Grubensand) verschiedener Körnung. Besondere Sperrzusätze machen den Mörtel wasserdicht. Das Mischungsverhältnis von Bindemittel und Zuschlagstoffen richtet sich einmal nach dem benutzten Bindemittel, zum andern nach der gewünschten Festigkeit des Mörtels. Gewöhnlicher Mauermörtel wird durchweg im Verhältnis 3:1 (Sand : Zement) gemischt. Reine Lehm-, Gips- und Kalkmörtel bezeichnet man als Luftmörtel, da sie durch einfaches Austrocknen (Lehmmörtel) oder durch Aufnahme von Kohlensäure aus der Luft (Kalkmörtel) abbinden. Dagegen binden die Wassermörtel, zu denen der Zementmörtel gehört, auch unter Wasser ab. Beton ist ein Wassermörtel mit Zement als Bindemittel; als Zuschlagstoff wird ihm neben Sand meistens Kies in für den jeweiligen Zweck abgestufter Körnung oder Split beigemengt.

N

Nageln: Im Holzbau Verbindungstechnik mit Hilfe von Nägeln und Drahtstiften. Den meist sehr spitzen Drahtstiften ist vor der Verwendung die Spitze durch einen Hammerschlag abzuplatten, um das Splittern des Holzes zu vermeiden.

Aus demselben Grunde sollen Nagelreihen nach Möglichkeit nicht in einer Fluchtlinie, sondern im Zickzack versetzt genagelt werden; dadurch Entlastung einzelner Faserreihen. Nagelköpfe vor dem Einschlagen auf harter Unterlage anstauchen! Schräg gesetzte Nägel erhöhen die Haltbarkeit der Nagelung. Nagelköpfe nach dem Einschlagen mit Versenkstift oder einem zweiten Nagel versenken. Niemals krumme Nägel verwenden. Sehr kleine Nägel, die sich mit den Fingern schwer greifen lassen, mit geschlitztem Karton an Nagelstelle heranführen. Ist die linke Hand zum Halten des Nagels nicht frei, Nagelspitze mit etwas Plastilin auf die Nagelstelle kleben. Beim Nageln in Hartholz eventuell vorbohren und Nagelschaft leicht einfetten. Keine unnötig großen Nägel verwenden. Auf der Rückseite ausgetretene Nägel mit Hebelvorschneider abkneifen und vernieten. Dabei Nagelkopf mit hartem Gegenstand (Hammerbahn oder Zangenschenkel) unterlegen, damit der Schaft nicht zurückrutscht. Wird große Belastung der Nagelstelle verlangt, treibe man die rückseits ausgetretenen Spitzen ins Holz zurück. Dazu wird der Schaft über der dreieckigen Angel einer dicht neben ihm gelegten Feile zu einem Haken geschlagen, dessen abfallender Ast sich in Richtung Holzfaser neigt. Nach dem Entfernen der Feilenangel Nagelspitze kräftig ins Holz treiben. Auch hierbei Nagelkopf unterlegen. Beim Ausnageln Zangenbacken stets mit Schonbrett unterlegen.

Nieten: Verbindungstechnik mit Hilfe eines Niets als Bindemittel; vornehmlich in der Metallbearbeitung üblich. Die Bezeichnungen Halbrundniet, Senkniet und Linsen-Senkniet gehen auf die verschiedenen Formen des Nietkopfes (Setzkopf) zurück. Es gibt Niete aus Stahl, Messing, Kupfer oder Leichtmetall. Am leichtesten zu verarbeiten sind Aluminium-Niete. Häufigste Nietverbindungen sind die Überlappungsnietung mit geraden oder keilförmig zugefeilten Plattflächen und die Laschennietung. Bei dieser Methode werden die beiden zu verbindenden Metallteile stumpf gegeneinandergestoßen und mit beidseitig aufgelegten Laschen vernietet.

Die Nietlöcher werden gebohrt oder bei schwächerem Material mit dem Durchschlag geschlagen. Sie müssen dem Durchmesser des Nietschaftes entsprechen und genau übereinanderliegen. Hat der Schaft Luft im Loch oder liegen die Nietlöcher gegeneinander versetzt, so wird die Verbindung nicht haltbar. Werkstücke mit Feilkloben zusammenhalten; bei längeren Nietreihen die Einzelteile rechts und links mit je einem Heftniet verbinden. Beim eigentlichen Nietvorgang wird der Setzkopf auf eine harte Unterlage (Richtplatte, Polierstock o. ä.) gelegt und das oben herausstehende Ende des Schaftes durch einen senkrechten Hammerschlag angestaucht und durch weitere, schräg von den Seiten her geführte Hammerschläge zu einem provisorischen Schließkopf geformt. Bleche müssen vor dem Stauchen des Kopfes mit dem Nietenzieher zusammengetrieben werden. Die endgültige Ausformung des Kopfes zum Halbrund erfolgt mit dem Kopfmacher. Der Kopf muß genau senkrecht über dem Schaft stehen. Einen korrekten halbrunden Kopf gibt es, wenn der Nietschaft nach dem Zusammenziehen der Bleche um soviel aus dem Nietloch herausragt, wie er dick ist. Bei Verwendung von Senknieten (nur bei stärkerem Material möglich) müssen die Nietlöcher mit einem metallfräsenden Krauskopf trichterförmig aufgeweitet werden. Sind sehr dünne Bleche zu vernieten, werden Setz- und Schließkopf mit je einem Nietenring unterlegt.

Nietverbindungen sind nur durch Zerstörung des Niets zu lösen. Dazu wird der Kopf mit dem seitlich angesetzten Flachmeißel weggeschlagen und der Schaftstumpf über dem leicht geöffneten Schraubstock mit dem Versenker nach unten herausgeschlagen.

O

Opalglas siehe Trübglas

P

pF: Picofarad, der billionste Teil eines Farad (Zeichen F). Das Farad ist die Maßeinheit für das von verschiedenen Faktoren abhängige Fassungsvermögen eines elektrischen Kondensators.

Plastikfolien: Kunststoff-Folien verschiedener Stärke, die durch Gießen oder Auswalzen des geschmolzenen oder gelösten Rohmaterials hergestellt werden. Transparent-Folien in der Art des Zellglases (Cellophan) dienen in erster Linie technischen Zwecken, dagegen dringen die weichen, gefärbten, bedruckten und geprägten Plastikfolien wegen ihrer sehr dekorativen Wirkung, ihrer hygienischen Vorzüge und ihrer Haltbarkeit mehr und mehr in die Domänen der Textilfaser ein. Plastikfolien finden Verwendung in der Raumausstattung als Vorhänge, Polsterstoffe, Wandbespannungen, in der Bekleidungsindustrie als Regenmäntel und im Kunsthandwerk als Einbandmaterial für Bücher, Mappen oder Schutzumschläge und als Ausweichstoff für Leder.

Plastilin: Weich bleibende Modelliermasse aus Kaolin, Gips und Öl, die meist durch untergemengte Erdfarben verschieden gefärbt ist. Streng gewordenes (ausgetrocknetes) Plastilin kann durch Glyzerinzusatz wieder geschmeidig gemacht werden.

Pigment siehe Körperfarben.

R

Rauhbank: Langer Hobel zum Abrichten großer, ebener Flächen; siehe auch Hobeln.

Reibbrett (Brettreibe): Maurerwerkzeug. Plan gehobeltes Brett aus Kiefern- oder Pappelholz mit rückseitigem Handgriff zum »Aufziehen« des Putzmörtels auf die Wand und zum Glätten der Putzoberfläche. Ein etwas leichteres Brett mit Filzauflage (Filzreibe) dient zum Abreiben feinkörniger Putzoberflächen. Mit der Stahltraufe, einem kräftigen polierten Stahlblech, werden Zementoberflächen porendicht gestrichen.

Resopal: Markenbezeichnung für eine thermoplastische (in der Wärme biegsame) Kunststoffplatte zur Oberflächenverkleidung (Tischplatten, Wandtäfelung).

Ritzer: Schneidwerkzeug für Papier, Folien, Leder, Karton o. ä. Die schmale, kräftige Klinge des Ritzers ist mit vier Fasen zu einer scharfen Spitze zugeschliffen. Das Blatt wird von einer Klemmschraube im Heft gehalten und ist verstellbar.

S

Sägen: Arbeitsverfahren zum Trennen und Schlitzen vornehmlich von Holz und Metall. Zur Arbeitstechnik mit der Handsäge: Die auf Stoß gefeilte Säge wird beim Ansägen mit dem rückwärtigen Teil des Blattes aufgesetzt und zunächst zurückgezogen. Dadurch wird eine sichere Spur gerissen, aus der das Blatt beim ersten vorsichtigen Vorstoß nicht herausspringen kann. Sägeblatt der Spannsäge stets etwas abwinkeln, und zwar um so mehr, je breiter das abzutrennende Stück ist. Bei Sägen mit Knebelspannung wird der Spannknebel stets rechts am Mittelholm anschlagen. Spannsäge von rechts her am Holm, nicht am Drehknebel, packen, Handgelenk liegt dem Drehknebel auf. Breite Platten, an denen das Sägegestell anstößt, werden mit dem Fuchsschwanz geschnitten.
Gesägt wird niemals auf, sondern »am«, d. h. neben dem Riß; andernfalls würde die Breite des Sägeweges zu Maßdifferenzen führen. Um die Säge sicher ansetzen zu können, wird der Daumen der linken Hand neben den Riß gelegt und als Anlage für das Sägeblatt benutzt. Niemals einen Sägeschnitt von einem Ende her ganz durchführen. Ein kurzer Einschnitt von der Gegenseite verhindert das Wegsplittern des letzten Stückes. Um die Gefahr des Splitterns beim Schneiden sehr dünner Bretter — besonders bei Furnieren oder Mehrschichtplatten — zu vermeiden, wird der Riß beidseitig mit einem Streifen Tesa-Film überklebt. Der Film wird mit durchsägt und nach dem Schnitt wieder abgezogen.
Soll in Langholzrichtung getrennt werden, so wird das Werkstück nach Möglichkeit senkrecht gestellt und mit rechtwinklig zum Spannrahmen gestelltem Sägeblatt gearbeitet. Man kann aber auch die Säge in der Senkrechten laufen lassen und das Brett horizontal einspannen. Wenn die Säge bei sehr langen Trennschnitten infolge von Spannungen innerhalb des Holzes klemmt, dann wird der Weg der Säge durch schmale Keile, die man hinter das Blatt in den Schnitt setzt, aufgeweitet.
Beim Sägen von Metall markiert man vor dem Ansatz der Säge die Schnittstelle mit einer Dreikant- oder Messerfeile. Auch hierbei wird nicht mit Stoß angesägt, sondern man zieht die Säge einige Male rückwärts über die markierte Stelle, bis sich das Blatt eine genügend sichere Startrinne geschaffen hat. Die Metallsäge wird beidhändig geführt; rechte Hand am Griff, linke Hand vorn an der Blatt-Spannschraube. Lange Schnitte werden am senkrecht eingespannten Werkstück mit rechtwinklig zum Bügel gestelltem Sägeblatt ausgeführt. Hohle Werkstücke, wie Rohre oder U-Profile, nicht mit einem einzigen Querschnitt durchsägen, sondern mehrfach bei weitergedrehtem Werkstück von außen nach innen sägen, ehe die Säge die Wandung ganz durchstoßen hat. Andernfalls brechen die Zähne beim Vorstoß des Blattes an der Kante der inneren Profilwand aus. Werkstück stets so in den Schraubstock spannen, daß die Säge möglichst nahe der Spannbacken läuft. Für Buntmetalle beson-

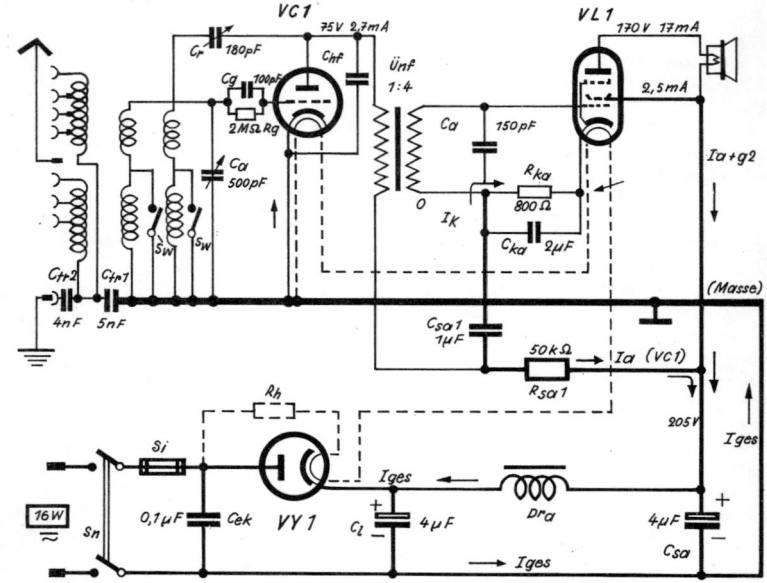

Beispiel eines Schaltbildes: Schaltplan eines Allstrom-Netz-Empfängers (Volksempfänger VE 30 1 GW)

dere Blätter benutzen. Während des Sägens das Blatt nicht ölen, nach der Arbeit Sägeblatt sofort entspannen.

Sandelholz: Holz verschiedener asiatischer Bäume, wird für Schnitzereien und Luxuswaren verwendet.

Sandeln: Verfahren zur künstlichen Alterung von Holzoberflächen. Nach vorsichtigem Anbrennen der Oberfläche werden die weichen Holzpartien mit einem Sandstrahlgebläse ausgeblasen. Dabei bleiben die harten, vom Feuer wenig angegriffenen Fasern stehen. Besonders wirksam bei starkfaserigen Hölzern (Kiefer).

Schaltbild (Schaltplan): Darstellung der elektrischen Schaltung eines Gerätes, in der außer dem Leitungsverlauf alle Zusätzgeräte und Schaltelemente durch genormte Schaltzeichen angegeben sind (siehe oben).

Schalung: Technik der Holzverbindung beim Zusammenschluß mehrerer Dielen zu einer geschlossenen Fläche. Man unterscheidet die Falz-Schalung, die Schalung mit Kamm und Nut und die sehr feste Schalung mit Nut und Feder. Dielenfußböden sind Schalungen mit Kamm und Nut. Vgl. Holzverbindungen.

Scheitersäge (Wolfszahnsäge): Säge mit kräftigem Blatt und festem Rohrstahlbügel für grobe Arbeiten. Ihre Zähne stehen als gleichschenklige Dreiecke auf dem Sägeblatt und sind an beiden Schenkeln mit einer steilen Fase angefeilt, so daß sie sowohl auf Stoß wie auf Zug angreifen.

Schellack: Mischung von Naturharzen und Ausscheidungen der Lackschildlaus, entsteht durch den Stich des Weibchens in die Jungtriebe bestimmter Baumarten. Von Natur braunrot, kommt der Roh-Schellack nach einem Bleichprozeß als durchsichtiger Blätterschellack in den Handel. Dient, in Spiritus gelöst, als Lack für Naturholzoberflächen. Trocknet sehr rasch.

Schlämmkreide: Gemahlene, durch Schlämmen gereinigte Kreide (siehe dort). Farbträger bei Wasser- und Leimfarbenanstrichen, Poliermittel, Zahnputzpulver.

Schlichten siehe Feilen.

Schneidkluppe: Werkzeug zum Gewindeschneiden, siehe Gewindekluppe.

Schweifsäge: Spannsäge mit feiner Zahnung und schmalem Blatt für Kurvenschnitte.

Sikkative: Trockenstoffe. Werden Ölfarben oder ölhaltigen Bindemitteln zugesetzt, um den Trockenprozeß zu beschleunigen. Ihre wirksamen Stoffe sind metall-organische Verbindungen: Oxyde von Schwermetallen oder Metallsalze. Streichfertig gekauften Lackfarben darf kein Sikkativ zugesetzt werden.

SS-Bohrer: Abkürzung für Schnellschnitt-Bohrer. Präzisionsbohrer aus hochwertigem Stahl. Das Normalsortiment — in einer Blechkassette lieferbar — reicht von 1 bis 13 mm Durchmesser. Die Durchmesser-Skala steigt von Bohrer zu Bohrer um je $^1/_{10}$ mm. Lieferbar ist auch ein Bohrersatz, dessen Durchmesserskala um je $^1/_2$ mm steigt. SS-Bohrer sind Metallbearbeitungswerkzeuge, doch schneiden sie auch Holz.

Stoßlade (Fügelade): Hilfsgerät zum rechtwinkligen Bestoßen von Brettkanten (Winkelkante) und zum Anhobeln eines Gehrungswinkels. Besteht aus einem Grundbrett mit aufgeleimten Anschlagklotz. Die Stoßlade wird in die Hobelbank eingespannt.

Stragula: Handelsbezeichnung für einen Fußbodenbelag aus einer mit Guttapercha oder Bitumen imprägnierten Wollfilzpappe, deren Oberfläche grundiert und maschinell bedruckt ist. Ein ähnliches Fabrikat ist »Balatum«. Die Beläge ähneln im Aussehen dem Linoleum, sind aber doch weit weniger strapazierfähig.

Sumpfkalk (Kalkbrei, Kalkschlamm): Feinteilige Aufschlämmung von gebranntem Kalk in Wasser. Dient als weißes oder mit Zusatz von kalkechten Farben als farbiges Anstrichmittel für Wände und Decken. Ist zugleich Farbe und Bindemittel.

T

Terpentinöl: Ätherisches Öl (meist Terpentin genannt), das durch Wasserdampfdestillation aus Terpentin, einem zähflüssigen, klebrigen Balsam verschiedener Kiefernarten, gewonnen wird. Verdünnungs- und Magermittel für Ölfarbe und ölhaltige Lacke. Wegen seines hohen Preises verwendet man statt diesem meist Terpentinöl-Ersatz, eine wasserklare bis gelbliche Flüssigkeit verschiedener Zusammensetzung, hauptsächlich aus Benzin und hydriertem Kohlenwasserstoff. Feuergefährlich, daher Behälter gut schließen, sicher lagern!

Testbenzin (Schwerbenzin): Terpentinöl-Ersatz. Siehe Terpentinöl.

Tetrachlorkohlenstoff: Farblose, leicht siedende, nicht brennbare Flüssigkeit. Gebräuchliche Abkürzung: Tetra. Gutes Lösungsmittel für Harze, Öle, Fette, Wachse. Fleckenentfernungsmittel. Vorsicht: Tetra-Dämpfe sind gesundheitsschädlich!

Thermostat: Temperaturregler. Ein in Heiz- oder Kühlanlagen eingebautes Reglerelement, das einen vorgewählten und eingestellten Temperaturenwert durch Steuerung der Brennstoffzufuhr (Gas, Strom, Öl) konstant hält. Elektrische Temperaturregler arbeiten mit thermo-elektrischen Pyrometern oder Widerstandsthermometern als »Temperaturfühler«. Die Energiezufuhr wird über Quecksilber-Kippschalter gesteuert oder bei Gasbrennern über einen Bimetall-Bügel, der ein Absperrventil in der Zuleitung betätigt.

Tischlerleim siehe Glutinleim.

Ton: Sedimentgestein aus Verwitterungsresten tonerdehaltiger Silikate. Die keramischen Tone bestehen zur Hauptsache aus wasserhaltigen Aluminiumsilikaten (Kaolinit) mit Beimengungen von Quarz, Feldspat, Glimmer, Kalkspat. Die sehr feinerdige, glanzlose Tonmasse entwickelt beim Anhauchen den charakteristischen »Tongeruch«, saugt begierig Wasser auf und wird in nassem Zustand je nach Art und Menge der fremden Beimengungen mehr oder weniger plastisch. Je nach ihrem Gehalt an reiner Tonsubstanz und nichtplastischen Stoffen spricht man von fetten oder mageren Tonen. Durch Brennen im Brennofen kann man der dem feuchten Ton gegebenen Form Beständigkeit und Festigkeit geben. Lehm ist ein durch Eisenhydroxyd gelbbraun gefärbter, sandhaltiger Ton. Das nach dem chinesischen Berg Kau-ling benannte Kaolin besteht in der Hauptsache aus dem Mineral Kaolinit mit Beimengungen von Quarz und Feldspat und ist Grundstoff des Porzellans.

Trübglas: Durch zur Schmelze zugegebene Trübungsmittel (Fluorverbindungen, Phosphate) undurchsichtig gemachtes Glas. Je nach Art der Zugaben ist derartiges Glas zart getönt oder porzellanartig dicht; die Lichtdurchlässigkeit beträgt höchstens 69 Prozent. Bekannt sind das Milchglas und das in der Glasmalerei und für Beleuchtungskörper wegen seiner guten Lichtstreuung viel verwendete Opalglas mit seinem dem natürlichen Opal ähnlichen Farbenspiel.

U

Überfang-Glas: Im Gegensatz zu dem in der ganzen Masse gefärbten Trübglas (s. d.) ein farbloses Grundglas, das mit einer dünnen Farbglasschicht »überfangen« ist.

V

Verhältnisteilung: Aufteilung einer gegebenen Strecke in eine Anzahl gleich großer Abschnitte, ohne daß dabei ein Rest verbleibt. Beispiel aus der Praxis: Ein Brett von gegebener Breite soll in sechs gleich breite Latten aufgeteilt werden. Die richtige Breite wird ermittelt, indem man den rechten Winkel einer Brettecke beliebig, praktischerweise jedoch so aufteilt, daß zwei Winkel von annähernd 45° entstehen. Diese Teilungslinie läßt man in den freien Raum der Brettfläche hineinlaufen und

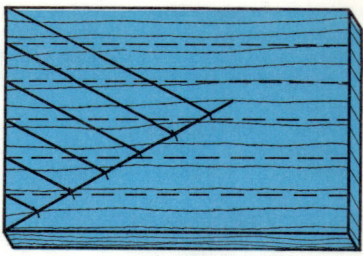

Die Verhältnisteilung in der Praxis: Ein Brett von gegebener Breite wird in sechs gleich breite Latten aufgeteilt

trägt auf ihr, im Scheitelpunkt des Brettwinkels beginnend, mit dem Zirkel sechs beliebig große, jedoch untereinander gleich lange Teilstrecken ab. (Wollte man das Brett in sieben gleich breite Latten aufteilen, so müßte die Teilstrecke siebenmal auf der Hilfslinie abgetragen werden.) Der zuletzt gefundene Punkt wird mit der zweiten Ecke an der Schmalseite des Brettes verbunden, so daß über der Hirnholzkante als Grundlinie ein spitzwinkliges Dreieck entsteht. Legt man jetzt zu der zuletzt gezogenen Verbindungslinie Parallelen durch die fünf restlichen Teilstreckenpunkte auf der ersten Hilfslinie, so teilen diese die Grundlinie des Dreiecks, also die Hirnholzkante des Brettes, im Verhältnis 1:6 auf. Es bleibt nur übrig, parallel zur Winkelkante des Brettes die erforderlichen fünf Trennrisse mit dem Streichmaß zu ziehen.

Volt: Maßeinheit für die Spannung des elektrischen Stroms (V).

W

Wagnermesser siehe Zugmesser.

Watt: Maßeinheit für die Leistung des elektrischen Stromes, berechnet nach der Beziehung: Spannung × Stärke = Leistung oder V × A = W. 1000 Watt sind 1 Kilowatt (kW). Eine Kilowattstunde (kWh) ist die vom elektrischen Strom in 1 Stunde (h) geleistete Arbeit (Energieverbrauch).

Wechselschaltung: Schalteranordnung,

die es ermöglicht, eine Beleuchtung von zwei verschiedenen Stellen aus wahlweise ein- und auszuschalten.

Weichlöten siehe Löten.

Winkelzeichen: Wichtige Kennmarke, mit der in der Schreinerei die als rechter Winkel zugerichtete Kante eines Brettes, die Winkelkante, gekennzeichnet wird. Die Winkelkante dient als Ausgangsbasis für alle Messungen; nur an ihr wird stets der Anschlagwinkel angelegt.

Wolfszahnsäge siehe Scheitersäge.

Z

Zangenfutter siehe Backenfutter.

Zapfenband: Tür- oder Fensterbeschlag, bei dem der Stocklappen, der in die Unterkante der Tür oder des Fensters eingelassen wird, als kurzer Zapfen ausgebildet ist. Er dreht sich in einer pfannenartigen Vertiefung des korrespondierenden Bandlappens. Wird für dünnwandige Türen in Wandschränkchen oder als Scharnier für Kistendeckel, auch für kleinere Fenster verwendet.

Zaponlack: Hochwertiger, wasserklarer Nitrozellulose-Lack. Dient als Schutzüberzug für glänzende, aber an der Luft schnell oxydierende Metall-Oberflächen (Messing, Kupfer).

Zellglas siehe Cellophan.

Zement: Bindemittel für Beton und Mauermörtel aus feingemahlenem Kalkstein, Ton und Tonmergel. Wichtigste Art für das Baugewerbe ist der Portlandzement. Von ähnlichem Charakter ist der schnell erhärtende Romanzement, doch ist er kalkhaltiger und für Betonarbeiten nicht verwendbar. Dyckerhoff-Weiß ist ein weißer Zement der Dyckerhoff-Portland-Zement A. G.

Zinnraspel: Einhiebige Feile zum Bearbeiten weicher Werkstoffe.

Zuschlagstoffe siehe Mörtel.

Zugmesser (Wagnermesser): Kräftiges Zweihand-Messer mit gerader oder gerundeter Klinge und abgewinkelten Heften. Dient zum Modellieren von Radspeichen und Naben, zum Vorschneiden von Werkzeugstielen, Entborken von Rundholz und ist Hauptwerkzeug des Pantoffelmachers.

4 Aus Holz gemacht

Nicht allein der mühelose Zugang zum Werkstoff aus dem Walde und seine leichte Verformbarkeit selbst mit primitiven Werkzeugen haben schon früh ein inniges Band zwischen dem Menschen und dem Holz geknüpft. Im Werden und Vergehen des Baumes erkannte der Mensch der Frühzeit das Ebenbild des eigenen Lebens wieder. Die Struktur des Holzes, in dem das Element des Wachsens erhalten ist, der wechselvolle, ornamentale Verlauf der Maserung mit ihrer sich niemals wiederholenden, stets eigenwilligen und ausdrucksstarken Bildkraft regen heute, so wie sie es vor tausend Jahren schon taten, die Phantasie immer wieder an, diesen natürlichsten aller natürlichen Werkstoffe zu formen und dem aus Holz gefertigten Gegenstand über die reine Zweckmäßigkeit hinaus schmückende Aufgaben zuzuweisen.

Der Inhalt der Holzschnitzerei besteht zum guten Teil in der Überwindung des Widerstandes, den der naturgewachsene Werkstoff der formenden Arbeit entgegenstellt. Folgt doch der Wachstumstrieb des Holzes ganz anderen Gesetzen als etwa den Forderungen, die der Mensch mit seinem zweckgebundenen Denken an den Werkstoff Holz stellt. Man kann aus Holz alles mögliche machen, und darf ihm auch allerhand zumuten, nur eines darf man nicht: man darf es nicht vergewaltigen. Auch das simpelste Stück Holz wird niemals seine Herkunft, im wahrsten Sinne des Wortes seinen Stammbaum, verleugnen und sich zu Formen zwingen lassen, die seinen natürlichen Gegebenheiten widerstreben.

Hohlformen: Schalen und Teller

Beginnen wir die Praxis bei einer der wahrscheinlich ältesten Hohlformen, zu deren Anfertigung der Mensch sich veranlaßt sah, als er jenes paradiesischen Zustandes überdrüssig wurde, bei dem ihm das Trinkwasser oder die Hirse zum Mittag durch die Finger der hohlen Hand rann. Gemeint ist die Schale oder Schüssel, deren Form dem Rund der darbietenden Hände nachempfunden und nachgebildet ist.

Erfreulicherweise brauchen wir nur in Gedanken für einen Augenblick in die Urzeit zurückzutauchen. Fertigungstechnisch haben wir das Zeitalter des Flintsteinmeißels und der Feuersteinsäge längst hinter uns. Was wir an Werkzeugen für unsere Arbeit benötigen, sind ausnahmslos solche spangebender Natur, das heißt außer Säge und Schnitzeisen eine oder bestenfalls zwei Raspeln. Denn wir arbeiten aus dem vollen, aus dem Brett oder Block, in dem die Formen, die wir suchen, schlummern. Unser ganzes Bemühen besteht darin, uns durch Wegnehmen von Materialteilen an diese Form heranzutasten.

Zur Wahl der Holzart sei dem Milchbart unter den Holzschnitzern die Faustregel verraten, daß sich für kleine Arbeiten besser harte, für größere Arbeiten weichere Stücke eignen. Auch sollen kleine Gegenstände nicht eine allzu ausgeprägte Maserung aufweisen. Sie würde die Form zerreißen, die Umrißlinie des betreffenden Gegenstandes ähnlich wie eine Tarnbemalung auflösen. Starke Maserung soll großflächigen Formen vorbehalten bleiben. Soll eine Fläche, etwa der Rand einer Schale oder deren Wandung, durch ein Ornament verziert werden, so wähle man ein Holz von feiner, unaufdringlicher Struktur.

Für Hohlformen eignen sich im allgemeinen die Laubhölzer besser als die Nadelhölzer mit ihrem ungleichmäßigen Gefüge und ihren stark ausgeprägten Jahresringen.

Der Anfänger beginnt am besten mit dem der Bearbeitung buchstäblich in jeder Richtung wohlwollend entgegenkommenden Lindenholz oder — ist sein Selbstvertrauen zu einem ersten sportlichen Kampf mit dem Material stark genug — mit einem Bohlenbrett aus feinjähriger Sommereiche. Aber bitte, trauen Sie sich nicht gleich zuviel zu! Stürzen Sie im Beginn Ihrer hoffnungsvollen Laufbahn als Holzschnitzer nicht mit Bravour auf einen mannsstarken Klotz aus Steineiche los und fangen daran mit der Emsigkeit eines Buntspechtes zu hacken an. Schartig gebrochene Eisen und weggesplitterte Teile des spröden Holzes sind nicht gerade die rechten Mittel, um für die Fortsetzung des Werkes zu fördern.

Man beginnt die Arbeit nicht etwa mit der Ausformung der Außenhaut, wie es der Drechsler auf der Drehbank macht, sondern mit dem Schneiden der Innenwand. Dazu werden zu allererst das Rund der Schale und die Stärke ihrer Wandung als Doppelkreis auf die linke Seite der als Rohstoff dienenden Bohle gezeichnet. Sobald Sie Ihr bisher noch viereckiges Holzstück mit ein bis zwei Schraubzwingen an der linken Ecke Ihres Werktisches befestigen, wird Ihnen klar werden, warum wir mit der Innenform anfangen. Hätten wir nämlich das Außenholz bereits bis zur Wandgrenze weggeschlagen, so bliebe nun kein Futter mehr, um das Werkstück festzuhalten.

Die eigentliche Arbeit beginnt mit dem Anstechen der Holzfaser längs des Innenkreises. Das geht am elegantesten, wenn man ein Flacheisen nimmt, dessen Stich genau der Krümmung der Kreissehne entspricht. Ist ein solches Idealeisen nicht zur Hand, so wähle man eher einen Stich, dessen Krümmung eine Kleinigkeit stärker ist als die des Kreises. Haben wir auch ein solches Eisen nicht, so bleiben wir sicherheitshalber beim Anstechen um einen Millimeter hinter der gültigen Grenze zurück, damit später etwas Futter für die abschließende Feinarbeit zur Verfügung steht.

Die ersten groben Späne nehmen wir —

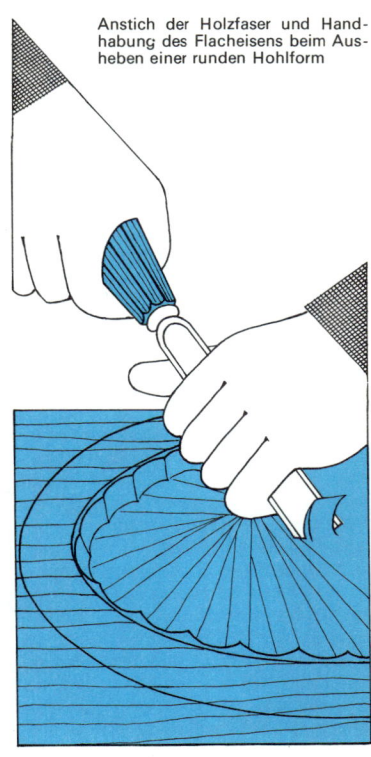

Anstich der Holzfaser und Handhabung des Flacheisens beim Ausheben einer runden Hohlform

in der Mitte beginnend — mit dem breitesten und kräftigsten Flacheisen weg, das uns zur Verfügung steht. Wohlgemerkt: ein Flacheisen ist kein flaches Eisen — das heißt Balleisen —, sondern ein solches mit leicht gebogener Schneide. Ein Balleisen würde sich in der entstehenden Mulde sehr bald festlaufen. Wer sich gleich am Eichenholz die ersten Sporen verdienen will, haut mit dem Holzschlegel. Weiches Holz bearbeitet man besser von Hand. Dabei packt die Rechte das Eisen am Heft und gibt ihm die erforderliche Schubkraft, während die Linke das Blatt von oben umfaßt und das Werkzeug führt. Dieses wird nämlich nicht einfach durchs Holz geschoben wie der Pflug durch den Acker, sondern während des rechtshändigen Vorschubs

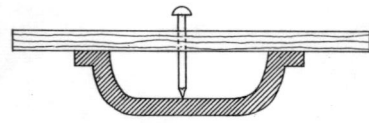

Selbstgebauter Taster zur Tiefenkontrolle einer Hohlform

mit der Linken leicht um seine eigene Achse gedreht. Dadurch erst bekommt es den richtigen Schnitt. Gewöhnen Sie sich diese Technik von vornherein an, denn erstens geht es damit leichter, und zweitens wird der Schnitt sauberer. Wenn man bei der ganzen Arbeit überhaupt von Schwierigkeiten sprechen kann, dann treten sie bei fortschreitender Vertiefung der Mulde in jenen Zonen auf, wo die Seitenwandung des Gefäßes mit sanftem Schwung in den Boden übergeht. Die Profil-Linie erfordert um so mehr Geschicklichkeit, je tiefer die Schale ist. Es empfiehlt sich, hier mit einem gekröpften Eisen zu arbeiten und sich im Anfang an eine Rundung zu halten, die dem Schwung der Werkzeugkröpfung folgt.

Es ist im Prinzip gleich, ob wir eine flach ausschwingende Schale, einen tief gerundeten Napf oder einen Teller schnitzen, die Arbeitstechnik bleibt dieselbe. Man muß bei der kelchartigen Bauchung eines sehr tiefen Gefäßes diese nur richtig ausspielen und sich davor hüten, einen Trichter zu schnitzen. Also keine Angst vor der eigenen Courage und das Eisen beim Anstich der Wandung getrost senkrecht stellen!

Ähnlich liegen die Dinge beim Teller, doch muß man sich gerade bei ihm vor übertriebenen Formen in acht nehmen. Zwar soll bei einem Modell mit gerade liegendem Rand der Abfall in die Tiefe als deutlich erkennbare Grenzlinie erhalten bleiben, doch hüte man sich vor eckigen Formen. Sie sind nicht »werkstoffgerecht«, sondern gehören in das Gebiet des Keramik-Geschirrs. Die Urform des Holztellers ist die flache Mulde. Wer sich daran hält, wird vor Unbehagen und Enttäuschungen beim Anblick des fertigen Stückes bewahrt. Der Übergang von der Seitenwand in die

ebene Mittelfläche des Bodens ist beim Teller meist kürzer und also auch stärker gerundet als bei der Schale. Der dem Auge und dem Tastsinn wohlgefällige Kurvenschwung zwischen scharfer Kante und schiefer Ebene wird wiederum vom gekröpften Eisen gemeistert. Zur Kontrolle des Augenmaßes, und damit die Rundung überall schön gleichmäßig herauskommt, kann man sich mit der Laubsäge aus einem Stückchen Sperrholz oder Blech eine Kurvenlehre schneiden, mit der man die Form durch ständiges Anlegen während der Ausarbeitung überprüft.

Auch für die Tiefenkontrolle baut man sich vorteilhafterweise einen simplen Taster aus einer Latte, die etwa um $^2/_3$ länger ist als der äußere Tellerdurchmesser und durch deren Mitte man einen Nagel schlägt. Legt man die Lattenschenkel quer über den Tellerrand, so kann man mit der auf die richtige Tiefe eingestellten Nagelspitze alle Partien ankratzen, die noch weggenommen werden müssen. Wenn Sie den Nagel so durch die Latte schlagen, daß sie hochkant aufgelegt werden muß, dann biegt sie sich auch nicht durch, und Sie gelangen zu einer erhöhten Präzision.

Eine mit passenden und wirklich scharfen Messern geschnittene Oberfläche kann selbst durch emsigstes Schleifen nicht mehr vollkommener werden. Aber nicht jedem wird im Anfang diese Vollendung gelingen. Also muß, nachdem die Eisen ihre Schuldigkeit getan haben, geschliffen werden. Das macht man mit der gekröpften Schusterraspel, mit einer eiförmigen Ziehklinge oder einem sogenannten Schwanenhals. Darunter versteht man eine für dieses Arbeitsgebiet besonders geeignete nierenförmig geschwungene Ziehklinge, deren verschieden starke Krümmungen sich ähnlich wie ein Kurvenlineal nahezu allen Rundungen anpassen. Letzter Feinschliff erfolgt mit feinstem Sandpapier, das um einen geformten Schleifklotz aus weichem Holz, besser noch aus Kork oder Gummi, gelegt wird. Eine sehr feine Oberfläche erzielt man, wenn man das Holz vor dem Endschliff mehrfach anfeuchtet. Dadurch richtet sich die lockere »wollige« Holzfaser auf und kann nach dem Abtrocknen der Oberfläche um so gründlicher vom Sandpapier erfaßt werden. Diese Behandlung ist in jedem Falle bei weichen Hölzern anzuraten und bei solchen, die gebeizt werden sollen, damit die Oberfläche später nicht durch die Beizflüssigkeit ungebührlich aufgerauht wird. Einigen Widerstand setzen diejenigen Partien dem Schleifen entgegen, in denen das Hirnholz ansteht. Man breche ihn nicht mit Gewalt, sondern durch List und Ausdauer, indem man niemals gegen den Strich, sondern stets nur in Richtung des Faserverlaufs schleift.

Die Hirnflächen weicher Hölzer können selbst Übermenschen an Schleifgeduld zur Verzweiflung bringen. Man kriegt und kriegt sie nicht sauber, weil sich der feine Holzstaub sofort in die Poren setzt und alle noch so redlichen Bemühungen zuschanden macht. Ehe Sie sich zu Unbedenklichkeiten hinreißen lassen: Streichen Sie die widerborstigen Flächen mit einem schnell trocknenden Lack ein! Ist er trocken, hat er die Holzfaser gehärtet. Danach fällt sie bei abermaligem Schleifen mit Sandpapier wie ein Stoppelbart unter einer neuen Rasierklinge. Beim Schleifen der Innenkante von Gefäßen mit flachem Rand ist einige Sorgfalt aufzuwenden. Man hüte sich davor, die Kante aus Unachtsamkeit wegzuschleifen und dadurch die Klarheit der Form zu verwaschen, was sehr viel schneller geht, als man denkt.

Steht das Innenprofil, so geht es ans Modellieren der Außenform. Wenn die Stärke des Materials einen Schnitt mit der Schweifsäge entlang des Außenkreises zu mühevoll macht, oder wenn man gar keine Schweifsäge hat, so tastet man sich zunächst mit mehreren senkrecht durchs Holz gelegten Tangentenschnitten an die Rundform heran. Ecken, die dabei stehenbleiben, werden mit dem Stechbeitel weggeschlagen. Es empfiehlt sich jedoch, eine dieser Ecken vorläufig als schmalen Steg stehenzulassen, damit man auf ihm eine Schraubzwinge zum Festhalten des ausgehöhl-

ten Blocks ansetzen kann. Der Hilfssteg wird erst weggestochen, wenn die Form so weit gediehen ist, daß man eine Schraubzwinge mit genügend langem Spannarm auf dem Boden ansetzen kann.

Wenn Hilfsschnitte von der Seite her in das Rund erforderlich werden, wie es beispielsweise für die Anlage eines Tellerrandes zumindest praktisch ist, geht es um die überall gleichmäßige Tiefe des Schnittes. Man markiert sie sich am einfachsten als einen Strich mit dem Ölstift parallel zur Zahnreihe auf dem Sägeblatt. Für diese Arbeit ist also der Fuchsschwanz mit seinem breiten Blatt oder die Gehrungssäge richtig. Leute, die lieber nach dem Gefühl als nach dem Gesicht arbeiten, können sich auch eine schmale Latte als Tiefenlehre auf das Sägeblatt klemmen. Das Verfahren ist narrensicherer, und man findet auch in der Schummerstunde noch das rechte Maß, weil der Lattenanschlag den Tiefendrang der Säge automatisch und rechtzeitig abbremst.

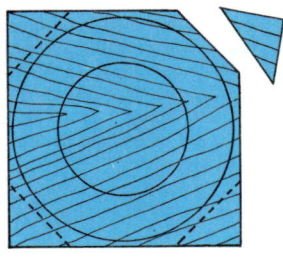

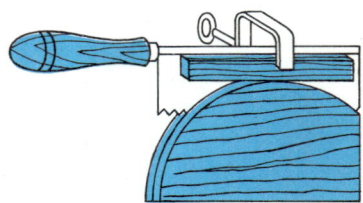

Vom Vierkantblock zum Rund: Senkrecht geführte Sägeschnitte legen die Rohform frei – Hilfsschnitte von der Seite werden mit der Gehrungssäge ausgeführt. Eine Latte dient dabei als Tiefenlehre

Sobald die rohe Form als deutliche Wölbung ausgehauen ist, legen wir Flacheisen und Schlegel aus der Hand und arbeiten mit einem breiten Balleisen weiter. Es kann nicht schaden, wenn es eine schräg gestellte Schneide hat, doch notwendig ist es nicht. Den Schneideffekt erreichen wir beim gerade geschliffenen Balleisen allerdings nicht mehr durch Drehen um dessen Achse wie beim Flacheisen, sondern durch leichte Parallelversetzung während des Vorstoßes. Da sich die Fläche unter der gestreckten Schneide des Eisens um so stärker wegkrümmt, je weiter wir uns der endgültigen Form nähern, wird nicht nur der erfaßte Span immer kleiner, sondern auch die Führung des Eisens auf der Fase immer unsicherer. Man arbeitet deshalb auf gewölbten Flächen besser mit verkehrtem Eisen, das heißt, indem man es auf der Spiegelseite führt und die Fase nach oben hält.

Legen Sie Ihren Ehrgeiz nicht darein, die Wandung Ihrer Schale so dünn zu schneiden, daß sie transparent wird und mit der Zerbrechlichkeit einer chinesischen Teetasse wetteifern kann. Dem Charakter des Holzes entspricht eine gewisse Schwere, was indessen keineswegs Mangel an Anmut bedeutet. Seine Anmut bekommt unser Werk durch die Linienführung der Form, durch sein Profil und durch die makellose Schönheit der Oberfläche.

Das Balleisen, mit dem man stark gewölbte Flächen bearbeitet, wird des sicheren Schnittes wegen auf der Spiegelseite geführt

Das Schleifen der Außenhaut erfolgt ganz ähnlich wie das der Innenmulde, nur nehmen wir dieses Mal eine gerade Raspel, im übrigen wiederum Ziehklinge und Sandpapier. Es fragt sich jedoch, ob in jedem Falle geschliffen werden soll. Eine großzügige Werkspur kann die Oberfläche sehr wirkungsvoll beleben. Auf keinen Fall aber darf sie verspielt oder gar — etwa durch Nachschneiden mit einem Hohleisen — absichtlich angebracht wirken.

Das Oval

Mehr noch als das Rund entspricht die ovale Form dem Wesen des Holzes. In ihm bleibt das Gewachsensein des Werkstoffes deutlicher sichtbar, und außerdem wird die Faser, das natürliche Gefüge des Holzes, nicht so stark angeschnitten wie beim Rund. Das Auffinden des Ovals oder einer dem Oval angeglichenen Form erleichtert uns eine Hilfskonstruktion auf Papier, auf dem wir es aus einem Rechteck oder aus zwei Kreisen entwickeln, die sich leicht überschneiden. Auch der Trick mit dem Bleistift und der Schnurschlinge, die um zwei in einigem Abstand voneinander eingesteckte Nadeln gelegt wird, kann uns zu der gewünschten Ovalform verhelfen. Ist man zu einem befriedigenden Resultat gelangt, so wird die Form ausgeschnitten und geviertelt. Eines der Viertel dient uns als Schablone zum Übertragen der Außenform auf das Holz, und zwar in der Weise, daß man die Viertelschablone viermal aneinandersetzt. Dadurch wird eine absolute Kongruenz der beiden Formhälften garantiert. Nachdem auch die Wandstärke durch eine Innenlinie festgelegt ist, erfolgt die Ausarbeitung genauso wie beim Rund.

Da sich das Oval der langgestreckten Ausdehnung des Brettes angleicht, gelangt man bei guter Ausnutzung des Materials leicht zu größeren Werkformen. Auch verträgt das Oval sehr gut tiefgeformte Mulden mit steilen Wandungen bei Verwendung stark gemaserter Hölzer. Erfordert die gewünschte Tiefe einen so dicken Klotz, daß wir das Herzstück des Baumes mitverarbeiten müssen, so zeichnen wir unser Ausgangsoval auf die rechte Seite des Holzes, legen diese also nach oben. Dadurch gelingt es, die engen Jahresringe an den Schmalseiten der Schale bis auf ein Minimum wegzustechen. Der eigentliche Markstrahl des Baumes, der bei manchen Baumarten recht stark ausgeprägt ist, darf allerdings keinesfalls stehenbleiben.

Reizvoll ist es, das Oval einer Schale oder auch ein Viereck in zwei Handgriffe an den Stirnenden auslaufen zu lassen. Durch den Ausdruck »Handgriff« wird diesen Gebilden allerdings schon

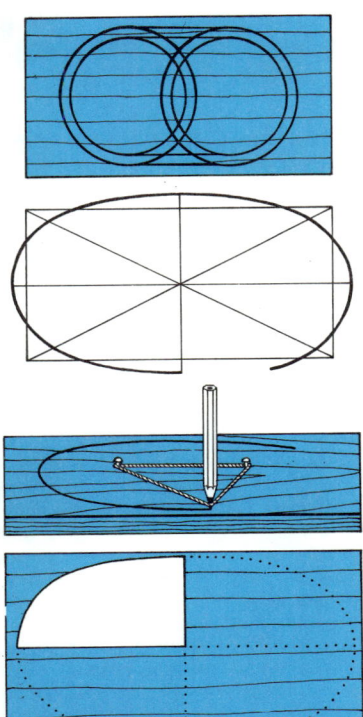

Entwicklung ovaler Formen aus Kreis und Rechteck oder mit dem Schnurschlingen-Zirkel

eine Zweckbestimmung unterschoben, die ihnen in Wirklichkeit nicht zukommt. Sie sind nämlich nicht dazu da, daß man nach ihnen greift, um etwa die Schale vom Tisch zu nehmen und wegzutragen. Diese ist ja ihrer Form nach in die offene Hand hineingearbeitet und will also auch mit beiden offenen Händen umfangen sein. Das ist durchaus keine Verstiegenheit oder eine Mystifizierung der Form, denn es gibt Holzschalen, deren ganze Harmonie und Schönheit einem tatsächlich erst aufgeht, wenn man sie in Händen hält. Die Handgriffe haben also keinen Zweck, sondern einen Sinn. In ihnen soll sich die Form der Schale in gewissem Sinne wiederholen, ihre großen Linien sollen in den Griffen sanft ausklingen. Sie sind, alles in allem, nicht mehr als eine motivische Abrundung des Ganzen. Danach also sollte sich die Gestaltung, deren Möglichkeiten bis zum stilisierten Tierkopf gehen, stets richten. Man hüte sich vor kantigen Ansätzen, die »angeklebt« aussehen, oder vor unorganischen Figuren, die in formaler Disharmonie zur Linienführung des Hauptmotives verlaufen.

Schmuckelemente

Der elementare Trieb des Menschen, sich selbst und seine Umwelt zu schmükken, macht auch vor Dingen nicht halt, die an sich schon Schmuck sind. Bei einem Holzteller ist es der glatte Rand, der sich als Fläche für eine schmückende Verzierung in Gestalt eines fortlaufenden Ornaments oder eines Spruchbandes geradezu aufdrängt. Auch der Tellerboden kann durch ein Kerbmotiv belebt werden. Bei tiefen Rund- oder Ovalschalen stehen nur die Außenwandungen als schmucktragende Flächen zur Verfügung. Derartige Schmuckelemente werden in Kerb- oder Linienschnitt ausgeführt. Über deren Technik und über die Gesetzmäßigkeit des Ornaments unterhalten wir uns im Kapitel 5 auf Seite 86 ff. Hier nur der Hinweis, daß sich die Meisterschaft in der Beschränkung

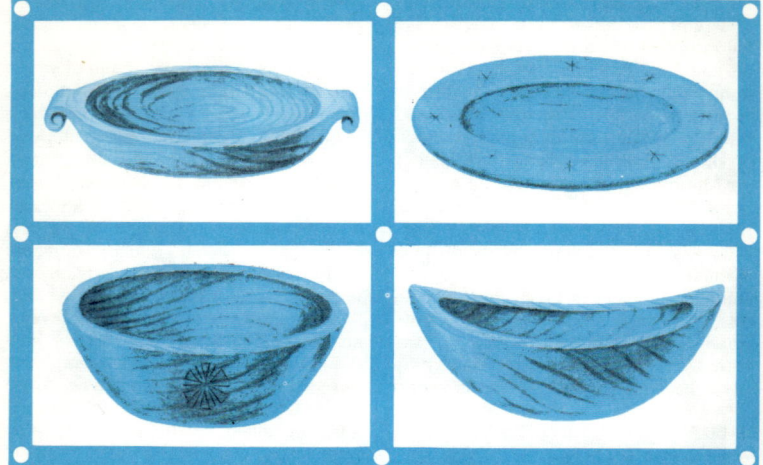

Beispiele werkgerechter Hohlformen, die aus dem quadratischen und rechteckigen Block entwickelt wurden. Sparsame Verwendung von Schmuckformen

zeigt. Verderben Sie ein gutes Stück nicht durch ein überladenes und verspieltes Schmuckgeranke. Die Verführung dazu ist groß. Widerstehen Sie ihr harten Herzens! Wenige, großzügige Motive, sparsam auf die Fläche gesetzt, sind besser als der Versuch einer demonstrativen Prachtentfaltung. Zudem: nur ruhige Flächen vertragen einen zusätzlichen Schmuck. Haben wir es mit stark gemasertem Holz oder einer flammenden Fladerung zu tun, so sollte deren schönes Linienspiel durch keinerlei »künstlerischen Eingriff« unterbrochen werden. Niemals darf der Schmuck zum Selbstzweck ausarten oder in seiner Linienführung dem Grundform des Gegenstandes zuwiderlaufen. Gestalt und Wesen der körperlichen Form sollen vom Schmuck nach Möglichkeit hervorgehoben, auf keinen Fall gemindert oder gar in den Hintergrund gedrängt werden.

Schaufel – Löffel – Gabel

Die Liebe geht – im Sprichwort wenigstens – durch den Magen, ist also an die Güte des Essens gebunden. Dieses kommt in der Schüssel nur bis auf den Tisch, sein Weitertransport in den Magen erfolgt über den Löffel. Zwischen Schüssel, Löffel und der Liebe bestehen also geheime Zusammenhänge. In der Tat hat es Zeiten gegeben, in denen der Löffel, insbesondere der selbstgeschnitzte Holzlöffel, als Gabe der Minne hoch in Ehren stand. »Laßt Löffel sprechen«, hieß es damals, und wenn man sich's recht überlegt, so gibt es in der Tat kaum einen Gegenstand, mit dem mehr auszudrücken wäre als mit einem Löffel. In seinen Stiel konnte man durch einschlägige Symbole verbindliche Liebesund Treuegelöbnisse hineinschnitzen, und seine Größe gab die Möglichkeit, sehr diskret und doch unmißverständlich anzudeuten, welche Portionen man von der angebeteten Dame erwarte, sobald sie außer der Herrin des Herzens auch die der Speisekammer geworden sei. Auch für uns gibt es Gründe genug, daß wir uns etwas auf diesem sehr reizvollen Sondergebiet der Holzschnitzerei umsehen. An Werkzeug brauchen wir nicht mehr als bisher. Indes kommen wir mit weichem oder stark gemasertem Holz nicht mehr zu einem brauchbaren

Resultat. Mit den Löffeln, die wir aus Holz basteln, soll zwar im allgemeinen nicht gegessen werden, aber erstens geht es bei unseren Objekten oft um recht zierliche Formen, die ein festes Material erfordern, zweitens um widerstandsfähige Oberflächen. Denn nur als Zierate sollen unsere Werke nun doch nicht am eigentlichen Sinn ihres Daseins vorbeigehen. Als Salatbestecke, Salz- oder Zuckerlöffelchen, Mehlschaufeln oder Schöpflöffel haben sie durchaus zweckgebundene Aufgaben.

Wir brauchen also hartes Holz. Rotbuche ist geeignet für Gegenstände, die entweder stets trocken oder dauernd unter Wasser gehalten werden. Einen ständigen Wechsel zwischen beiden Zuständen hat die Rotbuche nicht gern. Sehr gut und sehr dauerhaft, weil sehr hart, aber demzufolge mühevoll zu bearbeiten, ist Weißbuche. Das schönste Holz für unsere Zwecke liefert der Ahorn. Es ist weiß, porendicht, glatt, hart und neutral in der Maserung.

Am besten beginnen wir mit der einfachen Schaufel. Diese stellt im Prinzip eine einseitig offene Hohlform mit einem

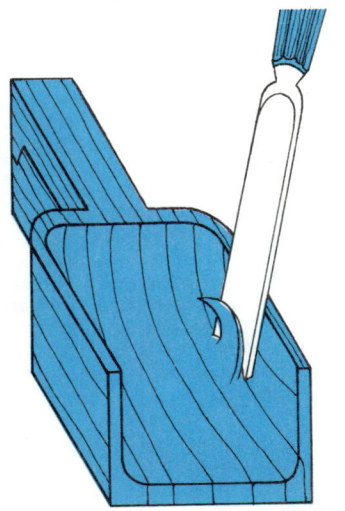

Das Fassungsvermögen der einfachen Schaufel wird durch den steilen Abfall der Innenwandung bestimmt

Handgriff an deren geschlossenem Ende dar. Solange es dabei um gerade oder nur wenig geschwungene Griffe geht, bestimmt die Tiefe des Schaufelblattes die Ausgangsstärke des Werkstoffs.

Eine mit hartem Bleistift auf die Oberfläche des Blocks gezogene Mittellinie ergibt die Basis der Anlage einer aus Papier geschnittenen Halbschablone der längsgeteilten Form. Nachdem auch die Wandstärke des Schaufelblattes festgelegt ist, geht es an das Ausarbeiten der inneren Hohlform. Achten Sie dabei auf einen genügend steilen Abfall der Wandungen, damit die Schaufel ein möglichst großes Fassungsvermögen bekommt. Alle kantigen Übergänge zum Boden sind zu vermeiden, die Form sei sanft und gerundet. Einen sehr sauberen Stich erfordert die Rückenwand. Hier steht Hirnholz an! Und Hirnholz stellt überall, wo es auftritt, Schleifprobleme. Geschliffen wird nach den uns schon bekannten Methoden und mit den probaten Mitteln zwischen Schwanenhals und Sandpapier. Erinnern Sie sich an die Möglichkeiten des formgerechten Schleifklotzes für die Übergangsrundungen zwischen Wandfläche und Boden.

Wenn die Innenform steht, wird die äußere Begrenzung der Schaufel mit der Laubsäge aus dem Block herausgesägt. Ist der Block zu dick, nimmt man die Schweifsäge. Mit dem Angleichen der auf diese Weise gewonnenen rohen Außenform an die innere Gestalt geht das Werk seiner Vollendung langsam entgegen. Die Seitenwände verjüngen sich nach vornehin und fallen in sanft gerundetem Schwung zur geraden oder ebenfalls leicht gerundeten Frontkante des Bodens ab. Achten Sie darauf, daß die Wände nicht unnötig dick und plump bleiben. Die Vorderkante soll weder eckig noch messerscharf sein. Sie wird mit Sandpapier gerundet und bekommt von unten her einen ganz leichten Fasenschliff.

Ein schlank auslaufender Schaufel- oder Kellenstiel ist ärgerlich, denn er rutscht allzu leicht vom Schüsselrand in die Suppe. Nutzen Sie die naturgegebene

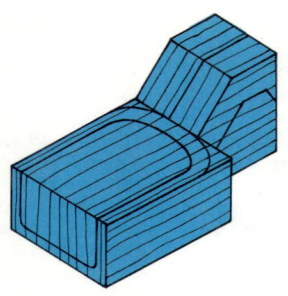

Gekröpfte Schaufeln verlangen einen starken Klotz. Vor dem Aushöhlen des Blocks werden Kröpfungsstufe und Seitenversetzung des Griffs von der Materialstärke weggesägt

Stärke des Materials aus und schnitzen Sie dem Stiel an seinem rückwärtigen Ende eine nach unten gebogene kunstvolle Nase, einen Schnabel oder einen schlichten Haken. Er wirkt nicht bloß als Bremse, sondern die Schaufel kann sich auch beim Liegen darauf stützen. Man kann sie auch daran aufhängen, und überdies ist er auch noch hübsch.

Überhaupt ist der Schaufelstiel jener Teil des Ganzen, an dem sich unsere künstlerischen Ambitionen entzünden. Dazu bietet nicht allein der eben genannte Haken, den man zu Pferdeköpfen oder Flamingoschnäbeln formen kann, Gelegenheit, sondern auch jene kritische Zone, wo die gerundete Hohlform des Schaufelblattes mit harmonischer Linienführung allmählich in die gestreckte Schlankheit des Stiels übergeht, ist als Schmuckträger geeignet. Die Gefahr, daß der Anfänger bei der Gestaltung dieser Schaufelpartien in angelötete Metallformen verfällt, ist groß. Das aber gerade darf nicht sein, denn unser Werkstoff heißt Holz. Und dem Gesetz seines Wachstums unterliegt die aus ihm geformte Gestalt.

Haben Sie eine Schaufel vom Fassungsvermögen eines Scheffels unter dem Messer, so wird deren Außenhautbearbeitung mit dem Schnitzmesser mühevoll und zeitraubend. Man wird also darauf sinnen, ein voluminöses Stück zwecks rückseitiger Bearbeitung mit dem Stechbeitel auf dem Arbeitstisch

festzuhalten. Wenn Sie zu diesem Zweck mit Kraft eine Schraubzwinge an Ihrem Klotz ansetzen, so denken Sie daran, daß er an einer Seite bereits ausgehöhlt, also erheblich geschwächt ist. Unterlegen Sie also die Höhlung mit einem Holzklotz passender Stärke, sonst kracht's – und für Feuerholz kann man auch auf einfachere Weise sorgen. Soll sich der Schaufelgriff aus der Ebene des ganzen Stückes nach oben herausschwingen, so wird eine Blockstärke notwendig, in der einmal die Tiefe der Schaufelmulde, zum andern die Höhe der Griff-Kröpfung enthalten ist. Hinzu kommt, daß es sich bei solchen Werkformen nicht mehr um flache Schäufelchen nach Art einer Eßtisch-Krümel-Kehrschaufel handelt, sondern um tief gehöhlte Mulden zum herzhaften Griff aus dem vollen der reichen Mehl- und Zuckervorräte für die Festbäckerei.

Die ersten Schrecken werden dem dicken Klotz genommen, indem man die Kröpfungsstufe mit der Säge von seiner Gesamtstärke absetzt. Dann erst übertragen wir die Form der Aufsicht mit der Halbschablone auf die Oberfläche. Eine Profilskizze der Form, auf die Seitenwand des Klotzes gezeichnet, erleichtert das Einhalten der Maße beim Wegnehmen des Abfallholzes mit Säge und breitem Eisen. Der weitere Arbeitsgang folgt dem bereits bekannten Programm. Das Blatt der Schaufel wird bei derartigen Modellen, wie schon gesagt, zur tiefgehöhlten Mulde. Diese läuft nicht mehr flach aus, sondern ihr Boden hebt sich in der vorderen Partie leicht an. Die größte Tiefe der Senke liegt etwa am Ende ihres ersten rückwärtigen Drittels. Man kann bei solchen Schaufeln das Blatt sogar als ganz, also auch vorn geschlossene Mulde erhalten und gelangt auf diese Weise zu sehr ansprechenden Formen. Derartige Schaufeln dürfen bei einer sich nach vorn allmählich verjüngenden Form getrost mit etwas stärkeren Wandungen gebaut werden.

Von der Schaufel mit geschlossener Blattmulde bis zum Löffel ist es nur ein kleiner Schritt. Man braucht das Blatt nur in kleineren Abmessungen zu halten und den Griff zur Länge eines Stiels zu strecken, und schon ist man bei der Löffelform angelangt. Der Arbeitsgang bietet nach den gemachten Erfahrungen und gewonnenen Fertigkeiten keine neuen Schwierigkeiten.

Die Form eines gestreckten Löffels, dessen Stiel in einer Ebene mit der flach gehaltenen Blattmulde liegt, schlummert schon in relativ geringen Brettstärken. Ein gesundes Brett von 16 bis 17 mm Dicke genügt als Ausgangsmaterial für ein flaches Salatbesteck. Für ein kleines Salz- oder Zuckerlöffelchen kommt der Geschickte, der sein Material auszunutzen versteht, schon mit Brettstärken von 10 bis 12 mm aus.

Größere Dicken erfordert der geschwungene, abgewinkelte Stiel in Verbindung mit einem schräg gestellten Blatt. Wir verfahren bei der Anlage seiner Rohform genau wie bei der Schaufel mit dem gekröpften Griff. Es werden also zunächst die Kröpfungsstufe des Stiels und die Neigung des Blattes vom Block abgesetzt. Danach werden die Aufsicht der Form gezeichnet und die Höhlung des Blattes ausmodelliert. Jetzt erst geht es ans Aussägen der kantigen Rohform und an das Modellieren von Stiel und Außenrundung des Blattes.

Achten Sie bei der Anlage eines geschwungenen Stiels darauf, daß der Faserverlauf des Holzes sich der Linienführung der Form möglichst angleicht. Sie erleichtern sich dadurch die Arbeit und geben dem Stiel ein Maximum an Haltbarkeit. Wie bei der Schaufel, so ist

Das Salatbesteck kann aus zwei gleich großen Löffeln entwickelt werden: Beim Löffel mit geschwungenem Stiel wird außer der Kröpfungsstufe auch die Neigung des Blattes von der Holzstärke abgesetzt, ehe man mit dem Modellieren des Blattes beginnt

auch beim Löffel der Halsansatz eine kritische Formzone, die den Anfänger gern zu allerlei Kinkerlitzchen verführt. Vergessen wir nicht, daß der Löffel von Haus aus ein zweckgebundenes Gerät ist; sein Gewand sei also schlicht und seine Oberfläche glatt. Naturalistische Stilelemente in Gestalt von allegorischen Formen oder plastisch ausmodellierte Halszonen sind ihm ein Greuel.

Als Trägerfläche eines sehr sparsamen, keinesfalls naturalistischen Kerbschnittmusters steht nur die Oberseite des Stiels zur Verfügung. Bei einem Löffel, der in den praktischen Gebrauch wandert, wird der Schmuck überdies aus höchst

Schaufeln und Löffel aus verschiedenen Holzstärken

prosaischen Gründen zum Problem. Ein solcher Löffel muß von Zeit zu Zeit gewaschen werden, und glatte Flächen lassen sich am leichtesten säubern. Hüten Sie sich bei der Anlage des Blattes vor allzu tiefen Mulden des Blattes und vor spitz zulaufenden Formen. Die Kurvenführung bei der Blattaufsicht bleibe in der Nähe des Runds. Widmen Sie den Rändern des Blattes Ihre besondere Liebe, damit sie nicht zu dick werden. Ein scharf gezeichneter Übergang vom Rand zur Rückseite erst gibt dem Löffel sein klares Profil.

Eine mit Recht beliebte Form auf dem Gebiet der Holzlöffel-Heimfabrikation ist das Salatbesteck. Dazu gehört neben dem Löffel auch die Gabel. Wollen Sie ein solches Besteck herstellen, so fertigen Sie am besten zunächst zwei Löffel von gleicher Form und Größe an. Die Blätter sollen nicht zu tief werden, ihre Form darf langgestreckt, aber keinesfalls spitz sein. Aus einem der beiden Löffelblätter werden die Gabelzinken mit der Laubsäge herausgesägt. Denken Sie aber daran: Mehr als drei Zinken ergeben keine Gabel, sondern eine Forke. Sind die rohen Kanten der Zinken gebrochen und hübsch glatt geschliffen, ist die Verwandlung der Löffelzwillinge zum vollwertigen Salatbesteck abgeschlossen.

Kästen aus dem Block

Genauso gut wie runde, ovale oder rechteckige Schalen können wir auch Kästen und kleine Schatullen aus einem länglichen Block arbeiten. Profanes Anschauungsmodell für eine der uns gegebenen Grundmöglichkeiten ist der simple Schul-Federkasten mit einem im Schiebefalz laufenden Deckel. Eine andere Konstruktionsart für den aufgesetzten losen Deckel ist der einfache Falz, und schließlich bleibt für besonders ehrgeizige handwerklich geschulte Bastler noch der feste, in einem Scharnier schwingende Deckel mit oder ohne Falz. Aber bitte sehr, in den Eisenladen laufen, sich dort ein Scharnier in Form

eines Klavierbandes aus feinem Messing kaufen und einfach mit Schräubchen anschlagen, das gibt es nicht. Wir arbeiten hundertprozentig werkstoffgerecht. Metallteile an unserem Kästchen bedeuten soviel wie Ketzerei wider den Geist des Holzes. Das Scharnier wird also aus Holz gearbeitet! Natürlich, ganz so einfach ist das nicht mehr, aber Spaß macht's, wenn man es geschafft hat. Und schließlich brauchen wir ja auch ein paar Fälle, an denen sich unser handwerklicher Ehrgeiz bis zur Spitze raffinierter Materialüberwindung emporranken kann.

Zunächst jedoch zum Block und dessen Aushöhlung. Als Material kommt nur Holz von feiner Struktur in Frage — Linde etwa, Birnbaum oder Nußbaum. Dem Übenden sei auch hierfür das leicht zu bearbeitende und weniger teure Lindenholz empfohlen. Mit seiner völlig neutralen Oberfläche bietet es obendrein den geeigneten Grund für einen reichen ornamentalen Schmuck, den die strenge Form des fertigen Kästchens durchaus verträgt.

Nehmen Sie es sehr genau mit der Auswahl des Holzes. Es muß zuverlässig durchgetrocknet sein und soll möglichst aus dem Kernstück eines Mittelbrettes stammen. Nur dann hat man die Gewähr, daß nach einiger Zeit der sauber auf Schluß gearbeitete Deckel nicht zu klemmen beginnt und unsere Präzisionsarbeit zuschanden macht.

Die Innenwandung kann allseitig senkrecht verlaufen, braucht es aber nicht immer. Bei einem Zigarettenkästchen verführt eine muldenförmige Ausbildung des Innenraumes, bei dem nur die beiden Langseiten senkrecht stehen, zum gefürchteten »Rollgriff« des Gastes mit der ganzen Hand.

Auch bei allseits senkrechten Wänden ist es hübsch, wenn die Ecken gerundet bleiben. Das erreicht man am einfachsten und obendrein sehr gleichmäßig dadurch, daß man sie mit einem großkalibrigen Bohrer anbohrt. Überhaupt kann man sich die Arbeit durch eifriges Wegbohren des »faulen Fleisches« erleichtern. Vergessen Sie dabei aber nicht den Bohrtiefensteller! Hat der Bohrer sein Wirkungsfeld nachhaltig genug durchlöchert, werden die verbliebenen Stege zwischen den einzelnen Bohrkanälen weggenommen und die Seitenwandungen saubergestochen. Das macht man mit dem Balleisen, das mit der Spiegelseite zur Wandung senkrecht nach unten stößt.

Die Planierung der Bodensohle ist mühevolle Kleinarbeit. Man geht dabei vorteilhafterweise so vor, daß man zuerst die beiden Schmalwände bis zur richtigen Tiefe niederführt. Damit ist links und rechts je eine Grenzlinie gezogen, zwischen denen sich die Bodenfläche ausdehnt. Vorerst allerdings ist das noch Theorie, denn über der Fläche türmt sich das vom Bohrer nicht erfaßte Mittelholz-Gebirge. Das ist um so höher und zerklüfteter, je weniger genau und gleichmäßig die einzelnen Bohrsonden vorgetrieben wurden. Wir stechen es mit schräg gestelltem Eisen von der Mitte des Kastenloches nach beiden Seiten hin weg, so daß am Ende dieser Arbeitsphase über dem Boden nur noch ein einziger Berg aufragt, dessen Flanken als zwei schräge Ebenen bis zum Mittelgrad ansteigen.

Die gleiche Arbeitstechnik wenden wir auch an, wenn uns kein Bohrer zum Vorbohren zur Verfügung steht und wir gezwungen sind, die kompakte Masse des Mittelholzes mit dem Stechbeitel abzutragen. In diesem Falle ist der in der Mitte stehenbleibende Berg, sobald die richtige Tiefe an den Seiten erreicht ist, am Gipfel noch genauso hoch, wie unser Block dick ist. Von seinem Gipfel her wird dieser Berg abgetragen, soweit uns die Länge des inneren Kastenraumes ein genügend schräges Ansetzen des Eisens gestattet. Der Rest muß bewältigt werden, indem man ihn mit senkrecht gestelltem Eisen, an der linken Schmalseite beginnend, in millimeterdünnen Scheiben bis auf die Sohle wegstemmt. Die Spiegelseite des Eisens zeigt dabei zum Berg, also in Arbeitsrichtung. Sobald wir bis zur Mitte vorgedrungen sind, wird der Kasten umgedreht und von der bisher rechts gelegenen Seite

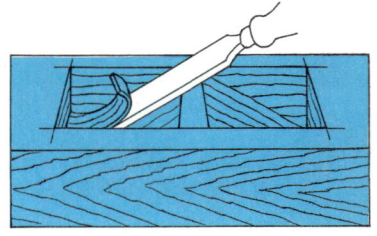

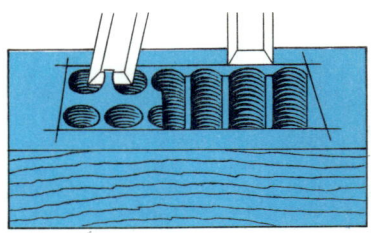

Das Ausstemmen des Kasteninneren: Abtragen des Holzes von der Mitte her nach beiden Seiten in Richtung der angestochenen Seitenwände oder Vorbohren der Tiefe mit dem Zentrumbohrer. Anschließend werden die verbliebenen Stege zwischen den Bohrungen weg- und die Seitenwände saubergestochen

her auf gleiche Weise bis zur Mitte hin bearbeitet. Die Schlußarbeit kann man sich wesentlich dadurch erleichtern, daß man mit einem gekröpften Balleisen arbeitet. Dies gilt insbesondere für das saubere Planschneiden des Sohlenbodens. Überhaupt bemühe man sich stets, die Sauberkeit der Oberfläche mit dem Eisen zu erreichen. Das Schleifen mit Klotz und Sandpapier in dem engen Innenraum ist mühevoll und langwierig.

Deckel mit Falz und Scharnier

Der lose Deckel erfordert in jedem Fall einen Falz, mit dem er sich auf dem Kästchen festhalten kann. Die einfachste Art ist der massive Senkfalz, der in Breite der Kastenwandstärke rundherum vom Deckel abgesetzt wird und in den Kastenraum hineingreift. Diese Form ist zwar leicht auszuführen, kann aber nicht als besonders elegant bezeichnet werden. Durch seine Masse wirkt dieser Deckel zwangsläufig recht klobig. Außerdem hat er einen sachlichen Nachteil: sein Falz beansprucht kostbare Kubik-

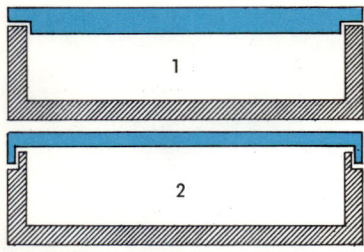

Zwei Möglichkeiten des Deckelfalzes: 1 Der massive Senkfalz – 2 Deckelschluß durch gefalzte Kastenwand

zentimeter vom Innenraum unseres Kästchens, um den wir uns schließlich aus anderem Grund bemüht haben, als um einen Deckelfalz darin unterzubringen.

Wählen wir also die zweite Möglichkeit, das Falzproblem zu meistern. Die Lösung ist etwas schwieriger, denn sie erfordert ein sehr genaues Arbeiten. Dafür aber ist sie auch unvergleichlich eleganter, schließt dichter und engt den Innenraum des Kästchens nicht ein. Der eigentliche Falz wird hierbei nicht am Deckel, sondern an der Kastenwand angebracht,

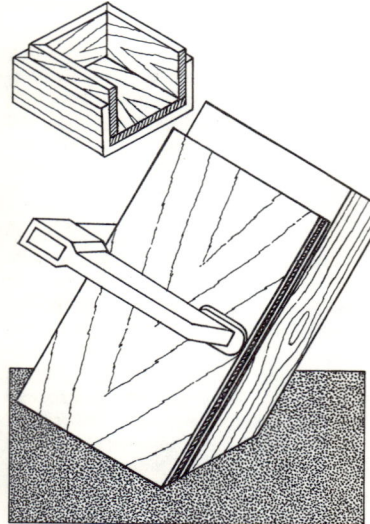

Der eingeleimte Falz: Anschleifen der Gehrungswinkel an den Falzwänden mit Hilfe eines Führungsklotzes

indem man deren Stärke von außen um die Hälfte absetzt. Das erfordert ein überaus präzises Anreißen der Falzhöhe und sklavisch genaues Anstechen im rechten Winkel, denn die Paßform zwischen Deckel und Kasten muß im Endeffekt »spiegelbildlich« sein. Damit soll gesagt sein, daß der Deckel immer passen muß, ganz gleich, ob man ihn so oder so aufsetzt.

Die ganze Sorgfalt beim Ausarbeiten des Kastenfalzes ist also vergebens, wenn wir nicht die korrespondierende Vertiefung im Deckel, in die der Falzrand hineingreift und so den korrekten Schluß herbeiführt, mit derselben Präzision anfertigen. Hierbei muß auf den zehntel Millimeter genau gearbeitet werden, eine Tätigkeit, bei der man mit ständigem Ausprobieren, Deckelversetzen und Schleifen mehr Geduld aufbringen muß als beim Angeln in der Regentonne.

Das Prinzip, von innen nach außen zu arbeiten, das wir schon beim Schnitzen von Schalen verfolgten, halten wir in abgewandelter Form auch beim Kasten-Bauen ein. Zwar wird die Außenform von vornherein annähernd festgelegt, doch bekommt sie ihre endgültigen Feinmaße erst, nachdem der Innenraum fix und fertig ausgehöhlt und das innere Falzproblem gelöst ist. Es ist vorteilhaft, das Brett für den Deckel anfangs so groß zu wählen, daß es die Kastenwandung allseitig mindestens um ein paar Millimeter überragt. Erst wenn seine Paßform im Falz zur Zufriedenheit ausgereift ist, werden beide Werkstücke – also Kasten und Deckel – mit einer Schraubenzwinge fest zusammengehalten, und dann geht es an die gemeinsame Schlußbearbeitung beider Teile.

Ist einem beim Bemühen um den Falz trotz aller Sorgfalt und Vorsicht ein Unglück passiert – etwa derart, daß einem die kurze Faser in den Hirnholzpartien der Seitenwandung weggebrochen ist –, so ist das zwar höchst bedauerlich, aber noch kein Grund, sich tatenloser Verzweiflung hinzugeben. In diesem Fall basteln wir uns einen synthetischen Falz. Unser Kästchen büßt dadurch zwar etwas an kunsthandwerklicher Geltung ein, wirkt von außen aber trotzdem noch genauso schön. Der Heilungsprozeß beginnt damit, daß wir auch die verbliebene Falzruine, und zwar an allen vier Wandungen, radikal wegnehmen. Danach wird der ganze Innenraum, also Boden und Wände, mit dünnen Sperrholzplatten ausgelegt. Der Boden kommt zuerst an die Reihe. Die Seitenwände werden um den Falzstoß höher gehalten als die Außenwände des Kästchens. Den saubersten Zusammenstoß in den Ecken ergibt die echte Gehrung. Die dazu erforderliche Fase von 45° wird auf einem plan gelegten Blatt Sandpapier angeschliffen. Klemmen Sie das Sperrholzbrettchen dabei auf ein dickeres Stück Massivholz, das in der Schneidlage auf den richtigen Gehrungswinkel zugeschnitten wurde. Es dient dem Tapetenbrettchen als Lehre und Führung. Sobald die Wandungen eingeleimt sind, ist unserem Kästchen-Invaliden ein neuer, recht ordentlicher Falz gewachsen. Noch ordentlicher wird er, wenn ihm ganz zum Schluß die oberen Kanten von innen her abgerundet werden.

Ein hübscher handwerklicher und materialgerechter Kunstgriff ist der flach aufliegende Deckel, der in einem Holzscharnier schwingt. Der mechanische Kniff der ganzen Sache wird einem bei genauer Betrachtung eines mehrlappigen Scharnierbandes sofort klar. Dies System, bei dem die einzelnen Lappen zahnartig ineinandergreifen, gilt es, auf die rückwärtige Kastenwand und den Deckel zu übertragen, und zwar derart, daß aus der Kastenwand die eine Bandhälfte, aus dem Deckel die andere herausgearbeitet wird. Dazu läßt man längs der oberen Rückwandkante als später weiter zu modellierende Rohform einen Vierkantwulst stehen, dessen Querschnitt etwa der doppelten Kastenwandung entspricht. Ein Wulst in gleichen Abmessungen wird auch entlang der rückwärtigen Deckelkante, und zwar auf dessen Innenfläche, abgesetzt. Also von vornherein Achtung beim Abmessen des Deckelbrettes! Es muß im Urzustand mindestens doppelt so dick sein wie nachher der fertige Deckel, dessen Stärke

in diesem Fall am besten der Wandstärke des Kästchens entspricht. Außerdem muß das Brett reichlich um eine Wandstärke (= Wulstbreite) tiefer sein als die Grundfläche des Kästchens.

Die zweite Phase unseres Scharnierbaus besteht darin, die beiden sauber ausgeführten Vierkantwulste ineinander zu verzinken, so daß die einzelnen Bandlappen entstehen und der Deckel dicht auf die Kastenöffnung zu liegen kommt. Wir haben uns, um hier ein praktisches Beispiel zu demonstrieren, die Aufgabe gestellt, das Scharnier des besseren Aussehens wegen links und rechts mit je einem Deckellappen enden zu lassen. Das geht nur, wenn wir eine ungerade Zahl von Bandlappen wählen. Nehmen wir einmal an, es seien insgesamt fünf Lappen, von denen drei als Stocklappen am Deckel, zwei als Rollen an der Kastenrückwand sitzen sollen. Also wird die Länge des Deckelwulstes in genau fünf gleiche Teile aufgeteilt. Das macht man nach der Verhältnisteilung. Wer die von der Schule her nicht mehr im Kopf hat, der schlage auf Seite 56 unter dem Stichwort »Verhältnisteilung« nach.

Nach erfolgter Aufteilung wird gezinkt. Senkrechte Schnitte (genau senkrechte!) mit der Gehrungssäge legen, dann die richtigen Zwischenräume ausstemmen. Zu Beginn Grundlinie mit Stecheisen vorschneiden, damit man einen sauberen Ansatz für das Eisen bekommt. Nicht den ganzen Zwischenraum auf einen Schlag wegnehmen, das geht schief! Immer nur kleine Partien wegstechen. Ist die Zinkenform fertig, wird sie auf das Vierkant der Kastenwand übertragen, indem man beide Teile aufeinanderpaßt und die Zinkenkonturen mit spitzem, hartem Bleistift auf den noch unbearbeiteten Bandblock der Wand anreißt. Nachdem die Zinkenform über die rückwärtige Kante des Bandblockes abgewinkelt ist, werden die beiden Wandlappen ausgesägt und freigestemmt. Achtung, am Riß sägen, und zwar innerhalb der wegzunehmenden Holzpartie, sonst bekommt die Zinkung und damit das bisher allerdings noch lange nicht fertige Scharnier zuviel Luft.

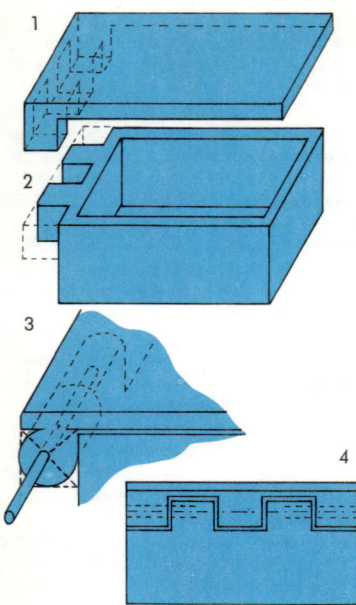

Der Kastendeckel mit Holzscharnier: 1 Zinkung der drei Stocklappen am Deckelwulst – 2 Vom Wulst an der Kastenrückwand verbleiben nur zwei Zinken für die beiden Rollen – 3 Im Schnittpunkt der Diagonalen auf den Seitenflächen der Deckelblöcke liegt der Ansatzpunkt für den Bohrer, der die Dübelkanäle für die Scharnierstöcke bohrt. Nach dem Bohren werden die Vierkantblöcke zu Rollen gerundet – 4 Schemazeichnung der Scharnierlappen mit den Stockbohrungen

Nun kommt der nächste Schritt, der Mut, Selbstvertrauen und einen sehr akkurat geführten Bohrer erfordert. Noch leichter das Vierkantprofil der Bandlappenblöcke, die wir nach vollendeter Zinkung ineinandergeschoben haben. Links und rechts im Schnittpunkt der Diagonalen, die wir durch die Seitenflächen der beiden am Deckel sitzenden Bandblöcke legen, haben wir die Ansatzpunkte für den Bohrer, mit dem wir nun quer durch die beiden Endlappen hindurch bis in die benachbarten Lappen an der Wand hinein einen nicht zu engen Bohrkanal vortreiben (mit dünnem Bohrer vorbohren, später mit größerem Kaliber ausweiten). In diesen Bohrkanal wird ein Dübel als

Achse des Scharniers eingeleimt. Das heißt, verleimt wird er nur im äußeren Lappen des Deckels, der dadurch zum Stocklappen wird. In den beiden Lappen, die an der Kastenwand stehenbleiben, soll er sich angenehm leicht drehen. Dazu ist es nötig, die in diese Rollen hineinragenden Teile der Dübel um eine Winzigkeit zu schwächen. Man erreicht das durch Schleifen mit Sandpapier. Arbeiten Sie die beiden Stockdübel um ein paar Zentimeter länger, als sie im fertigen Zustand sein sollen. Wir müssen sie im Verlauf der weiteren Arbeit mehrfach herausnehmen können. Das geht leichter, wenn sie so lang sind, daß man sie rückseits in der Zange packen kann.

Das Bohren der Dübelkanäle ist einer der kritischsten Augenblicke während der ganzen Arbeit. Läuft der Bohrer nämlich auch nur ein wenig schief, so liegt später die Achse nicht in der geforderten Drehlinie, und die ganze Klapparatur klemmt. Aus diesem Grunde verzichten wir vorsichtigerweise darauf, die von links und rechts kommenden Bohrkanäle bis in den mittleren Lappen des Deckels vorzutreiben, weil damit die Gefahr des schiefen Bohrlaufs nur vergrößert würde. Dieser Mittellappen bleibt sozusagen Blendwerk. Er dient allein dem schöneren Aussehen, hat aber keine funktionelle Aufgabe.

Arbeitstechnisch ist bei Anlage der Bohrung zu berücksichtigen, daß hier in Langholzrichtung gebohrt wird. Äußerste Vorsicht also, damit die Lappenwandungen nicht wegplatzen! Stechen Sie den genauen Ansatzpunkt der Bohrerspitze mit dem Dorn vor, arbeiten Sie nur mit sehr scharfem Bohrer, und vermeiden Sie bei dessen Vorschub jeden übermäßigen Druck. Es leuchtet ein, daß wir derartig diffizile Konstruktionen nicht in sehr sprödem, aber auch nicht in allzu weichem Holz ausführen können. Aber selbst dann, wenn wir das sehr dichte Birnbaumholz oder den festen Ahorn unter dem Werkzeug haben, ist stets daran zu denken, daß wir uns in nur millimeterstarkem Material bewegen.

Wenn wir ohne Panne bis zum ersten

probeweisen Ansetzen der Achsdübel gelangt sind, wird nicht etwa der aller Physik hohnlachende Versuch unternommen, den Deckel um das Vierkantscharnier aufklappen zu wollen. Was sich reibungslos drehen soll, muß rund sein. Also heraus mit den Achsdübeln, und mit Balleisen, Raspel und feinem Sandpapier zuerst die drei Deckellappen runden. Hierbei ist darauf zu achten, daß die eigentliche Deckelform auch auf der Rückseite klar erhalten bleibt. Es wird nur der Scharnierlappen gerundet! Die Deckeldrune wird also oberhalb des Lappens durch einen glatten Anstich der Holzfaser mit frontal gegen die Deckelkante geführtem Balleisen klar markiert. Treiben Sie die Rundung der Lappen — insbesondere nach vorn — nicht weiter, als es die Drehbewegung unbedingt verlangt. Dadurch würde nur die Haltbarkeit unnötig geschwächt.

Sind die Stocklappen korrekt ausgeformt, wird der Deckel provisorisch eingehängt, und es geht an die Rundung der beiden Rollen. Dabei dienen die Stocklappen als Muster. Wenn auch diese Arbeit mit der nötigen Sorgfalt beendigt ist, müßte sich der Deckel theoretisch einwandfrei auf- und zuklappen lassen. In der Praxis aber werden wir noch Gelegenheit für eine subtile Jagd auf allerlei Scheuerstellen und Unregelmäßigkeiten finden, die wir mit feinstem Sandpapier beseitigen. Richten Sie in diesem Zusammenhang Ihr Augenmerk auch auf die Zwischenräume zwischen den einzelnen Scharniergliedern, ob die Lappen nicht etwa zu stramm laufen.

Sobald das Scharnier die letzte Prüfung bestanden hat, werden die Achsdübel eingeleimt. Vorsicht, damit die Drehzapfen dabei keinen Leim abbekommen und sich in den Buchsen der Rollen verkleistern! Es fördert die Bewegungslust des Scharniers, wenn man die Zapfen — aber nur diese! — vor dem Verleimen der Dübel mit Wachs poliert. Nachdem die Leimstellen gut getrocknet sind, werden die überstehenden Dübelstümpfe sauber weggestochen, und unser Kästchen ist fertig.

Mit einem billigen Allerweltsholz wird man sich all diese Mühe höchstens zu Übungszwecken machen. Ein Kästchen dieser Art, das Anspruch auf Gültigkeit und Repräsentation der eigenen Geschicklichkeit erheben darf, erfordert ein edles Holz mit schöner Maserung. Seine Oberfläche sei ihm Schmuck genug. Im übrigen aber sind gerade Kästchen aus dem Block eines neutral wirkenden Holzes, insbesondere solche mit Schiebedeckeln, geeignete Träger für einen reichen ornamentalen Kerbschnitt-Schmuck. Aber bitte, arbeiten Sie nur nach einem wohlüberlegten Entwurf. Berücksichtigen Sie dabei die Schwierigkeiten der Hirnholzflächen. In ihnen sind feine Schnitte nicht leicht auszuführen.

Das holzgeschnitzte Relief

Ein weites, überaus reizvolles Tätigkeitsfeld, aus dem kunsthandwerkliche Zeugnisse von hohem Wert und großer Schönheit erwachsen können, ist die ornamentale Reliefschnitzerei. Es gibt selbst in den »Oberklassen« der Bastelei nicht viele Gebiete, auf denen sogar der nur wenig Geübte nach einiger Vertiefung in die Materie Dinge zustande bringt, die weit über den spielerischen Selbstzweck hinauswachsen und den Anspruch auf gültige Dauer erheben dürfen, wenn sie nur richtig angepackt und gesteuert werden.

Die Aufgabe der ornamentalen Reliefschnitzerei ist ausschließlich schmückender Natur. Wir begeben uns mit ihrer Ausübung auf den Boden der angewandten Kunst, und da ist es mit der rein handwerksmäßigen Beherrschung der Materie allein nicht mehr getan. Man muß schon etwas darüber nachdenken, wie eine vorhandene Fläche harmonisch aufzuteilen ist, welche Stilelemente sich dem Ganzen sinnvoll einordnen oder ob die Linienführung des Schmuckgerankes nicht etwa der Architektur des betreffenden Werkstückes zuwiderläuft. In diesen Bereichen ist mit Rezepten oder genormten Direktiven nicht viel auszurichten. Wer sich ernsthaft hiermit beschäftigen möchte, der opfere ein paar Stunden Zeit für den Besuch eines volkskundlichen oder eines Heimatmuseums und studiere dort die alten holzgeschnitzten Truhen, Schrankfüllungen und Stühle, in denen das Zweckmäßige mit dem Schönen oft zu bewundernswürdiger Einheit verschmolzen ist. An solchen Orten finden Sie eine Fülle von wertvollen Anregungen. Damit allerdings soll und darf der gedankenlosen Nachahmung nicht das Wort geredet werden. Hüten Sie sich – auch in dem Falle, daß Ihre zeichnerische Begabung dazu ausreichen sollte, etwa eine Stuhlwange mit all ihren ornamentalen Einzelheiten im Skizzenbuch nach Hause zu tragen – vor der sklavisch genauen Kopie. Es sei denn, Sie haben sich diese Aufgabe bewußt gestellt. Aber auch derjenige, der frei aus der Formenfülle schöpft, die ihm in der Klausur dieser einst so lebendigen Volkskultur begegnet, wird sehr bald feststellen, daß auch in den Werken der alten bekannten und unbekannten Meister eine ganze Reihe von Urmotiven immer wiederkehrt.

Es ist ganz ähnlich wie mit dem Volkslied. Es sind immer wieder die gleichen Regungen und Empfindungen der einfachen, unverbildeten Menschen, die in ihm besungen werden, und doch ist keine Eintönigkeit in diesen Liedern. Der Volkskunst, die ihren Ursprung im bäuerlichen Lebensbereich hat, war die Natur die große Lehrmeisterin. Aus ihrem Formenreichtum haben sich ganz bestimmte Motivgruppen entwickelt, die uns in schier endlosen Abwandlungen immer wieder begegnen. Da ist das Eichen- und das Ahornblatt, das Weingeranke und die Traube, da ist aus dem Tierreich der listige Fuchs, die friedfertige Taube, die fleißige Biene oder gar der weissagende Specht, deren Darstellung dem schmückenden Relief einen ganz bestimmten Sinngehalt unterlegte. Nicht vergessen seien die uralten Heils- und Bannzeichen gegen das Böse, die ihre Wurzeln in mythischer Vorzeit haben und bis auf den heutigen Tag lebendig geblieben sind. Der Hexenbesen gehört dahin, der Lebensbaum, die Feuer-Rune

oder auch der Schmetterling als Symbol ewiger Wiederkehr.

Greifen wir getrost auf dieses Formen- und Gedankengut für unsere Kompositionen zurück. Es ist zeitlos gültig. Zudem besteht ja eine echte innere Verwandtschaft zwischen unserer gegenwärtigen Arbeit und jener Volkskunst von einst.

Bei der kritischen Betrachtung der unter Denkmalschutz gestellten, oft sehr umfangreichen Arbeiten können wir indessen noch weit mehr lernen als die künstlerische Verwendung des Zierats. Wir können den alten Meistern sozusagen noch nachträglich über die Schulter schauen und ihnen sehr viel von der Technik »abkiebitzen«, mit der sie einmal die Gegenständlichkeit der Natur in die Fläche des Brettes übertrugen und zum andern durch die Struktur des Werkstoffes zu einer Stilisierung der Form gelangten.

Damit haben auch wir den Augenblick erreicht, da wir unser theoretisches Wissen in die Praxis übertragen müssen.

Wir brauchen für diese Arbeit ein mittelhartes bis hartes Holz, in dem die ausgeschnittene Kontur sauber steht. Da unser Werkstück nicht nur schön aussehen, sondern außerdem ein Gebrauchsgegenstand werden soll, muß das Material den normalen Beanspruchungen des täglichen Umgangs gewachsen sein. Dafür ist eine feinjährige Sommereiche das richtige Holz.

Und nun zu einem Beispiel: Wir stellen uns die Aufgabe, die Flächen der vier Rahmenbretter einer Schranktür – der Tischler nennt diese Bretter auch Friese – mit einem Ornament-Relief zu beleben. Der Entwurf liegt fest. Nehmen wir einmal an, es handle sich dabei um ein fortlaufendes Eichenblatt-Motiv, das von einem glatten, nicht zu schmalen Rahmen begrenzt wird. Dieser Entwurf wird als saubere Bleistiftzeichnung in Originalgröße auf kräftigem Transparentpapier ausgeführt (eventuell durch Pausen von der Skizze übertragen) und von dort mit Kohlepapier auf die sauber gehobelte Brettoberfläche gepaust. Danach klemmen wir das fertig gepauste Brett mit

Zur Technik des Reliefschneidens: Anstich der Rahmen-Innenkante und der einzelnen Ornamentformen mit leichter Schräglage des Eisens

Schraubzwingen auf den Arbeitstisch, und zwar derart, daß zwei Winkelkanten mit der rechten vorderen Tischecke abschließen. Das Werkstück bietet bei dieser Anordnung stets zwei Angriffsrichtungen und braucht nicht so oft umgespannt zu werden.

Versuchen Sie, möglichst mit geraden Eisen auszukommen, der »Holzschnitt« bleibt frischer und ursprünglicher. Glatte, geleckte Stuck-Formen sollen auf jeden Fall vermieden werden.

Wir beginnen mit dem Anstich der Rahmen-Innenkante, die nicht senkrecht, sondern mit leichter Schräge verlaufen soll. Das Eisen darf also nicht senkrecht angesetzt werden. Gleichzeitig muß man sich hüten, zu forsch in die Tiefe vorzustoßen. Der Anfänger neigt oft dazu, sein Relief im Eifer des Gefechts plastisch zu übertreiben. Bleiben wir uns stets darüber im klaren, daß das Relief eine Flächenbelebung ist, daß sein Charakter also auch flächig bleiben muß.

Das Relief wächst von einer einzigen Oberfläche in die Tiefe. Wir müssen also bei dem nun folgenden zweiten Arbeitsgang peinlichst darauf bedacht sein, diese Oberfläche durchgehend auf gleicher Höhe zu halten, das heißt, wir dürfen nicht unter die Höhe des Rahmens, in dem die Originalstärke des Brettes stehengeblieben ist, absinken.

Es geht bei dieser Arbeit darum, die Umrisse der einzelnen Ornamentformen anzustechen und deren Randpartien nur so weit zurückzuschneiden, daß die Formen sich aus der Fläche abzuheben beginnen. Hand in Hand damit geht das sparsame Zurückschneiden des Untergrundes. Das soll nicht weiter getrieben werden, als bis die Form in deutlicher Plastik auf dem Grunde steht. Dann kommt die reizvolle Fein- und Schlußarbeit, sozusagen der Schönschriftschnitt. Mit kleinen, sehr scharfen, auf dem Lederriemen polierten Eisen werden die Blattwölbungen und die Rundungen der Eicheln modelliert, die Umrißkanten und Zacken der Blätter klar herausgearbeitet, die Blattadern werden geritzt und das Filigran der Stengel wird ausgeformt.

Eine nicht ganz einfache Arbeit ist der saubere Schnitt des Untergrundes. Mit dem sonst in der Holzarbeit als letzte Rettung gepriesenen Sandpapier ist hier nichts zu machen. Man erreicht nicht mehr damit, als daß man sich die klaren Konturen verwäscht. Lassen Sie deshalb die Finger davon und nehmen Sie dafür zwei gekröpfte Balleisen mit einer nach links und einer nach rechts abgeschrägten Schneide. Stehen im Untergrund größere leere Räume, so kann man aus der Not eine Tugend machen und die Grundfläche mit einem Stempeleisen punzen. In engen Zwischenräumen helfen kleine Präge-Stempel, die man sich selbst aus Holzschrauben herstellt, indem man die Nut des Kopfes durch weitere Einkerbungen zu einem Kreuzgitter ausfeilt. Wo auch der kleinste Stempel keinen Platz mehr findet, wird der Grund durch einzelne Stiche mit dem Dorn gepunzt. Ein so behandelter Untergrund wirkt kontraststeigernd. Die glatt geschnittene, ruhige Oberfläche der Motiv-

Kontraststeigernde Wirkung durch Nachbehandlung des Relief-Untergrundes mit dem Stempeleisen. Die leeren Räume schließen sich

form hebt sich deutlich gegen den unruhigen Untergrund ab, die plastische Wirkung wird erhöht. Im übrigen lege man seinen Entwurf nach Möglichkeit so an, daß leere Räume im Untergrund vermieden oder auf ein Minimum beschränkt werden.

Solche Ornamente können wir überall dort anwenden, wo es um die schmückende Belebung größerer Flächen geht. Bei dem vorhin angeratenen Studienbesuch eines Volkstumsmuseums werden Sie beobachten, daß die alten Meister den Reliefschmuck dazu benutzten, die riesigen Wand- und Deckenflächen ihrer Truhen zu beleben, daß sie das Bauprinzip einer Tür betonten, indem sie den Rahmen mit einem Ornament schmückten und die Füllungen als sogenanntes Faltwerk ausführten, oder daß sie selbst ein so profanes Möbel wie einen Stuhl durch »feinnarbiges Schnitzwerk« auf Armlehnen und Rückenbrett zum Kunstwerk erhoben.

Wer schon einige handwerkliche Fertigkeit gewonnen hat, kann es durchaus wagen, seiner Wohnungseinrichtung den Luxus eines oder sogar mehrerer selbstgeschnitzter Stühle einzufügen, den Rauch- oder Spieltisch durch ein stilgerechtes Relief-Ornament aus der Masse des Fabrikmöbels herauszuheben oder einem Wandschränkchen mit Hilfe eines geeigneten Flächenschmucks Individualität zu verleihen.

Stellen Sie bei einem so anspruchsvollen Vorhaben die Konstruktion des Möbels vor die künstlerische Ausstattung, und lassen Sie den Zusammenbau als Schlußphase folgen. Wenn wir beim Beispiel Stuhl bleiben, so werden als erstes nach einer maßstabgerechten Bauzeichnung alle Einzelelemente angefertigt und in ihren Verbindungen probeweise locker zum Ganzen zusammengefügt. Dann wird auf den dafür vorgesehenen Trägerflächen die Schnitzarbeit ausgeführt, und zum Schluß erst, wenn die Bildhauereisen Feierabend gemacht haben, geht es an den endgültigen Zusammenbau des Stuhls.

Wollen Sie sich zum erstenmal in Ihrem Leben an den Bau eines Stuhles wagen, so versuchen Sie, einen erfahrenen Meister dieses Metiers in ein fundiertes Fachgespräch über die handwerklichen Geheimnisse der dazu notwendigen Verbindungstechniken zu verwickeln. Am besten ist es überhaupt, man läßt sich die einzelnen Bauelemente in einer guten Werkstatt nach dem fertiggestellten Entwurf mit der notwendigen Genauigkeit herstellen. Das bleibt in jedem Falle ratsam, solange die Kapazität der eigenen Bastlerwerkstatt für derartig umfangreiche Arbeiten noch nicht ausreicht. Auch die herrlichste Schnitzerei kann einem wackligen Stuhl, der jeden Augenblick zusammenzubrechen droht, keine Daseinsberechtigung geben.

Mancher kommt bei der künstlerischen Gestaltung der Rücken-Querriegel oder einer ganzflächigen Rückenlehne zu Entwürfen, in denen Durchbrüche enthalten sind. Diese werden, soweit ihre Abmessungen es gestatten, nach dem Aufpausen der Zeichnung auf das Brett mit der Stich- oder Schweifsäge vorgesägt. Dann aber leime man das Werkstück mit Tischlerleim auf ein Unterlegbrett und schlage dies mit Schraub-

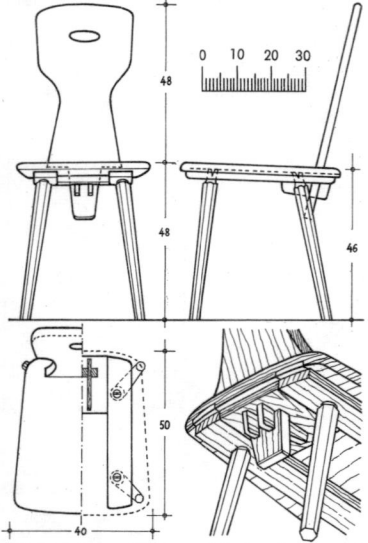

0 10 20 30

48

48

46

50

40

Werkzeichnung für einen einfachen Bretterstuhl

76

zwingen an der Arbeitstischplatte an. Nur wer keinerlei Rücksicht auf seine Tischplatte zu nehmen gedenkt und bereit ist, sie beim Durchbruch der Eisen durch das Originalwerkstück bedenkenlos zu zerhacken, darf sich die Mühe des Aufleimens ersparen. Der vorsichtige Schonbrett-Leimer aber legt ein Blatt Zeitungspapier in die Leimfuge, damit diese eine Sprengfuge wird. Sonst gehen die beiden Bretter, wenn die Schnitzerei beendet ist, nicht wieder auseinander. Die Zwischenlage aus Papier aber verhindert eine feste Verbindung der Bretter und ermöglicht es, die Fuge mit Hilfe eines Messers oder Stechbeitels jederzeit wieder zu lösen.

Wer den Rat von der Reihenfolge der Arbeitsgänge glaubt in den Wind schlagen zu dürfen, der überlege sich, daß ein kompletter eichener Lehnstuhl schwerer zu regieren ist als etwa nur eine seiner Armlehnen. Zudem: Pech kann auch der Vorsichtige haben, und das Wort von dem ewigen Bund, der mit des Geschickes Mächten nicht zu flechten ist, gilt auch für Holzschnitzer. Es ist sehr ärgerlich, wenn man sich im Teilrelief eines fix und fertig und für Jahrhunderte mit Leim und Dübeln zusammengefügten Stuhlgerüstes verschneidet oder wenn einem irgendwo das Holz wegsplittert. Man wird bei einem so umfangreichen Gesamtwerkstück nicht immer in allen Teilen Holz von gleichen Eigenschaften unter dem Werkzeug haben. Ist der Stuhl aber noch nicht zusammengebaut, so kann man ein eventuelles Unglück leicht dadurch wiedergutmachen, daß man das mißglückte Teilstück auswechselt. Werfen Sie also Ihre Paus-Vorlagen nicht eher weg, bevor Sie nicht die erste Feierabendpfeife im neuen, selbstgebauten Schaukelstuhl geraucht haben.

Furnier-Intarsien und Einlege-Arbeiten

Eine auf ganz anderen Voraussetzungen beruhende Technik der Holzoberflächengestaltung ist die Intarsia oder Einlege-

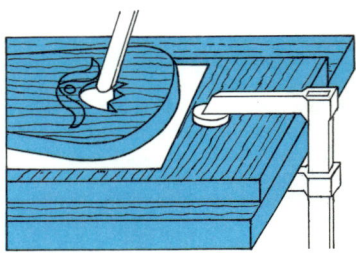

Werkstücke mit durchbrochenen Schnitzmotiven werden zur Schonung der Arbeitsplatte provisorisch auf eine Unterlage geleimt (Sprengfuge)

Arbeit. Man versteht unter dieser zweidimensionalen Kunst das Verzieren von Möbel-, Geräte- oder Wandtafelflächen durch das Einlegen dünner Platten aus verschiedenfarbigen Hölzern, aus Schildpatt und Perlmutt, aber auch aus Horn, Stroh und Metall.

Man kann dabei zwei Wege gehen. Erstens den der echten Intarsia, bei der aus dem Grundholz entsprechende Vertiefungen als Bett für die Einlagen in Form von Ornamenten oder ganzen figürlichen Kompositionen ausgehoben werden, oder den der Auflage-Intarsia. Bei diesem Verfahren wird die gesamte Grundfläche mit einem mosaikartig zusammengesetzten Furnier überzogen.

Die Kunst der Intarsia – das Wort stammt aus dem Italienischen – hat eine ehrwürdige Tradition. Sie gelangte schon vor der Zeitenwende aus dem Vorderen Orient, erreichte im Mittelalter und vor allen Dingen in der Frührenaissance in Italien ihre höchste Vollendung und erlebte noch einmal in der französischen Kunsttischlerei des 18. Jahrhunderts eine späte Blüte von hoher malerischer Wirkung. Seitdem hat sie sich mehr und mehr an Bedeutung verloren und wird heute nur noch selten ausgeübt.

Das erscheint um so erstaunlicher, als gerade unsere moderne Innenarchitektur mit ihren großen, geraden Möbelflächen der Intarsia viele Anwendungsmöglichkeiten bieten könnte. Dessen ungeachtet aber ist sie geradezu prädestiniert, als dekoratives Element in der Bastlerwerkstatt gepflegt zu werden. Die erforderlichen Mittel sind relativ gering, ihre

Technik ist leicht zu erlernen und setzt außer Geschmack lediglich eine sorgfältige Arbeitsweise voraus.

Um die Sache nicht von vornherein zu komplizieren, wenden wir uns der reinen Holzintarsia zu, lassen die Einlegearbeit zunächst außer acht und beschäftigen uns mit der dem Furnieren ähnlichen Decktechnik. Hierfür ist jede Holzoberfläche geeignet, etwa ein Tablett, eine Tischplatte oder Wand und Deckel der berühmten, wohl aus jeder Bastlerwerkstatt hervorgehenden Kästchen vom einfachen Zigarettenbehälter bis zum raffinierten Nähkästchen mit Klapp- und Faltmechanismus.

Aus der Furnierarbeit übertragen wir einige Grundregeln auf die Intarsia-Technik, denn wenn man so will, ist schließlich das Belegen einer Oberfläche mit einem aus mehreren Blättern zusammengestoßenen Deckfurnier auch nichts anderes als eine primitive Art der Intarsia-Arbeit. Zu diesen Grundregeln gehört als erste die Beachtung des Faserverlaufs. Als Grundfläche kann sowohl Massivholz wie auch Sperrholz verwendet werden. Massivholz wird in der Weise furniert, daß die Fasern von Grundholz und Furnier gleichlaufen. Bei Sperrholz ist es umgekehrt. Dort soll die Faser der Deckschicht die der obersten Furnierschicht in der abgesperrten Platte rechtwinklig kreuzen. Wir legen also auch unser Intarsia-Motiv so an, daß möglichst viele seiner Furnierpartien mit entsprechendem Faserverlauf auf die Grundplatte zu liegen kommen. Andernfalls besteht die Gefahr, daß die Deckschicht reißt.

Bei der hier geübten Art der Intarsia-Technik geht es immer um ein ganzflächiges Belegen der Grundplatte. Die auf diese Weise in ihr erzeugte einseitige Spannung muß dadurch ausgeglichen werden, daß man ihre Rückseite mit einem Blindfurnier absperrt. Dazu kann man, sofern die Rückseite unsichtbar bleibt, minderwertiges Furnier oder Furnierreste verarbeiten, doch soll die Rückschicht im Interesse des erstrebten Spannungs-Gleichgewichts von der gleichen Stärke sein wie der Belag der Vorderseite. Daß der Grund trocken, völlig plan

und sauber geschliffen sein muß, wird jedem, der auch nur eine entfernte Vorstellung von der makellosen Spiegelglätte einer Intarsia-Fläche hat, als Gemeinplatz erscheinen.

Unser Rohmaterial ist das Furnier, das uns aus einheimischen Hölzern in reicher Farbskala zur Verfügung steht. Doch bleibt es jedem Geschmack und Geldbeutel selbstverständlich unbenommen, seine Intarsia-Palette durch mehr oder weniger exotische Kostbarkeiten zu bereichern. Für die Qualität der fertigen Arbeit ist es allerdings durchaus nicht gleichgültig, welche Furnierart verarbeitet wird. Da es sich bei der Intarsia um eine hochwertige Oberflächengestaltung handelt, sollte nach Möglichkeit das beste aller Furniere, das Sägefurnier, verarbeitet werden. Bei ihm ist im Herstellungsgang das natürliche Gefüge des Holzes erhalten, seine Oberfläche ist geschlossen, weil die Holzfaser nicht gebrochen wurde. Es läßt sich deshalb hervorragend polieren, und außerdem besteht — im Gegensatz zu den Messer- und Schälfurnieren — nicht die Gefahr, daß der Leim durchschlägt.

Geschnitten wird das Furnier mit sehr scharfem Kerbschnittmesser, mit einer feinen Laubsäge oder besser noch mit den speziellen Furnierschneidegeräten. Stoßkonturen von zwei Blättern werden, wo immer das irgend möglich ist, mit einem einzigen Schnitt geschnitten, um so genauer wird die Paßform. Wenn das Furnier mit der Laubsäge geschnitten wird, ist es ratsam, die Schnittlinie vor dem Sägen mit Tesafilm zu überkleben. Dadurch wird das Splittern des Furniers und das Wegbrechen kleiner Zacken vermieden. Nicht minder wichtig als das Furnierholz ist für unsere Arbeit ein guter Leim. Der für andere, weniger diffizile Holzverbindungen sehr gute Kaltleim ist für unseren Sonderfall weniger geeignet, da er die Leimfuge verfärbt. Besser ist ein Kunstharz- oder Zellulosekleber. Diese Klebstoffe haben den großen Vorzug, daß sie ebenfalls kalt verarbeitet werden und das Verschieben der einzelnen Intarsia-Plättchen während des Klebens verhindern. Ihr Nachteil besteht darin, daß sie zum Teil, wie der schon erwähnte unverwüstliche Kaurit-Leim, einen Härter verlangen und daß sie sofort haften. Fehlleimungen mit ihnen sind nicht mehr zu reparieren.

Einer der besten Leime für die Intarsia-Oberfläche ist nach wie vor der gute, alte Tischlerleim, und zwar in seiner vornehmeren Form als Hautleim. Er ist von hervorragender Bindekraft und schlägt auch bei dünnen Schälfurnieren nicht so leicht durch wie der gewöhnliche Knochenleim. Wichtig ist nur, daß man ihn recht warm in wohltemperierten Räumen und auf vorgewärmten Werkstücken verarbeitet und daß man ihm nach dem Zusammenfügen genügend Zeit läßt, unter kräftigem, gleichmäßigem Flächendruck abzubinden.

Dem Furnier geben wir die richtige Leimtemperatur mit dem Plätteisen, das Fundament wärmen wir am besten auf der Herdplatte an. Die Temperatur ist richtig, wenn man sie als angenehm warm empfindet, sobald man sich das Holz an die Backe hält. Bei aller Umständlichkeit hat die Verwendung von Tischlerleim den großen Vorzug, daß er nicht in Sekundenschnelle abbindet, so daß bei einigermaßen flinkem Arbeiten Sitzkorrekturen möglich sind. Außerdem ist Tischlerleim billig. Müssen Sie aus irgendeinem Grunde das dünne Messer- oder Schälfurnier verarbeiten, so empfiehlt es sich, dem Leim etwas Kreide beizumengen. Dadurch wird ihm unter dem Druck, dem er während des Abbindens ausgesetzt ist, das Durchschlagen durch die Poren des schwachen Materials erschwert.

Der Abbindedruck, den wir dadurch erreichen, daß wir das geleimte Werkstück mit möglichst vielen Schraubzwingen zwischen zwei kräftige, gerichtete und ebenfalls vorgewärmte Zulagebretter pressen, muß gleichmäßig auf die ganze Furnierfläche wirken. Dazu wäre es erforderlich, daß die ganze Intarsia-Haut durchgehend aus Furnierstücken von übereinstimmender Dicke montiert wird. Nicht immer aber wird das Rohmaterial in einer so einheitlichen Stärke zur Verfügung stehen, daß sich

keine Höhendifferenzen ergeben. Durch die teilweise unumgänglichen Montagestreifen können sie sogar noch verstärkt werden. Dieser technisch bedingte Übelstand wird dadurch unschädlich gemacht, daß man zwischen Zulagebrett und Intarsia-Fläche einen weichen Karton, etwa sogenannten Tiefdruckkarton, legt. Glauben Sie nicht, der Billigkeit wegen auf Zeitungspapier ausweichen zu dürfen. Die Druckerschwärze färbt auf das Furnier ab und ist niemals mehr wegzukriegen.

Üben wir die Auflege-Intarsia-Praxis einmal am einfachen Beispiel eines Schachbrett-Baus. Dort haben wir es mit geraden Linien zu tun, die gut geeignet sind, uns den weiteren Weg zum Zusammenfügen schwierigerer Intarsia-Kompositionen zu weisen.

Als Blindholzfläche wählen wir eine 5 mm starke quadratische Sperrholzplatte mit einer Kantenlänge von 410 mm. Das mag manchem vielleicht etwas übertrieben erscheinen, aber erstens wollen wir ein übersichtliches Spielfeld bauen, zweitens uns selbst die Übungsarbeit nicht durch allzu winzige Montage-Elemente unnötig erschweren. Um einen guten Kontrast in die Teilfelder zu bekommen, wählen wir als Deckmaterial Ahornfurnier (besonders schön ist der sogenannte Vogelaugen-Ahorn) für die weißen und Ebenholz oder den etwas wärmeren Rio-Palisander für die schwarzen Felder.

Jedes der insgesamt 64 Einzelfelder mißt 45 mm im Quadrat, acht davon liegen jeweils in einer Reihe. Für Schnellrechner, die inzwischen darauf gekommen sind, daß 8×45 mm niemals das angegebene Maß der Grundplatte ergeben können, sei hier kurz eingefügt, daß die sich ergebende Differenz von 50 mm als Raum für einen neutralen Rand rings um das eigentliche Spielfeld ausgenutzt werden soll.

Doch zurück zur Praxis. Sie beginnt mit dem Schneiden von insgesamt acht Streifen – vier aus dem weißen und vier aus dem schwarzen Furnier – von 45 mm Breite. Geschnitten wird an einem Stahllineal. Benutzen Sie zum Messen Prä-

Montage eines Schachbrettes aus Furnierstreifen: Zuschnitt der quadratischen Spiel-
felder aus den in Schwarz-Weiß-Folge zu-
sammengeklebten Furnierstreifen

zisionsmaßstäbe und eine Lupe. Es
kann gar nicht genau genug gemacht
werden! Die einzelnen Streifen werden
im Farbwechsel mit »Faserfühlung« an-
einandergelegt und mit Klebestreifen
zu einer Fläche montiert. Es gibt spezielle Furnierklebestreifen aus dünnem,
aber zähem Papier mit besonders geeigneten Leimen. Der Leim muß säurefrei
sein, damit er die oft empfindlichen
Furniere nicht verfärbt, muß schnell
haften und sich trotzdem nachher leicht
wieder abweichen lassen. Die Klebestreifen gibt es in verschiedenen Breiten,
von denen die schmäleren Maße am
praktischsten sind. Für Montagen, die im
Kaltleimverfahren aufgeklebt werden,
kann man auch Tesa-Film verwenden.
Geklebt wird stets nur auf der Schauseite. Sitzen die Streifen zusammen,
bringen wir die gewonnene Fläche auf
das genaue Maß von 360×360 mm,
indem wir die Bruchränder der Furnierstreifen wegschneiden. Die jetzt im
ersten Rohbau vorliegende Fläche des
inneren Spielfeldes wird abermals, und
zwar jetzt in der anderen Richtung, in
45 mm breite Streifen aufgeteilt. Wer
dabei zum Schluß nicht auf den zehntel
Millimeter genau auskommt, muß die
verschnittenen Streifen ablegen und mit
neuem Material wieder von vorn anfangen. Wer mit der erforderlichen Präzision gearbeitet hat, montiert die jetzt
gewonnenen Streifen – um je eine Feld-
breite gegeneinander versetzt – abermals
mit Klebestreifen zusammen und hat
damit das Schachbrettmuster vor sich.

Nachdem auch die nach links oder rechts
herausgerückten Einzelfelder umgesetzt
und ins Groß-Quadrat eingepaßt sind,
ist das Mittelfeld fertig und wird nun
durch den Randsaum zur vollen Brettfläche erweitert.
Im Rand soll die Zweifarbigkeit des Spielfeldes wiederkehren. Dazu schneiden
wir 4 mm breite Streifen vom weißen
Furnier, die etwas länger sein müssen als
die Kanten des inneren Spielfeld-Qua-
drates, und montieren sie so an diese
Kanten, daß ihre Enden sich in den
Ecken vollständig überlappen. An diesen
weißen Zwischenrand wird in gleicher
Weise ein abschließender Außenrand
aus dunklen Furnierstreifen gesetzt. Die
Breite dieser außen liegenden dunklen
Furnierstreifen wird bestimmt durch die
Breite der noch freien Randzonen der
Blindholzplatte. Allerdings muß der Ab-
schlußstreifen so breit sein, daß er die
Grundplatte auf allen vier Seiten um
mindestens 1 cm überragt. Diesen
Zentimeter brauchen wir, um dem Streifen rückseits vier Halteklötzchen auf-
leimen zu können, die beim Aufziehen
der Intarsia-Haut in Verbindung mit den
Plattenkanten als »Passer« dienen und
das Verrutschen der Intarsia-Fläche verhindern sollen. Sie müssen also sehr
genau nach dem Maß der Grundplatte
und nach dem Kantengleichlauf von
Intarsia-Muster und Blindholz aufgeleimt werden.
Bevor man das macht, müssen allerdings
erst die Eckenzusammenstöße der Rand-
streifen sauber auf Gehrung geschnitten
werden. Man macht das am Stahllineal
mit einem einzigen Schnitt durch die
beiden überlappt liegenden Streifen. Bei
einem korrekt konstruierten Quadrat liegt
der erforderliche Gehrungsschnitt in der
über die Ecken hinaus verlängerten
Diagonale des Quadrats. Zum Aufziehen
der fertig montierten und rückseits mit
den Paßklötzchen versehenen Intarsia-
Haut wird nur die vorgewärmte Grundfläche des Blindholzes mit dem gut
warmen und leicht fließenden Leim ein-
gestrichen (Leim nicht über 60° erhitzen!).
Man suche mit möglichst wenig Leim

auszukommen. Je weniger Feuchtigkeit beim Verleimen ins Holz eindringt, um so geringer ist die Gefahr des Verziehens. Dann flink die Oberhaut drauf, einen Bogen Papier darüber und das Ganze mit einem warmen Plätteisen kräftig aufdrücken. Durch die Plätteisenhitze werden auch die inzwischen eventuell angetrockneten Leimpartien wieder aktiviert und ziehen das Furnier an. Anschließend wird das Plättpapier gegen den vorhin schon erwähnten Schutzkarton vertauscht, und die Platte kommt in den Preßverband aus Schraubzwingen und Zulagebrettern.

Nach mindestens 24 Stunden Trockenzeit im gut geheizten Raum geht es ans Putzen. Zuerst werden die überstehenden Seitenkanten des Furniers weggeschnitten und mit dem Putzhobel sauber bestoßen. Vorsicht, daß man dabei nicht über die Ecken hinausfährt; immer von beiden Seiten her bis etwa zur Mitte der Brettkante vorstoßen. Nachdem dann die Montagestreifen abgeweicht und deren Reste mit dem Stechbeitel weggekratzt sind, wird die ganze Oberfläche in Faserrichtung mit der Ziehklinge abgezogen und mit feinstem Sandpapier auf dem Schleifklotz abgeschliffen. Wer schon sehr gut mit dem Putzhobel umzugehen weiß, wer ihn wirklich scharf schleifen kann und wer das Eisen auf äußerste Feinheit einzustellen versteht, darf ihn bei der Oberflächenbearbeitung zu Hilfe nehmen. Aber bitte Vorsicht bei der ganzen Schleiferei, damit die Furnierkanten nicht durchgewetzt werden!

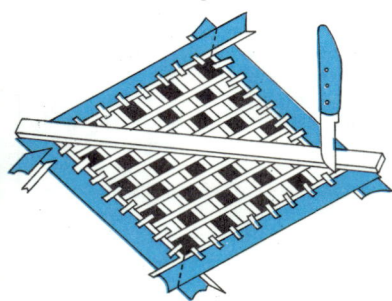

Zusammenschneiden der Ecken in der fertig montierten Intarsia-Decke des Schachbretts

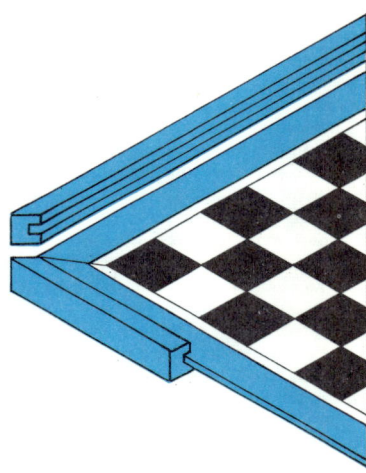

Das beiderseitig furnierte Schachbrett bekommt aus genuteten Leisten einen gepflegten Abschluß

Nach beendetem Schleifen zeigt sich in den mehr oder hoffentlich weniger breiten Stoßfugen zwischen den einzelnen Intarsia-Teilchen, wie genau wir gearbeitet haben. Haarfeine Stoßfugen verschwinden später beim Polieren. Gröbere Lücken kann man in hellen Partien mit einem Kitt aus Kreide und Schellack zureiben; bei dunkleren Partien ersetzt man die Kreide durch feinstes Ziegelmehl oder Rötel, eventuell sogar durch Ruß. Allerdings dürfen diese Eselsbrücken erst nach mehrfacher Vorpolitur beschritten werden, da man sich sonst die Oberfläche der Hölzer zu leicht verfärbt. Doch davon mehr im nächsten Abschnitt.

Bevor es ans Putzen geht, muß erst einmal die Rückseite der Schachbrettplatte furniert werden, da sie sich sonst verzieht. Wer die Vorderseite gemeistert hat, wird mit der Rückseite keine Schwierigkeiten mehr haben. Man geht praktisch in gleicher Weise vor, nur daß man hier eine in sich geschlossene Furnierhaut aufzieht. Es sei denn, jemand käme auf die grandiose Idee, die Rückseite des Schachbrettes durch Intarsia-Technik zu einem Mühle-Brett auszunutzen. Den

Weg dahin wird er nach den soeben gemachten Quadratmuster-Erfahrungen nach einigem Grübeln selbst finden.

Schließlich, wenn das Brett beidseitig furniert ist, geht es noch um einen des Ganzen würdigen Rahmen, denn die rings an den Kanten sichtbaren Teile des Blindholzes sind alles andere als schön. Hübsch und gleichzeitig praktisch, weil dadurch die kostbar gewordenen Oberflächen vom Tisch freikommen, ist eine helle, genutete Leiste von etwa 14 mm Stärke. Sie wird mit auf Gehrung geschnittenen Ecken zu einem quadratischen Rahmen gefügt, in dessen Nut die Platte freischwebend ruht. Sehr geschickte Leute legen über die Rahmenecken zu deren Verstärkung eine eingeleimte Feder aus einem 3 mm starken Brettchen. All das aber darf erst gemacht werden, wenn die Platte fertig poliert ist. Etwas kniffliger wird die Intarsia-Arbeit, sobald es um geometrische oder gar figürliche Kompositionen mit komplizierterer Linienführung geht. Lassen Sie sich bei derartigen Bild-Motiven nicht zu streng naturalistischen Stil-Mitteln verleiten. Man muß, wenn man materialgerecht bleiben will, auch hier bestrebt sein, in erster Linie aus den Möglichkeiten des Holzes heraus zu gestalten, das ja seine eigene Sprache und seine eigenen Ausdrucksmittel hat.

Besteht die Aufgabe darin, ein Motiv durch das Aneinandersetzen einzelner Teile mosaikartig zusammenzubauen, wie das praktisch ja auch beim Schachbrett der Fall war, so verfahren wir grundsätzlich wie dort. Nur wird – insbesondere, wenn es sich um größere Arbeiten handelt – nicht mehr mit Klebestreifen montiert, sondern mit Hilfe einer maßstabgerechten Schablone, die man sich als Paus-Kopie mit allen Zwischenlinien vom Originalentwurf herstellt. Als Material dazu ist ein transparentes Japanpapier gut geeignet, doch kann man auch andere Transparentpapiere verwenden, wenn sie nur recht fest sind und sich nicht dehnen. Das Papier wird mit einem Schwamm leicht angefeuchtet, für einige Minuten sich selbst überlassen und sodann – in noch feuchtem

Zustand – mit Klebestreifen auf eine plane Fläche, etwa auf ein Reißbrett, gespannt (Zeichnung nach unten!). Ist es getrocknet, hat man eine herrlich glatte Montagefläche vor sich. Auf ihr beginnt von innen nach außen hin das muntere Puzzlespiel mit den einzelnen Mosaikplättchen, die nach einer zweiten Pause geschnitten wurden. Als Klebemittel für die Montage kann man Stärkekleister verwenden oder eine gute Gummilösung. Sie enthält kein Wasser, das Furnier quillt nicht und läßt sich leicht, fast zu leicht, wieder lösen. Korrekturen sind also gut möglich. Beachten Sie, daß die Oberseite der Intarsia auf das Papier kommt. Bei großen Arbeiten sind Montage-Felder und Furnierteile gleichlaufend durchzunumerieren.

Wo Intarsia-Teile in ein geschlossenes Rahmenfurnier eingelegt werden sollen, wäre eine Formstanze mit der Wirkungsweise einer Ausstichform im Pfefferkuchenteig ein ideales Werkzeug, um eine korrekte Paßform der beiden Furnierteile zu erreichen. Da diese Methode für den Hausgebrauch zu aufwendig ist, schneiden wir zunächst das innere, also das Einlegestück an einer Schablone aus Metallfolie, die mit Gummilösung einen genügend unverrückbaren Halt auf dem Furnier bekommt. Die ausgeschnittene Form einschließlich Foliendecke dient nun als Schnittmuster für das Rahmenfurnier. Danach erst wird die Metallfolie abgezogen, und die beiden Furnierteile können ineinandermontiert werden.

Mit dieser Technik nähern wir uns der »echten« Intarsia, bei der es darum geht, ein Motiv in eine gegebene Oberfläche einzulegen. Um ein Beispiel zu nennen: Der Deckel einer Schatulle für wertvolle Familienpapiere soll mit einem heraldischen Zeichen aus dem Wappen der betreffenden Familie, der man das Ganze zum Geschenk machen will, geschmückt werden. Das mag ein stilisierter Schlüssel, die Bourbonenlilie, ein Wappentier oder sonst ein Sinnbild sein. Auch diese Figur wird nach der Metallfolienschablone gewonnen und dient als Schnittmuster für die Deckelfläche.

Achtundneunzig Prozent aller weiteren

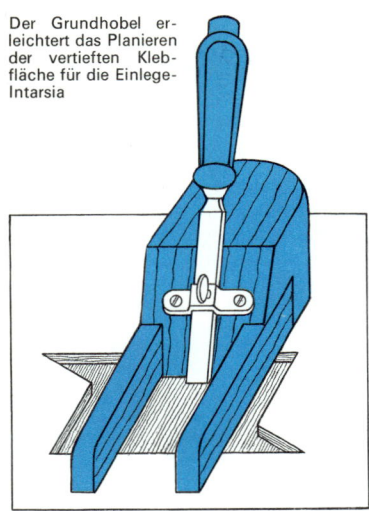

Der Grundhobel erleichtert das Planieren der vertieften Klebfläche für die Einlege-Intarsia

Kunst besteht nun im Ausheben der Grundfläche, deren Konturenbegrenzung durch genügend tiefes Einritzen festgelegt wurde. Das ist Millimeterarbeit mit hervorragend geschliffenem Eisen. Die Grundfläche muß völlig gerade sein und überall gleich tief liegen, denn das eingelegte Furnier will ein planes Bett, sonst hält es nicht. Der Grundhobel, den man aus einem Holzstück und einem schmalen Stechbeitel anfertigen kann, ist ein gutes Hilfsgerät. Unsere Arbeitsanleitung gibt an, wie der Apparat aussehen muß.

Verwenden Sie für diese Arbeiten nicht zu dünne Furniere. Es ist gut, wenn sie nach dem Verleimen mindestens einen halben Millimeter über die Oberfläche herausragen. Der Höhenunterschied wird nach dem Abbinden des Leims auf die Oberfläche zurückgeschliffen, ehe man mit dem Polieren der gesamten Fläche beginnt.

Oberflächenbehandlung des Holzes

Holz ist Holz und soll Holz bleiben. Man sollte auch an seiner Oberfläche, wenn das Werkzeug seine Arbeit getan hat, nicht mehr herumzaubern. Das ist das Glaubensbekenntnis der hundertprozentig Werkstoffgerechten. Es ist aller Ehren wert, aber gut ist es nur in der Theorie. In der Praxis ist das Holz der Unbill seiner Umgebung und der Zeit ausgesetzt, die in Schmutz, Luftfeuchtigkeit und mechanischer Verletzung besteht. Gegen diese schädlichen Einwirkungen muß das Holz durch eine geeignete Oberflächenbehandlung abgeschirmt und widerstandsfähig gemacht werden. Die dazu geeigneten Verfahren bestehen im Ölen, Wachsen, Mattieren, Lackieren oder Polieren. Erreicht wird mit alldem ein Schließen der Poren und damit eine Festigung der Oberfläche oder ein hauchfeiner Schutzüberzug. Eine derartige Schicht hat zum andern die nicht minder wichtige Aufgabe, die naturgegebene Schönheit des Holzes wesentlich zu steigern.

Aller Oberflächenbehandlungen edelste ist das Polieren. Es ist zugleich aber auch die weitaus schwierigste. Dennoch dürfen wir vor dem Polieren nicht das Hasenpanier ergreifen, denn es gibt keine andere Möglichkeit, einer Intarsia-Oberfläche jene spiegelnde Hochglanz-Vollendung zu geben, unter der sie ihre ganze Pracht voll zur Geltung bringen kann.

Beim Polieren – darüber müssen wir uns ganz klar sein – beginnt erst die wahre Kunst der Einlegearbeit. Man braucht dazu Ausdauer, Kraft, Geduld und ein feines Fingerspitzengefühl. Außerdem braucht man Schellack, feinstes Bimssteinpulver oder Rötel und einen Polierballen, der früher bei den alten Poliermeistern alleine schon Gegenstand einer geradezu mystischen Geheimniskrämerei war. Der Polierballen ist die »große Medizin«. Man kann ihn sich aus einem faustgroßen Bausch von roher Schafwolle herstellen, um den ein Stück tausendmal gewaschene Leinewand gebunden wird. Versuchen Sie nicht, mit Watte zu polieren. Die einzelne Wattefaser ist viel zu hart. Sie kratzt und ergibt niemals einen einwandfreien Hochglanz. Holz ist von Natur aus kein polierfähiger Rohstoff. Dazu ist es zu weich, nicht dicht genug und viel zu porös. Außerdem »steht« seine Oberfläche nicht, weil sie im Wechsel der Luftfeuchtigkeit arbeitet. Alle diese Klippen müssen umrundet werden. Grundvoraussetzung für eine anständige Politur ist knochentrockenes Holz und eine mikroskopisch plan und sauber geschliffene Oberfläche. Lassen Sie also das Schachbrett, nachdem die Intarsia-Schicht aufgebracht ist, mehr als gründlich austrocknen, ehe Sie, nach dem letzten Edelschliff und nachdem das allerletzte Staubkörnchen entfernt ist, mit dem Polieren anfangen.

Man beginnt damit, daß man ein paar Tropfen von einer mageren Schellack-lösung auf den Polierballen tut und damit kreisend über die Oberfläche fährt. Während des Reibens werden winzige Mengen von Bimssteinpulver auf die Fläche gestreut. Der Bimsstein dient einmal als Füllstoff für die Poren, zum andern als Poliermittel. Drittens wird das Pulver auf einer Intarsia-Oberfläche in die feinen Nahtstellen der einzelnen Mosaikplättchen gerieben, so daß sie nach und nach verschwinden. Beginnt der Ballen trocken zu laufen, wird Schellack in homöopathischen Dosen nachgeträufelt.

Eine homöopathische Dosis beispielsweise von Alkohol kommt zustande, wenn man zehn Tropfen Kognak bei Lindau in den Bodensee tut und nach einer Woche von dem inzwischen gleichmäßig angereicherten Wasser in Konstanz 50 ccm abfüllt. Diese Mutterflüssigkeit wird in einem Eimer reinen Leitungswassers zur gebrauchsfertigen Medizin verdünnt, die dem Patienten mit 3×2 Tropfen täglich vor oder nach dem Essen auf etwas Zucker verabfolgt wird. Wenn Sie entsprechend diesem Rezept Ihre Schellackzugabe dosieren, ist die Sache richtig. Nur werden Sie bitte nicht ungeduldig, wenn Sie nach den ersten Arbeitsstunden noch keinen nennenswerten Effekt Ihrer reibenden Bemühungen feststellen. Das Wort vom guten Ding, das seine Weile haben will, wurde von einem Holzpolierer erfunden. Das erste, was Sie feststellen, ist, daß Ihr Polierballen zu kleben beginnt und nicht

mehr rutscht. Ist es soweit, kommt zum Tropfen Schellack ein Tropfen allerfeinsten Knochenöls auf den Polierballen. Allmählich beginnt sich dann die Oberfläche mit einem ganz feinen Glanz zu überziehen, der bei emsig fortgesetzter Arbeit immer prächtiger zu strahlen beginnt. Jetzt wird das Füllmittel weggelassen und mit reinem Schellack weiterpoliert, dem nur gerade so viel Öl beigegeben wird, daß der Ballen nicht klebt.

Die ganze Prozedur dauert einige Zeit. Sie können damit rechnen, daß bei gutem Fleiß, unter sehr sauberen, staubfreien Bedingungen eine brauchbare Politur in rund einer Woche zu schaffen ist. Für die 2×4-Meter-Front eines Schlafzimmerschrankes dürfen Sie getrost einen Monat ansetzen. Danach braucht die Oberfläche noch eine gewisse Zeit zum Erhärten bei Trockenheit und Ruhe, ehe man sie aus der Hand geben darf. Wahrscheinlich aber ist Ihnen nach alldem das unter Ihren Händen entstandene Prachtstück so lieb geworden, daß Sie sich nicht mehr davon trennen mögen.

Sehr viel einfacher ist das Ölen. Es ist dies eine Behandlung, die man figürlichen und gegenständlichen Schnitzereien, insbesondere solchen aus weichen Hölzern, angedeihen lassen sollte. Sie besteht darin, daß man die Oberfläche mit abgekochtem, heißem Leinöl tränkt. Der Auftrag erfolgt mehrfach sehr dünn mit einem weichen Lappen. Nachdem der letzte Auftrag völlig trocken ist, wird mit feinstem Sandpapier vorsichtig nachgeschliffen. Setzt man dem Öl etwas Lasurfarbe (Künstler-Ölfarbe) zu, so kann man dadurch zugleich eine Tönung der Holzoberfläche erzielen. Aber keine Deckfarbe dazu verwenden!

Eine sehr schöne Oberfläche ergibt das Wachsen. Leider ist sie weder kratznoch wasserfest, das Verfahren darf also nicht für Gebrauchsgegenstände angewandt werden. Reines Bienenwachs wird in Terpentinöl zu einer Paste gelöst und mit einem Lappen kräftig in die Oberfläche gerieben. Nach dem Trocknen poliert man mit einer Roßhaarbürste.

Bohnerwachs und farblose Schuhcreme sind behelfsmäßige Ausweichstoffe. Einen schönen stumpfen Glanz ergibt das Mattieren. Mattine kann man fertig kaufen oder selbst aus einer Schellacklösung herstellen, der man etwas Terpentinöl und Wachs zusetzt. Der Auftrag erfolgt flächig mit weichem Lappen. Ein Pinsel hinterläßt allzu leicht Striche. Sehr dauerhaft sind die nicht selbst herzustellenden Mattine-Mittel auf Zellulose-Grundlage.

Schließlich kann eine Holzoberfläche auch lackiert werden. Wie vor allen andern Schlußbehandlungen, so wird die Oberfläche auch vor dem Lackieren sehr sauber geputzt und geschliffen (letzter Schliff nur in Richtung der Holzfaser!). Es ist gut, das Holz vor dem Lackauftrag ein- oder zweimal mit einer Zellulose-Mattine zu grundieren. Bei zwei Aufträgen muß der erste gut durchgetrocknet sein, bevor der nächste erfolgt. Der Grundanstrich wird mit der Roßhaarbürste vorsichtig überschliffen, abgestaubt und mit einem wasserklaren Kopal- oder Kunstharzlack überzogen. Lack muß gut temperiert sein und will in völlig staubfreier Luft mit weichem Haarpinsel dünn aufgetragen werden. Oberfläche dabei waagerecht legen, Lack ist sehr läufig und neigt zu Streifenbildungen. Ein etwaiger zweiter Auftrag darf erst erfolgen, nachdem der erste völlig trocken ist, sonst wird dieser vom Pinselhaar aufgerauht. Lackpinsel immer schräg ansetzen, niemals senkrecht auf die Oberfläche stoßen.

Das Beizen gehört nur bedingt zur Oberflächenbehandlung. Es ist ein Verfahren, um das Holz farbig zu tönen, ohne dabei dessen Struktur zu verdecken. Einfachstes und einziges Beizverfahren für den Bastler ist das Einstreichen der Holzoberfläche mit Wasser- oder Spiritusbeize. Gebräuchlichste Beize ist die als Granulat gehandelte Nußbaum-Körnerbeize. Sie wird in Wasser oder Spiritus gelöst und, nachdem sie sich abgesetzt hat, sicherheitshalber durch ein Wolltuch abgegossen. Ein geringer Zusatz von Ammoniak intensiviert die Farbgebung der Beize. Eisenspuren verfärben die Beizflüssigkeit, sie darf also nicht in Blechdosen angesetzt oder mit Pinseln verstrichen werden, die mit eisernen Zwingen gebunden sind. Diese werden besonders gefährlich, wenn die Zwingen Ansätze von Rost zeigen.

Je nach dem gewünschten Holzton wird die Beizflüssigkeit — mehr oder weniger verdünnt — in sattem Auftrag auf das Holz gestrichen. Überschüssige Beize wird mit Löschpapier aufgesogen. Da die Feuchtigkeit die Oberfläche stark aufrauht, muß vorher gewässert und geschliffen werden. Hirnholzflächen sind besonders aufnahmefähig für Flüssigkeiten aller Art. Um deren unverhältnismäßig starke Dunkeltönung durch allzu gieriges Aufsaugen der Beize zu verhüten, werden sie zuvor mit einem nassen Schwamm getränkt. Vor dem Beizen eines wertvollen Stückes ist dringend zu empfehlen, Probebeizungen auf Holzresten gleicher Art vorzunehmen, damit man den Farbton notfalls durch Verdünnung oder durch einen stärkeren Ansatz der Beize abwandeln kann. Nach dem Auftrocknen der Beize muß die rauh gewordene Oberfläche vorsichtig nachgeschliffen werden. Danach bekommt sie die endgültige Schlußbehandlung mit Öl, Wachs, Lack oder Mattine.

Im Grenzgebiet zwischen Tönen und Oberflächenbehandlung steht die Wachsbeize. Sie besteht aus Wasserbeize mit Zusätzen von Ammoniak, Bienenwachs und Pottasche, ist fertig zu kaufen und wird, leicht angewärmt, satt aufgetragen. Nach dem Auftrocknen braucht man nur noch mit der Roßhaarbürste zu polieren und bekommt damit einen matten Glanz auf die Oberfläche.

Das Beizen mit den gewöhnlichen Wasser-, Wachs- und Spiritusbeizen hat den Nachteil, daß dabei die weichen Holzteile mehr Flüssigkeit aufsaugen als die harten und demzufolge dunkler werden als diese. Es entsteht ein negatives Bild der Holzstruktur. Im allgemeinen stört diese Umkehrung der Werte nicht, wer sie aber vermeiden will, muß auf die chemischen Beizen zurückgreifen. Bei handelsüblichen Beizen halte man sich an die Gebrauchsanweisung.

5 Ornament und Druckstock

Wie in uralten Zeiten schon, so ist auch heute noch das Ornament für den Menschen eines der beliebtesten Mittel, seine Umgebung oder die Gegenstände des täglichen Bedarfs zu schmücken. Wahrscheinlich sogar ist das Ornament die erste bewußte künstlerische Ausdrucksform des Menschen überhaupt. Erstaunlich zudem ist seine »internationale« Verbreitung. Wir finden das Ornament im Island der Sagazeit genauso stark vertreten wie bei den Assyrern und Babyloniern, in Griechenland, in den uralten Kulturen Mexikos, in den Dschungelheiligtümern Indiens und bei den Negerstämmen Afrikas.

Vielleicht geht das Ornament auf eine primitive Kennmarke zurück, mit welcher der erste Tontopf von seinem Hersteller als dessen Eigentum gesiegelt wurde, oder auf eine in den Türbalken eingeritzte Heilsrune zur Abwehr böser Dämonen. Sehr schnell erwuchs aus der motivischen Wiederholung und Reihung bestimmter Zeichen ein Zierat, der geeignet war, Wert und Schönheit eines Gegenstandes sinnfällig zu erhöhen.

Die Formensprache des Ornaments, die auch für uns Bastler erlernbar und zu beherrschen ist, reicht von der einfachen abstraktgeometrischen Zeichnung bis zur gegenständlichen Darstellung, die auf organische Formen zurückgreift. Da ist einmal das Pflanzenreich mit seiner Gestaltenfülle, zum andern das Tierreich, das schon in alter Zeit die Ausdrucksmöglichkeiten der Ornamentik durch eine Vielfalt von Symbolen bereichert hat. Wie das Tier in der Heraldik als Sinnbild der Stärke, des Mutes, der Weisheit oder der Friedfertigkeit auftaucht, so macht es auch im Ornament seine verschlüsselte Aussage, deren Deutung oft nur dem Eingeweihten möglich ist.

Die Bezeichnung Ornament deutet an, daß es sich hierbei stets um ein Schmuck-mittel handelt, denn das Wort ist vom lateinischen »ornare« = »schmücken« abgeleitet. Es kann die Form eines Gegenstandes betonen oder aufgliedern, es kann sich aber auch neutral verhalten oder eine Oberfläche vollständig überwuchern. Erstaunlich dabei bleibt, daß sich das Ornament allen Formen und jedem Material anpaßt. Nur ausnahmsweise, etwa im Holz, muß sich seine Gestaltung den technischen Gegebenheiten des Materials beugen, aber auch hier folgt sie durchaus eigenen Gesetzen.

Das Gesetz des Ornaments

Wenn wir uns an das Entwerfen eines Ornaments machen, so müssen wir uns über diese Grundgesetze klar sein und sie auch befolgen. Zu berücksichtigen ist zuallererst, daß ein Ornament nicht nur aus den Formen seiner Einzelmotive besteht, sondern auch aus den dazwischenliegenden Räumen. Diese erst machen die Zeichnung des Ornamentes deutlich. Sie sind durchaus gleichwertige Gestaltungselemente des Ganzen. Das Ornament ist seinem Wesen nach

Das Ornament ist ein figürlicher Kanon. Seine Einzelmotive wiederholen sich in strenger Ordnung und Reihenfolge. Als Bausteine des Ornaments sind sowohl geometrische wie auch figürliche Formen möglich

ein figürlicher Kanon, das heißt eine stetige Wiederkehr des gleichen Grundthemas in streng eingehaltener Ordnung. Je kürzer und klarer das Thema, um so reiner das Ganze. Auf unser Formenband übertragen heißt das: Möglichst sparsame Verwendung und klare Trennung der Motive. Zwei, allerhöchstens drei Motive in der Ornamentfolge sind genug.

Was den Formen recht ist, ist den Farben billig, sobald es sich um den Entwurf eines farbigen Ornaments handelt. Verfallen Sie nicht dem Rausch des Bunten. Höchstens zwei gegensätzliche Farben sollte man zulassen, wobei ein eventuell farbiger Grund schon als eine der statthaften Farben gilt. In Form, Farbe und Strichführung sind möglichst starke Kontraste anzustreben. Ein Ornament darf selbst dann, wenn es kompliziert ist, nicht verwaschen wirken, sondern soll klar hervortreten.

Wer diese Grundforderungen beherzigt, wird es bald zu ornamentaler Meisterschaft bringen. Der Weg dorthin führt über das übungsmäßige Komponieren einzelner Ornament-Takte aus zunächst einfachen Grundformen, mit denen man sich in die Gesetzmäßigkeiten der Materie hineinfindet und die man später zu Schmuckbändern oder ganzen Flächen aneinanderreiht.

Als Zeichengrundlage für den Entwurf verwendet man am zweckmäßigsten quadratisch liniiertes Papier, wie man es in Schulrechenheften findet. Das Gitternetz erleichtert bei der Grundkonstruktion nicht nur die gleichmäßige Verteilung der Motive über den Raum, das Einhalten der Zwischenräume und der Wiederholungsmaßstäbe, sondern auch das Übertragen eines fertigen Entwurfs in einen anderen Maßstab. Man überträgt zu diesem Zweck die Zeichnung einfach auf ein in entsprechendem Maßstab abgewandeltes Gitternetz. Das kann man sich selber zeichnen, oder man arbeitet von vornherein auf Millimeterpapier und zählt die zur Vergrößerung oder Verkleinerung nötige Anzahl von »Kästchen« ab. Der einfachste Baustein des Ornaments

ist der Strich in verschiedenen Stärken. Er läßt sich zum Zickzack knicken, zum Kreuz addieren, aus dem man wiederum den Stern entwickelt, und zur Wellenlinie abwandeln. Punkt und Kreis ergeben Rundformen; Quadrat, Rechteck, Dreieck und Raute schließlich erweitern den Bestand an Grundformen schon so weit, daß damit sehr viele Wünsche erfüllt werden können.

Haben Sie mit diesen abstrakten Formen die Elementarstufe im ornamentalen Aufbau überwunden und reizt es Sie, Motive aus der Formenwelt der Natur zu verarbeiten, so bleiben Sie bitte nicht in einer sklavisch naturalistischen Darstellungsweise stecken. Die Natur kann für jede Art von künstlerischer Gestaltung nicht mehr als den Rohstoff liefern, den das tätige Temperament umformen muß. Umformen bedeutet in der Ornamentik Vereinfachen, Stilisieren, Übertragen der Körperlichkeit in die Ausdrucksmöglichkeiten der Fläche. Denn das Ornament ist keine malerische, sondern eine graphische Ausdrucksform, und zwar auch dort, wo es als Relief mit plastischen Mitteln arbeitet.

Wo es um die Entwicklung abstrakter Zierformen mit spiegelbildlich gleichen Hälften aus der geometrischen Figur geht, etwa um blütenähnliche Gebilde aus dem Kreis, Blattgeranke aus dem Rechteck oder Sterne aus dem Quadrat, kann die altbekannte, bei Kindern beliebte Falt- und Scherenschnittmethode zu reizvollen Schmuckelementen verhelfen. Faltet man beispielsweise ein quadratisches Blatt Papier zweimal zu einem Quadrat von Viertel seiner ganzen Größe und schneidet dessen offene Ecke zu einem Formprofil, so ergeben sich nach dem Auseinanderfalten überraschende Figuren, die sich mit ihrer strengen Seitengleichheit sehr gut als Ornamentmotive eignen.

Behalten wir, um nicht vom Wege abzuirren, ganz klar die Absicht im Auge, der unser Schmuckornament dienen soll. Das rein graphische Gebiet, worunter hier die einmalige Zeichnung eines Ornaments als endgültige Darstellung verstanden sei, klammern wir

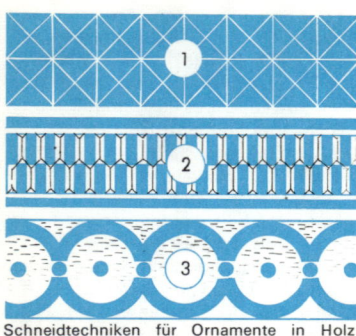

Schneidtechniken für Ornamente in Holz:
1 Linienschnitt – 2 Kerbschnitt – 3 Flachschnitt

in diesem Zusammenhang von vornherein aus. Dem Spezialisten auf diesem Gebiet dient das Papier als Träger der Zeichnung, sein Handwerkszeug sind Farbe, Pinsel und Feder, mit denen er nach einer der vielen graphischen Techniken arbeitet. Er kann mit diesen Methoden und Mitteln jede noch so komplizierte Linienführung, jede Art der Flächenbehandlung und jede Strichstärke bewältigen, womit über den Grad der Mühe, die er dabei aufzuwenden hat, nichts gesagt sein soll.

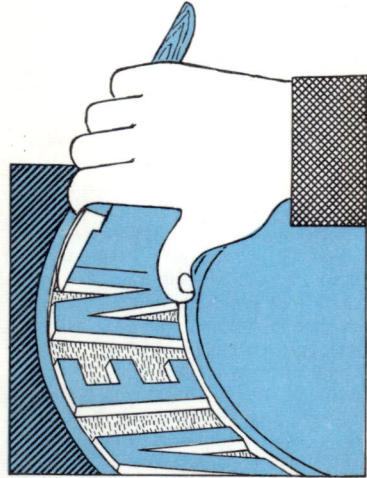

Handhabung des Schnitzmessers beim Kerbschnitt: Der abgewinkelte Daumen stützt sich auf die Holzoberfläche und zieht den Schnitt zu sich heran

Techniken des Holzschneidens

Für uns ist das Zeichnen des Ornaments nur eine Vorstufe. Unsere Hauptaufgabe lautet, das Ornament in Holz zu schnitzen. Das kann aus zweierlei Gründen geschehen: einmal, um uns einen Druckstock herzustellen, der es uns ermöglicht, das einmal festgelegte Motiv beliebig oft zu vervielfältigen, zum andern, um ein einmaliges Original im Sinne der »verlorenen Form« zu schaffen. Gemeint ist das als Einzelarbeit auftauchende Schmuckelement in den Flächen holzgeschnitzter Geräte und Gegenstände, wie wir sie im Kapitel 4 kennengelernt haben. Damit wollen wir uns zunächst befassen. Für derartige Arbeiten stehen die beiden Techniken des Linien- und des Kerbschnittes zur Wahl. Die einfachere ist der Linienschnitt, bei dem es um nichts anderes geht als um die Übersetzung einer gezeichneten Kontur in eine geschnittene Linie von geringer Tiefe. Man braucht zu dieser anspruchslosen Kunst nicht mehr als ein scharfes Schnitzmesser. Ein gut geschliffenes Taschenmesser tut's auch.

Die klassische Technik für das Schneiden von Ornamenten überhaupt ist der Kerbschnitt. Alte Geräte und Möbel aus der Volkskunst bieten reiches Studienmaterial für diese Technik, die mit einfachen Mitteln erstaunliche Wirkungen zustande bringt.

Beim Kerbschnitt wird entweder die Zeichnung mit dem Messer auf der Fläche ausgekerbt, oder man läßt die Zeichnung stehen und schneidet die Zwischenräume aus, so daß die Zeichnung zum Schluß als erhabenes Muster auf der vertieften Fläche steht. Das ist jedoch nur dort angebracht, wo die Zwischenräume so breit sind, daß man sie mit einem einzigen Schnitt noch erfassen kann. In einem guten Kerbschnittornament ist die Wertigkeit des vertieften Grundes und der stehengebliebenen Partien völlig gleich. Seine Wirkung beruht auf der gegenseitigen Ergänzung von erhabener Fläche und vertieftem Grund, von Motivzeichnung und Zwischenraum. Das Kerbschnittornament schaut den Betrachter an wie ein Zebra, von dem bis heute noch nicht mit Sicherheit gesagt werden kann, ob es ein weißes Pony mit schwarzen Streifen ist oder ein schwarzes mit weißen Streifen.

Als Handwerkszeug genügt auch für diese Technik ein einziges Messer: eine gerade, kurze Klinge mit gerundetem Rücken im Holzheft, die als Kerbschnittmesser bekannt ist. Allerdings kann man sich manchen feinen Schnitt mit einem zweifasig angeschliffenen, leicht gekrümmten Messer erleichtern. Mit dem Schnitzmesser soll geschnitten, nicht geschrieben werden. Man halte es also nicht wie einen Federhalter, sondern umfasse es so mit allen Fingern der Rechten, daß sein Heftende beim kleinen Finger herausschaut. Der etwas abgewinkelte Daumen wird fest auf die Holzfläche gesetzt und »zieht« den Schnitt zu sich heran. Wer dabei nicht aufpaßt, kann sich leicht in den Daumen schneiden. Man kommt jedoch auf diese Weise zur richtigen Neigung des Messeransatzes, die zum Erreichen einer Kerbe mit schrägen Wandungen notwendig ist. Zu vermeiden sind unnötig tiefe Schnitte, die beschnitzte Fläche macht sowieso leicht einen durchbrochenen Eindruck. Der aber soll vermieden werden, denn Holz ist kein Werkstoff für filigranartige Behandlungen. Daß alle Schnitte von gleichbleibender Tiefe sein müssen, versteht sich von selbst.

Man kann Kerbschnitte auch farbig anlegen. Der eine Weg zum Ziel führt über die dunkel oder farbig getönte Gesamtfläche einer hellen Holzart — etwa Linde oder Ahorn —, in der die ausgeschnittenen Kerben als helle Durchbrüche erscheinen. Auf diese Weise kommt eine sehr starke Kontrastierung zustande. Die zweite Methode, bei der die Verwendung mehrerer Farben möglich wird, können wir wiederum in der Schule der alten Volkskunst studieren. Dort erreichte man die Farbigkeit des Schnitzornamentes dadurch, daß man die Vertiefungen mit farbigem Bienenwachs ausfüllte. Bienenwachs ist nicht sehr haltbar. Als Menschen eines in vielerlei

Hinsicht strapaziösen Zeitalters ersetzen wir es durch eine hart auftrocknende Mischung, die aus Temperafarbe und Kaurit-Leim zusammengerührt wird. Ist die Masse gut durchgetrocknet, wird die ganze Fläche mit feinem Sandpapier abgeschliffen.

Mit diesem Verfahren, bei dem äußerste Zurückhaltung in der Farbwahl geübt werden muß, wenn der Endeffekt nicht knallig und aufdringlich wirken soll, wird der Reliefcharakter des Ganzen aufgehoben. Wir haben ein Ornament oder ein Muster vor uns, das in allen Teilen mit der Gesamtoberfläche des Werkstückes auf einer Höhe liegt. Damit nähern wir uns einer Intarsia-Wirkung.

Neben dem Linien- und Kerbschnitt gibt es noch den Flachschnitt, dessen wesentliches Merkmal darin besteht, daß bei ihm größere erhabene Flächen durch weite Zwischenräume getrennt werden. Diese Zwischenräume sind mit der Kerbtechnik nicht mehr zu meistern. Sie werden mit geeigneten Bildhauereisen um ein durchgehend gleichbleibendes Maß vertieft. Die Zeichnungskontur wird auch bei dieser Technik mit schräg abfallender Wand geschnitten, da senkrechte Schnitte das Sauberschneiden des Grundes in den Ecken erschweren.

Wer sich mit dem im vorigen Kapitel behandelten Relief-Schnitzen ernsthaft befassen möchte, der beginne seine Vorstudien mit dem Kerb- und Flachschnitt. Er wird sehr bald feststellen, daß von diesen einfachen Techniken aus ein direkter Weg zu der höheren Stufe des Relief-Ornaments (vgl. Kapitel 4, Seite 73) führt.

Der Schriftzug als Ornament

Nicht selten wird bei unseren kunsthandwerklichen Arbeiten auch der Schriftzug als Schmuckmittel Verwendung finden und eine ornamentale Ausbildung fordern. Es gibt Spezialisten für Schriftornamente, die sich durch ständige Abwandlungen der als solche

Der Schriftzug als Ornament: Entwicklung der einzelnen Buchstaben einer Blockschrift aus Quadraten und Rechtecken

schon dekorativ wirkenden Schriftformen aus der Gotik und der Fraktur – um nur einige von den vielen Möglichkeiten zu nennen – einen schier unerschöpflichen Schatz ornamentaler Gestaltungselemente geschaffen haben und ihn ständig erweitern. Hier tut sich für denjenigen, der sich näher mit dem reizvollen Sondergebiet »Schrift« befassen will, ein weites Feld auf, das zu beackern ein ganzes Menschenleben ausfüllen kann. Wir müssen uns an dieser Stelle damit bescheiden, von Ferne einen Blick in dieses gelobte Land künstlerischer Gestaltung zu tun, weil wir uns sonst darin verlieren würden. Denn uns geht es ja um die praktische Anwendbarkeit unserer Entwürfe.

Die Fesseln, die uns das Holz mit seiner eigenwilligen Struktur bei der Auswahl unserer Ornament-Motive auferlegt, werden besonders fühlbar, wenn es um das Schneiden reiner Schriftformen geht. So wird eine aus stark gemasertem Holz gearbeitete Holzschale es kaum gestatten, daß man ihrem Rand ein Spruchband aus einer gotischen Schreibschrift mit ihrer gerundeten Linienführung aufzwingt. Wir werden für diesen Zweck stets eine Schrift von möglichst geradliniger Blockarchitektur wählen, der das Holz keinen allzu großen Materialwiderstand entgegenstellt.

Diese Voraussetzungen werden hervorragend von der Antiqua erfüllt, besonders dann, wenn wir sie nur in Versalien, das heißt in großen Buchstaben, verwenden. Diese »alte« Schrift, deren klassische Klarheit daher stammt, daß sie für den Steinmeißel geschaffen wurde, hat neben ihrer Schönheit den Vorzug, daß sie – besonders in der vereinfachten Form als Blockschrift – relativ leicht zu erlernen ist. Außerdem läuft die Antiqua in Versalien stets auf gleicher Höhe und bietet damit schon von Haus aus das Bild eines in sich geschlossenen Bandes. Die Form des einzelnen Buchstabens hat sich aus dem Quadrat, dem Rechteck und dem Kreis entwickelt. Es ist für den noch Ungeübten eine gute Hilfe, bei der Anlage einer Textzeile oder eines Spruchbandes auf diese Urentwicklung zurückzugreifen. Man teilt die zur Verfügung stehende Bandlänge zunächst in einzelne Vierecke auf, deren waagerecht liegende Kantenlängen der Breite der betreffenden Buchstaben entsprechen, und schneidet dann jedes Viereck zu einem Buchstaben um. Wer das zur Übung ein paarmal mit Bleistift, Pappe und Schnitzmesser gemacht hat, bekommt sehr bald ein sicheres Gefühl für den richtigen Abstand der einzelnen Buchstaben. Beachten Sie auch hierbei das ornamentale Grundgesetz, nach dem Zusammenballungen von stehender Schrift und leeren Zwischenräumen zu vermeiden sind. Merken Sie sich die Faustregel, daß gerundete oder schräg laufende Buchstaben eng aneinandergerückt werden sollen, solche mit geraden, senkrechten Begrenzungen etwas größeren Abstand benötigen. Im großen und ganzen darf die Schrift in einem Schalen- oder Tellerschmuckband recht eng laufen. Es kommt dabei ja nicht auf ihre mühelose Lesbarkeit auf weite Sicht an, wie etwa bei einem Waschmittelpaket im Schaufenster, sondern auf die dekorative Wirkung des Ganzen. Wer den Inhalt des geschnitzten »Sinnbildes« erkennen will, soll den betreffenden Teller ruhig in die Hand nehmen und ihn in Ruhe durchbuchstabieren. Das erhöht die persönliche Note des Stückes und verschafft ihm einen intimen Rang. Wird für die Lesbarkeit einmal ein größerer Abstand zwischen zwei Wörtern wünschenswert, so kann man ihn durch ein ständig wiederkehrendes Zeichen, etwa durch einen auf die Spitze gestellten Rhombus, durch ein Kreuz oder einen Stern betonen.

Bei alledem ist es ein Unterschied, ob das Schriftornament als ein gerades Linienband — etwa als Fries um den oberen Rand einer Schatulle — oder über den runden Rand eines Tellers verläuft. Im letztgenannten Falle müssen die Achsen der einzelnen Buchstaben auf den Mittelpunkt des Tellers ausgerichtet werden. Man erreicht das am einfachsten dadurch, daß man mit einem weichen Bleistift mehrere feine Durchmesser durch den Tellerkreis zieht, nach deren Verlauf man die einzelnen Buchstabenachsen ausrichtet. Eine teilweise rechtwinklig zur Grundlinie gestellte, teilweise radial angeordnete Achsenführung der Buchstaben wird im Spruchband auf einer ovalen Schale erforderlich. Die richtige Neigung der Achsen in den beiden gerundeten Schmalseiten der Schale findet man, wenn man sie auf die Mittelpunkte der beiden Kreise ausrichtet, aus denen die ovale Form ursprünglich entwickelt worden ist.

Der Druckstock
aus Holz und Linoleum

Sobald es darum geht, das Ornament oder ein einzelnes Schmuckmotiv aus seiner Einmaligkeit zu befreien und es zum Zwecke der Vervielfältigung zu schneiden, heißt es umdenken. Das Druckverfahren, das wir mit unseren selbstgeschnittenen Stöcken ausführen, ist der Hochdruck, wie er uns täglich im Zeitungsdruck begegnet. Es drucken hierbei nur die erhaben auf dem zurückgesetzten Grund stehenden Teile des Druckstockes. Es ist also bei seiner Anfertigung genau umgekehrt wie etwa beim Zeichnen mit Kohle auf Papier. Beim Zeichnen entsteht das Bild als Kohlestrich auf dem Grund, beim Druck-

stockschneiden hingegen wird das »Unsichtbare« zum Objekt für das Werkzeug. Man schneidet das, was bleiben soll, aus der Oberfläche der Druckplatte heraus und läßt die eigentliche Zeichnung stehen.

Als zweites ist der Spiegelbild-Effekt des Druckstockes zu berücksichtigen. Wir müssen, um einen seitenrichtigen Druck zu erreichen, den Stock spiegelbildlich schneiden. Vertauschte Seiten mögen bei manchem Schmuckmotiv keine Rolle spielen, wohl aber können sie bei Schriftzeilen oder Figuren, die im fertigen Druck plötzlich als Linkshänder auftreten, zumindest verblüffend wirken, Diese Klippe indessen ist leicht zu umsegeln. Die Übertragung des Entwurfes auf die Druckplatte erfolgt sowieso mit Hilfe einer Pause. Wir zeichnen das Original auf ein festes Transparentpapier durch und legen dies beim Pausen einfach mit der Rückseite nach oben auf die Platte. Somit gelangen wir zu einer spiegelbildlichen Darstellung des Motivs auf dem Druckstock.

Bei Entwürfen mit komplizierter Linienführung oder gar bei bildlichen Darstellungen ist es ratsam, sich nicht mit einer einfachen Pause zufriedenzugeben. Sie macht nämlich, sobald sie auf die Druckplatte übertragen ist, einen ziemlich verwirrenden, unübersichtlichen Eindruck. Um sich vor Fehlschnitten zu hüten, empfiehlt es sich deshalb,

Das Schneiden eines Druckstocks in Linoleum. Das Bildmotiv ist mit schwarzer Tempera auf dem Linoleum angelegt

die Platte vor dem Pausen mit einem ganz dünnen Auftrag von weißer Tempera zu grundieren. Darauf wird, bevor man zu schneiden beginnt, das durchgepauste Motiv analog dem Originalentwurf mit schwarzer Farbe angelegt. Betrachtet man dabei das Original im Spiegel, so wird die Sache leichter, weil man im Spiegel wieder eine »seitenrichtige« Vorlage sieht.

Als Material für Druckstöcke steht uns Holz und Linoleum zur Verfügung. Holz ist zwar dauerhafter als Linoleum, aber dafür hat es auch eine ausgeprägtere Struktur, auf die wir beim Schneiden feiner Linien und Rundungen Rücksicht zu nehmen haben.

Mit Recht verweist der Sachkundige in diesem Zusammenhang auf die Holzschnitt-Meisterwerke etwa eines Albrecht Dürer oder Hans Baldung-Grien, deren wunderbare Blätter eine nahezu kupferstichartige Feinheit des Strichs aufweisen. Auch für uns gibt es Holzarten, deren feine Struktur keinerlei Wünsche hinsichtlich der Linienführung und der Strichstärke offenlassen, doch ist deren Bearbeitung recht mühevoll. Edelstes Material für den Holzschnitt ist das sehr harte Buchsbaumholz. Es ist indessen nur dort erforderlich, wo hohe Druckauflagen verlangt werden; für durchschnittliche Bastlerzwecke ist es zu aufwendig. Wegen seiner unerhört feinen Struktur ist das teure Buchsbaumholz das bestgeeignete Material für Druckstöcke im Hirnholzschnitt.

Wir begnügen uns mit dem Schneiden in Langholz. Als Holzart wird von zünftigen Holzschneidern von alters her wegen seiner Härte und seines gleichmäßig zähen Gefüges der Birnbaum hoch geschätzt. Für uns tut Kirschbaumholz, das nicht ganz so hart und also leichter zu bearbeiten ist, gleich gute Dienste. Das Brett, in dem wir schneiden, soll gut abgelagert und trocken sein. Es muß völlig plan, seine Oberfläche sauber abgehobelt sein. Aststellen oder sonstige Fehler machen das Brett für den Holzschnitt unbrauchbar. Wenn Sie in ein Fachgeschäft für Mal- und Zeichenbedarf gehen, wo es fertig

vorgerichtete Hölzer zu kaufen gibt, wählen Sie nicht zu schwaches Material. Dünner als 20 Millimeter sollte es nicht sein. Als Werkzeuge dienen uns unsere bisher schon benutzten Kerbschnittmesser und schmalen Bildhauereisen mit Bohrerstichen. Besonders beim Linolschnitt erleichtert ein Geißfuß die Arbeit. Für feine Schnitte leistet ein meißelartiges Messer mit kurzer, schräggestellter Schneide gute Dienste.

Zum Schneiden legt man die Platte auf eine weiche, nichtrutschende Unterlage – etwa auf ein doppelt gefaltetes Ledertuch – und hält sie, während die Rechte das Werkzeug führt, mit der Linken fest. Legen Sie aber die haltende Hand stets hinter die schneidende, Sie sparen dadurch eine Menge Leukoplast. Die Messer müssen, damit man eine saubere Kontur erreicht, sehr scharf sein. Es empfiehlt sich, einen Abziehstein bereitzulegen, auf dem die Messer während der Arbeit hin und wieder abgezogen werden können. Nur ausgesprochen große Platten werden während des Schneidens mit der Schraubzwinge festgeklemmt.

Man beginnt die Schneidarbeit im allgemeinen an den Konturen größerer Flächen. Ist die Platte auf diese Art roh gegliedert, geht es an das Schneiden von Details und Innenformen. Zum Schluß erst werden die größeren weißen Partien des Grundes zurückgesetzt.

Sehr viel leichter als das Schneiden in Holz ist die Arbeit in Linoleum, da hier ja ein sehr viel weicheres Material zur Verfügung steht. Der Linolschnitt ist das geeignete Verfahren für zarte Frauenhände. Neben den Werkzeugen für den Holzschnitt, die man auch in der Linolschnitt-Technik verwenden kann, gibt es hierfür verschiedenartig geformte winzige Messerchen, die wie Schreibfedern in einen Federhalter gesteckt oder in einem Spezialheft geführt werden können. Es gestattet ein leichtes Auswechseln der einzelnen Klingen.

Das Linoleum soll von feiner, weicher Struktur und möglichst 5 mm stark sein. Ist es zu hart oder gar sandig, so bröckelt es im Schnitt leicht weg und macht die Messer schnell stumpf. Seine volle Geschmeidigkeit erlangt das Linoleum erst, wenn es gut temperiert ist. Stücke, die kalt gelagert worden sind, müssen also vor dem Verarbeiten erst auf Zimmerwärme gebracht werden. Haben Sie ein verführerisch weiches und »mildes« Stück Linoleum gefunden, erscheint es Ihnen aber zu schwach für einen Druckstock, so können Sie ihm genügend Rückgrat verleihen, indem Sie es auf eine Sperrholzplatte leimen.

Vom Druckstock zum Bild

Die Schwierigkeiten, denen der Bildstockschneider — ganz gleich, ob er in Holz oder Linoleum schneidet — zu begegnen hat, liegen weniger in der Arbeitspraxis als auf der künstlerischen Seite des ganzen Verfahrens. Beide Techniken haben sehr viel Gemeinsames, und die von den Platten gezogenen Drucke ähneln sich oft so sehr, daß es dem Laien schwerfällt zu entscheiden, ob er einen Holz- oder einen Linolschnitt vor sich hat.

Der Charakter des Linolschnitts wird an den Grenzen seiner Leistungsfähigkeit sichtbar. Das weiche Material kann einen so feinen Strich, wie er in hartem Holz möglich ist, nicht halten. Seine Konturen sind unschärfer und verwaschener als die des Holzschnittes. Sein Bildelement ist die Fläche, das des Holzschnitts der Strich. Außerdem erkennt der Kundige im Holzschnitt die mitgedruckte Holzstruktur; ja, er vermag sogar zu sagen, ob eine Arbeit von Hirnholz oder von Langholz gedruckt wurde. Die naturgegebene Struktur des Holzes ist die erste Sperre auf dem berühmten »langen Weg« vom Kopf des Künstlers über den Arm bis auf das Papier, die jeder passieren muß, der sich um die schöne Kunst des bildmäßigen Holzschnitts ernsthaft bemühen will. Diese Sperre steht ganz am Anfang des »langen Weges«, denn schon der Entwurf wird von der Sprache des Holzes diktiert. Wer nun vermeint, vor diesem Problem in den etwas weniger gestrengen

Linolschnitt flüchten zu können, der hat zwar die erste Sperre umgangen, doch bleiben auch für ihn die Gesetze zu beachten, auf denen Recht und Wesen beider Techniken beruhen.

Da ist zuallererst wiederum das Gesetz der Fläche, das wie im Ornament und im Relief auch im bildmäßigen Holz- und Linolschnitt wirksam ist. Anders gesagt: Die in anderen bildnerischen Techniken angestrebte Räumlichkeit ist dem Holzschnitt wesensfremd. Er ist kein Illusionist der dritten Dimension; alle Tricks der Verkürzung oder der Überschneidung, die in anderen Techniken zur Vortäuschung eines körperlichen Eindrucks möglich sind, fehlen beim Holz- oder Linolschnitt.

Zum andern gibt es kein graphisches Verfahren, das so sehr zum Vereinfachen der Formen, zur Beschränkung auf das Wesentliche und zu äußerster Sparsamkeit im Einsatz der Mittel zwingt, wie der geschnittene Bildstock. Dieser schlichten Sprache müssen wir als Bildmotiv von vornherein unterordnen. Die eng gezogenen Grenzen der Tonwerte lassen es beispielsweise nicht zu, eine zarte Nebellandschaft mit ihrer langen Skala an Grautönen im Schwarzweiß-Holzschnitt darzustellen. Die einzige Möglichkeit, im Holzschnitt eine Art Halbton-Effekt zu erzielen, bietet die Linien-Schraffur, mit der man eine geschlossene Fläche aufrastern kann. Wer Holzschnittwirkungen in der Natur studieren will, der gehe des Nachts bei Vollmondschein durch ein verschneites Gebirgsdorf. Dort bekommt er Holzschnittmotive aus erster Hand geliefert. Alle Farbigkeit ist ausgelöscht, und das harte Licht des Mondes mit seinen scharf gezeichneten Schlagschatten lehrt ihn, unwichtige Einzelheiten wegzulassen, statt dessen aber die wesentlichen Bildelemente zu großflächigen Formen zusammenzufassen und gegeneinanderzustellen.

Es hat einmal in der Photographie, deren Ehrgeiz normalerweise darin besteht, auf einer möglichst umfangreichen Klaviatur von Grautönen zu spielen, eine Moderichtung gegeben, die Ihnen vielleicht noch als »Tontrennungsverfahren« in Erinnerung ist. Es ging hierbei darum, mit Hilfe von zwei Negativen, die im Vergrößerungsapparat übereinanderkopiert wurden, die lange Reihe der ursprünglich im Originalmotiv vorhanden gewesenen Grautöne auf zwei bis drei Werte zwischen Schwarz und Weiß zusammenzudrängen. Auf diese Weise wurde sozusagen alle Körperlichkeit aus den Bildern herausgesogen, das Resultat war eine flächige, ausgesprochen plakative Wirkung.

Man kann diesen Gedanken der Tontrennung und -raffung auch mit Hilfe von Transparentpapier, Deckweiß und schwarzer Tempera bis zu einem völlig verwandelten Foto durchführen, so daß von der ursprünglichen Zeichnung des Objektivs so gut wie nichts mehr zu erkennen ist. Die Methode birgt verblüffende Überraschungen und führt zu motivischen Umwandlungen, die sich mit ihrer Flächigkeit besonders für den mehrfarbigen Linolschnitt anbieten. Darüber hinaus kann uns die bildmäßige Photographie einen zweiten Tip verraten: Holz- und Linolschnitt-Motive sind Gegenlicht-Motive.

Ein farbiger Linolschnitt läßt sich entweder als Monotypie oder im wiederholten Druckvorgang von mehreren Farbplatten herstellen. Monotypie heißt soviel wie Alleindruck. Sie wird von einem einzigen Druckstock gezogen, der mit einem kurzgebundenen Borstenpinsel partiell in den verschiedenen Farben, die man haben will, eingefärbt wird. Soll von mehreren Platten gedruckt werden, so wird nach der zuerst fertiggestellten Schwarzplatte für jede einzelne Farbe ein gesondertes Klischee angefertigt. Angenommen, wir wollen ein Bild in den drei Grundfarben Blau, Rot und Gelb drucken, so stellen wir von der Schwarzplatte drei recht kräftige Abzüge her und übertragen diese auf drei weiß grundierte Linoleumplatten. Das muß flink geschehen, damit die Farbe inzwischen auf dem Papier nicht eintrocknet. Zum Übertragen wird der Abzug mit der Butterseite nach unten auf die Linoleumplatte gelegt und mit einem Gummiroller oder Falzbein aufgerieben. Es ent-

lastet das Gedächtnis, wenn man in den jeweiligen Teilstöcken die Partien, die nachher drucken sollen, mit der für sie zuständigen Farbe anlegt. Man schützt sich durch diese Sicherungsmaßnahme davor, daß man etwas Falsches wegschneidet. Denken Sie aber bitte daran, daß eine Mischfarbe zusätzlich auf denjenigen Stöcken stehenbleiben muß, die ihre Grundfarben tragen. Zeigt also Ihr Motiv etwa einen grünen Baum zwischen einem blauen See und einem gelben Kornfeld, so muß der Baum, da dessen Grün als Blau und Gelb gemischt wird, sowohl auf der »Seenplatte« wie auch auf dem Druckstock für das Kornfeld stehenbleiben. Die Konturen der einzelnen Platten wollen sehr sorgfältig geschnitten sein, damit die einzelnen Farbflächen nachher auch nahtlos ineinandergreifen. Ganz häßlich sieht es aus, wenn die Konturen zuviel Luft haben. Schneiden Sie also die einzelnen Farbstöcke lieber etwas zu groß als zu klein, denn eine geringe Farbüberlappung ist das kleinere Übel.

Die ganze Mühe des genauen Schnitts aber ist verpufft, wenn später beim Drucken kein genauer Plattenschluß erreicht wird. Die dazu notwendigen Paßmarken kann man sich schaffen, indem man auf der Schwarzplatte an zwei sich diagonal gegenüberliegenden Stellen außerhalb des Bildrandes kleine Quadrate stehenläßt, die beim Umdruck mit auf die einzelnen Farbtonplatten übertragen und auch dort ausgeschnitten werden. Bei den einzelnen Teildrucken werden diese Paßmarken mit eingefärbt. Sie drucken also auch mit, und man kann, solange man auf zartem, durchscheinendem Papier abzieht, das Papier stets wieder sehr genau anlegen. Eine andere Möglichkeit, Paßmarken zu schaffen, besteht darin, daß man nach einer Maßschablone saubere Anlageklötzchen aus Holz auf den Rand der Druckplatte klebt, an die der Bogen jeweils angelegt wird. Hierzu ist allerdings Voraussetzung, daß die einzelnen Platten etwas größer sind als der Bogen, den man bedrucken will. Ist das nicht der Fall, oder differieren sogar die Größen der Platten untereinander, so kann man sich dadurch helfen, daß man sie mit gleich großen Rahmen aus Sperrholz oder Buchbinderpappe umlegt und auf diesen die Anlegeklötzchen anbringt.

Als Druckfarbe dient beim Schwarzweiß-Linolschnitt das in Terpentin gelöste Buchdruckerschwarz oder Japan-Aqua. Das ist eine speziell für den Holz- und Linolschnitt hergestellte Wasserfarbe, die es nicht nur in Schwarz, sondern auch in vielen bunten Tönen gibt. Man kann aber auch mit einfachen Tuben-Aquarellfarben drucken, wenn man sie mit etwas Gummiarabikum versetzt und ihnen durch einen Tropfen Glyzerin die Tendenz zum schnellen Austrocknen nimmt. Die Farbe wird auf einer Glas- oder Steinplatte gleichmäßig mit einem Gummiroller verrieben und dem Druckstock aufgewalzt. Besser noch als ein Gummiroller ist eine Walze aus Gelatine. Dann wird der zwischen Fließpapier vorgefeuchtete Bogen, den man mit beiden Händen an zwei sich diagonal gegenüberliegenden Ecken greift, vorsichtig aufgelegt und mit einem Falzbein aufgerieben. Einen Falzbein-Ersatz kann man sich mit einer rasierten Zahnbürste schaffen. Sehr zarte Papiere überdeckt man sicherheitshalber mit einem Blatt festen Papiers und walzt sie mit einem Gummiroller auf die Druckplatte; kleinere Formate drucken gut, wenn man sie mit einem gut handwarmen Bügeleisen andrückt. Schließlich kann, wer aus alten Soll-und-Haben-Zeiten noch eine Kopierpresse besitzt, ganz prächtig mit dieser drucken. Sie hat den Vorzug, daß der Druck überall gleichmäßig auf die Platte wirkt und daß sie das Papier schont. Druckt man von mehreren Farbplatten, so wird man es, von den unumgänglichen Probedrucken abgesehen, nicht bei einem einzigen Exemplar bewenden lassen. Um rationell zu wirtschaften, wird die gesamte Auflage nacheinander über die einzelnen Tonplatten geführt, und zwar beginnt man, wenn die

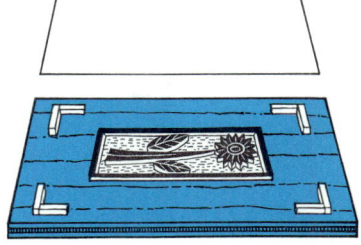

Kleine Druckstöcke aus Linoleum werden mit einem Rahmen aus Pappe oder Sperrholz umlegt. Auf diesen sitzen die Anlegeklötzchen für das Papier

schwarze Form ausgedruckt ist, mit der hellsten Farbe, während die dunkelste den Schluß bildet.

Klassisches Papier für den Handdruck von Holz- und Linol-Platten ist das Japanpapier. Bei leichten Papieren dieser Art kann man das Fortschreiten der Farbaufnahme während des Druckens von der Rückseite her beobachten, ohne das Papier zur Kontrolle partienweise anheben zu müssen. Für Aquarellfarbendrucke sind stärkere Papiere vorzuziehen, weil sie einmal auch in feuchtem Zustand widerstandsfähiger sind als leichte, weil sie zum andern aber die aufgenommene Feuchtigkeit und damit die erhöhte Saugfähigkeit länger halten. Glatte, geleimte Papiere sind mit Vorsicht zu verwenden. Sie nehmen die Farbe ungleichmäßig auf und verschieben sich während des Druckens leicht auf der Platte. Recht gut dagegen eignen sich Kupfertiefdruckpapiere erster Qualität.

Nicht nur auf weißem Papier kann man drucken, sondern auch auf farbigem, wenn es nur genügend saugfähig und nicht satiniert ist. Besonders überraschende Wirkungen lassen sich auf Gold- und Silberpapieren erzielen. Ja sogar Leder, Stoffe und Bast sind als Träger für das handgedruckte Bild zu verwenden.

6 Metall unter dem Hammer

Unter allen Werkstoffen, die uns als Bastler zur Verfügung stehen, gibt es keinen, der verführerischer wäre als das Metall. Man findet wohl kaum einen Menschen, der sich nicht vom lockenden Glanz des Metalls angesprochen fühlte, und es ist durchaus begreiflich, daß sich der Mensch schon frühzeitig den geheimen Zauber des funkelnden Geräts und des gleißenden Schmucks nutzbar machte, um andere Menschen damit unter seine Macht und unter seinen Einfluß zu zwingen. Die betörende Anziehungskraft des metallischen Glanzes gehört, so will es scheinen, zu den Elementarkräften, die die Welt bewegen. In ihm verglühten die Schicksale ganzer Völker, und wer diesen magischen Glanz mit der edlen Form des Geschmeides zu vereinen wußte, der galt als mit zauberischen Kräften begabt. Stets ist das Vermächtnis der Vergangenheit in jungen Menschen am lebendigsten. Das erklärt die auffallende Freude, die gerade der Jugendliche mit seinem gesunden »urtümlichen« Empfinden an der Formung metallischer Werkstoffe — besonders natürlich in seinen edleren Arten — findet.

Wer vom Werkstoff Holz, mit dem wir uns bisher vornehmlich befaßt haben, herkommt, der muß dem Metall gegenüber gründlich umdenken lernen. Hatte er im Holz ein naturgewachsenes Zellgefüge vor sich, so begegnet ihm im Metall ein kristallinischer Aufbau. Das Holz gestattet eine plastische Verformung nur durch die Spanabnahme. Demgegenüber ist das Metall, was die Bearbeitung angeht, bedeutend vielseitiger. Es läßt sich nicht nur durch Spanabnahme verformen, sondern auch schmelzen und demzufolge gießen. Interessanter noch ist für uns eine andere seiner Eigenschaften, die Dehnbarkeit. Sie ist es, die uns das Arbeitsthema dieses Kapitels stellt: Die plastische Verformung des Metalls im Kaltschmiedeverfahren.

Wie der Kollege in der Schmiede, so benötigen auch wir Hammer und Amboß. Beides zwar nicht in den gleichen voluminösen Abmessungen wie der Grobschmied, dafür aber in weitaus größerer Anzahl. Auf Seite 35 ist die Werkzeug-Grundausrüstung in der kalten Schmiede genannt. Mit ihr kommt auch der Fortgeschrittene noch aus, wobei es natürlich dem Ehrgeizigen, der nach der höchsten Meisterschaft in diesem Metier strebt, freigestellt bleibt, seinen Bestand an Hämmern, Fäusten — auch Eisen genannt — und Treibstökken hinsichtlich ihrer Größe und Form ins schier Endlose zu erweitern.

Das Arbeitsgebiet, mit dem wir uns nun näher befassen wollen, ist außerordentlich vielgestaltig und verästelt sich in mancherlei Spezialzweige kunsthandwerklicher Betätigung. In dem uns gesteckten Rahmen ist es allerdings nicht möglich, diese ganze Vielfalt im einzelnen zu behandeln. Für alle Fälle aber wollen wir die genannte Werkzeugeinrichtung um zwei weitere einfache Vorrichtungen ergänzen, die gerade für den Anfänger wichtig sind. Es handelt sich um zwei schlichte Holzklötze, deren Hirnholzflächen als Amboß dienen. Wir brauchen einen solchen mit gerader oder zu einer leichten Mulde gehöhlter Oberfläche und einen zweiten, etwas kleineren, mit halbkugelig geformtem Kopf. Da wir im Anfang mit weichen Werkstoffen arbeiten, ist eine weichere Unterlage besser als eine harte. Nehmen Sie getrost Lindenholz.

Ganz feine Leute beschaffen sich statt des Holzklotzes einen Blei-Amboß, indem sie alle möglichen Bleireste horten und diese in einer geräumigen Konservendose zu einem kompakten Block zusammenschmelzen. Er hat den Vorteil, daß man in seine Oberfläche mit ein paar kräftigen Hammerschlägen alle möglichen Mulden und Nuten schlagen kann, aber er hat auch seine großen Nachteile. Außerdem ist Holz billiger, und seine Oberfläche im Bedarfsfall umzuackern, haben wir ja im Kapitel 4 gründlich gelernt. Zur Arbeit wird das »hölzerne Eisen« in den Schraubstock gespannt.

Wenn wir von den beiden Edelmetallen Gold und Silber wegen ihres hohen Preises absehen, so stehen uns als Werkstoffe für die Treibarbeit in erster Linie Kupfer, Messing und Aluminium zur Verfügung. Von diesen dreien hat Kupfer den höchsten Dehnungskoeffizienten. Es ist, besonders da es sich nicht befriedigend gießen läßt, das klassische Treibmetall. Nicht minder reich ist die Tradition des härteren Messings auf dem Gebiet der Kaltverformung, während das Aluminium als ausgesprochen zeitgemäßer Werkstoff durch seinen schönen Silberglanz, seine Unaufdringlichkeit und seine Fügsamkeit unter dem Werkzeug einen immer größer werdenden Freundeskreis gewinnt. Einer seiner größten Vorteile ist seine »werkkundliche Unbelastetheit«. Man kann praktisch mit ihm machen, was man will.

Wir beziehen unsern Werkstoff Metall zur Weiterverarbeitung als Halbzeug Blech. Die Stärke des Materials richtet sich nach der Größe des Arbeitsvorhabens. Für kleine Schälchen bis zur Handgröße genügen Bleche von 0,5 bis 0,8 mm Dicke, während eine ausgewachsene Kupferkanne ein Blech von mindestens 1,5 mm Stärke verlangt. Das Ausgangsmaterial für Messingarbeiten mittlerer Größe ist normalerweise 1 mm stark. Ein Messingblech von 1,8 mm Stärke zu treiben, erfordert schon allerhand Kraft und ein hohes Maß von Ausdauer.

Achten Sie beim Einkauf des Bleches darauf, daß man Ihnen keine zerkratzten Stücke andreht. Ein Kratzer auf der Oberfläche bleibt ein Kratzer. Man kann sich zwar mit mehr oder weniger Erfolg später bemühen, ihn durch einen wohlgezielten Hammerschlag zu kaschieren, aber weg geht er nicht mehr.

Die gesamte Metalltreiberei beruht auf

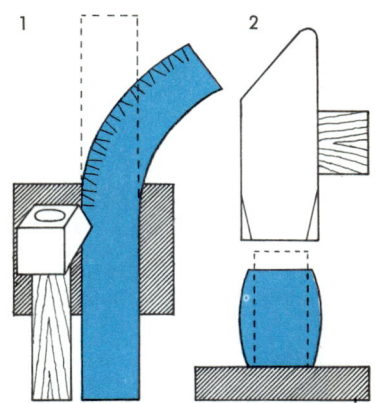

Kaltverformung des Metalls unter dem Hammer: 1 Linksseitiges Strecken des Materials bei gleichzeitiger Schwächung seines Querschnitts – 2 Beim Stauchen verstärkt sich der Querschnitt

den beiden durch die Dehnbarkeit des Materials möglichen Techniken des Streckens und Stauchens. Schon beim Biegen eines einfachen Winkels wird ein Stück Blech in der Außenkurve der Biegung gestreckt, während es in der verengten Innenbahn erheblich gestaucht wird. Das Prinzip des Streckens wird an einem andern Experiment noch deutlicher. Wenn man einen Streifen Messingblech auf den Amboß legt und ihn längs seiner linken Kante mit der Hammerfinne bearbeitet, so wird sich der Streifen allmählich in eine immer enger werdende Rechtskurve legen. Das hat seinen Grund darin, daß sich das Material unter den Hammerschlägen auf der linken Außenkante streckt. Gleichzeitig wird man beobachten, daß das Metall in den gestreckten Partien geschwächt wurde. Das gegenteilige Prinzip wird sichtbar, wenn man einen Vierkantstab aus Metall hochkant auf den Amboß stellt und ihm ein paar kräftige Schläge mit dem Vorschlaghammer auf den Kopf gibt. Dabei wird die Länge des Stabes geringer, sein Querschnitt aber größer: das Material wird gestaucht.

Abgesehen von den naturgegebenen Dehnungsgrenzen, die bei den einzelnen Metallen erheblich variieren, wird jedes

Metall unter den Hammerschlägen früher oder später hart und spröde. Sobald man bemerkt, daß sein Widerstand gegen den Hammerschlag zu wachsen beginnt, gibt man ihm seine ursprüngliche Geschmeidigkeit durch Erhitzen bis zur Rotglut zurück. Dieses unumgängliche Ausglühen, das man praktischerweise mit der Lötlampe oder dem Bunsenbrenner macht — einen solchen finden Sie in jedem Gaskochbrenner —, berechtigt jedoch noch lange nicht dazu, das Verfahren der »warmen Schmiede« zuzuordnen.

Wenn Sie keine Enttäuschungen erleben wollen, beachten Sie bei Ihrer gesamten Treibarbeit von vornherein peinlichste Sauberkeit. Die Schlagflächen der Hämmer und die Bahnen der Fäuste und Stöcke müssen stets auf appellfähigen Hochglanz poliert sein. Rostflecke, ja selbst geringe Oxydationsrückstände führen unweigerlich zu fehlerhaften Oberflächen des Werkstückes. Diese Werkzeuge erfordern also eine ungewöhnlich pflegliche Behandlung.

Entsprechend sauber muß auch das Werkstück selbst sein. Bevor man mit der Arbeit beginnt, wird das Blech in einem geeigneten Säurebad (Schwefel- oder Salzsäure, 1:10 verdünnt) gebeizt, in sauberem Wasser gründlich abgebürstet und getrocknet. Dieses Beizen muß nach jedem Ausglühen des Bleches pedantisch wiederholt werden, um auch die letzten Zunderspuren zu entfernen. Jede Unsauberkeit, die auf der Oberfläche verbleibt, wird vom Hammer so fest in sie hineingeschlagen, daß sie durch keinen bisher bekannten Kunstgriff mehr daraus zu entfernen ist. Sie bleibt als ewiger Schandfleck haften.

Auftiefen und Aufziehen

Der Weg der Praxis zwischen Vorstellung und fertigem Stück beginnt beim Schneiden der sogenannten »Ronde« aus dem Blech. Bei einer runden Schale oder einem Aschenbecher findet man die Ausgangsform mit dem Zirkel. Von asymmetrischen Figuren, etwa der einem

geblähten Segel nachempfundenen Form eines Strahlungsschirms für die indirekte Wandbeleuchtung, fertigt man sich zuerst eine Papierschablone an, überträgt deren Kontur auf das Blech und schneidet sie mit der Blechschere aus. Bei stärkerem Material kann man sich das Schneiden dadurch erleichtern, daß man einen Hebel der Blechschere in den Schraubstock spannt, so daß die Schere waagerecht liegt und man den frei beweglichen zweiten Hebel mit der linken Hand drückt, während die rechte das Werkstück führt. Drücken Sie die Blechschere beim einzelnen Schnitt nicht ganz zu, sondern schieben Sie das Blech rechtzeitig nach, sonst gibt es Absätze. Und schneiden Sie rechts herum, das heißt, schieben Sie der Schere das Blech gegen die Laufrichtung des Uhrzeigers ins Maul. Der beim Schneiden unvermeidliche Grat wird, bevor man weiterarbeitet, mit der Feile weggenommen oder mit dem Holzhammer auf der Richtplatte niedergeklopft.

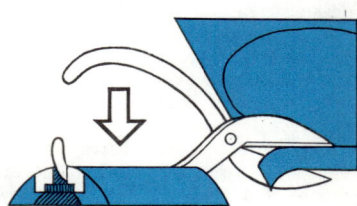

Schneiden einer Ronde aus starkem Blech. Ein Hebel der Blechschere wird zur Arbeitserleichterung in den Schraubstock gespannt

Bei der eigentlichen Treibarbeit kann man nach zwei verschiedenen Techniken verfahren. Man bezeichnet sie als »Auftiefen« und »Aufziehen«. Von beiden ist das Auftiefen die ursprünglichere Art und jene Methode, nach welcher der Lehrling seine ersten Versuche macht, um zu mäßig gewölbten Formen zu gelangen. Damit ist aber nicht gesagt, daß auf diese Art nur flache Formen zu treiben wären. Ganz im Gegenteil, man kann ausgesprochene Becherformen aus Ronden auftiefen, deren Durchmesser kaum größer zu sein braucht als der des fertigen Becherrandes.

Da es bei dieser Technik um ein »Ausbeulen« von innen nach außen geht, bei dem obendrein die äußeren Partien der Ronde wenig oder gar nicht gestreckt und damit zur Materialhergabe genötigt werden, da aber andererseits dieses Material für die großflächige Ausweitung schließlich irgendwo herkommen muß, setzt das Auftiefen ein relativ starkes Ausgangsblech voraus. Eine papierdünn ausgehämmerte Becherwandung dürfte wenig zweckdienlich sein. Den Strapazen eines männermordenden Weingelages jedenfalls ist sie sicherlich nicht gewachsen.

Das Auftiefen beginnt damit, daß man die Ronde auf den Holzklotz bringt und, vom Mittelpunkt spiralartig weiterschreitend, mit dem Treibhammer Schlag neben Schlag auf die Oberfläche setzt. Unter den einzelnen Hammerschlägen wird das Metall gestreckt, und die damit größer werdende Oberfläche der ursprünglich planen Ronde weicht vor dem Hammerschlag in eine allmählich immer stärker werdende Wölbung aus. Sobald man am Rande des Bleches angelangt ist, wird der Spiralengang wiederholt und so die Mulde vertieft.

Zur Vereinfachung der Arbeit kann man sich anfangs eine Eselsbrücke bauen, indem man die Holzunterlage, auf der man treibt, etwas aushöhlt. Bei Verwendung von hartem Holz hat das seine erhöhte Berechtigung, doch ist es aus verschiedenen Gründen besser, sich die Sicherheit des Spiralenhämmerns von vornherein auf einer Hirnholzfläche aus Weichholz zu erwerben. Erstens ist eine derartige Unterlage weich genug, daß die gerade vom Hammerschlag getroffene Stelle des Metalls in ihre Oberfläche ausweichen kann, zweitens besteht weder das Wesen noch die Kunst des Treibens darin, daß man sein Blech in eine vorgeformte Negativschablone drückt, sondern darin, daß man das erstrebte Profil durch die gezielte Richtung und Intensität des Hammerschlags ausformt. Man wird also im Spiralengang, der zu einer kreisrunden Hohlform führen soll, die Kraft des Hammerschlags nach außen hin langsam abklingen lassen. Geht es

dagegen im Endeffekt um ein tellerartiges Gebilde, dessen gerader, nicht gestreckter Rand sich von einer steil aufragenden oder sogar leicht nach außen gebuchteten Seitenwand abkantet, so wird man, nachdem die Bodenfläche genug getieft ist, in den Randzonen etwas mehr Schwung hinter den Hammerschlag setzen.

Das Treiben einer Punschterrine für zwölf Personen — um nur ein Beispiel zu nennen — aus 2 mm starkem Messingblech geht nicht so schnell wie das Brezelbacken. Halten Sie also haus mit Ihren Körperkräften und verfallen Sie nicht einer Schlagtechnik, bei der Ihnen nach den ersten zehn Minuten der Arm total erschöpft am Leibe niedersinkt. Hier wird zwar geschmiedet, aber es ist durchaus nicht nötig, den Hammer mit Wucht aus dem kreisenden Schultergelenk heraus zu führen. Es kommt nicht so sehr auf die Kraft einiger weniger Schläge an, sondern auf die gleichmäßige oder in weichen Übergängen an- und abschwellende Intensität vieler dicht nebeneinandergesetzter Hammerschläge. Man hämmert mit zwar kraftvollen, aber federnden Stakkato-Schlägen aus dem lockeren Handgelenk heraus. Grundsätzlich schlägt der Hammer immer auf die gleiche Stelle. Geführt wird allein das Werkstück, und zwar mit der linken Hand. Nur auf diese Weise kommt man zu der erforderlichen Treffsicherheit des einzelnen Schlags.

Das gleiche gilt auch für die zweite, häufiger angewandte Arbeitsweise, für das Aufziehen. Der Unterschied zum Auftiefen besteht einmal darin, daß die Form nicht von innen nach außen getrieben wird, sondern daß der Hammer die Außenwand des Werkstücks bearbeitet. Die Formprägung kommt hierbei in erster Linie nicht dadurch zustande, daß die Mittelzonen des Bleches gestreckt werden, sondern daß die Randpartien mehr und mehr nach innen gezogen werden. Dabei wird die Ronde in radialer Richtung zwar auch gestreckt, jedoch stärker noch in tangentialer Richtung gestaucht. Darin liegt der zweite Unterschied zum Auftiefen.

Das Aufziehen eines Bechers oder einer Kugelform aus der vorgeschnittenen Ronde beginnt mit dem Schlagen strahlenförmig vom Mittelpunkt zur Peripherie des Kreises verlaufender Falten über dem »Sattelholz«. Das ist ein Rundholz mit einer planen Hirnholzfläche und einer breiten Nut, die schräg von der Langholzwand über den Kantenwinkel zur Hirnholzebene gestochen ist. Eine solche Sattelkerbe kann man leicht mit einem Tischlerhohlbeitel ausstemmen.

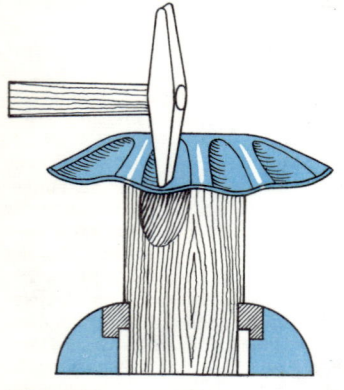

Das Aufziehen einer Hohlform aus der Ronde: Das Legen radial verlaufender Falten über dem Sattelholz mit dem Sicken- oder dem Schweifhammer

Auch dieses Sattelholz wird als Schlagunterlage in den Schraubstock gespannt. Die zunächst oder überhaupt bleibende Bodenpartie der Ronde kommt – Rückseite nach oben – zentral auf das Holz, und das Treiben der sternförmig nach außen verlaufenden Falten beginnt. Dazu setzt ein nicht zu breiter Schweifhammer am gedachten Innenkreis (Bodenperipherie) an und schreitet nach außen fort. Das heißt, in Wirklichkeit schreitet er nicht, sondern die Ronde wird unter ihm weggezogen. Nach dieser ersten Prozedur sieht die Ronde ungefähr wie ein schlecht gefalteter flacher Lampenschirm aus. In diesem Zustand wird das Werkstück geglüht und gebeizt, ehe man es dem zweiten Arbeitsgang unterzieht. Er besteht im wesentlichen darin, daß man die soeben geschlagenen Falten wieder einebnet. Nur hat das – und darin liegt der ganze Witz! – auf eine ganz besondere Art zu geschehen, nämlich durch tangentiale Schläge quer zum Verlauf des Faltenwurfs. Man macht das ebenfalls mit dem Schweifhammer oder besser noch, sofern man einen solchen hat, mit dem sogenannten »Sickenhammer«. Der sieht aus wie ein langgestreckter Schlosserhammer, hat aber zwei Finnen statt einer Bahn und nur einer Finne. Man kann sich anfangs bei dieser Arbeit auch mit der Finne eines Schlosserhammers behelfen. Nur muß man sie mit feinstem Schmirgelleinen polieren und ihre Kanten links und rechts abrunden. Hackt man nämlich bei versehentlich schiefer Hammerhaltung mit den eckigen Kanten der Finne in das Blech, so ergibt das Spuren in der Oberfläche, die sehr dauerhaft sind.

Man beginnt mit dem Einebnen der Falten wiederum an den Bodenpartien und dreht dabei das Werkstück über dem waagerechten Arm eines kräftigen Schweifstockes. Wo der Schweifstock fehlt, kann man sich mit einem quer in den Schraubstock gespannten Holzknüppel behelfen. Die Hammerfinne steht jetzt nicht mehr radial, sondern tangential zur Ronde und schlägt mit leicht nach außen ziehendem Schlag.

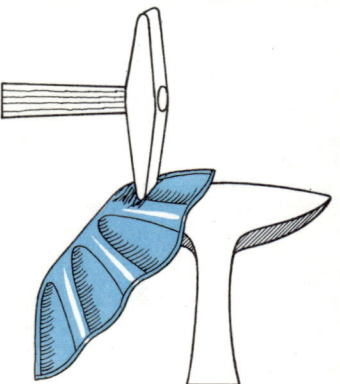

Das Einebnen der Falten über dem Schweifstock mit tangential gestellter Finne des Hammers

Sobald man mit dem kreisenden Über-
hämmern bis an den Außenrand der
Ronde gelangt ist, wird geglüht und gebeizt, und das ganze Spiel beginnt von
vorn. Beim Legen der zweiten Falte achte
man jedoch darauf, daß jetzt ein Berg
entsteht, wo vorhin ein Tal war, damit
das Blech möglichst überall gleich stark
bleibt.
Je öfter man die Folge von Faltenlegen
und Einebnen wiederholt, um so mehr
wächst die Wandung der Hohlform allmählich in die Höhe. Stets wird dabei
das Material in der Mitte gestreckt und
in den Randpartien gestaucht, so daß
der Blechquerschnitt nach dem Rande
zu stärker wird. Dieser Rand muß auf
der letzten Wegstrecke zur Hohlform
um so stärker eingezogen werden, je mehr
man eine Kugelform anstrebt. Dazu wird
es auch erforderlich, den bisher noch
flachen Boden durch Auftreiben der
Kugelrundung anzugleichen. Das Einziehen des Randes ist nicht ohne Gefahr. Seien Sie beim Stauchen dieser
Partien besonders vorsichtig, damit sich
das Metall hier nicht in Falten über-
einanderschiebt. Bei stark profilierten
Gegenständen ist es ratsam, sich aus
kräftiger Pappe eine Profilschablone zu
schneiden, mit der man den Grad der
Ausformung durch ständiges Anlegen
an die Außenhaut kontrollieren kann.
Nachdem die rohe Form erreicht ist, geht
es an den letzten und schwierigsten Arbeitsgang, an das Planieren des Werkstücks. Das macht man mit dem Schlichthammer. Das Werkstück selbst wird dabei über die gewölbte Bahn einer Stahl-
faust geführt, deren Krümmung sich der
Gefäßrundung angleicht. In diesem Arbeitsgang bekommt die Oberfläche ihre
für die »Handarbeit« charakteristische
Werkspur und wird um so schöner, je
mehr man sich dabei vor Übertreibungen
hütet.
Wir hatten die Technik des Aufziehens
mit dem Legen radial verlaufender Falten
begonnen. Diese Falten indessen sind
nicht in jedem Falle erforderlich. Man
kann sie sich insbesondere dort, wo es
sich um das Treiben niedriger Schalen
handelt, ersparen und sofort mit den

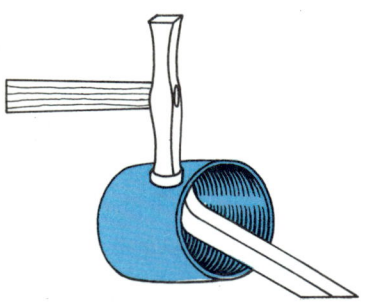

Planieren einer Gefäßwandung mit dem
Schlichthammer über der gerundeten Stahl-
faust

tangential angreifenden Schlägen des
Sickenhammers beginnen. Dazu muß
allerdings zuvor die Mittelpartie des
Werkstücks aufgetieft werden. Das aber
ist gerade bei schwachen Blechen nicht
ungefährlich, weil man dabei allzu leicht
an die Zerreißgrenze des Materials gelangt. Obwohl Metall von erstaunlicher
Dehnbarkeit ist, dürfen wir doch nie
vergessen, daß starke Ausbuchtungen
ebenso wie übermäßige Einziehungen
recht erhebliche Anforderungen an das
Material stellen. Wird das Blech unter
dem Hammer allzusehr gequält, so rea-
giert es darauf unversehens mit plötz-
lichem Zerreißen. Wir wollen also nicht
irgendwelchen utopischen Seifenbla-
seneffekten nachjagen, sondern jede
verkrampfte und gewalttätige Richtungs-
änderung und Aufblähung vermeiden.
Ganz abgesehen davon, daß derartige
Formen erhebliche Schwierigkeiten machen, laufen sie auch dem Stil der Ham-
merarbeit zuwider.
Wie wir schon gesehen haben, führt
jedes Stauchen und Strecken zwangsläufig zu Querschnittsveränderungen des
Materials. Je mehr wir unsere Ronde in
der radialen Richtung strecken, um so
dünner wird das Blech, und jeden Hammerschlag begleitet bei fortschreitender
Arbeit die bange Frage nach der Grenze
des Zumutbaren. Das beste Meßgerät für
die Querschnittsveränderungen des Materials ist das Fingerspitzengefühl in seiner ursprünglichen Bedeutung. Kontrollieren Sie damit während der Arbeit hin

und wieder die Dicke der Blechwandung, und Sie bleiben vor unangenehmen Überraschungen bewahrt. Die Faustformel für einen ziemlich risikolosen Sicherheitskoeffizienten der statthaften Dehnungen läßt sich aus dem Durchmesser der Ronde als Ausgangspunkt unserer Arbeit ableiten. Wächst die größte Ausdehnung über ein Drittel des Rondendurchmessers nicht hinaus, so kann man die Verhältnisse noch als normal betrachten.

Schußbehandlung des fertig geformten Stückes ist die Politur. Es ist letzten Endes eine Frage des Geschmacks, ob man einen metallenen Gegenstand auf Hochglanz poliert, ob man ihn mattiert, oder ob man sich mit seiner »Naturoberfläche«, so wie sie der letzte feine Schlag des Schlicht- oder Planierhammers hinterläßt, zufriedengibt.

Wer kann, macht sich das Leben heutigentags dadurch leicht, daß er auf der Schwabbelscheibe poliert. Das ist eine kreisrunde, schnell rotierende Bürste aus weichen Stofflappen, Leder oder Fiberfasern, die mit Spezial-Schleifpasten »eingefettet« wird. Welcher Bastler aber hat schon einen solchen Schwabbelapparat? Vielleicht aber besitzt dieser oder jener ein Elektro-Vielzweckwerkzeug. Unter den vielen Zusatzgeräten für derartige Maschinen finden sich auch sehr leistungsfähige Schwabbelscheiben.

Doch auch zu Zeiten, als es noch keine elektrisch betriebenen Poliermaschinen gab, sind die Menschen zu untadelig glänzenden Metalloberflächen gelangt. Greifen wir also getrost auf deren Handbetriebs-Methoden zurück und polieren wir mit Leder- und Leinenlappen, mit Bimspulver und Öl, mit Sidol und Putzpomade. Bei kleinen Oberflächen und winkligen Stücken hat die gefühlvollere Handpolitur sowieso ihre großen Vorzüge. Wenn man mit einem Poliermittel gearbeitet hat, muß die Oberfläche hernach mit einem fettlösenden Mittel, etwa mit Waschbenzin, gereinigt werden. Danach bekommt sie mit einem sauberen Woll-Lappen ihre Schlußabreibung.

Mattiert wird die Oberfläche durch Überarbeiten mit feinen Stahlbürsten. Wer auf Hochglanz polierte Messingteile liebt, aber Angst vor deren ständigem Putzen hat, überzieht solche Gegenstände hauchdünn, staub- und blasenfrei mit wasserklarem Zaponlack. Unansehnlich gewordene Lacküberzüge kann man mit Azeton entfernen.

Das Treibziselieren

Von allen auf eine Metalloberfläche anzuwendenden Schmucktechniken ist das Treibziselieren dem Formtreiben am nächsten verwandt und vom Bastler am leichtesten ohne sonderlichen Aufwand auszuführen. Bei Licht besehen, handelt es sich dabei um nichts anderes als um das gleiche Verfahren, und zwar um ein Auftiefen in kleinerem Maßstab.

Die wichtigsten Werkzeuge für diese Feinarbeit, die »Punzen«, kann man sich aus Werkzeugstahl, abgebrochenen Feilen oder längeren Holzschrauben selbst zurechtfeilen. Der Reiz bei der Anfertigung dieser Formstähle liegt in der Möglichkeit der individuellen Gestaltung. Bei eifrigen Ziseleuren sammeln sie sich im Laufe der Zeit zu einem umfangreichen Bestand an. Die ganze Garnitur wird wie ein Schatz in einem Behälter gehütet, der unter der ebenso zutreffenden wie klangschönen Bezeichnung »Punzendose« zu einem unmißverständlichen Begriff geworden ist.

Meistgebrauchte Punzen sind die Schrotpunze mit einem mehr oder weniger scharfen Grat, die zum Treiben von Linien, zum »Schroten« dient, und die Perl-Punze. Sie hat einen halbkugeligen Kopf, mit dem man Muster treiben kann, die sich rasterartig aus einzelnen Punkten zusammensetzen. Daneben gibt es eine Vielzahl von allen möglichen »Bild-Punzen«, die mit ihren mehr oder weniger ausgebildeten Schlagfiguren den Charakter von Prägestempeln annehmen. Für gewollt weiche Formen dienen Holzpunzen, die man sich ebenfalls selbst zuschleifen kann. Dazu ist ein hartes Holz erforderlich, wenn nicht

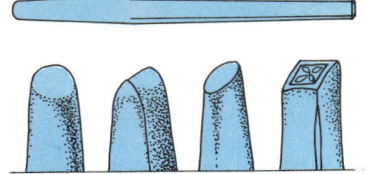

Formstähle (Punzen) mit verschiedenen Schlagformen von der Perlpunze bis zum Prägestempel mit Eigenmotiv

Buchsbaum, so doch nach Möglichkeit Birnbaum oder Pflaume. Diese Holzpunzen verlangen indessen eine weichere Unterlage als die stählernen.

Die Technik des Treibziselierens beruht darauf, daß die Oberfläche des Werkstückes durch den Schlagdruck der Punze partiell aufgetieft wird, wobei das Metall gezwungen wird, so in eine weiche Unterlage auszuweichen, daß eine der Prägeform entsprechende plastische Modellierung entsteht. Dabei ist es im Prinzip gleichgültig, ob ein lineares Schrotmuster oder großflächigere Figuren erstrebt werden. Man kann eine Oberfläche auf diese Weise entweder von der Rückseite her modellieren, wodurch weiche Formen und Übergänge entstehen, oder man setzt die Punze von vorne an. Dadurch wird eine wesentlich schärfere, markantere Zeichnung erreicht.

Als Unterlage für das Werkstück dient bei dieser Arbeit ein prall gefüllter Sandsack oder — sobald es um feinere Zeichnungen geht — ein Kittlager.

Den Ziseleurkitt stellt man sich am besten als eine Mischung aus Pech und Formsand oder Ziegelmehl her. Die gewünschte Geschmeidigkeit wird durch entsprechende Zugaben von Talg oder Wachs und Terpentin erreicht.

Soll eine Hohlform, etwa eine Vase, gepunzt werden, so gießt man sie mit dieser appetitlichen Masse, die durch Erhitzen flüssig wird, aus. Selbstverständlich ist dann nur noch ein Bearbeiten von außen möglich. In den Kitt kann man einen Holzstiel eingießen, mit dem man das Werkstück in den Schraubstock spannt. Je wärmer der Kitt gehalten wird, um so

weicher die Treibunterlage. Faustregel: Weicher, warmer Kitt für Holzpunzenbearbeitung, kalter, harter Kitt für feinere Ziselierungen. Flächige Werkstücke, wie zum Beispiel Bleche, die modelliert werden sollen, werden in ein Kittlager gebettet. Ausgesprochen weiche und völlig plane Bleche kann man auch auf einem Packen Zeitungspapier als Unterlage ziselieren. Das gilt besonders für Übungsarbeiten in weichem Aluminiumblech. Große Ansprüche sind auf diese Weise allerdings kaum zu befriedigen.

Der Mann von der Zunft hat zum Einbetten eine hohle Halbkugel aus Gußeisen, die er mit Kitt ausgießt. Damit ihm der Apparat nicht vom Tisch rollt, er sich andererseits aber nach allen Richtungen gleich gut drehen und wenden läßt, ruht er in einem kreisförmigen Schuh aus

Haltung der Punze beim Treibziselieren. Das Werkstück liegt im Kittlager einer improvisierten Ziseleur-»Kugel«

zusammengenähten Lederstreifen. Der auf Improvisation angewiesene Bastler kann sich mit einer kleinen Metallschale oder mit einer abgeschnittenen Konservendose in einem Lattenfuß behelfen. Ob nun eine ganze Hohlform ausgegossen oder ein Blech in ein Kittlager gebettet wird, immer ist es wichtig, daß sich unter der Oberfläche keine Luftblasen und damit Hohlräume bilden. Beim Treibziselieren wird das Metall nicht selten bis hart an die Zerreißgrenze gedehnt. Liegt es dabei hohl, so gibt es Pannen.

Die Grenzen zwischen dem eigentlichen Ziselieren und dem Punzieren fließen. Während es beim Ziselieren mehr um das treibende Modellieren größerer Oberflächenpartien geht, bei dem die Form der Punze nur eine dem Ganzen eingegliederte Teilform bleibt, tritt bei dem primitiveren Punzieren die Punzenform als selbständiger Zierstempel auf. Die ständige Wiederholung, die Reihung eines einzelnen simplen Motivs, ist das Kennzeichen des Punzierens. Schrot- und Perlpunzen sind die dominierenden Prägestempel dieser Technik, wobei die Reihung des Schrotpunzens zu einer in sich geschlossenen Linie führt.

Wir brauchen uns um diese mehr oder weniger akademische Unterscheidung freilich keine grauen Haare wachsen zu lassen. Für die Praxis aber können wir aus der genauen Betrachtung des Ringfingers eines altgedienten Ziseleurs sehr viel lernen. Dieser Ringfinger ist von bemerkenswert barockem Aussehen, da sein letztes Glied kräftig nach außen umgebogen ist. Das kommt, der Mann hat zeit seines Berufslebens die Punze richtig geführt, und gerade das wollen wir von ihm erlernen.

Die Originalpunze des hauptberuflichen Ziseleurs ist etwa 11 bis 12 cm lang und hat eine leicht nach rechts geschrägte Schlagfläche. Versuchen Sie, Ihrer selbstgemachten Punze, wenn Sie sie aus vierkantigem Werkzeugstahl (Querschnitt 5 bis 6 mm) zufeilen, diese arbeitserleichternde Gestalt zu geben. Gehalten wird das schlanke Gerät zwischen Daumen, Zeigefinger und Mittelfinger der linken Hand. Der Mittelfinger drückt dabei in Nagelhöhe kräftig auf den Ringfinger, dessen Kuppe sich auf die Metalloberfläche stützt. Sie hält festen Kontakt zum Werkstück und fährt bremsend die vorgezeichnete Schlaglinie entlang. Dadurch kommt eine ruhige, flatterfreie Führung der Punze zustande. Wer auf diese Weise lange und kräftig genug drückt, bekommt mit der Zeit einen zünftigen Ziseleurfinger.

Es gibt zwar spezielle Ziselierhämmer mit besonders breiter Schlagbahn, doch kann man auch mit einem nicht zu schweren Schlosserhammer recht gut arbeiten. Die einzelnen Hammerschläge erfolgen auch hierbei aus dem lockeren Handgelenk. Der rechte Ellenbogen stützt sich, wenn Platz und Werkstück es erlauben, auf die Tischplatte.

Das Montieren

Es gibt nur wenige Metallgegenstände, die man aus einem einzigen Stück herstellen kann. In den meisten Fällen muß »montiert« werden. Das beginnt schon bei einer einfachen Aschenschale, die auf drei Messing-Kugelfüße gestellt werden soll. Aber auch dort, wo eine hohe Kanne aus einer in der Längsrichtung röhrenförmig zusammengelöteten Zarge getrieben werden soll, handelt es sich um ein Montieren.

Das Löten als einfach auszuführende Arbeit nimmt unter den Montagetechniken eine hervorragende Stellung ein, nur wird das Weichlöten mit leicht fließenden Loten von den zünftigen Gold-, Silber- und Kupferschmieden nicht für voll genommen, weil es in ihren Augen nicht werkgerecht ist. Der Laienbastler wird sich dennoch in den meisten Fällen mit diesem Verfahren, das auf Seite 49 f. näher behandelt ist, begnügen müssen. Zum Hartlöten benutzt man Legierungen des gleichen Werkstoffes, der gelötet werden soll, mit andern Metallen, in der Hauptsache also Legierungen aus Gold, Silber, Messing und Kupfer. Die Schwierigkeit dieses Verfahrens liegt für den Bastler in erster Linie darin, die erforderlichen hohen Temperaturen zu erreichen, denn der Schmelzpunkt der Lote liegt über 500°. Derartige Hitzegrade liefert nur der Gaslötbrenner oder ein Sauerstoffgebläse. Der Goldschmied benutzt eine sogenannte »Lötpistole«, die mit Stadtgas geheizt wird und das Lenken der Hitze in genauer Richtung gestattet. Als Gebläse dient dabei ein Rohr, das mit dem Mund oder mit einem Blasebalg geblasen wird.

Das Werkstück selbst ruht während der Arbeit auf einer mit Holzkohle gefüllten Lötschale oder auf einem Drahtrost. Es versteht sich, daß auch zum Hartlöten die Lötflächen metallisch sauber und gebeizt sein müssen, damit sich die bindende Legierung unter Ausschluß des Luftsauerstoffs bilden kann. Als Beiz- und Flußmittel zugleich dient vornehmlich Borax, das auf die Lötstelle gestreut wird. Größere Stellen werden mit Stangenlot gelötet, für kleinere verwendet die Goldschmied Lötschnitzel, sogenannte »Paillons«.

Das ganze Hartlöten, so haltbar und »unsichtbar« es von geschickten Leuten auch zustande gebracht wird, findet auf unserm speziellen Arbeitsgebiet seine Grenzen beim Montieren kupferner Gegenstände. Ein in Kupfer getriebenes Werkstück würde in den hohen Temperaturen, die beim Hartlöten auftreten, ausglühen. Dadurch aber würde es seine unter dem Hammerschlag gewonnene Härte und damit auch seine Stabilität verlieren.

Bei Arbeiten in Kupfer bleiben uns nur die beiden Montagetechniken des Nietens und Falzens. Das Nieten wurde lange Zeit hindurch als unfein angesehen, weil es allzu deutlich werden läßt, daß etwas nicht aus einem Stück besteht, sondern »zusammengesetzt« wurde. Gerade ihre Ehrlichkeit aber macht den Reiz dieser soliden Verbindungstechnik aus, ganz abgesehen davon, daß gut gesetzte und schön geformte Nietenköpfe durchaus als schmückende Elemente betrachtet werden können. Der Arbeitsgang selbst ist auf Seite 51 näher erklärt.

Ein weitaus höheres Maß an Geschicklichkeit und Übung verlangen das Falzen und das Bördeln, zwei Arbeitspraktiken, die unerläßlich werden, wenn es beispielsweise darum geht, einen Boden in eine Kupferkanne einzuziehen.

Ein einfacher Falz entsteht dadurch, daß man die Kanten zweier Bleche in gleicher Breite hakenförmig abkantet, sie ineinanderhängt und den Falz zuschlägt. Daß diese Verbindung nicht sonderlich haltbar ist, wird jedem einleuchten. Bei erstbester Gelegenheit springt der Falz auseinander, was man ihm allerdings dadurch verleiden kann, daß man den Falz durchsetzt. Dazu legt man die

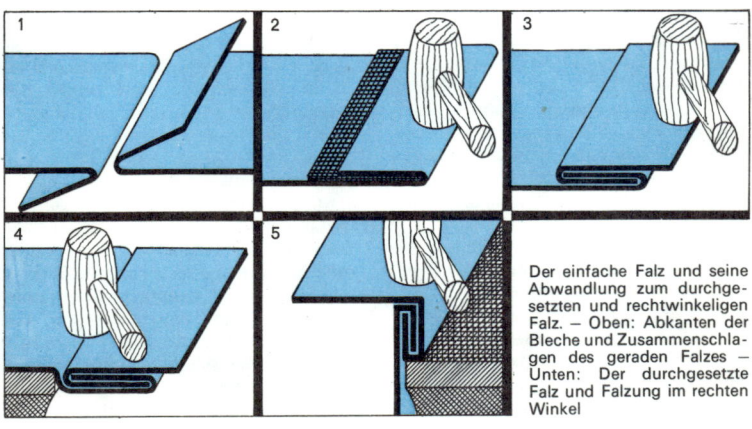

Der einfache Falz und seine Abwandlung zum durchgesetzten und rechtwinkeligen Falz. – Oben: Abkanten der Bleche und Zusammenschlagen des geraden Falzes – Unten: Der durchgesetzte Falz und Falzung im rechten Winkel

Falznaht hart an die Kante des Ambosses und kantet eines der beiden Bleche entlang dem Falz noch einmal ab. Diese zweite Kante schiebt sich als Riegel vor das eingehängte Blech und macht ihm dadurch das Herausspringen unmöglich. Das Verfahren hat obendrein den Vorzug, daß es die beiden miteinander verbundenen Bleche in eine Ebene rückt.

Genau wie bisher verfährt man, wenn die Falzung im rechten Winkel erfolgen soll. Nur wird der Falz jetzt nicht durchgesetzt, sondern man kantet das oben liegende Blech rechtwinklig über die Hakenrundung des unten liegenden ab. Die Breite des Falzrandes wird zu Beginn der Arbeit auf den beiden Blechen angerissen, mit dem Holzhammer über dem Umschlageisen – ersatzweise über der Amboßkante – abgewinkelt und weiter auf der Richtplatte zum Haken umgeschlagen. Damit der Haken nicht zu eng wird, und demzufolge das Blech nicht einreißt, richtet man ihn sicherheitshalber an ein in die Hakenkrümmung gelegtes Stück Blech von gleicher Stärke des Werkstückes an. All dies wird mit dem Holz- oder dem Gummihammer gemacht, denn es gilt für alle montierende Metallarbeit, bei der eine Querschnittsveränderung des Materials durch Stauchen oder Strecken vermieden werden soll, der Grundsatz: Weicher Hammer – harte Unterlage, harter Hammer – weiche Unterlage.

Mit dieser einfachen Falztechnik wird auch der Boden in eine Kupferkanne eingezogen. Damit das möglich wird, muß allerdings der erforderliche Falzrand zuvor vom Rand der röhrenförmigen Zarge so weit ausgeschweift werden, daß er im rechten Winkel von ihrer Wand absteht. Und damit beginnen die Schwierigkeiten.

Die Breite des Falzrandes wird auch in diesem Falle auf der Zarge angerissen und mit dem Schweifhammer, notfalls mit der Finne eines Schlosserhammers, allmählich aufgeschweift. Man legt dazu die auf der Zarge angerissene Linie haargenau so auf die Amboßkante, daß der Falzrand über der Amboßbahn schwebt. Die Zarge selbst liegt mit leichter Schräglage, von der linken Hand gehalten, also buchstäblich »linkerhand« des Ambosses. Unter ständiger Drehung der Zarge längs des Risses wird nun der leicht aufragende Falzrand mit flinken, aus dem Handgelenk kommenden Hammerschlägen auf die Amboßbahn niedergeklopft.

Achten Sie bei dieser Arbeit, ebenso wie bei jedem andern Treibvorgang (und auch beim Abkanten eines Bleches über dem Umschlageisen!) darauf, daß der Hammer stets auf seinem Schlagpunkt verharrt und daß nur das Werkstück unter ihm fortbewegt wird. Beim Schweifen des Falzrandes ist zu bedenken, daß sich das Blech in seinem Außenradius am stärksten strecken muß. Wir müssen also den Hammerschlag auch in den Außenpartien am kräftigsten führen, während er nach innen zu, also in Richtung der sich zunächst nur schwach abzeichnenden Abkantung, im Piano verdämmert.

Ist auf diese Weise mit Geduld und Präzision der Rand bis zum rechten Winkel gediehen, so wird das Werkstück auf die Richtplatte oder auf die Amboßbahn gestellt und der Falzrand mit dem Schlichthammer zur geraden Fläche gerichtet.

Handelte es sich beim Herstellen des Falzrandes an der Zarge um ein Schweifen des Bleches, so muß der korrespondierende Rand am Bodenstück aufgebördelt werden. Dabei wird das Metall gestaucht. Machen Sie beim Zuschneiden der Bodenronde bitte keinen Rechenfehler, wenn Sie nicht buchstäblich »durch die Röhre gucken« wollen. Die Länge ihres Durchmessers setzt sich zusammen aus dem Durchmesser der Zarge plus doppelter Breite des Zargenfalzrandes einschließlich Materialstärke des verarbeiteten Bleches.

Auch die Breite dieses Falzrandes wird, konzentrisch zur Peripherie der Bodenronde verlaufend, angerissen und sodann mit dem Holzhammer über der gerundeten Sattelbahn des Bördeleisens bis zur rechtwinklig aufragenden Wand aufgebördelt. Achten Sie dabei auf eine

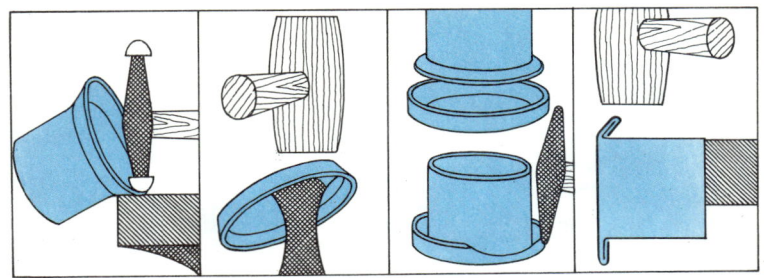

Das Einziehen eines Gefäßbodens durch Falztechnik: 1 Aufschweifen des Falzrandes an der Zarge — 2 Bördeln des Falzrandes an der Bodenplatte — 3 Zusammenfalzen von Boden und Zarge — 4 Der einfache Falz wird zum Doppelfalz umgelegt

saubere, scharfe Falzkante. Wieder hält die Linke das Werkstück und dreht es gegen die Laufrichtung des Uhrzeigers langsam unter den gleichmäßig stark erfolgenden Hammerschlägen über den Scheitel des Bördeleisens hinweg. Ist der Rand bis zur Senkrechten fortgeschritten, werden Bord und Boden auf der Amboßbahn geradegerichtet.

Danach erfolgt das eigentliche Montieren, das Zusammenfalzen der beiden Einzelteile. Die Zarge wird ins Bodenstück gestellt, das Ganze kommt auf eine genügend große, plane Unterlage, und der Rand des Bodenstückes wird mit dem Schweifhammer über den Zargenrand geschlagen. Dabei muß man die Zarge kräftig auf das Bodenstück niederdrücken, damit die Verbindung möglichst dicht wird. Ein schöneres Aussehen und gleichzeitig eine bessere Abdichtung erreicht man, wenn man den so gefertigten einfachen Falz in einen Doppelfalz verwandelt. Dazu wird das nunmehr zu einem Gefäß vereinigte Werkstück so über ein in den Schraubstock gespanntes Rundeisen gestülpt, daß der Falzwinkel fest an Grundfläche und Seitenwand der Unterlage liegt. Dann klopft man den rechtwinklig zur Zarge stehenden einfachen Falz mit dem Holzhammer in Richtung Gefäßöffnung, also nach oben, so weit um, bis er sich dicht an die Zargenwandung legt. Da die Falzung in dieser Form mit ihren gerundeten Kanten nicht gerade sonderlich gepflegt wirkt, hämmert man den Falz abschließend mit dem Schlicht-

hammer am Polierstock oder an der Amboßkante hübsch kantig. Aber bitte nicht mit roher Gewalt auf die Kanten losschlagen, sonst treibt man die Falznaht wieder auseinander.

Bei der Anlage eines Falzes als Verbindung zweier gerader Bleche hatten wir das Abkanten eines Falzrandes geübt. Wird an einem Einzelblech ein schmaler Rand abgekantet und bis auf die Blechfläche zugeschlagen (Holzhammer!), so gelangt man zu einem einfachen Umschlag, der durch nochmaliges Umfalten zum doppelten Umschlag wird. Damit wird einer Blechkante einmal ihre verletzende Schärfe genommen, zum andern wird sie erheblich stabiler.

Die Stabilität kann weiter gesteigert

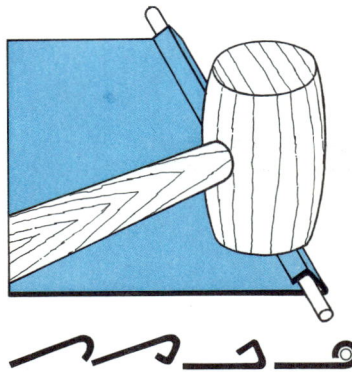

Abstumpfen und gleichzeitiges Stabilisieren einer Blechkante durch eine Drahteinlage im Umschlag

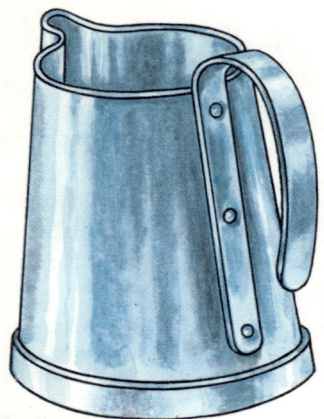

Zwei Montagetechniken in einem Stück: Kupferkanne mit gefalztem Boden und genietetem Henkel

Breite des Blechstreifens beträgt etwa das Zweieinhalbfache der Drahtstärke. Diese Gesamtbreite wird an der Blechkante angerissen. Von ihr kantet man zunächst ein Drittel ab und holt danach über dem Umschlageisen die ganze Breite herum. Hat man in die so erreichte grobe Rinne den Draht eingelegt, wird das Blech auf harter Unterlage mit dem Holzhammer an die Drahtrundung angerichtet. Zum Schluß wird die Rundung mit dem Schlichthammer vorsichtig planiert. Das gleiche Verfahren können Sie auch bei einem runden Blech anwenden, nachdem Sie einen genügend hohen »Wickelrand« aufgebördelt haben. Üben Sie es aber erst an einer geraden Kante, bevor Sie sich ein in Mühe halbvollendetes Werk verderben.

Überhaupt gilt, wenn irgendwo, dann in der Metallbearbeitung das Wort von der Übung, die den Meister macht. Dieses Kapitel konnte naturgemäß nicht mehr tun, als Sie an die Grenzen eines der schönsten und anregendsten Arbeitsgebiete für den Bastler heranzuführen. Das Ei des Kolumbus konnte es Ihnen gewissermaßen nur im Rohzustand liefern. Auf die Spitze stellen müssen Sie es selber.

werden, wenn man in den Umschlag einen Eisendraht legt. Man erreicht dadurch eine stumpfe, weiche Flächenbegrenzung von angenehmer Wirkung. Bei einer geradlinigen Blechgrenze macht das Einlegen des Drahtes, dessen Dicke sich nach der gewünschten Randstärke richtet, keine Schwierigkeiten. Die zum Einrollen benötigte

7 Farbige Stoffe sind schöner

Dem Bedürfnis des Menschen, sich selbst und seine Umwelt zu schmükken, um sich auf diese Weise eine Steigerung des Lebensgefühls zu verschaffen, kommt das Textilgewebe besonders dadurch entgegen, daß es sich auf die verschiedensten Arten färben läßt. Die Folge ist, daß heutigentags nahezu allen Dingen, die der Mensch zu seinem Wohlbefinden aus Stoff anfertigt, ein doppelter Sinn innewohnt. Am deutlichsten wird dies auf dem Gebiet der von der Mode beeinflußten Kleidung sichtbar. Doch auch ein Kissen auf der Couch liegt selten ausschließlich nur zu dem einen Zwecke dort, dem ruhebedürftigen Hausherrn nach dem Mittagessen den Kopf recht weich zu betten. Es hat daneben den nicht minder wichtigen Zweck, einen ganz bestimmten farblichen Akzent in die Innenarchitektur des Zimmers zu tragen. Oder wer hängte sich wohl seine Vorhänge allein deshalb vors Fenster, um sich vor fremden Blicken oder lästigen Sonnenstrahlen zu schützen? Der farbige Faltenwurf des Vorhangs ist in einer modernen Wohnung zu einer überaus wichtigen Komponente der Raumgestaltung geworden, ja, seine ursprüngliche Zweckbestimmung tritt zumeist weit hinter die schmückende Aufgabe zurück.
Die hervorragende Eignung des Textilgewebes, Farbe und Schönheit in die Umgebung des Menschen zu tragen, wirkt sich befruchtend auf ein Bastelgebiet aus, das insbesondere weiblicher Phantasie und fraulichem Geschmack die Möglichkeit reicher Entfaltung bietet.

Das Batiken

Eine reizvolle und dabei einfach zu meisternde Technik, zarte Gewebe mit einem ein- oder mehrfarbigen Dekor zu schmücken, ist das Batiken. Die in Java beheimatete und dort seit Urzeiten kultivierte Methode eignet sich insbesondere für den künstlerischen Schmuck von Kopf- und Schultertüchern, duftigen Schals, Ziertaschentüchern oder von Kravattenseiden. Aber auch Lampenschirme aus Stoff, ja sogar kostbare Bucheinbände oder Tischdecken erhalten durch ein gebatiktes Flächen- oder Kantenmuster eine ausgeprägte Individualität.
Das Prinzip des Batiks beruht darauf, daß der einzufärbende Stoff partiell mit Wachs abgedeckt wird, so daß die Farbbrühe das Gewebe an diesen Stellen nicht durchdringen kann. Wird die Wachsschicht, die man als flächiges Muster, als Ornament oder als figürliche Form auftragen kann, nach dem Trocknen des Stoffes entfernt, so steht die von ihr bedeckt gewesene Fläche hell im eingefärbten Untergrund.
Geeignete Stoffe für den Batik sind dünne Seiden und Batiste, aber auch reine Baumwoll- und Leinengewebe. Voraussetzung für ein befriedigendes Resultat ist allerdings, daß der Stoff völlig frei von Appretur ist. Die Appretur — meist eine Kreide-Stärke-Füllung, mit der das Gewebe getränkt ist — würde einmal das deckende Wachs nicht fest genug haften lassen, so daß es während des Einfärbens wegplatzt, zum andern würde sie selbst zum Farbträger werden. Jede spätere warme Wäsche aber löst die Appreturfüllung und damit die ihr anhaftende Farbe aus dem Gewebe heraus. So schwimmt dann ein nicht geringer Teil des Batikmusters in der Waschbalge. Der verbleibende Rest wäre ein verwaschenes, keineswegs mehr dekoratives Stück.
Appretierte Stoffe müssen also vor dem Beginn jedes künstlerischen Bemühens »entschlichtet«, das heißt von der Appretur befreit werden. Dazu wird der

Stoff gründlich in heißem Sodawasser durchgedrückt und anschließend in handwarmem, klarem Wasser mehrfach gespült.

Als Abdeckwachs dient ausschließlich reines, ungefärbtes Bienenwachs. Wer gute Beziehungen zu einem Imker unterhält, kann für Geld und gute Worte Wachs direkt vom »Fabrikanten« beziehen; nur ist es zumeist für unsere Zwecke nicht sauber genug. Wenn man derartiges Rohwachs in einem weiten Gefäß lange genug stark erhitzt – jedoch nicht kocht! –, steigen die leichten Schmutzpartikel an die Oberfläche der Flüssigkeit, von der man sie abschöpfen kann. Die schweren Fremdstoffe sinken auf den Boden und setzen sich dort ab. Nach dem Erkalten nimmt man den wieder erstarrten Wachsblock heraus und schabt die verschmutzte Bodenpartie mit dem Messer weg. Bei sehr stark verschmutzten Wachsen muß die Prozedur notfalls wiederholt werden. So kommt man zu einem sehr brauchbaren Batik-Deckmaterial. Wem der Weg zum Bienenvater versperrt ist, muß sich das Wachs in der Drogerie oder in einem Fachgeschäft für Malutensilien kaufen.

Zum Gebrauch wird das Wachs in einem alten Blechgefäß oder besser in einem Porzellantiegel über einer Spiritusflamme verflüssigt und warm gehalten. Das Wachs darf jedoch auch jetzt keinesfalls kochen. Wer auf den Gasherd angewiesen ist, erhitze das Wachs nach Möglichkeit in einem Wasserbad, da dieses die Wärme noch besser hält als die dicke Wandung des Porzellantiegels. Das Wachs bleibt im Wasserbad länger streichfähig.

Der Auftrag des flüssigen Wachses auf den Stoff erfolgt mit einem Borstenpinsel. Nur bei feineren Linien, die man jedoch nach Möglichkeit vermeiden sollte, wird ein Haarpinsel zu Hilfe genommen. Der Batik ist ein Farbenspiel mit der Fläche, nicht mit der Linie.

Der auf diesem Sondergebiet noch Zaghafte wird sich auch von einfachen Mustern mit wenigen Farbtönen eine Ideenskizze mit Hilfe von Lasurfarben

und Aquarellpapier anfertigen. Sie dient ihm als Kompaß für den schrittweisen Fortgang der eigentlichen Ausführung. Der Geübtere gelangt zu frischeren »Impressionen«, wenn er seine Wunschvorstellungen mit nur wenigen, zarten Bleistiftstrichen auf dem Stoff selbst fixiert und im übrigen ganz frei arbeitet.

Der Wachsauftrag soll stets auf die straff gespannte Stoffbahn erfolgen. Da hierbei der ins heiße Wachs getauchte Pinsel ohne Druck über den Stoff geführt wird, ist es am besten, man spannt diesen mit Heftzwecken oder dünnen Stahlnadeln auf einen Holzlatten-Rahmen. Sicherheitshalber werden die Ränder des zarten Batik-Gewebes dabei an den Heftstellen mit einem Streifen aus stärkerem Stoff überdeckt. Wo ein Holzrahmen fehlt und nur schwer zu beschaffen ist, kann der Stoff straff über den Rand einer Schüssel gebunden werden. Auch bei dieser Anordnung schwebt der Malgrund frei in der Luft. Schließlich kann man den Stoff auch über eine mehrschichtige Lage von Fließpapier spannen, die man vorher glatt auf ein Reißbrett geheftet hat. Diese Methode hat allerdings ihre Nachteile, da das heiße Wachs durch das Gewebe schlägt und den Stoff mit der Papierunterlage verkleistert. Wer zu diesem Notbehelf greifen muß, ziehe den Stoff nach vollendetem Wachsauftrag vorsichtig von der Papierunterlage. Gegebenenfalls ist das Papier von der Rückseite her ganz leicht mit einem Plätteisen anzuwärmen.

Sehr wichtig für eine klare beidseitige Farbtrennung ist es, daß der Stoff von dem heißen Wachs völlig durchdrungen wird, den einzelnen Faden des Gewebes also »rundherum« gegen den Zugriff der Farbe abdeckt. Überprüfen Sie den fertigen Wachsauftrag daraufhin und ergänzen Sie ihn im Zweifelsfalle von der Rückseite.

Da Wachs schon bei 60° fließt, darf nur im Kaltfärbverfahren eingefärbt werden. Dazu setzt man die im Handel befindlichen Textilfarben nach der Gebrauchsanweisung in nicht zu kleinen Gefäßen an, damit man den Stoff möglichst

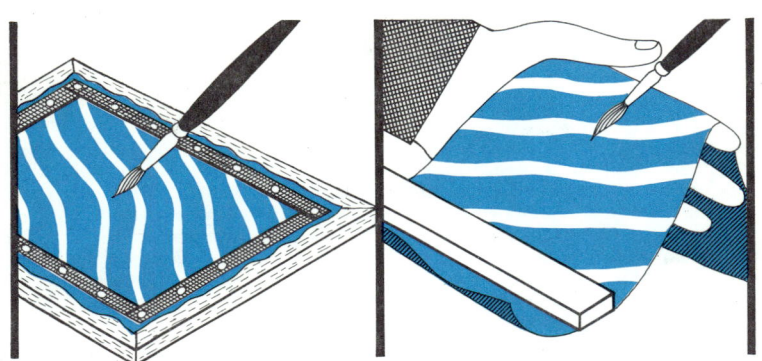

Zur Arbeitstechnik des Batikens: Während des Wachsauftrags wird der Stoff glatt auf einen Holzrahmen gespannt. Zum Nachwachsen kleinerer Stoffpartien genügt es, den Stoff einseitig zu beschweren und mit der linken Hand straffzuziehen

faltenfrei in die Farbbrühe legen kann. Kräftiges Falten oder gar Knittern des Stoffes läßt die Wachsschicht brechen, und die Farbe dringt durch die feinen Risse in den Stoff. Durch das Brechen der Wachsdecke kommen im Stoffmuster zwar die für die Batiktechnik so charakteristischen Krakelüren zustande, auf die auch wir nicht verzichten wollen, doch sparen wir uns die Entstehung dieses reizvollen Effekts für das letzte Farbbad auf. Bevor der Stoff darin getränkt wird, knüllen wir ihn leicht zusammen, damit das Wachs die notwendigen Brüche bekommt.

Der Weg des Einfärbens bei mehrfarbigen Mustern geht stets von der hellsten zur dunkelsten Farbe. Diese kommt also zuletzt an die Reihe. Die einzelnen Einfärbzeiten schwanken je nach Farbe und verwendeter Stoffart zwischen wenigen Minuten bis zu einer halben Stunde und mehr. Man lasse sich also nicht nervös machen und warte in Geduld den gewünschten Wirkungsgrad des jeweiligen Bades ab. Zwischenspülungen in kaltem Essigwasser sind empfehlenswerte Sicherungsmaßnahmen gegen unliebsames Auslaufen der Farben. Eine scharfe Trennung der Farben ist allerdings auch dadurch nicht zu erreichen. Es gehört zu den charakteristischen Merkmalen des Batiks, daß zwei benachbarte Farben ineinanderfließen. Nach

jeder Teilfärbung muß der Stoff bei glatter, faltenfreier Aufhängung vollkommen durchtrocknen, bevor ein neuer Wachsauftrag erfolgen darf. Kräftige Ofenwärme oder direkte Sonneneinstrahlung ist beim Trocknen zu vermeiden.

Denken Sie bei der Anlage Ihres Musters und auch während des Wachsens stets daran, daß die Farbigkeit des fertig gebatikten Stückes durch die Addition einzelner Teilfarben zustande kommt. Man muß also beispielsweise nach der Gelbfärbung alle Partien des Stoffes mit Wachs abdecken, die gelb bleiben sollen. Problematisch wird die Geschichte, wenn zwei Farben nebeneinanderstehen, die in ihrer Mischung eine dritte, völlig andere Farbe ergeben. Das ist zum Beispiel bei Gelb und Blau der Fall. Auf einem gelb eingefärbten Tuch wird man im nachfolgenden Blaubad kein Blau, sondern ein Grün erreichen. Da muß man entweder mit Entfärbern arbeiten oder umwachsen, das heißt, man muß die Teile, die blau werden sollen, vor dem Gelbfärben abdecken und wieder entwachsen, ehe der Stoff in die blaue Brühe wandert. Das muß bereits von vornherein bei der Anlage des Musters berücksichtigt werden.

Wenn bei mehrfarbigen Entwürfen nur kleinere Partien nachgewachst zu werden brauchen, so kann man sich die

Arbeit erleichtern, indem man sich das erneute Aufspannen auf den Lattenrahmen erspart. Man legt das Tuch einfach auf den Tisch, beschwert es an einer Kante mit Gewichten und wachst dann, indem man die gegenüberliegende Kante mit der linken Hand schräg nach oben spannt. Doch ist hierbei darauf zu achten, daß die schon vorhandene Wachsschicht nicht verletzt wird.

Nachdem der Stoff alle Farbbäder durchlaufen hat, wird das Wachs aus dem Gewebe entfernt. Die Hauptmasse wird durch Bügeln des Stoffes zwischen sauberen Löschpapieren ausgesogen. Danach erfolgt die Feinsäuberung in Waschbenzin mit anschließender Schlußspülung in lauwarmem Wasser. Waschbenzin ist feuergefährlich und hochexplosiv. Man nimmt also statt dessen besser Tetrachlorkohlenstoff, eine Flüssigkeit aus der Drogerie, die zwar ganz ähnlich riecht wie Benzin, aber so schwer brennbar ist, daß man sie sogar als Feuerlöschmittel benutzt.

Nach dem Trocknen und Bügeln des Stoffes ist der Batik-Prozeß beendet.

Der Stoffdruck

Eine andere, mehr gebundene als freie Technik, den hellen Stoff mit einem farbigen Muster zu schmücken, steht uns in dem selten gewordenen Verfahren des Handdrucks zur Verfügung. Dies ist eigentlich nichts anderes als eine verfeinerte Methode des Stoff-Färbens und damit auch des Batikens. Die innere Verwandtschaft dieser Technik mit dem Stoffdruck wird besonders deutlich bei dem früher in Deutschland weit verbreiteten, heute jedoch im Aussterben begriffenen Blaudruck. Auch dabei wird der Stoff mit einer wasserabweisenden Paste bedruckt und anschließend kräftig blau eingefärbt. Danach wird das Abdeckmaterial — ganz ähnlich wie das Wachs beim Batiken — aus dem Stoff entfernt, und die Zeichnung erscheint hell auf blauem Grund.

Sehr viel interessanter als dieses negative Druckverfahren ist für uns der positive Stoffdruck mit Hilfe eingefärbter Druckstöcke.

In technischer Hinsicht bietet der Stoffdruck kaum Schwierigkeiten, nachdem wir das Herstellen von Druckplatten in Kapitel 5 (Seite 91 ff.) gelernt haben. Rufen Sie sich alles, was dort außer dem Handwerklichen über die Gesetzmäßigkeiten des Ornaments gesagt wurde, insbesondere die wechselweise Beeinflussung von Motivfläche und Zwischenraum, ins Gedächtnis zurück. denn es sind die gleichen Faktoren, die auch die Wirkung des Stoffdrucks entscheidend beeinflussen.

Linoleumstempel sind für dieses Druckverfahren wenig geeignet, da sie von den Stoff-Farben angegriffen und bald unbrauchbar werden. Der Stempel wird beim Drucken erheblich strapaziert, denn er findet sich nur unter kräftigen Hammerschlägen oder unter dem Druck des Nudelholzes dazu bereit, seine Farbe an den Stoff abzugeben. Man benötigt also Druckplatten aus einem harten Holz, von dem die Konturen auch nach längerem Gebrauch noch scharf drucken (Birnbaum oder Kirsche). Auch darf die Druckplatte nicht zu schwach sein. Mit 3, besser noch 4 cm Dicke wird sie jedoch allen Ansprüchen genügen.

Von entscheidendem Einfluß auf Qualität und Haltbarkeit des Drucks ist die Farbwahl. Man kann mit Pelikan-Stempelfarben oder auch mit den bekannten DEKA-Farben drucken. Sie sind einfach

Beim Blaudruck steht eine helle Zeichnung auf dem eingefärbten Grund. Die Technik des Blaudrucks hat Ähnlichkeit mit der des Batiks

zu verarbeiten, auf die Dauer allerdings nicht waschfest. Wesentlich beständiger erweisen sich Spezialfarben für den Stoffdruck auf Kunstharzbasis, die unter Markenbezeichnungen wie »Orema«, »Acranin« u. a. im Handel sind. Während die Stempelfarben keine Nachbehandlung beanspruchen, muß man die mit Kunstharzfarben bedruckten Stoffe gründlich und recht heiß bügeln. Durch die Hitzeeinwirkung verwandelt sich das ursprünglich wasserlösliche Kunstharz in eine unlösliche Masse, die den Farbstoff als dünnen Film fest auf den Stoff bindet.

Wie beim Holzschnitt- und Linoldruck, so wird auch beim Stoffdruck die Farbe auf einer Glas- oder Steinplatte verrieben und mit einer Gummiwalze auf den Druckstock übertragen. Stempelfarben werden beim Verreiben durch ein paar Tropfen Terpentin geschmeidiger. Besonders schön lassen sich Leinen- und Baumwollstoffe bedrucken, wobei neuen Stoffen vor solchen, die schon oft gewaschen wurden, der Vorzug zu geben ist. Die Farbe steht auf ihnen klarer und kleckst nicht so leicht. Vergessen Sie jedoch nicht, vor dem Druck die Appretur gründlich aus dem Gewebe zu entfernen. Der Druck gelingt am besten auf einer weichen, schmiegsamen Unterlage. Wir schaffen sie uns durch eine Lage Zeitungspapier oder besser mit Hilfe einer Filzdecke, die, mehrfach gefaltet, glatt über eine nicht zu kleine Tischplatte gebreitet wird. Auf die Decke kommt zum Schutz gegen eventuell durchschlagende Farbe eine Lage Fließ- oder Löschpapier. Der Stoff, der bedruckt werden soll, wird mit Stecknadeln oder Reißzwecken straff über die Unterlage gespannt und unmittelbar vor dem ersten Aufsetzen des Druckstocks mit einem Schwamm leicht angefeuchtet. Das aktiviert die Saugfähigkeit des Gewebes. Um in der Reihung den genauen »Rapport«, das heißt die richtigen Ansatzpunkte eines oder mehrerer Stempel zu finden, teilt man sich die Druckfläche mit dünnen Kohlestrichen durch ein Gitternetz auf, dessen einzelne Flächen der Größe des Druckstocks entsprechen. Werden mehrere

Motive in ornamentaler Folge gedruckt, so halte man die dazu erforderlichen Druckstöcke in gleicher Größe.

Der eigentliche Druckvorgang soll in rascher, sicherer Folge vonstatten gehen. Beginnen Sie damit also erst, nachdem alle Vorbereitungen und Zurichtungen sorgfältig getroffen wurden.

Hat man den Druckstock mit der Walze eingefärbt, so wird er senkrecht von oben auf den Stoff gesetzt. Er muß sofort richtig sitzen — das ist die halbe Kunst, denn das geringste Verrücken ergibt unsaubere, verwischte Konturen. Dabei ist das Treffen der Rapportlinie für den Ungeübten im Anfang nicht ganz einfach. Man hole sich die erforderliche Sicherheit durch Probedrucke auf einem Stück Abfallstoff gleichen Gewebes. Derartige Probedrucke sind auch erforderlich, um die richtige Stärke des Farbauftrags auf den Stempel zu erforschen. Ist die Farbe zu mager, wird der Druck kraftlos, ist der Auftrag zu dick, verkleckst der Abdruck und verschmiert.

Sobald der Druckstock auf dem Stoff sitzt, wird er mit einer Hand festgehalten und durch Hammerschläge (Holzham-

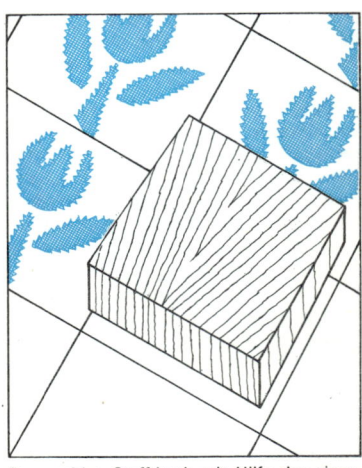

Der positive Stoffdruck mit Hilfe des eingefärbten Druckstocks. Bei der Reihung eines Motives oder in der ornamentalen Folge mehrerer Motive weist das Gitternetz der Druckfläche den richtigen Ansatz des Druckstocks

mer) zur Farbabgabe genötigt. Gut ist es, wenn man im Interesse einer scharf geschnittenen Kontur mit einem einzigen Hammerschlag auskommt. Ob das gelingt, muß man im Probedruck herausfinden. Hat der Stock seine Farbe abgegeben, wird er mit genau so sicherem Griff, wie man ihn aufsetzte, auch wieder senkrecht nach oben abgehoben.

Der Abdruck darf als gelungen bezeichnet werden, wenn die Farbe dem Gewebefaden gleichmäßig anhaftet. Abgesehen davon, daß man blinde Stellen im Abdruck mit Borstenpinsel und Farbe korrigieren kann, brauchen uns geringe Unregelmäßigkeiten nicht zu stören. Sie erhöhen im Gegenteil den Wert des Stückes, denn sie sind die unverwechselbare Legitimation des individuellen Handdrucks. Die Druckfarbe braucht einige Zeit zum Trocknen. Erst danach darf sie — sofern mit einer Kunstharzemulsion gedruckt wurde — dem heißen Plätteisen ausgesetzt werden.

Ein kostbarer Quadratmeter handgewebter Leinwand ist durch einen einzigen Fehldruck schnell und gründlich verdorben. Der vorsichtige Stoffdrucker wird eine komplizierte Flächenkomposition aus mehreren Motiven, wie sie etwa für einen Wandbehang Anwendung findet, erst einmal auf einem gut saugenden Papier durchexerzieren, ehe er sich an die endgültige Ausführung auf Leinwand wagt. Dadurch hat er nicht nur die Möglichkeit, technische Korrekturen durch Nachschneiden der Druckstöcke vorzunehmen, sondern er findet bei einer derartigen Generalprobe auch eine letzte Gelegenheit, den ganzen Entwurf einer kritischen Betrachtung zu unterziehen.

Neben den rein ornamentalen Gesetzen ist beim Stoffdruck noch ein anderes zu beachten, das Gesetz der Textur, das sich aus dem gewebten Gefüge eines Stoffes herleitet. Ganz abgesehen davon, daß das gedruckte Motiv nicht zum Selbstzweck werden darf, etwa in der Art, daß es den Stoff zum bloßen Motivträger degradiert, soll auch der Druck die durch Kette und Schuß charakterisierte textile Fläche nicht überspielen, sondern sie respektieren.

Die werkstoffgerechteste Methode, ein Gewebe mit einem farbigen Muster zu versehen, ist die Verwendung verschiedenfarbiger Fäden im Webvorgang oder das nachträgliche Einziehen solcher Farbfäden in das Gitternetz des Gewebes. Beide Techniken — das Weben und das Sticken — bewegen sich zwangsläufig in der durch die Gewebestruktur vorgezeichneten Richtung. Wer seine Stempel für den Stoffdruck so anlegt, daß in ihren Motiven diese textile Grundform gewahrt bleibt, wird stets im Sinne einer werkstoffgerechten Gestaltung handeln. Er hat damit das Geheimnis der unaufdringlichen, aber eindringlichen Sprache eines guten Stoffdrucks ergründet.

Der Siebdruck

Eine vom Geist der Rationalisierung angewehte Art des Stoffdrucks ist der Raster- oder Siebdruck. Wichtigstes Hilfsgerät für dieses Verfahren, das ein schnelles Bedrucken großer Flächen gestattet, ist der Druckraster. Wir stellen ihn uns als einen ähnlichen Rahmen her, wie wir ihn auch zum Batiken gebrauchten. Ein solcher Rahmen wird mit Nut- und Zapfenverbindungen in den Ecken als korrektes Rechteck aus nicht zu schmalen Latten zusammengefügt und mit feinmaschiger Seidengaze oder mit Glasbatist bespannt. Den besten Raster ergibt Kupfer- oder Bronzegaze, doch sind diese feinen Drahtgespinste recht teuer und zerknicken ungemein leicht. Man muß äußerst vorsichtig mit ihnen umgehen, denn schon der kleinste Knick macht sich später im Druck als Fehler bemerkbar. Ist allerdings das einwandfreie Bespannen gelungen, dann erweisen sich die Metallgazen als sehr viel haltbarer als ein Textilgewebe. Wer also den Siebdruck in Fließarbeit herstellen will, der greife getrost zu diesem teuren Material. Es wird straff über die Oberkanten des Rahmens gezogen und auf den äußeren, senkrecht stehenden Flächen der Rahmenleisten mit Reißnägeln befestigt. Durchgehende Pappstreifen, mit denen die Nagelreihen unterlegt werden, erhöhen die Haltbarkeit der Bespannung.

Die Positiv-Negativ-Wirkung des Druckrasters wird durch partielles Absperren der Siebflächen mit einem dichtschließenden Lack – etwa mit Asphalt- oder Emaillelack – erreicht. Das heißt, alle Stellen des Rasters, die nicht drucken sollen, werden mit Lack zugepinselt, so daß hier keine Farbe durch das Gitter dringen kann.

Die Durchsichtigkeit der Gaze erleichtert uns die Herstellung des druckfertigen Rasters sehr wesentlich. Wenn man die Gazefläche auf den zuvor angefertigten Papierentwurf legt, scheint die Zeichnung deutlich genug hindurch, so daß man ihren Konturen mit einem Bleistift leicht auf der Gaze nachfahren kann. Sobald die Zeichnung übertragen ist, erhöht man den Rahmen durch zwei links und rechts unterlegte schmale Leisten, damit die Gaze Bodenfreiheit von der Tischplatte gewinnt, und wechselt den Entwurf gegen einen Bogen Packpapier aus. Dieser dient lediglich zur Schonung der Tischplatte bei der nun beginnenden Absperrung der Negativpartien des Rasters mit dem Lack.

Verlieren Sie beim Lackieren nicht die Geduld. Ein einziger Lackauftrag ergibt keine genügend zuverlässige Abdichtung, so daß er mehrfach – und zwar von beiden Seiten – wiederholt werden muß.

Wer mit Emaillelack arbeitet, muß den ersten Auftrag trocknen lassen, ehe der zweite erfolgen darf. Das kostet Zeit. Der mit Terpentin verdünnte Asphaltlack trocknet wesentlich schneller, ist aber bei der erforderlichen sauberen Zeichnung schwieriger zu verstreichen. Er läßt sich übrigens mit Benzin oder Tetrachlorkohlenstoff wieder aus dem Gewebe herauswaschen. Damit beim Drucken keine Farbe zwischen Rahmenholz und Rastergaze dringen kann, wird nach beendetem Lackieren der auf der Innenseite des Rahmens laufende Spalt im Winkel von waagerecht liegender Gaze und senkrecht stehender Leiste mit Tesafilm oder kräftigen Papierstreifen verklebt.

Sehr wesentlich bei der Anlage des Gazerasters ist, daß man sich auf den beiden Schmalseiten zwischen dem eigentlichen Druckmotiv und den Latten des Rahmens einen mindestens 5 cm breiten Raum reserviert, der völlig mit Lack abgedeckt wird. Diese insgesamt 10 cm sind also von vornherein bei der Abmessung der Rahmenlatten zu berücksichtigen. Der damit gewonnene Raum dient beim Drucken zur Aufnahme der Farbreserve. Die Farbe – man verwendet die gleichen Marken wie beim Drucken vom Stock – wird auf diese Trägerflächen verteilt und von dort nach dem Aufsetzen des Rasterrahmens mit einem breiten Spachtel aus Hartgummi über die Druckfläche auf die

Der Siebdruck gestattet ein schnelles Bedrucken großer Flächen. Ein kräftiger Holzrahmen trägt die straff gespannte Rastergaze, durch deren partielles Abdecken mit einem dicht schließenden Lack die Positiv-Negativ-Wirkung des Druckrasters erreicht wird

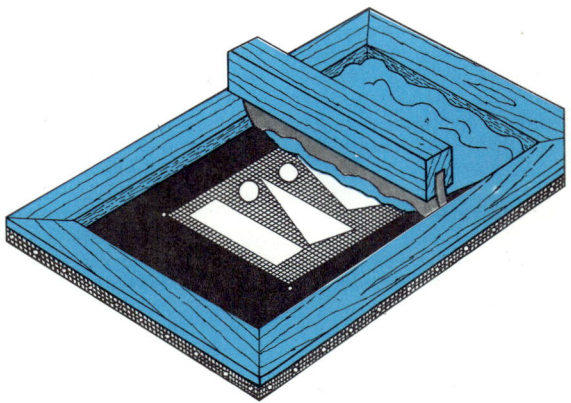

Stoffbahn gestrichen. Man darf dabei mit ziemlichem Druck reiben, damit die Farbe kräftig und gleichmäßig durch das Gazegitter dringt und die Faser des darunter liegenden Stoffes einfärbt. Durch vorsichtiges, einseitiges Anheben des Gazerahmens kann man das Fortschreiten des Färbevorgangs kontrollieren und gegebenenfalls einen zweiten Farbauftrag anbringen.

Die Vorbehandlung und Aufspannung des Trägerstoffes für den Siebdruck erfolgt genau wie beim Druck vom holzgeschnittenen Stempel. Es bleibt lediglich die Frage des Rasteranschlusses zu klären. Nachdem der Rapport schon bei der Anlage des Musters berücksichtigt ist, wird an vier unauffälligen, jedoch den Rasterecken möglichst nahe liegenden Punkten die Gaze in ihren abgesperrten Partien mit einer Nadel durchstochen. Beim Einfärben zeichnen sich die Löcher als winzige Punkte auf der Grundfläche ab. Beim nächsten Rasteransatz steckt man in diese Markierungspunkte geköpfte Stecknadeln und hängt das Raster mit den entsprechenden Durchstichen auf die Nadelschäfte. Damit ist ein sehr genauer Rapport gewährleistet.

Das gesamte Rapportproblem wird wesentlich vereinfacht, wenn man ein so großes Raster anlegt, daß man auf seiner Fläche mehrere Motivfolgen unterbringen kann. Die letzte Steigerung des Verfahrens liegt in einem Raster, das gleich der Originalgröße des zu bedruckenden Stoffes ist. Will man von einem derartigen originalgroßen Raster in mehreren Farben drucken, so deckt man die jeweils nicht gedruckten Rasterpartien mit Zellophanschablonen ab.

Die Stoffmalerei

Sobald wir uns daranmachen, auf der leeren Fläche eines hellen Seidentuches nur mit Pinsel und Farbe das Entstehen eines Bildmotivs in Gang zu setzen, haben wir uns aller Bindungen begeben. Losgelöst von der Führung des Druckstocks oder des Siebrasters, muß der Pinsel, ganz auf sich selbst gestellt, die künstlerische Vorstellung seines Herrn zu verwirklichen suchen.

Da dies bei der Unverwüstlichkeit der Stoff-Farben für die meisten Menschen im Anfang ein ziemlich riskantes Unterfangen ist, überwindet man die Furcht vor der leeren Fläche am ehesten dadurch, daß man auch diese Technik des Stoff-Einfärbens mit dem Zeichnen eines Entwurfs auf Papier beginnt. Er wird sich in jedem Falle wesentlich von allen Entwürfen für den Stoffdruck oder die Batik-Technik unterscheiden, denn die Stoff-Malerei gestaltet weniger mit der farbigen Fläche als mit der zarteren linearen Kontur. Die Motivzeichnung ordnet sich damit dem Charakter des Trägermaterials unter, das zumeist aus glatten, zarten Stoffen besteht. Die Leuchtkraft der Farben kommt besonders schön auf heller Seide, Kunstseide oder Perlon, aber auch auf feinen Leinen- und Baumwollstoffen zur Wirkung.

Während man auf derartig zarten Geweben normalerweise mit Lasurfarben malt, stehen für dunkle Stoffe auch Deck- und sogar Relieffarben zur Verfügung. Am weitesten verbreitet ist das Malen mit flüssigen Farben. Doch gibt es eine große Zahl von Spezialisten, die das Arbeiten mit Farbstiften bevorzugen. Der arbeitstechnische Unterschied zwischen den beiden Malweisen besteht in der Hauptsache darin, daß man die flüssigen Farben mit feinen Haarpinseln (Fehhaar) auf den trockenen Stoff aufträgt, während die Farbstifte ein Anfeuchten des Malgrundes mit dem Schwamm verlangen. Die Vorbehandlung des Stoffes beschränkt sich auch in diesem Falle auf das gründliche Auswaschen der Appretur aus dem Gewebe. Wie beim Wachsen des Batikstoffes muß auch bei der Stoffmalerei der Untergrund straff gespannt sein. Als Hilfsmittel dient wiederum der schon bekannte Lattenrahmen, der notfalls auch durch einen alten Bilderrahmen ersetzt werden kann. Recht bequem sind die bekannten doppelten Handstickringe, in die man den Stoff einklemmt. Besser jedoch ist der viereckige Rahmen, da er ein sorgfältigeres

Aufspannen des Stoffes ermöglicht. Es ist nämlich wichtig, daß dabei der natürliche Fadenverlauf des Gewebes erhalten bleibt, das heißt, man darf die gewebte Fläche nicht in sich verziehen.
Beginnen Sie mit dem Aufspannen des zunächst locker und mit senkrechtem Fadenverlauf auf den Rahmen gelegten Stoffes oben und unten in der Mitte der Rahmenquerleisten. Von diesen beiden ersten Fixpunkten aus arbeitet man unter steter Kontrolle des parallelen Fadenverlaufs gleichmäßig nach rechts und links weiter. Erst wenn die Stoffbahn auf den beiden längeren Leisten des Rahmens befestigt ist, kommen die beiden kürzeren Leisten an die Reihe. Auch hier spannt man wieder von der Mitte aus nach den Rahmenecken zu. Der Kettfaden läuft dabei stets über die größere Ausdehnung der Rahmenfläche.

Die Übertragung des Entwurfs vom Papier auf den Malgrund wird uns durch die Transparenz des gespannten Stoffes erleichtert. Man heftet den Entwurf mit ein paar großen Heftstichen auf die Rückseite des Stoffes, hinterlegt ihn mit einer glatten Pappe und zeichnet ihn mit haardünnen, eben erkennbaren Bleistiftstrichen andeutungsweise durch. Dabei wird der Karton mit der linken Hand abgestützt. Ist der Stoff so dick, daß man nicht hindurchschauen kann, versuchen Sie es mit dem Fensterscheibentrick. Er besteht darin, daß man Entwurf und Rahmen gegen die Fensterscheibe drückt. Wenn die Sonne von der Gegenseite auf den Stoff scheint, wird seine Transparenz wesentlich erhöht. Voraussetzung dazu ist natürlich, daß man seinen Entwurf nicht gerade auf lichtundurchlässiges Packpapier gemalt hat. Bei diesem Verfahren muß man den Stoff allerdings so auf den Rahmen spannen, daß seine »Vorderseite«, also die, auf der man malen will, innen liegt, damit die Lattendicke beim Anlegen des Rahmens an die Fensterscheibe nicht stört.
Führt auch der Sonneneffekt nicht zur wünschenswerten Durchsichtigkeit, so bleibt nur der Weg über das Aufpausen des Entwurfs von der Vorderseite. Nehmen Sie dazu aber nach Möglichkeit kein

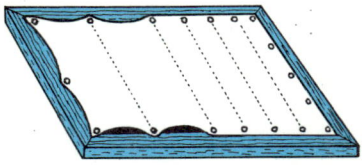

Die Stoffmalerei setzt ein sorgfältiges Aufspannen des Gewebes auf dem Malrahmen voraus. Der locker auf den Rahmen gelegte Stoff wird in der Mitte der Längsseiten befestigt. Von dort spannt man ihn unter steter Kontrolle des Fadenverlaufs gleichmäßig nach rechts und links aus

handelsübliches Kohlepapier aus der Schreibmaschinentisch-Schublade. Die Hersteller derartiger Papiere legen einen bemerkenswerten Ehrgeiz in eine nicht bloß intensive, sondern unverwüstliche Farbe, die von ihren Erzeugnissen abgegeben wird. Am besten stellt man sich zu diesem Zweck einen sogenannten »Graphitstrich« her, indem man die rauhere Seite eines dünnen Durchschlagpapiers für die Schreibmaschine kräftig mit Graphitpulver oder einem sehr weichen Bleistift einreibt. Natürlich erfordert das Pausen mit einem derartig präparierten Papier äußerste Vorsicht und eine lockere Hand, sofern man sich das blütenreine Weiß seines Malgrundes nicht hoffnungslos verschmieren will. Die Gefahr einer solchen Panne wird geringer, wenn man jene Partien des Graphitstrichs, die man nicht gerade durchpaust, mit einem Blatt Papier unterlegt.
Sobald Sie Ihre Farbflaschen öffnen, um deren Inhalt auf die Malfläche zu verteilen, beherzigen Sie bitte, daß Textilfasern jede Art von Feuchtigkeit gierig aufzusaugen pflegen. Je saugfähiger der Stoff ist, desto trockener muß gemalt werden, um ein Auslaufen der Kontur zu vermeiden. Man taucht also den Pinsel nicht tief in die Vorratsflasche, sondern bringt ein paar Tropfen daraus auf eine Porzellanpalette oder auf eine alte Untertasse. Von dort nimmt sie der Pinsel sparsam auf. Allerdings ist dabei zu beachten, daß diese Farben schnell auftrocknen. Man nehme also immer nur so viel aus der Flasche, wie man auch wirklich bewältigen kann.

Von den üblichen Stoff-Farben sind die DEKA-Echtfarben wohl am weitesten verbreitet. Es gibt dazu eine spezielle Echtlösung, mit der man die Farbe verdünnen kann. Außerdem bewirkt die Lösung, daß die Farbe an der Luft etwas zähflüssiger wird. In diesem Zustand läuft sie nicht so leicht aus, als wenn man sie rein verarbeitet. Die Echtfarben sind Lasurfarben, also nicht für dunkle Stoffe geeignet. Sie lassen sich untereinander gut zu neuen Farbtönen mischen, so daß man bei geschickter Ausnutzung dieser Möglichkeit mit einem relativ geringen Bestand an Originalflaschen auskommt. Lieferbar sind 18 verschiedene malfertige Farbtöne.

Wesentlich kürzer ist die Tonskala der DEKA-Pigmentfarben, dafür sind sie aber den Echtfarben durch ihre absolute Wetterfestigkeit überlegen. Der wichtigste Unterschied liegt indessen in ihrer Deckkraft. Sie sind deshalb für dunkle Stoffe besonders geeignet.

Als dritte im Reigen der DEKA-Textilfarben sei die DEKA-Permanentfarbe genannt, die sich zum Bemalen heller bis mittelfarbiger Stoffe aller Art eignet. Auch diese Farbe ist flüssig, wird mit Wasser angemacht und läßt sich nicht nur mit dem Pinsel, sondern auch mit der Spritzpistole auftragen. Da sie sehr schnell auftrocknet, ist die Gefahr des Auslaufens bei ihr nahezu behoben. Mit diesen guten Eigenschaften wird sie zum geeigneten Malmittel für den noch Ungeübten. Ihre 18 Farbtöne sind sämtlich untereinander mischbar. Zu den bunten Tönen gesellt sich ein Permanent-Weiß, mit dem man die einzelnen Farben und deren Mischungen aufhellen kann. Die Zugabe von Weiß bewirkt allerdings, daß die Farben eine halbdeckende Wirkung annehmen. Mischt man sie dagegen mit Permanent-Farblos, so nehmen sie lasierenden Charakter an. Die Permanent-Farben gehen mit der Textilfaser eine wasch-, koch- und wetterfeste Verbindung ein, wenn man den Stoff nach Beendigung der Malerei auf der Rückseite möglichst heiß bügelt. Bei synthetischen Stoffen (Nylon, Perlon) ist dieses Verfahren allerdings nicht angebracht. Bringt man nämlich diese unter das heiße Eisen, bleibt nichts als ein fadenziehender Kleister von ihnen übrig. Wie die Stoffe selbst, so ist auch die Malerei auf ihnen nur einer milden Behandlung gewachsen.

Der gewirkte Wandbehang

Solange wir unseren Stoff durch einen Farbauftrag bemustern, bleibt das Gewebe selbst eine mehr oder minder neutrale Trägerfläche, auf der das Muster ein selbständiges Eigenleben führt. Das heißt, seine Entstehung ist weder an den Fadenverlauf noch an die Struktur des Stoffes gebunden. Zwar hatten wir beim Entwurf eines Druckmotivs Rücksicht auf das Gefüge der gewebten Fläche genommen, doch ist das in dem Augenblick nicht mehr sinnvoll und möglich, wo das Gewebe so feinfädig wird, daß seine Struktur ganz in den Hintergrund tritt. Es wäre beispielsweise unsinnig, bei der Stoffmalerei Rücksicht auf die lupenfeine Struktur eines Batist-Tuches zu nehmen.

Ganz anders liegen die Dinge, wenn wir uns daranmachen, einen farbigen Entwurf von Grund auf aus dem Faden aufzubauen. Diese als Weben bekannte Kunst macht sich die Dicke des gesponnenen Fadens in der Weise zunutze, daß sie dessen Strang gitterartig verflicht, um so allmählich zu einer Fläche zu gelangen. In der perlonlosen, der schrecklichen Zeit beherrschte jede Mutter die Technik des Webens, und auch der leidgeprüfte Junggeselle bediente sich ihrer, wenn er beim Strümpfestopfen über die größte Ausdehnung des Loches den »Kettfaden« zog und anschließend im querlaufenden Auf und Nieder der Stopfnadel den »Schuß« einzog.

Es leuchtet ein, daß dieser geradlinige Gewebeaufbau jeder Formgebung eines im Webvorgang entstehenden Farbmusters enge Grenzen setzt. Die einfachste und sehr früh praktizierte Methode, diese Grenzen zu sprengen, haben wir soeben in den verschiedenen Färbeverfahren kennengelernt. Doch auch das

Bestreben nach einer werkstoffgerechteren Bemusterung durch Verwendung eingefärbter Fäden beim Webvorgang hat zur Entwicklung raffinierter Techniken geführt, mit denen es möglich ist, die starre Gitterstruktur innerhalb der Stofffläche verblüffend zu überspielen. Sich näher mit all diesen interessanten Verfahren zu beschäftigen, ist Inhalt eines reizvollen und umfangreichen Sonderstudiums. Wir greifen aus dem Riesengebiet ein Arbeitsverfahren heraus, das uns eine handwerklich sehr solide Möglichkeit bietet, überaus prächtige und kostbare Wandbehänge zu arbeiten.

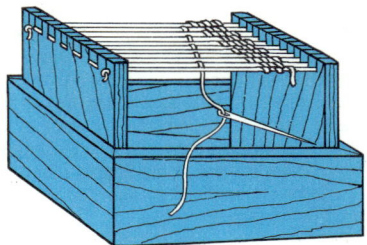

Wie beim Strümpfestopfen entsteht beim Stopfweben aus Kette und Schuß eine Webefläche in Leinenbindung

Das ist die uralte Methode des Teppichknüpfens, wie sie im Orient und in abgewandelter Form seit alters her auch von den Fischern der Ostseeküste geübt und zu hoher Kunst entwickelt wurde. Strenggenommen besteht dieses Verfahren in einer Kombination von Weben und Knüpfen. Das Gerüst des Teppichs wird gewebt, das Muster mit einzelnen Knoten aus farbigen Wollfäden in das Gitter »eingeschossen«.

Das Prinzip des Strumpfstopfens als Webtechnik mit Leinenbindung kann man leicht auf eine größere Fläche übertragen, wenn man sich eine langgestreckte, flache Kiste besorgt, deren Schmalseiten man durch zwei aufgenagelte hochkant gestellte Bretter um 10 bis 12 cm erhöht. Über die sauber bestoßenen Hirnholzkanten der beiden Bretter werden in gleichmäßigem Abstand von etwa 3 mm die Kettfäden gezogen. Als Haltevorrichtung dienen eingeschlagene Stifte oder besser noch quer über die Kanten verlaufende Nuten, die man – gleichmäßig tief – mit der Feinsäge schneidet. Wie beim Stopfen kann man nun den querlaufenden Faden mit einer Nadel in die Kette einschießen und gelangt so zu einer gewebten Fläche. Da die ganze Sache in der Tat dem Strümpfestopfen verblüffend ähnelt, nennt man diese einfache Art des Webens auch Stopfweben. Immerhin ist man damit durchaus in der Lage, kleinere Webflächen und Bänder verschiedener Breite in einfachen Farbmusterungen herzustellen.

Wollen wir aber einen ausgewachsenen Wandteppich wirken, dann genügt ein derartig primitives Gerät natürlich nicht. Wir benötigen einen Webapparat, bei dem zwar die Breite des Webgutes auch begrenzt ist, der es aber gestattet, die Länge des Gewebes notfalls bis zur Wandhöhe eines Festsaales weiterzuführen.

Solche Apparate kann man selbstverständlich in allen möglichen Abmessungen und mit den unterschiedlichsten technischen Raffinessen ausgerüstet kaufen. Damit wäre das Beschaffungsproblem auf eine zwar kurze, aber für manchen Säckel nicht ganz schmerzlose Art gelöst. Eine andere Frage ist, ob sie ein achtzehnkarätiges Bastlergewissen ruhig schlafen läßt. Wer mit Holz umzugehen weiß, wird sich seinen Webstuhl selber bauen, denn die Funktionselemente sind bei allen diesen Geräten gleich und auf einen ziemlich einfachen Nenner zu bringen.

Das Prinzip des Rahmens, in dessen Längsausdehnung der Kettfaden läuft, bleibt wie in allen Webapparaten, so auch in unserer Konstruktion erhalten. Wenn man sich dazu vergegenwärtigt, daß man beispielsweise die Länge einer Drachenleine durch Aufwickeln auf einen Stab auf kleinstem Raum unterbringen kann, liegt die Konstruktionsidee sonnenklar vor. Wir bauen einen Rahmen, dessen Seitenholme aus zwei hochkant gestellten kräftigen Hölzern starr ausgeführt werden, dessen Querholme jedoch als drehbare Walzen konstruiert werden. Diese Walzen heißen beim fertigen Webstuhl »Bäume«. Auf dem »Kettbaum« wird zu Beginn der Arbeit die Kette »aufgebäumt«, auf dem ihm gegenüberliegenden »Warenbaum« wickelt man während des Arbeitens das jeweils fertig gewebte Stück auf und schafft sich so, wenn der Platz durch das allmähliche Anwachsen der gewebten Fläche zu eng geworden ist, neuen Webraum zwischen den beiden Bäumen.

Durch das Aufwickeln der gewebten Bahn setzt der Warenbaum »Jahresringe« an und wächst beträchtlich in die Dicke. Dieses Wachstum wird einmal durch die Mächtigkeit der gewebten Fläche, zum andern durch den Fleiß des Webenden, drittens aber von der geplanten Länge des Webgutes bestimmt. Man muß den Rahmen also so anlegen, daß dem Warenbaum genügend Raum zum Dickenwachstum bleibt.

Unsere Konstruktionszeichnung erläutert Ihnen den Aufbau eines leistungsfähigen Webapparates. Werten Sie bitte das Gezeigte einschließlich der Detaildarstellungen nur als Anregung, die nicht mehr beabsichtigt, als Ihnen das Bau- und Funktionsprinzip der Einzelteile nahezubringen. Sie können den Bau getrost nach Ihren eigenen Vorstellungen und Wünschen variieren.

Ein Webapparat, dessen Kapazität für größere Stoffbreiten berechnet ist, stellt ein ziemlich sperriges Gebilde dar, das auch bei unproduktivem Nichtgebrauch viel Platz beansprucht. Man sollte ihn deshalb mit leicht lösbaren Keilverbindungen zusammenbauen, damit man ihn in Ruhezeiten demontieren kann. In jedem Falle müssen die beiden Webebäume herausnehmbar sein. Besondere Sorgfalt erfordert die Haltevorrichtung für die Kette auf den beiden Bäumen. Man kann sie sich durch Bohrungen in 3 bis 4 mm Abstand senkrecht zur Rollenachse schaffen. Bei dieser Anordnung wird der Kettfaden in doppelter Länge durch zwei benachbarte Löcher im Kettbaum gezogen, sodann mit beiden Enden durch die korrespondierenden Bohrungen im Warenbaum geführt und dort verknotet.

Die wesentlich bessere Halterung am Kettbaum ergibt das Prinzip des »Peitschenstocks«, dessen Vorzüge beim späteren Aufbäumen der Kette deutlich in Erscheinung treten. Hierbei bekommt der Baum keine Bohrungen, sondern eine parallel zur Achse verlaufende Nut, in die eine schmale Vierkantleiste, der Peitschenstock, eingelegt wird. Beim Aufbringen der Kette werden deren Schlingen über diesen Peitschenstock gehängt, wonach er in die Baumnut gelegt und mit zwei Schnurwicklungen oder Gummiringen links und rechts festgehalten wird.

Eine gewisse handwerkliche Fertigkeit erfordert der Bau der durch ein Sperrgetriebe feststellbaren Drehvorrichtung der beiden Webebäume. Die Walzenlager werden mit entsprechendem Zentrumsbohrer in die erhöhten Köpfe der Längsholme gebohrt. Die darin laufenden Achsstummel der Bäume kommen durch einfaches Absetzen der Baumenden mit etwa 4 mm Tiefe zustande (Rundmodellieren der Stummel mit Raspel und Sandpapier). Eine andere, mechanisch allerdings primitivere Art der Baumlagerung zeigt die Detaildarstellung unserer Konstruktionszeichnung. Sie hat den Vorzug, daß man die Bäume abnehmen kann, ohne das gesamte Gestell abmontieren zu müssen.

Man kommt am schnellsten zu den Webebäumen, wenn man sie aus einem kräftigen Besenstiel oder aus der Walze eines ausgedienten Schnapprollos zurechtschneidet. Im übrigen ist es durchaus nicht erforderlich, daß die Bäume einen kreisrunden Querschnitt haben. Man kann sie genausogut achteckig aus einem Vierkant mit quadratischem Querschnitt zurechthobeln. Wichtig ist nur, daß die in den Lagern laufenden Achsstummel mit korrekt rundem Querschnitt ausmodelliert werden. Länge der Achsstummel links gleich der einfachen, rechts mindestens gleich der doppelten Wandstärke der Seitenholme. Auf dieser Seite wird das Ende der Achsstummel wieder zum Vierkantzapfen geformt, auf den die Zahnräder der Sperre mit ebenfalls quadratischem Mitteldurchbruch gesteckt werden. Als »Haltemutter« ge-

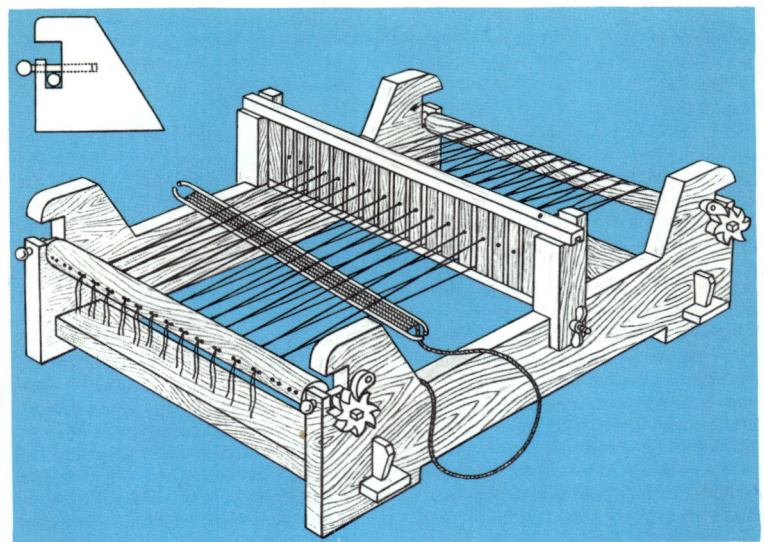

Der selbstgebaute Webapparat mit Kamm und Kammträger, Weberschiffchen sowie den beiden abnehmbaren Bäumen und deren Sperr-Vorrichtungen. Zur Verdeutlichung des Kettbaums und des Fadenverlaufs innerhalb der Kette wurde der bereits aufgebäumte Teil der Kette in dieser Zeichnung weggelassen

nügt ein quer durch das Achsende gesteckter Holzpflock. Die Sperr-Räder selbst mit ihrer gegen die Zugrichtung der Kette gerichteten Zahnung werden mit der Laubsäge aus einer kräftigen Sperrholzplatte oder aus zusammengeleimten Kunstharzplatten gesägt. Aus dem gleichen Material werden die ebenfalls drehbaren Sperrklinken gefertigt, als deren Achsen die Schäfte zweier Holzschrauben dienen.

Eine andere Art der Sperrung kann man erreichen, wenn man die Zahnräder durch zwei Rundhölzer ersetzt, die kreuzweise durch passende Bohrungen in den überstehenden Achsstummeln gesteckt werden. Sie ersetzen die Zähne des Rades. Konzentrisch zur Lagerbuchse innerhalb der Längsholme wird ein Kranz kleiner Löcher gebohrt, in die man je nach erforderlicher Stellung der Bäume einen Holzkeil steckt, der die Aufgabe der Sperrklinke übernimmt.

Dieser ganze Aufwand wird jedoch erst zum wirklichen Webapparat durch den überaus wichtigen Webkamm. Das ist ein kammartiges Gebilde, dessen Zinken in der Mitte durchbohrt sind. Im Gegensatz zum Haarkamm ist der Webkamm beidseitig geschlossen. Man baut ihn aus einer Kunstharzplatte von 2 mm Stärke und 10 bis 12 cm Breite. Die Länge der Platte bleibt um 2 cm hinter der lichten Weite der Webrahmenbreite zurück. In diese Platte werden von einer Langseite aus mit Laub- oder Feinsäge so breite Schnitte gelegt, daß der Kettfaden bequem in ihnen laufen kann. Die gleiche Forderung gilt für den Querschnitt der sehr sauber ausgebohrten Löcher in den einzelnen Stegen. Nach dieser Zurichtung wird der Kamm auf beiden Langseiten durch je eine aufgeleimte genutete Leiste verstärkt. Die obere Leiste muß auf jeder Seite um etwa eine Handbreite länger sein als die Gesamtbreite des Webapparates. Eine andere Art der Herstellung besteht im Einleimen einzeln angefertigter Stege in zwei genutete Querleisten.

Der Zweck dieses Kammes besteht vornehmlich in der die Geschwindigkeit und Bequemlichkeit des Webvorgangs steigernden Fachbildung. Das Fach kommt auf folgende Art und Weise zustande: Der Kamm wird so in die Kette zwischen den beiden Bäumen eingeschaltet, daß je einer ihrer Fäden zwischen den Kammzinken, der benachbarte dagegen durch das Bohrloch des Steges läuft. Wird der Kamm nun angehoben, so wird die Hälfte der Fäden aus der Kettebene herausgewinkelt und bildet das Fach, durch welches das Weberschiff mit dem aufgewickelten Schußfaden bequem hindurchschießen kann. Vor dem Zurückführen des Schiffchens wird der Kamm so weit unter die Kettebene gesenkt, daß sich abermals, diesmal unten, ein Fach bildet.

Die Kammweite wird von der Anzahl der Kettfäden innerhalb einer gegebenen Breite des Webgutes bestimmt. Man braucht also für ein feineres Gewebe mit dünnen, eng aneinanderliegenden Fäden einen dichteren Kamm als für ein grobes, in dem die Kettfäden mit größeren Zwischenräumen laufen. Im allgemeinen rechnet man für grobes Gewebe, etwa bei einem Flickenteppich oder beim Weben mit starker Wolle, 20 Fäden auf 10 cm Breite. Je nach Abstufung der Gewebefeinheit steigert sich die Anzahl auf 40, 50 oder auf 60 Kettfäden pro 10 cm Stoffbreite. Die Anfertigung derartig enger Kämme grenzt ans Gebiet der Feinmechanik, ihr Eigenbau erfordert Geduld, genaueste Maße und sehr viel Sorgfalt. Das Einhalten der Maße kann man sich bei der diffizilen Arbeit erheblich erleichtern, wenn man die einzelnen Werkstücke mit Streifen aus Millimeterpapier überklebt.

Unserm Webapparat fehlt jetzt zur Vollendung nur noch der Kammhalter. Das ist eine Vorrichtung, die den Kamm bei der Fachbildung nach oben bzw. nach unten gegen den Zug der Kette abstützt. Man baut sich den Kammhalter am einfachsten aus zwei einseitig ausgekerbten Latten von gleichem Material und von gleicher Stärke wie die übrigen Rahmenteile. Sie werden mit leichter Nutlappung von außen gegen die Längsholme gesetzt und von je einer Flügelschraube gehalten. Normaler Sitz des Kammhalters etwa auf halber Strecke zwischen Kett- und Warenbaum.

Der Apparat ist fertig, und wir könnten uns sofort an die Weberei machen, wenn

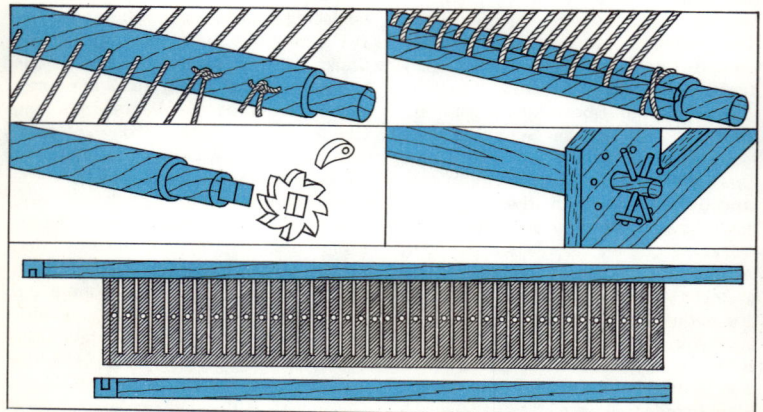

Einzelelemente des selbstgebauten Webapparates. Oben: Festlegen der Kette auf den Bäumen entweder durch Einbinden in quer zur Baumachse verlaufende Bohrungen oder mit Hilfe des Peitschenstockes. – Mitte: Sperrung der Bäume durch Zahnrad und Sperrklinke oder durch Steckdübel – Unten: Der beidseitig geschlossene Webkamm mit Hänge- und Verstärkungsleiste

die Kette aufgezogen wäre. Dieses Aufbäumen der Kette ist eine kleine Wissenschaft für sich, in der die Möglichkeiten heilloser Verwirrung um so zahlreicher werden, je länger die Kette ist. Sie muß mindestens einen halben Meter länger sein als der Teppich, den wir weben wollen. Hinzu kommen zehn Prozent der Teppichlänge, die während der Arbeit in der Kettenlänge durch das Einweben verlorengehen. Das Einweben ist durch den kreuzweisen Verlauf des sich gegenseitig durchdringenden Materials bedingt. Die Anzahl der Kettfäden wird theoretisch von der Breite des Webgutes und damit praktisch von der auf diese Breite entfallenden Anzahl von Löchern und Schlitzen des verwendeten Kammes bestimmt. Auch in der Breite muß der Schwund infolge Einwebens durch eine Zugabe von fünf Prozent der Kettfadenzahl ausgeglichen werden.

Das Aufbäumen einer Kette mittlerer Länge (bis etwa 2 m) macht keine sonderlichen Schwierigkeiten. Wenn man zwei Schraubzwingen mit dem Handgriff nach oben in einer Entfernung, die der Länge des Kettfadens entspricht, auf die Tischkante spannt, so hat man zwei Wendemarken, zwischen denen man das Kettgarn ablängen kann, indem man es um die beiden Griffe spannt. Ist das getan, wird das Garn an einer Wendemarke abgebunden, während man die gegenüberliegende Rundung über den Daumen der linken Hand hängt. Über das sogenannte Scheren längerer Ketten lesen Sie auf S. 124/125.

Zuvor hat man sich den Kamm so auf die vordere Tischkante gelegt, daß seine halbe Breite über die Kante vorstößt. Damit er nicht nach vorn überkippt, wird er mit einer kleinen Schraubzwinge an der Tischplatte befestigt. Links vom Kamm liegt griffbereit der Peitschenstock des Kettbaumes. Jetzt setzt man sich vor den Tisch, nimmt die Kettschlingen vom Daumen und führt sie, links beginnend, von unten her in die Schlitze des Kammes ein. Dabei kann eine Häkelnadel sehr hilfreich sein. Damit die Schlingen nicht wieder zu-

rückrutschen, werden sie oberhalb des Kammes über den langsam von links nach rechts vorgeschobenen Peitschenstock gehängt. Sind alle Schlingen festgelegt, wird der Peitschenstock in den Kettbaum gebunden, der Baum selbst in den Rahmen und der Kamm auf den Kammhalter gelegt. Das freie Ende der Kette liegt dabei locker über dem Warenbaum und hängt über der Tischkante nach unten.

Nun geht es ans eigentliche Aufbäumen der Kette, das heißt ans Aufwickeln der Fäden auf den Kettbaum. Erfinderische Naturen basteln sich zu diesem Zweck eine Handkurbel, die sie zum bequemen Drehen des Baumes anstelle des Sperr-Rades auf den außerhalb des Rahmenkopfes liegenden Vierkant der Baumachse setzen. Wichtig ist, daß die Kette gleichmäßig über die Breite des Baumes verteilt und stramm aufgewickelt wird. Dazu benötigt man die Hilfe eines Assistenten, der die freien Enden der Kettfäden jenseits des Kammes mit den Fäusten packt und ihren Lauf abbremst. Ist die Kette so weit aufgebäumt, daß ihr Ende den Warenbaum bis auf wenige Zentimeter erreicht hat, wird sie an der abgebundenen Stelle aufgeschnitten. Damit endet die Kette in einzelnen Fäden, von denen bisher je zwei durch die Kammschlitze laufen. Jetzt wird von der Kettbaumseite her je ein Faden aus den Schlitzen herausgezogen, durch das benachbarte Stegloch des Kammes gesteckt, wieder nach vorn geholt und in die entsprechende Bohrung im Warenbaum eingefädelt. Über dessen Rücken wird der Stegfaden mit dem neben ihm liegenden Schlitzfaden stramm verknotet. Ist das auf der ganzen Baumbreite durchgeführt, hat man die Kette fertig aufgebäumt. Alle Fäden müssen gleichmäßig geknotet werden, damit die ganze Kette über ihre volle Breite eine gleichmäßige Spannung hat. Durch leichten Druck mit der flachen Hand kann man den Grad der Kettspannung überprüfen. Stellt sich dabei heraus, daß dieser oder jener Faden etwas locker geraten ist, so wird er durch einen gefalteten Papierstreifen, mit dem man ihn

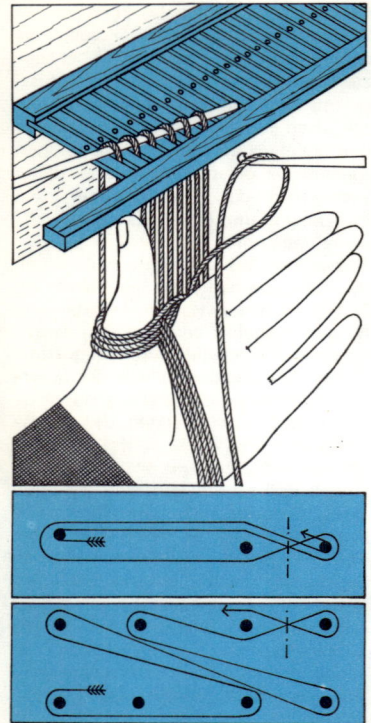

Die gescherte Kette wird durch den Webkamm geführt und auf den Peitschenstock des Kettbaums gehängt. Unten: Schemazeichnung des Fadenverlaufs beim Scheren verschieden langer Ketten mit den einzelnen Wendepunkten und dem Fadenkreuz

am Kettbaum unterlegt, nachgespannt. Die gleichmäßige Spannung aller Kettfäden ist für den guten, glatten Wurf des fertigen Gewebes von größter Wichtigkeit. Lose Fäden ergeben »Hängematten« im Stoff, die durch nichts mehr zu entfernen sind. Dasselbe Spannverfahren wird angewandt, wenn sich ein Faden während des Webvorgangs lockert. Tritt der umgekehrte Fall ein, daß ein Kettfaden wegen übergroßer Spannung reißt, so muß er sofort durch ein zwischengeschaltetes Garnstück neu verknotet werden. Das macht man mit dem Weberknoten.

Wird beim Weben nicht die volle Breite des Rahmens ausgenutzt, so ist darauf zu achten, daß die Kette stets korrekt auf die Mittelpartien der Bäume gespannt wird, damit eine einseitige Belastung des Rahmengestells vermieden wird.

In unserm Beispiel vom Aufbäumen der Kette war das Vorhandensein eines Peitschenstockes im Kettbaum vorausgesetzt. Wo das nicht der Fall ist und der Baum nur Bohrungen besitzt, muß die Fadenwende, nachdem man sie durch den Kammschlitz geführt hat, direkt über den Baum gehängt werden. Danach durchschneidet man die Fäden einzeln und verknotet sie wieder, nachdem je eines der entstandenen Enden durch ein Baumloch gezogen wurde. Es ist dies praktisch der gleiche Vorgang wie bei der Schlußbefestigung der Kette am Warenbaum.

Das Abstimmen der Kettfadenlängen nennt man Scheren. Dieses Scheren wird zum Raumproblem, wenn es sich um sehr lange Webereien handelt. Wir müssen uns aber zumindest über das Schema des Vorgangs klar werden, denn das Weben von 4 bis 6 m langen Stoffbahnen auf einem Webapparat unserer Konstruktion ist lediglich eine Frage der Ausdauer und des Fleißes.

Charakteristisch an der gescherten Kette ist das Fadenkreuz, wie es in unserer Schemazeichnung erkennbar ist. Es muß in der Nähe einer Wendemarke liegen und kommt dadurch zustande, daß man den Webfaden zwischen zwei Schraubzwingengriffen über Kreuz führt. Hat man Platz genug, kann man wieder über einen genügend weit entfernten Wendepunkt ablängen. Praktischer ist es, man steckt die Gesamtlänge in eine Zickzackbahn, die über die Beine zweier kopfgestellter Stühle geführt wird. Bei sehr breiten, feinfädigen Ketten erleichtert man sich das Abzählen der einzelnen Fäden dadurch, daß man jeden zwanzigsten oder gar dreißigsten Kettfaden durch das Einbinden eines Wollfädchens markiert. Beim Aufbringen auf den Baum wird die kleine Schlaufe des Fadenkreuzes auf den linken Daumen gehängt. Von der

Länge der Kette bleibt möglichst viel so lange auf den Stuhlbeinen, bis der Kettenkopf im Kettbaum festliegt, oder man wickelt die gesamte Kette von ihrem Ende her auf ein Wickelholz.

Das Weben selbst, zumindest was die manuelle Seite angeht, ist das Einfachste bei der ganzen Sache. Der Witz liegt im wechselweisen Bilden des Faches mit Hilfe des Kammes und dem Einschießen des Schußfadens mit dem Weberschiff. Schon nach kurzer Übung wird Ihnen der ewig gleichbleibende Arbeitsrhythmus: Einschießen des Fadens von rechts – Fachwechsel – Anschlagen – und wieder Einschießen von links – Fachwechsel – Anschlagen und so weiter bis ans Ende aller Kettfäden so in Fleisch und Blut übergegangen sein, daß Ihnen sogar des Nachts im Traum nichts anderes mehr einfallen will.

Das Weberschiff ist ein langes schmales Holz mit geräumig gekerbten Enden, auf das der Schußfaden in Längsrichtung aufgewickelt wird. Zu beachten ist, daß der Faden nicht in gestreckter Bahn, sondern in weit nach oben ausholendem Bogen in die Kette eingeschossen wird. Der große Bogen wird in mehrere kleine aufgeteilt und erst dann nach erfolgtem Fachwechsel mit dem Kamm an die Webkante angeschlagen. Nur auf diese Weise vermeidet man das scheußliche »Einweben« der Kanten, das durch ein Zusammenzurren der Seitenkettfäden infolge eines zu straff angezogenen Schußfadens entsteht. Nicht weniger unschön als das Einweben sind Schlaufen am Rande, die entstehen, wenn der Schußfaden zu locker eingelegt wurde. Man muß den Schußfaden an den Rändern vorsichtig anziehen, damit er sich glatt, aber zwanglos um die äußeren Kettfäden schlingt. Der Rand wird übrigens schöner und kräftiger, wenn man die Grenzkettfäden doppelt nimmt.

Ist das Weberschiff leergeschossen, so lassen Sie den Faden bitte nicht auf der Kante enden, sondern beschneiden Sie ihn so, daß er irgendwo in der Fläche nach der Rückseite heraushängt. Der neu aufgenommene Schußfaden wird nicht verknotet, sondern läuft zusammen mit dem alten Faden im gleichen Fach über 20 bis 30 Kettfäden mit. Zum Schluß der Arbeit schneidet man die her.aushängenden Fäden einfach weg. Und noch eins: Schlagen Sie die einzelnen Schußfäden nicht zu kräftig an. Schließlich wollen wir ja einen weichfallenden Stoff und kein Brett weben. Das gilt auch für ein Gewebe von Teppichstärke.

Bei der mit dieser Webtechnik erzielten Leinenbindung treten Kette und Schuß mit gleichen Anteilen im fertigen Gewebe in Erscheinung. Legt man die Schußfäden so eng, daß die Kettfäden vollständig überdeckt werden, gelangt man zu einer Bindung, die Schußrips heißt. Von ihr unterscheidet sich die Kettrips-Bindung dadurch, daß in ihr der Schußfaden ganz unter den sehr dicht aufgebäumten Kettfäden verschwindet. Mit Hilfe dieser Bindungen und durch die Verwendung verschiedener Farben in Kette und Schuß läßt sich schon eine recht lange Skala verschiedener Muster aufbauen. Unsere eigentliche Aufgabe aber lautete, einen Knüpfteppich zu weben, bei dem das Muster durch die Reihung bunter Knoten aus dicker Wolle gebildet wird.

Die Kette wird aus einem festen, speziell für solche Arbeiten gesponnenen, dünnen Teppichgarn aufgebäumt. Wegen des starken Auftrags der Knüpfwolle, die mit Schuß und Knoten das Füllmaterial bildet, darf die Kette nicht zu eng laufen. Nehmen Sie einen Kamm, der 3 bis 4 mm Fadenabstand hält.

Die eigentliche Zeichnung des Musters baut sich wie das gedruckte Bild in einer Zeitung aus einzelnen Rasterpunkten auf, nur wird im Teppich dieser Rasterpunkt jeweils von einem in die Kette geknüpften Knoten aus farbiger Wolle gebildet. Wir arbeiten mit dem bewährten, altbekannten Smyrnaknoten, der stets um zwei Kettfäden geschlungen wird. Als Hilfsmittel dazu dient eine Teppichnadel oder eine Häkelnadel aus Bein oder Holz. Auch kann man sich aus Hartholz (Pflaume) oder Bein kleine Schiffchen nach Art des Weberschiffes selbst anfertigen.

Der Arbeitsverlauf ist, wie schon gesagt,

Der Knüpfteppich entsteht bei gleichzeitigem Weben und Knüpfen. Das Farbmuster wird durch die Reihung einzelner Knoten (hier Smyrnaknoten) gebildet. Unser Bild zeigt das Einknüpfen der Knoten in die Kette mit Hilfe der Smyrnarute

eine Kombination von Weben und Knüpfen. So wird beispielsweise ein im Entwurf vorgesehener neutraler Rand mit Schußrips-Bindung gewebt. Sobald man im Entwurf, der streifenweise von unten nach oben abgetastet wird, an das Farbmuster gelangt, beginnt das reihenweise Knüpfen der Smyrnaknoten, deren Fadenenden in ca. 1,5 cm Länge abgeschnitten werden. Die einzelnen Knoten müssen recht fest angezogen werden. Ein überaus nützliches Hilfsgerät zur Erzielung gleichmäßiger Knoten ist die Smyrnarute. Das ist ein Holzstab mit einer über seine ganze Länge verlaufenden Schnittkerbe, über dessen Schaft die einzelnen Knoten hinweggeschlungen werden. Ein Fadenwechsel erfolgt nur beim Farbwechsel. Ist die Länge der Rute vollgeknüpft, fährt man einfach mit dem Messer durch die Schnittkerbe, womit die ganze Knotenreihe geöffnet und die Rute wieder frei ist.

Jede fertig geknüpfte Knotenreihe wird zusätzlich mit einem davorgelegten Schußfaden im Webgrund verankert. Will man das Farbmuster besonders locker halten, so legt man zwei Schußfäden vor die Knotenreihe. Vergessen Sie dabei nicht das Anschlagen des Schußfadens mit dem Kamm an die

Webkante. Bevor man das fertig gewebte Teilstück auf den Warenbaum wickelt, wird es sauber und ohne »Treppen« geschoren. Versuchen Sie das bitte nicht mit einer kleinen Stickschere. Da man seinen ganzen Webapparat kaum jedesmal zum Friseur schleppen kann, ist es gut, wenn man sich für diese Arbeit eine haarscharf geschliffene Schafschere besorgt.

Ist der Teppich fertig gewirkt, werden die Kettfäden an den beiden Enden paarweise verknotet und als Abschlußfranse in gewünschter Länge stehengelassen. Man kann sie jedoch auch nach dem Verknoten wegschneiden und an der unteren Teppichkante Wollfransen einziehen. Die oberen Kettfäden werden zu Schlaufen verknotet, durch die man einen Bambusstab zum Aufhängen des Teppichs zieht. Eine andere Art der Hängung ergeben Holzringe, die man in die Schlaufen knotet.

Den unerläßlichen Kompaß durch die farbigen Gefilde des Musters schaffen wir uns durch einen originalgroßen Entwurf, der am besten auf Millimeterpapier übertragen und unter den Webrahmen gespannt wird. Achtet man während der Arbeit darauf, daß Entwurfshöhe und Webkante stets gleichlaufen, so wird mit dem Fortschreiten der Arbeit das gezeichnete Muster auf die gewebte Fläche übertragen.

In ähnlicher Weise kann man mit Hilfe der Knüpftechnik ein farbiges Muster in eine textile Fläche übertragen, wenn man die Kette auf dem Webapparat durch ein Stück Stramin auf dem Stickrahmen ersetzt und die einzelnen Wollknoten mit oder ohne Durchschuß in die Kettfäden des Stramingitters knüpft.

Äußerste Großzügigkeit und Freiheit in der farblichen Gestaltung erlaubt die Gobelintechnik, die mit Schußrips-Bindung auf sehr straff gespannter dünnfädiger Kette gewebt wird. Wir erinnern uns, daß bei dieser Bindung nur der Schußfaden als Flächenbildner in Erscheinung tritt. Das Knüpfen einzelner Knoten entfällt. Dafür benötigt man für jede Farbe ein Weberschiffchen, wenn man nicht mit Teppich- oder Packnadeln

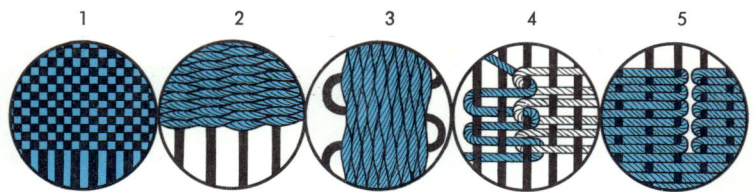

Verschiedene Bindungen: 1 Leinenbindung – 2 Schußripsbindung – 3 Kettripsbindung – 4 Gobelintechnik – 5 Kelimtechnik

arbeiten will. Denn hier wird jede Farbfläche mosaikartig als Einzelstück gewebt.

Die kritischen Zonen ergeben sich an den Begrenzungen benachbarter Farbflächen. Nimmt man zwei nebeneinanderliegende Kettfäden als Grenzmarkierung und kehrt man auf ihnen mit dem entsprechenden Farbfaden nach links und rechts um, so ergibt das zwar eine sehr schöne scharfe Trennung, aber einen Spalt im Gewebe, der so lang ist wie die senkrecht verlaufende Farbgrenze. Diese Art des Schlitzwebens nennt man Kelimtechnik. Man kann den Spalt vermeiden, wenn man die beiden auf gleicher Kettenhöhe gegenläufigen, verschiedenfarbigen Schußfäden mit ihren

Kehrschlaufen ineinanderhängt. Der größeren Festigkeit wegen darf der Schußfaden den an der Grenze liegenden Kettfaden mitgreifen, sofern diese Verbindung nicht zu stark aufträgt. Die miteinander verschlungenen Schußfäden ergeben jene weichen Farbübergänge, die für die Gobelintechnik charakteristisch sind.

Teppichweben ist eine Tätigkeit, die dem Angeln ähnelt. Sie erfordert Geduld, Gleichmut und ein ausgeglichenes Innenleben. Wo all das fehlt, kann es beim Weben und Knüpfen erworben werden. Ein Teppich, der so lang ist wie dieses Kapitel, ist nicht so schnell gewoben, wie das darüber Gesagte gelesen.

8 Flechten und Formen

Es gehört nicht viel Scharfsinn dazu, bei der Betrachtung einer Korbwand die innere Verwandtschaft zwischen dem Weben und dem Flechten zu erkennen. Das Weben, hatten wir gesehen, ist eine uralte handwerkliche Technik. Noch älter aber ist das Flechten. Es rechnet zu den sogenannten Urtechniken und ist ganz sicherlich eine der allerersten wirklich nützlichen Tätigkeiten des Menschen gewesen, wenn man die Beschaffung der Nahrung nicht zu den nützlichen, sondern zu den unumgänglich notwendigen Beschäftigungen zählt.

Wie beim Weben, so geht es auch beim Flechten um ein kreuzweises gegenseitiges Durchdringen des Materials, woraus sich die geflochtene Fläche ergibt. Die Grenzen zwischen Weben und Flechten sind nicht immer streng zu trennen, denn man kann ohne Schwierigkeiten ein weiches Flechtmaterial, etwa Bast oder Binsen, als Schußfaden auf dem Webrahmen verarbeiten. Auch als Kette könnte man, zumindest theoretisch, Flechtmaterial verwenden; praktisch wird man dies – der mangelnden Haltbarkeit wegen – allerdings selten tun. Zum andern könnte man sich darüber streiten, ob es sich beim Rundflechten beispielsweise eines aus Bast gefertigten Untersatzes nicht eigentlich um ein Rundweben in Stopfmanier handelt. Auch vom Material her gibt es keine reine Scheidung. Wohl betrachtet man den textilen Faden als Webmaterial, die Pflanzenfaser als Flechtmaterial – aber ein sehr großer Teil aller Textilfasern stammt genau wie das Flechtmaterial aus dem Pflanzenreich. Auf dem Gebiet der Kunststoffe schließlich ist eine Trennung noch weniger möglich, liefert doch die Kunststoffindustrie nicht bloß Perlon oder Kunstseide für die Weberei, sondern auch synthetischen Bast in allen Farben zum Flechten.

Was beim Weben die Kette ist, das ist beim Flechten der Staken. Er wird sichtbar im »Korsett« eines Papierkorbes. Dem Schußfaden beim Weben entspricht in der Korbflechterei der Einschlag mit seinen verschiedenen Möglichkeiten, das Wandbild zu variieren.

Für uns als Bastler, die wir uns hier einem neuen Werkgebiet nähern, beginnt das Flechten jedoch nicht beim Korb, sondern beim Zopf aus drei oder mehr Strängen.

Als Rohstoff dienen uns dazu die fügsamen Flechtmaterialien Binsen, Maisblatt, Stroh und Bast. Wer will, darf auch starke Bindegarne aus Sisal und Manilahanf dazurechnen. Wir wollen allerdings diese maschinell vorgerichteten und deshalb in strengem Sinne nicht mehr »originellen« Pflanzenfasern im folgenden außer acht lassen.

Bequeme Naturen füllen zur Beschaffung des Materials die Bestellkarte einer Bastlerzentrale aus, die als wahres Bastler-Schlaraffenland in der Lage ist, selbst unsere abseitigsten Werkwünsche zu erfüllen. Oder man geht in eines der heute schon in jeder mittleren Stadt vorhandenen Spezialgeschäfte, die sich erfolgreich bemühen, dem in der breiten Öffentlichkeit immer stärker werdenden gesunden Verlangen nach »ausgleichender Freizeitbeschäftigung« durch ein vielschichtiges Angebot aller benötigten Werkstoffe und Werkzeuge gerecht zu werden.

Der wahrhaft gediegene Bastler »von reinem Wasser« aber, der auch die subtile Freude am Wünschelrutengang zu den Quellen seines Werkstoffs auskosten möchte, kann einen großen Teil seines Flechtmaterials unter Ausschluß des Zwischenhandels direkt aus der Werkstatt der Natur beziehen. In dieser Rückkehr zum Ursprung aller gewachsenen Dinge, im Wiederentdecken verschütteter Quellen und im Forschen nach der

Zweckmäßigkeit eines Naturprodukts liegt ein besonderer Reiz. Ihm nachzugehen, schafft tiefe Befriedigung.

Von den mancherlei Binsenarten, die bei uns heimisch sind, eignen sich die bekannte Teichbinse und die feinschäftigere Waldbinse besonders gut für unsere Zwecke. Wer die Teichbinse selber sammeln will, der schneide sie möglichst in der ersten Junihälfte. Um diese Jahreszeit beginnt die ausgewachsene Binse zu blühen. Nach der Blüte aber setzt eine erst langsam, dann schnell fortschreitende Verholzung des Stengels ein, wodurch sie gerade die Eigenschaften verliert, derentwegen wir sie suchen. Nach dem Schneiden müssen die Binsen einige Tage an der Sonne austrocknen, ehe man sie verarbeiten darf. Wer mit frischgrünen Binsen werkelt, erlebt später einen unangenehmen Schwund in seinem Flechtwerk. Nüsse, in einen solchen Korb gesammelt, gehen einem buchstäblich durch die Binsen. Die getrockneten Binsen werden vor dem Flechten leicht angefeuchtet. Dann läßt man sie eine halbe Stunde ziehen, damit sie wieder geschmeidig und elastisch werden. Geflochtene Binsenzöpfe sind sehr widerstandsfähig.

Vom Mais sind besonders die zarten Blätter, die als innere Hüllen den Maiskolben umschließen, für feine Flechtarbeiten geeignet. Diese sogenannten »Maislieschen« sind von schöner, zartgelber Farbe und fallen erst beim Trocknen der Kolben ab. Ebenfalls gut zu verarbeiten sind die äußeren, doch wesentlich derberen grünbraunen Außenblätter, die schon während der Maisernte gesammelt werden können. Die Maisblätter sind zwar breit, aber mit ihrer durchschnittlichen Länge von etwa 20 cm im Gegensatz zur Binse ein recht kurzes Material. Man gelangt dennoch zu meterlangen, sauberen Zöpfen, wenn man das einzelne Blatt der Länge nach faltet und das jeweils folgende Blatt beim Zulegen ein kleines Stück in die Falte des aufgeflochteten Blattes einschiebt. Zugelegt wird immer die Blattspitze, auch dann, wenn man das breite Maisblatt — wie es meistens gemacht wird — in drei schmälere Streifen aufteilt.

Auch das getrocknete Maisblatt muß durch Eintauchen in warmes Wasser geschmeidig gemacht werden. Den zur Arbeit benötigten Materialvorrat schlägt man in feuchte Tücher. Über längere Zeit hinweg müssen jedoch alle Flechtmaterialien aus Pflanzenstoffen in gut

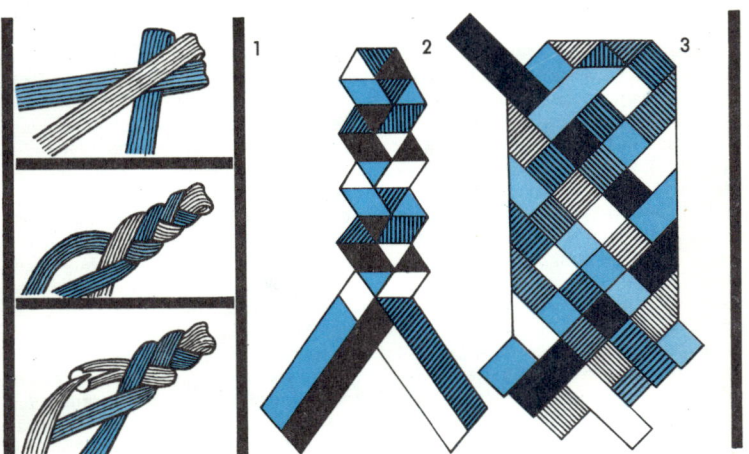

Das Flechten des Zopfes: 1 Flechten mit drei Strängen (Binsen, Bast, Maislieschen) — 2 Flacher Strohzopf aus vier Strängen — 3 Zopf mit glatten Kanten aus sieben Strängen (Stroh, Binsen)

ausgetrocknetem Zustand luftig aufbewahrt werden, da sie sonst leicht stockfleckig werden oder sogar faulen.

Ein sehr edles und festes Flechtmaterial ist das Stroh, und von seinen verschiedenen Arten ist am schönsten das Roggenstroh. Man sammele Flechtstroh tunlichst während der Ernte vom Feld, denn sobald es durch die Dreschmaschine gelaufen ist, ist es so zerknittert, daß man es nicht mehr verarbeiten kann. Selbstverständlich muß auch das Stroh gut austrocknen. Nur in kleinen Portionen, die zum alsbaldigen Gebrauch bestimmt sind, wird es eingefeuchtet. Man verarbeitet den Strohhalm selten in ganzer Länge, da er sich zu stark nach oben verjüngt. Schneiden Sie die gesammelten Halme in Ober- und Unterlängen auf und sortieren Sie die Enden so, daß für eine Arbeit möglichst gleiche Stärken Verwendung finden können. Vor dem Flechten wird der eingeweichte Strohhalm gestaucht, das heißt unter dem Mangelholz plattgewalzt.

Um beim Flechten mit Stroh glatte Zopfkanten zu erreichen, wird der einzelne Halm an den Seiten scharf abgekantet. Neue Halme werden mit dem dickeren Ende angelegt, man läßt sie um 1 cm aus dem Flechtwerk herausstehen und schneidet sie später, nachdem der Zopf ausgetrocknet ist, glatt ab.

Der Bast unserer einheimischen Pflanzen ist für halbwegs anspruchsvolles Flechtwerk ungeeignet. Was uns an Bast in der Praxis begegnet, stammt zumeist von der Raffiapalme und kommt gebleicht oder gefärbt in großen Mengen aus Madagaskar. Ist man auf individuelle Farbtöne aus, so kann man Bast wie Leinwand in kräftig angesetzten Textilfarben einfärben. In der heißen Brühe muß der Bast etwa eine Stunde ziehen. Vermeiden Sie kräftiges Umrühren, sonst holen Sie nachher statt der einzelnen Fäden ein Naturgeflecht aus der Brühe, dessen kompliziertes Geschlinge kaum noch zu lösen ist. Die verschiedene Breite der Bastfäden erfordert ein sorgfältiges Sortieren oder ein Spalten der einzelnen Fäden für feine Geflechte. Für starke Zöpfe muß man

mehrere Fäden im einzelnen Strang zusammenfassen. Bast ist ein zwar geschmeidiges, aber sehr zähes und haltbares Material. Man achte nur darauf, daß der Zopf fest geflochten wird. Die einzelnen Stränge müssen also immer genau im rechten Winkel umgeschlagen werden, während der linke Daumen die Flechtkante festhält. Die Faser ist zwar auch trocken gut zu verarbeiten, dennoch kann man sich die Flechterei erleichtern, wenn man den Bast in ein feuchtes Tuch einschlägt.

Bast ist wegen seiner Geschmeidigkeit und Schönheit in rohem, gebleichtem und auch in gefärbtem Zustand ein mit Recht bevorzugtes Flechtmaterial. Das kommt schon in seinem Namen zum Ausdruck, der dem italienischen Wort »basta« für Heftnaht entlehnt und urverwandt mit dem lateinischen Wort »fascia« = Binde ist. Das Tätigkeitswort zu Bast heißt basteln, womit wir bei der Urzelle all unsern Tuns angelangt wären. Und damit basta, das heißt Schluß mit der Materialbeschreibung.

Flächen und Körper aus dem Zopf

Der geflochtene Zopf ist für unsere weitere Arbeit nicht mehr als ein »Halbzeug«, aus dem das eigentliche Werkstück erst entstehen soll. Man gelangt vom Zopf im Sinne eines Stranges zur zweidimensionalen Fläche, indem man den Zopf faltet und seine so entstehenden Teil-Längen miteinander vernäht. Das kann hochkant oder in Flachlage geschehen. Man näht dabei mit Bast oder mit dünnem Hanfgarn, in jedem Falle möglichst unsichtbar. Durch den notwendigen Umgang mit Nadel und Faden rückt diese Arbeit ins Gebiet des typischen Frauenwerkens. Damit sei kein Werturteil, sondern eine Anregung gegeben.

Wenn man einen Zopf in enger Spirale von einem punktförmigen Zentrum aus aufschießt, gelangt man zu einer kreisrunden Fläche. Läßt man dagegen den innersten Strang zunächst um eine Fingerlänge geradeauslaufen, ehe man ihn

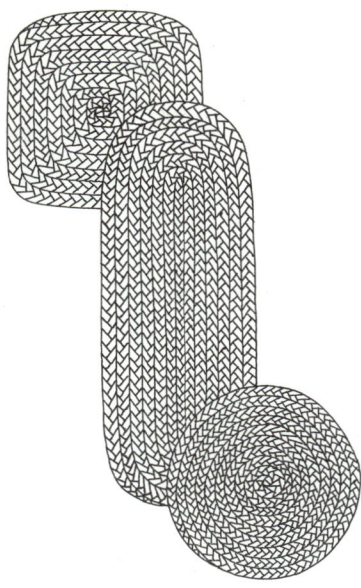

Durch mehr oder weniger starkes Abwinkeln des Zopfes aus der Geraden und Vernähen seiner Teillängen kommt man zu einer quadratischen, rechteckigen oder runden Fläche

Stellt man die Quadrate in verschiedenen Farben her und wechselt obendrein bei der Montage des Ganzen noch die Richtung des Zopfes in den Teilquadraten, so kommt man zu interessanten Schachbrettmustern.

Die mit diesen Zopf-Führungen erreichten Grundformen ergeben Matten, Untersetzer und Verkleidungsflächen aller Art. Sind sie aus feinem Flechtmaterial hergestellt, so kann man sie auch zu Taschen und Hüllen weiterverarbeiten. Ja, ihre ursprünglich geometrische Figur läßt sich durch eingeschobene Zopflängen sogar zu ganz unregelmäßigen Grundrissen, etwa zur Form einer Schuhsohle, abwandeln. Ein sehr dauerhaftes »Halbzeug« hierfür ist übrigens der hochkant aneinandergenähte, sehr stramm geflochtene Binsenzopf.

Mit einigem Geschick ist es möglich,

scharf umknickt, läßt man ihn sodann zurücklaufen und führt ihn über den Zopfanfang wieder in die alte Richtung, so bekommt die entstehende Fläche eine ovale Form. Eine quadratische Fläche entsteht schließlich, wenn man, mit kurzem Ende beginnend, den Zopf nach Art eines Mäandermusters führt, indem man ihn an jeder Ecke rechtwinklig abknickt. Der Weg vom Quadrat zum Rechteck geht über die gleiche Anfangsvariante wie zwischen Kreis und Oval. Zur rechteckigen Grundform gelangt man auch durch eine Zickzack-Führung des Zopfes. Das geht sehr patent, wenn man in der Entfernung der gewünschten Kantenlänge zwei Nagelreihen in ein Brett schlägt und den Zopf über diese Wendepunkte hin- und herlaufen läßt. Auf diese Art kann man beispielsweise eine Vielzahl gleich großer Quadrate flechten, die man wieder zu einer größeren Matte zusammenfügt.

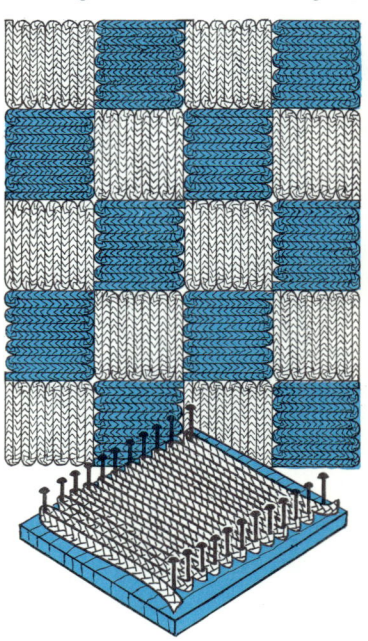

Vom Zopf zur Matte durch Aufschießen des Zopfes in Zickzack-Führung zu Teilquadraten. Die verschiedenfarbigen Einzelteile werden mit wechselnder Richtung des Zopfverlaufs zur Matte zusammengenäht

den Zopf aus der Fläche zu einem körperlichen Gebilde aufwachsen zu lassen. Wenn man zum Beispiel einen flach geflochtenen Strohzopf schneckengangartig aufschießt, dabei seine Kanten jedoch nicht flächig gegeneinanderstößt, sondern sie unter leichtem Einzug klinkerartig übereinandergreifen läßt, so wölbt sich die mit jeder Rundung weiterwachsende Fläche je nach Stärke des Einzugs zu einer mehr oder weniger steil aufsteigenden Wandung auf. Als Beispiel für diese »Bautechnik« möge aus dem sommerlichen Alltag der Strohhut gelten.

An der Stabilität derartiger Hohlgefäße darf man natürlich keine übertriebenen Forderungen stellen. Man geht deshalb, um mit Hilfe dieser Methode zu einigermaßen festwandigen Körben zu gelangen, einen anderen Weg. Schauen Sie sich den Unterschied zwischen einer flachliegenden Uhrfeder und einer zylindrischen Zugfeder an, und sofort wird Ihnen das Bauprinzip etwa eines runden Papierkorbes klar.

Wenn wir uns an die Herstellung eines solchen überaus nützlichen Gefäßes machen, so ersetzen wir den bisher verarbeiteten geflochtenen Zopf durch einen

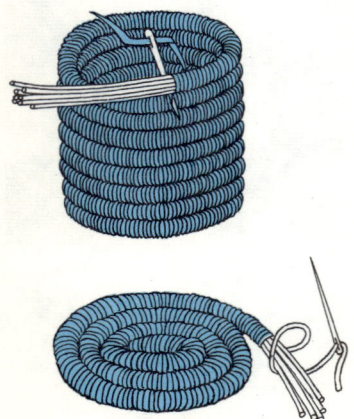

Vom Strang zum Hohlraum: Flacher Boden und zylindrische Wandung eines Papierkorbs entstehen durch das Aufschießen eines mit Bast umwickelten Strohstranges im Spiral- bzw. im Schraubengang

fingerdicken Strang, der aus einer Stroheinlage mit Bastumwicklung besteht. Man kann statt des Strohes auch das lange Riedgras oder gut ausgetrocknete, mit dem Holzhammer gebrochene Brennnesselhalme verarbeiten. Je dünner die einzelne Faser der Einlage ist, desto fester wird der Strang. Durch geschickte Staffelung der beigelegten Halme ist es möglich, den Strang nicht nur in gleichmäßiger Stärke zu halten, sondern ihn auch bis zur Länge eines Fortsetzungsromans weiterzuwickeln.

Der Boden des Bodens wird mit Schneckengangführung des Stranges als runde Fläche gelegt. Damit sich die Anfangsrosette gut schließen läßt, wickelt man die ersten Zentimeter des Stranges etwas dünner und gleicht den Stärkenunterschied beim Vernähen durch eine dickere Bastwicklung aus. Gleichfalls muß das Ende des Stranges durch allmähliches Zurückschneiden oder Auszupfen der Einlagestengel verjüngt werden, damit sich die letzte Rundung eng an den Rand legt und einen stufenlosen Abschluß bildet.

Der Aufbau der Wandung erfolgt nach dem gleichen Prinzip des rundlaufenden Stranges, der mit verjüngtem Anfang am Rand des Bodentellers ansetzt. Nur werden in der Wandung die einzelnen Strangrunden nicht nebeneinander-, sondern genau senkrecht aufeinandergesetzt und weitergeführt, bis die gewünschte Korbhöhe erreicht ist. Auch am oberen Rand endet der Strang wieder bei langsamer Abmagerung in einem sanft verlaufenden Abschluß.

Es ist im Anfang nicht ganz so einfach, den allen Richtungsänderungen gleich willig folgenden Strang freihändig in gleichmäßigem Rund senkrecht aufzuschießen. Man kann sich das Maß- und Formhalten wesentlich erleichtern, wenn man sich ähnlich wie der Schuhmacher einen Leisten schafft, über den man seinen Korb »schlägt«. Das macht sogar der professionelle Korbmacher, wenn er mehrere Körbe gleicher Größe herstellen muß, und benutzt dazu Formklötze aus weichem Holz. Der findige Bastler kann auf einen geradwandigen leeren Marmeladeneimer oder auf einen Glashafen ausweichen. Kleinere Körbe mit schrägen Wandungen kann man auch über einen Blumentopf arbeiten.

In der Technik der Strangwicklung und in der Art des runden Vernähens schlummern ungezählte Möglichkeiten, dem Korb durch verschiedene Musterungen ein lebendiges Gesicht zu geben. Sie wollen von der Phantasie des Korbmachers geweckt werden! Am einfachsten wird das ganze Gebilde, wenn man den Strang in seiner ganzen Länge mit einer durchgehenden Bastfarbe so eng umwickelt, daß von der Füllung nichts zu sehen bleibt, und wenn man den Strang während des Aufbaus unsichtbar mit dünnem Hanfgarn vernäht. Wechselt man die Farbe der Umwicklung in regelmäßiger oder unregelmäßiger Folge, so erreicht man eine mehr oder weniger ausgeprägte Stufenmusterung. Und noch eine Möglichkeit: Einfarbiger Strang mit absichtlich betonter, andersfarbiger Zierstichvernähung mit Bast, die beispielsweise durch den Übergriff über mehrere Rundungen die Senkrechte des Korbes betont. Reizvoll ist es auch, den Strang nicht mit geschlossener Basthaut zu wickeln, sondern ihn nur durch eine gitterartige oder in unregelmäßigen Intervallen unterbrochene Wicklung zusammenzuhalten, so daß die Füllung sichtbar bleibt und das Aussehen des Ganzen maßgeblich mitbestimmt. Das wirkt natürlich nur schön, wenn man eine edle, feinfädige Füllung aus Stroh verarbeitet. Diese ist nicht zuletzt deshalb so schön, weil sie »ehrlich« ist. Außerdem sind der einzigartige Glanz und die Originalfarbe des sonnengelben Strohs durch keinerlei künstliche Methoden nachzuahmen.

Der Papierkorbaufbau ist am leichtesten zu bewältigen, wenn man sich den Strang vorweg in der erforderlichen Länge fertig wickelt. Man kann indessen das Strangwickeln und Flächennähen auch gleichzeitig ausführen, indem man den Wickelfaden in eine Packnadel fädelt und ihn gleichzeitig als Heftfaden benutzt. Er durchdringt dabei entweder nach jeder Umschlingung des entste-

henden Stranges den bereits festgelegten Wandstrang, und zwar jeweils zwischen dessen Bast-Wickelfäden, oder er wickelt zunächst ein paar freie Runden um den außenliegenden Strang und heftet sodann das fertiggewordene Teilstück auf die stehende Wand. Die erstgenannte Methode ergibt eine wesentlich festere Wandung.

Mit dieser Schneckengangführung eines mit Stroh oder Binsen gefüllten Stranges — Füllung entweder verdeckt oder sichtbar — kommt man zu einer Obstschale, wenn man die im Boden plan liegenden Strangrunden allmählich leicht einzieht und in schräg aufsteigender Wandung mit Bast vernäht. Wir verfahren damit nach jener Methode, mit der die Imker sich früher ihre schön gewölbten Bienenkörbe aus Stroh flochten.

Webflechten und Rundflechten

Das einfache Webflechten, das in der Flächenmitte mit dem doppelt gelegten Kreuz aus flachen Fäden beginnt und mit dem eine der Leinenbindung ähnliche Flächenstruktur entsteht, hat wahrscheinlich jeder schon mit bunten Glanzpapieren im Kindergarten geübt. Nimmt man dazu statt des Glanzpapiers ausgesuchte Bastfäden oder Binsen, so entstehen mit dieser Technik feinmaschige Matten, die in der Tat an ein Gewebe erinnern. In der Praxis finden sie Verwendung als Tischmatten oder Untersetzer für Blumentöpfe, Vasen, Likörgläser und sonstige der Möbelpolitur unzuträgliche Gefäße.

Der Anfang eines solchen Geflechts ist einfach, das Ende ist schwer zu finden, weil man nicht weiß, wie man die Kanten befestigen soll. Entweder schlägt man die Enden der Flechtböden nach rückwärts um und schiebt sie dort ins Flechtwerk, oder man näht den Rand auf der Maschine ab und schneidet die Flechtfäden 4 mm hinter der Naht sauber weg. Hat man mit weichem Bast geflochten, kann man je zwei benachbarte Fäden auch zu einer kurz geschnittenen Fransenreihe verknoten.

Wer mit dem flach geflochtenen Strohzopf im Spiralgang kreisrunde Flächen erreichen will, der muß lernen, einen Zopf aus 5, 7 oder noch mehr Strängen zu flechten. Solche Zöpfe passen sich, wenn man sie flach aneinandernäht, wie schräg geschnittene Stoffstreifen den Rundungen gut an, ohne sich aufzuwölben.

Kleinere Kreisflächen in feinmaschigem Geflecht, wie sie für Glasuntersetzer oder ähnliches stets willkommen sind, fertigt man besser nach der Technik des Rundflechtens an. In ihr wechselt die beim Webflechten entstehende Flächenstruktur aus der gleichwertig in Erscheinung tretenden Durchdringung von Kette und Schuß hinüber in das Bild des eigentlichen Flechtwerks, dessen Fläche — suchen wir nach einer Analogie aus der Weberei — dem Aussehen der Schußrips-Bindung ähnelt. Das Gerüst der weiträumig aufgezogenen, straff gespannten Ketten wird beim Rundflechten von einem vielspeichigen, strahlenförmig von einem Mittelpunkt auseinanderstrebenden »Stakenkreuz« abgelöst.

Dieses Stakenkreuz besteht ebenso wie der eigentliche Flechtfaden aus weichen Fasern. Man muß ihm also einen provisorischen Halt geben, wozu eine kräftige Pappe ausreicht. Auf die Pappe zeichnet man einen Kreis vom Durchmesser des gewünschten Untersetzers,

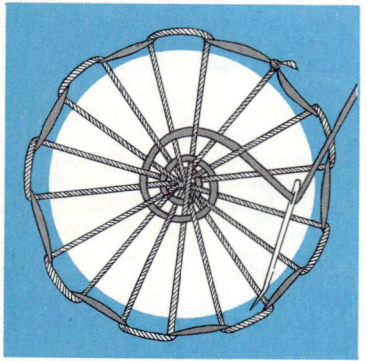

Das Rundflechten ist die geeignete Technik für kleine Kreisflächen in feinmaschigem Geflecht

sticht mit einem Dorn längs der Peripherie mit 1 bis 1,5 cm Abstand Löcher durch die Pappe und näht ein festes Garn mit Steppstichen durch diese Lochreihe. In die sich dadurch ergebenden Schlaufen werden die Balken des Stakenkreuzes gehängt und strahlenförmig über den Mittelpunkt der Kreisfläche geführt. Hierbei ist darauf zu achten, daß man stets eine ungerade Zahl von Strahlenspeichen aufzieht, weil sonst nachher der Fadenwechsel beim Flechten nicht stimmt. Bei gerader Speichenzahl muß mit zwei Fäden geflochten werden. Die Fläche wird geschlossen, indem man den Einschlag mit einer Stopf- und Packnadel, im Mittelpunkt beginnend, durch Rundherumstopfen in das Speichenrad einschießt. Wechselt man dabei die Farbe des Einschlags, so gelangt man zu einem konzentrischen Streifenmuster. Sobald man mit der Schlußrunde an der Peripherie des Kreises angelangt ist, werden die Halteschlaufen aufgeschnitten, die Enden der Stakenfäden auf den Flächenrand niedergebogen und mit einem feinen Bastfaden sauber vernäht. Dadurch bekommt der Rand des Untersetzers gleichzeitig einen betonten Abschluß. Wer es anders haben will, der zieht jedes Stakenfadenende mit der Stopfnadel einzeln beim Nachbarstaken in das Geflecht hinein. Und wen beim Stopfflechten die unterlegte Pappfläche stört, der spannt sich sein Stakenkreuz auf einen Holzring. Sie merken schon, daß es bei der ganzen »Bastelei« kaum einen Handgriff gibt, den man nicht auf irgendeine Art und Weise abwandeln könnte. Deshalb ist das Flechten, mag es auch beim flüchtigen Hinschauen eng begrenzt erscheinen, in Wirklichkeit doch eine ungemein phantasieanregende Tätigkeit.

Körbe aus Rohr und Weiden

Vom Stopfflechten runder Teller mit schmiegsamem Material führt ein direkter Weg zur hohen Kunst des Korbflechtens.

Als Flechtmaterial dienen uns dazu vorzugsweise das Peddigrohr und die Korbweide. Für manche Zwecke kann man auch gespaltene Haselruten verarbeiten. Peddigrohr, das in verschiedenen Stärken als Fadenrohr oder Staken, aber auch als Peddigschienen gehandelt wird, ist außerordentlich biegsam und läßt sich sehr leicht flechten. Man braucht es vor dem Verarbeiten nur kurz einzuweichen. Allerdings bricht es leicht, wenn man es zu scharf abknickt. Für den Lernenden ist es ein geradezu ideales Übungsmaterial, doch über seine Schönheit läßt sich streiten. Seine stumpfe, ziemlich nichtssagende Oberfläche ist sehr schmutzempfindlich. Will man es durch einen Lacküberzug oder etwa durch Farbe schützen, so kommt man zu wenig befriedigenden Resultaten.

Das schönste Flechtwerk ergibt die Weide, nicht nur wegen ihrer Struktur, sofern nur sauber »geschmälte« und gleichmäßig dünne Schienen verarbeitet werden, sondern auch wegen des warmen Seidenglanzes der geschälten Weidenrute.

Die Korbweide, die in ausgedehnten Kulturen gezüchtet wird, kann im vollen Stock und gespalten (geschient) verarbeitet werden. Die Aufbereitung der im Frühsommer und im August geschnittenen Weiden zum fertigen Flechtmaterial erfordert mehrere Arbeitsgänge und besondere Werkzeuge. So wird der volle Stock mit dem Weidenspalter zu Drittel- oder Viertelweiden gespalten, sodann durch den Weidenhobel gezogen und zu flachen Schienen abgehobelt, die schließlich mit dem Schmäler auf die gewünschte gleichmäßige Breite gebracht werden.

Wir brauchen uns mit diesen Arbeiten hier nicht näher auseinanderzusetzen, da sie einmal unvermeidbare Unkosten verursachen und da man andererseits das Flechtmaterial fertig beziehen kann. Von den verschiedenen im Handel befindlichen Weidenarten ist die sogenannte Amerikanerweide die wohl am meisten gebrauchte. Achten Sie beim Einkauf darauf, daß Sie eine feinmarkige Weide erwischen. Ihr Holz ist besonders zähe und wird nicht so schnell brüchig

wie das der vollmarkigen Weide. Wichtig in jedem Falle ist, daß man auch die Weide vor Arbeitsbeginn eine Stunde lang einweicht und anschließend genauso lange in feuchtem Zustand nachweichen oder »ziehen« läßt. Eingeweichte Weiden, die nicht verarbeitet werden können, müssen möglichst sofort in frischer Luft wieder getrocknet werden. Die geschälten Schienen und Stöcke haben ein mehrfaches Einweichen nicht gern. Sie werden unansehnlich und bekommen Stockflecke. Es ist deshalb ratsam, immer nur so viel Flechtmaterial einzuweichen, wie man tatsächlich in einem Arbeitsvorhaben verarbeiten kann.

Die häufigsten Flechtarten

Ehe wir darangehen, unsere Künste an einem Papier- oder Kartoffelkorb (für Marzipankartoffeln natürlich!) zu versuchen, ist es gut, sich über die gängigsten Flechtarten klarzuwerden, mit denen wir arbeiten können oder müssen. Der Einfachheit halber haben wir sie Ihnen aufgezeichnet, und wenn Sie sich einen Augenblick in die Schemazeichnungen vertiefen, wird Ihnen das Prinzip sehr schnell deutlich werden.

Es handelt sich bei all diesen Arten bis auf eine Ausnahme um das Prinzip des Zaungeflechts, das als Grundlage allen Flechtens zu betrachten ist. Am deutlichsten sichtbar wird dieses Prinzip in einem einfachen Flechtwerk, bei dem der einfädige Einschlag sich im gleichbleibenden Rhythmus durch die Stakenreihe schwingt. Es ist dies die meist angewandte Art, sozusagen die »Brottechnik« des Flechtens.

Ein etwas ruhigeres Gesicht bekommt die Flechtwand, wenn man den Einschlag doppelt nimmt, im übrigen aber genauso verfährt wie bei der ersten Flechtart.

Voraussetzung für beide Methoden ist, daß man eine ungerade Anzahl von Staken zur Verfügung hat, weil man sonst bei der Wiederkehr des Einschlags mit dem Stakenwechsel nicht auskommt. Ist man aus irgendeinem Grunde ge-

Die häufigsten
Flechtarten

Einfaches
Flechten mit ein-
fädigem
Einschlag

Einfaches Flecht-
werk mit
doppeltem
Einschlag

Flechten mit zwei
Einschlagfäden
bei gerader
Stakenzahl

Der Fitzgang

Die Kimme

zwungen, über eine gerade Anzahl von Staken zu flechten, so muß mit zwei Fäden als »stehende Wellen« geflochten werden. Im Endeffekt erreicht man damit das gleiche Bild der Wandstruktur wie beim einfachen Flechten.

Eine Variante des Flechtens mit zwei Fäden ist der Fitzgang, bei dem es gleichgültig ist, ob eine gerade oder ungerade Stakenzahl ansteht. Während beim normalen Flechten mit zwei Fäden jeder Faden auf gleichbleibender Höhe läuft, man also erst den unteren einschießen und danach den oberen folgen lassen kann, so überkreuzen sich beim Fitzen die beiden Einschlagfäden jeweils zwischen zwei Staken. Sie wechseln zwischen oben und unten und verfitzen dadurch die einzelnen Staken zu einem sehr festen Verband. Hierbei müssen

also beide Fäden gleichzeitig verflochten werden.

Geht einem bei all diesen Einschlag-Führungen die Fadenschiene aus und muß eine neue als Fortsetzung angelegt werden, so werden Ende des alten und Anfang des neuen Fadens hinter ein und demselben Staken gekreuzt. Die naturgegebene Spannung der Weidenschiene hält den Einschlagfaden im Geflecht fest. Alle überstehenden Enden werden, ganz zum Schluß der Arbeit und nachdem das Flechtwerk völlig ausgetrocknet ist, weggeschnitten. Der zünftige Korbflechter nennt diese Arbeit Verputzen und benutzt dazu einen Seitenschneider, mit dem die Enden abgekniffen werden. Wir stechen sie mit einem Stechbeitel in einer schrägen, der Wandung angeglichenen Schneidfläche weg. Aber bitte nicht zu kurz, damit das Ende nicht hinter den Staken wegrutscht.

Ein von den bisherigen Flechtarten stark abweichendes Gesicht zeigt die Kimme. Das ist eine besonders feste Flechtung, die an stark beanspruchten Partien angebracht wird, beim Korb beispielsweise zu Beginn des aufgehenden Flechtwerks als erste oder doppelte Runde an der Bodenkante und am oberen Rand vor dem »Zuschlag« der Stakenenden. Geflochten wird die Kimme mit 3 (oder auch 4) Einschlagweiden. Der Vorgang ist aus unserer Zeichnung ersichtlich, in der des besseren Verständnisses wegen die Staken fortlaufend numeriert sind, während die drei Schienen die Kennung A, B und C tragen. Zu Beginn wird Schiene A hinter Staken 1 gelegt, geht vorn über die Staken 2 und 3 hinweg, umrundet Staken 4 von hinten und erscheint wieder auf der Vorderseite. Dort bleibt sie liegen, bis Schiene B, hinter Staken 2 beginnend, nach Vorlauf über Staken 3 und 4 und nach »Hintergehung« des Stakens 5 den gleichen Turnus hinter sich hat. Danach erscheint Schiene C hinter Staken 3, läuft vorn über 4 und 5, umrundet 6 von hinten und wird wieder vor Staken 7 an der Oberfläche sichtbar. Damit liegt der periodische Gang der drei Schienen fest. Nach diesem ersten Schritt kommt

Schiene A wieder an die Reihe. Sie läuft vorn über Staken 5 und 6, wird hinter Staken 7 herumgeführt und kommt vor Nummer 8 wieder zutage. In gleicher Weise, jeweils um einen Staken versetzt, folgen die Schienen B und C, so daß sehr bald das einer gedrehten Schnur ähnliche Gesicht der Kimme erkennbar wird. Die Sache hört sich zu Anfang etwas schwierig an, ist aber auch nicht verwirrender als das Walzertanzen. Beides geht nach dem Dreivierteltakt: Eins — zwei — drei . . . eins — zwei — drei! Nur zählt man bei der Kimme nicht auf dem Fuß, sondern auf dem Staken. Also pro Einschlagstrang: Ein Schlag hinten, zwei Schläge vorn, ein Schlag hinten, zwei Schläge vorn, usw.

Die einzelnen Weiden werden zu Beginn mit dem dünnen Ende angelegt. Man arbeitet also mit dem Stammende von links nach rechts weiter. Ist eine Rute aufgebraucht, wird unter ihr am außen stehende Ende die neue Rute, und zwar ebenfalls mit dem Stammende, eingelegt.

Eine Kimme mit ihren »gedreht« laufenden Strängen trägt stärker auf als die einfach »eins schlicht — eins kraus« geflochtene Weidenwand. Da sie zudem die Festigkeit des Geflechtes wesentlich erhöht, kann man sie aus Gründen der Nützlichkeit wie auch als belebendes Element mit gewissen Abständen in eine höhere Wand einflechten und damit deren Fläche auflockern.

Ein Korb entsteht

Das Fundament des Korbes ist der Boden, mit dessen Herstellung nach dem Prinzip des Rundflechtens wir unser Werk beginnen. Allerdings besteht das Stakengerippe hier nicht mehr aus dünnen Bastfäden, sondern aus stark auftragenden Weidenruten, die wir in ihrem Kreuzungspunkt nicht unbekümmert übereinanderlegen dürfen. Wir müssen in diesem Falle ein Bodenkreuz anlegen, dessen Stakenanzahl sich nach dem Durchmesser des Bodens richtet. Für den Boden eines mittleren Papier-

korbes von rund 25 cm Durchmesser brauchen wir acht Staken, die nach dem »Aufbrechen« des Bodenkreuzes 16 vom Mittelpunkt strahlenförmig auseinanderlaufende Speichen ergeben. Bei geringerer Stakenzahl würde das Geflecht nach dem Rande des Bodens hin zu locker werden.

Die Staken sollen alle möglichst gleich dick und vom Stammende der Weiden geschnitten sein. Die Hälfte der Staken, in unserm Falle also vier, werden in der Mitte mit der Messerspitze ein paar Zentimeter weit aufgeschlitzt. In diese Schlitze werden die restlichen vier (leicht angespitzten) Staken eingeschoben, so daß wir ein Kreuz aus vier gleich langen Balken erhalten. In jedem dieser Balken liegen vier Staken. Will man dagegen ein sehr feines Flechtwerk anlegen, dessen dünne Staken ein Aufspalten nicht erlauben, so bleibt nichts anderes übrig, als die Kreuzbalken doch aufeinanderzulegen. Das allerdings macht den Anfang des nun erfolgenden Abbindens wesentlich mühevoller. Wir suchen uns dazu eine möglichst lange, sehr geschmeidige, also gut eingeweichte Bindweide aus unserem Vorrat

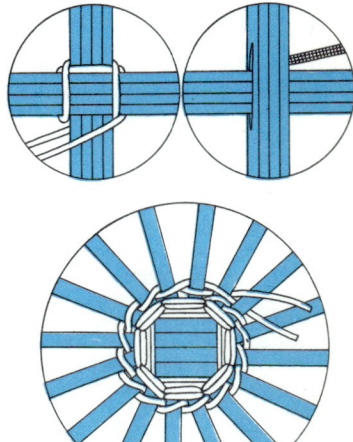

Das Anlegen und das Aufbrechen eines Bodenkreuzes mit gerader und ungerader Stakenzahl

137

heraus, legen sie mit ungleich langen Enden doppelt und hängen die Schlinge um einen Staken innerhalb eines der vierphasigen Kreuzbalken. Die Enden der ersten Weide müssen deshalb ungleich lang sein, damit die Anschlüsse der folgenden Einschläge nicht auf gleicher Höhe erfolgen, sondern gegeneinander versetzt sind. Mit den beiden Bindweiden schlägt man nun in dicht aufgeschlossenem, möglichst straff gezogenem Fitzgang zwei Runden um den Kreuzungspunkt und bindet damit das Bodenkreuz ab. Wer nicht gerade Linkshänder ist, arbeitet hierbei, wie überhaupt bei allen Flechtvorgängen, von links nach rechts. Beim Rundflechten eines Bodens heißt das in Laufrichtung des Uhrzeigers.

Jetzt geht es ans »Aufbrechen« des Kreuzes, worunter kein Brechen im eigentlichen Sinne zu verstehen ist, sondern ein vorsichtiges Auseinanderbiegen der einzelnen Staken. Man biegt zunächst die beiden in jedem Kreuzbalken außen liegenden Staken so weit aus ihrer bisherigen Laufrichtung ab, daß sie den rechten Winkel zwischen zwei Kreuzbalken halbieren. In dieser Stellung werden sie durch zwei Fitzgangschläge mit den Bindweiden festgehalten, wonach das jetzt durchgehend doppelphasige Bodenkreuz abermals geteilt und zu einem einstrahligen Kreuz vollständig aufgebrochen wird. Und wieder wandert die Bindweide im Fitzgang eine doppelte Halterunde.

Das Bodenkreuz steht, und wenn dabei die Winkel zwischen den einzelnen Strahlen auch nicht alle gleich groß sind, so brauchen wir deshalb keine mathematischen Komplexe zu bekommen. Die Weide ist sehr viel eigensinniger als ein Bleistiftstrich auf dem Papier. Das wird jeder, der mit ihr umgeht, sehr bald merken. Unregelmäßige Stakenabstände werden beim Weiterflechten ausgeglichen.

Wer will, kann über die ganze Bodenfläche hinweg im Fitzgang weiterflechten. Schneller geht es mit dem schlichten Zaungeflecht eins schlicht – eins kraus, also im einfachen Wellenschlag der Wei-

denschiene einmal über, einmal unter dem Staken. Dabei muß allerdings mit zwei Fäden geflochten werden, denn wir haben es mit einer geraden Stakenzahl zu tun. Einlage: Weide a hinter Staken 1, Weide b hinter Staken 2. Spitze nach links und mit dem Stammende weiterarbeiten. Anlegen der neuen Rute ebenfalls mit dem Stammende.

Ein Flechtwerk aus vollen, also nicht gespaltenen oder gar geschmälten Weiden nennt der Korbmacher »geschlagene« Arbeit, weil die Flechtrunden zur Erzielung einer maximalen Dichte während der Arbeit mit dem Klopfeisen zusammengeschlagen werden. Der Laienbruder aus der Zunft wird selten mit fingerdickem Einschlag arbeiten. Es genügt, wenn wir unsere feinere Arbeit hin und wieder fest zusammendrücken. Vergessen Sie es aber bitte nicht!

Wem nun das Flechten mit zwei Fäden über der geraden Stakenzahl gegen den Strich geht, der kann sich mit einem kleinen Trick helfen. Er schiebt bei der Anlage des Bodenkreuzes neben die vier Staken, die im Spalt der querlaufenden Ruten liegen, einen zusätzlichen Staken von halber Länge ein, so daß in einem Balken des Bodenkreuzes nicht vier, sondern fünf Phasen laufen. Man muß später beim Aufbrechen des Kreuzes durch geschicktes Abwinkeln der einzelnen Staken für dieses Stiefkind zusätzlichen Flächenraum schaffen. Aber man kommt dadurch zu einem Bodenkreuz mit ungerader Stakenzahl, kann also das Bodenrund ruhigen Gewissens mit nur einem Faden ausflechten.

Ob überhaupt und, wenn ja, in welcher Form man den ausgeflochtenen Boden einen besonderen Abschluß gibt, darüber braucht man sich erst Gedanken zu machen, wenn man weiß, wie die Sache weitergehen soll. In jedem Falle in der Senkrechten. Die Anzahl der Bodenstaken würde selbst dann, wenn man diese lang genug wären, um sie im rechten Winkel nach oben abzuknicken, nicht ausreichen, um der Korbwandung einen genügend festen Halt zu geben. Also schneiden wir sie hinter dem letzten Flechtgang weg. Die erste Möglichkeit der Weiterarbeit besteht darin, daß man die Wandstaken mit zugespitztem Stammende links und rechts der radial im Boden verlaufenden Staken in das Geflecht schiebt. Dabei tut ein Pfriem, ein Dorn oder auch ein Schraubenzieher, den man in den Flechtgang zwängt und hochkant winkelt, gute Hilfsdienste. Die eingeführten Staken werden sodann hart am Bodenrand abgeknickt und nach oben gebogen. Die Knickstellen müssen sehr gut, eventuell sogar in heißem Wasser, vorgeweicht werden, sonst gibt es statt des Knickes einen Bruch, und die Weide ist hin. Sie müßte durch eine neue ersetzt werden. Um derartige Pannen möglichst zu vermeiden, drückt man die Weide mit der rechten Hand den Schaft eines Pfriems von hinten kräftig in die Knickstelle und drückt ihren Stamm mit dem linken Daumen vorsichtig in die senkrechte Haltung.

Damit man sich durch das Einführen sämtlicher Staken keine unhandliche Riesenspinne erzeugt, werden die Staken einzeln, immer sich kreuzweise gegenüberstehend, eingesteckt und abgewinkelt. Steht das erste halbe Dutzend senkrecht, bindet man ihre oberen Enden zusammen und führt die Arbeit durch wiederholtes Einbinden der hinzukommenden Kopfenden weiter.

Durch die ersten beiden Wandrunden, die als Kimme geflochten werden, bekommt das Stakengerüst soviel Halt, daß man die obere Bindung lösen kann. Und dann wird mit einzelnem oder doppelt gelegtem Faden, mit eingelegten Kimmrunden – je nach dem gewünschten Bild der Wandung – weitergeflochten, bis die richtige Korbhöhe erreicht ist. Den abschließenden Wandfries bildet wiederum eine Kimm-Runde.

Man kann sich die ganze Wandflechterei wesentlich dadurch erleichtern, daß man vom Korbinnern her einen Dorn durch den Mittelpunkt des Bodens steckt und dessen Spitze in die Platte des Arbeitstisches schlägt. Sein Schaft bildet die Achse, um die sich der Korb beim Flechten weiterdrehen läßt.

Kein Unvoreingenommener wird annehmen, daß dem Anfänger die Arbeit

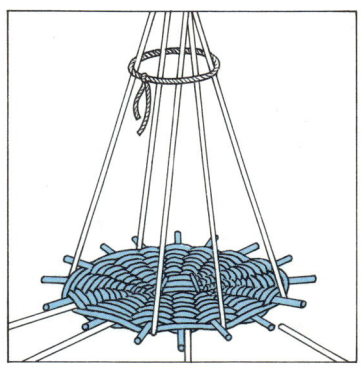

Das Einführen der Wandstaken neben die radial verlaufenden Staken des Bodenkreuzes. Zur Arbeitserleichterung werden die nach oben abgewinkelten Staken provisorisch zusammengebunden

so flink, flott und reibungslos von der Hand geht, wie es sich hier anhört. Der erste Korb wird voraussichtlich ein recht komisches, windschiefes Gebilde werden. Aber was macht's? Beim zweiten wird man schon zu einer einigermaßen gestreckten, in leichter Schrägung aufsteigenden Wandung gelangen, und beim dritten bekommt man den Dreh heraus, wie man durch behutsames Ausbuchten der Staken, durch lockeren oder straffer angezogenen Einschlag zu ausgebauchten Korbformen findet. Ein hervorragender Kompaß bei der Arbeit ist übrigens der Maßring, auf dessen Unterstützung Sie nicht verzichten sollten. Es handelt sich dabei um einen einfachen, provisorisch aus einer Weidenrute geformten Ring, den man parallel zum Boden an die obere Partie der aufragenden Staken bindet. Sein Durchmesser, der größer ist als der des Bodens, bestimmt den Neigungswinkel, in dem die aufsteigende Wand zur Bodenfläche steht.

Eine zweite Möglichkeit, den Übergang vom Boden zur Korbwand zu schaffen, besteht darin, daß man die Wandstaken nicht radial in die Bodenfläche einführt und sie abwinkelt, sondern daß man sie senkrecht von oben in den Bodenrand steckt. Dazu allerdings müssen wir dem

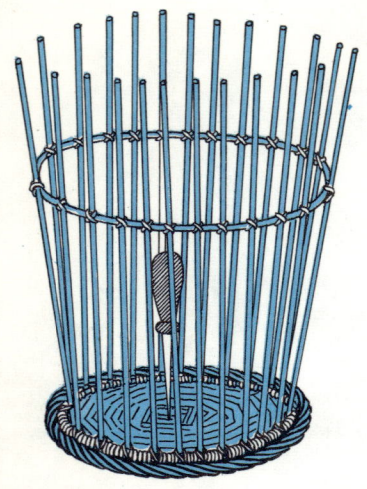

Der Maßring, in die obere Partie der Wandstaken gebunden, bestimmt den Neigungswinkel der Korbwand. Vor dem Beginn des Wandflechtens wird ein Pfriem als feststehende Achse durch den Mittelpunkt des Bodens in die Arbeitsplatte getrieben

Boden unbedingt einen festen Randabschluß geben.

Eine ebenso schöne wie einfache Art eines solchen Abschlusses ergibt sich dadurch, daß man eine Halbweide, also eine einmal gespaltene Weidenrute, mit geschienten Weiden der Randkante aufbindet. Anfang und Ende der Halbweide müssen mit langer Fase angeschrägt werden, damit der überlappte Zusammenschluß stufenlos erfolgen kann.

Gleichzeitig mit dem Aufbinden des Abschlußringes werden die Wandstaken unter Assistenz eines Pfriems von oben in den Boden gesteckt, und zwar so, daß sie mit dem Stammende nach unten durchstoßen. Die nach unten herausragenden Enden werden (gut eingeweicht) scharf nach rechts abgebogen und zu einer Kimm-Runde verflochten. Damit sind die Staken nicht nur fest verankert, sondern der Korb bekommt gleichzeitig einen Fuß.

Bei der erstgeübten Methode, den Übergang vom Rand zur Korbwandung mit radial eingesteckten und sodann nach

oben abgewinkelten Staken zu bewirken, fehlt uns das Flechtmaterial für einen derartigen Fuß, auf den ein anständiger Korb begreiflicherweise nicht verzichten kann. Es bleibt bei dieser Konstruktion keine andere Wahl, als kürzere Staken von 20 bis 25 cm Länge (vielleicht fallen sie am oberen Korbrand ab!) von der Korbsohle her neben die Wandstaken ins Geflecht zu stecken. Wer seine ersten Kimm-Runden in der Wand vorschriftsmäßig fest geflochten hat, der hat damit natürlich seine Last, denn die Ersatzstaken müssen mindestens 5 cm nach oben in die Wand eindringen. Doch mit Geduld, einem Pfriem oder Schraubenzieher und notfalls etwas Seife auf dem Staken wird man es schon schaffen. Sind die Staken drin, werden sie zu einer Kimme verflochten. Beim Korbflechten ist es umgekehrt wie sonst im Leben. Nicht aller Anfang ist schwer, sondern das Ende. Sind wir mit der letzten Kimm-Runde zu einem waagerecht verlaufenden Wandfries gelangt, so berechtigt das zu einem gewissen Stolz auf das erworbene Können. Noch aber ragen die Stakenenden in die Luft und warten auf ihre Unterbringung in einem formschönen Abschlußrand. Am einfachsten ist es, wenn man jeden Staken, nachdem er gehörig zurückge-

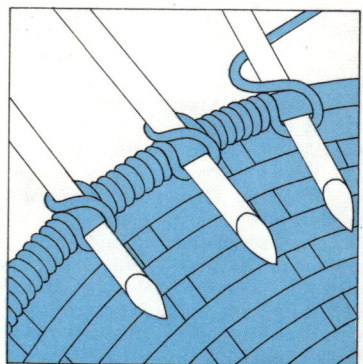

Übergang vom Boden zur Korbwand durch senkrecht in den Bodenrand gesteckte Wandstaken. Gleichzeitig mit dem Einbringen der Staken wird dem Boden ein Abschlußring aufgebunden

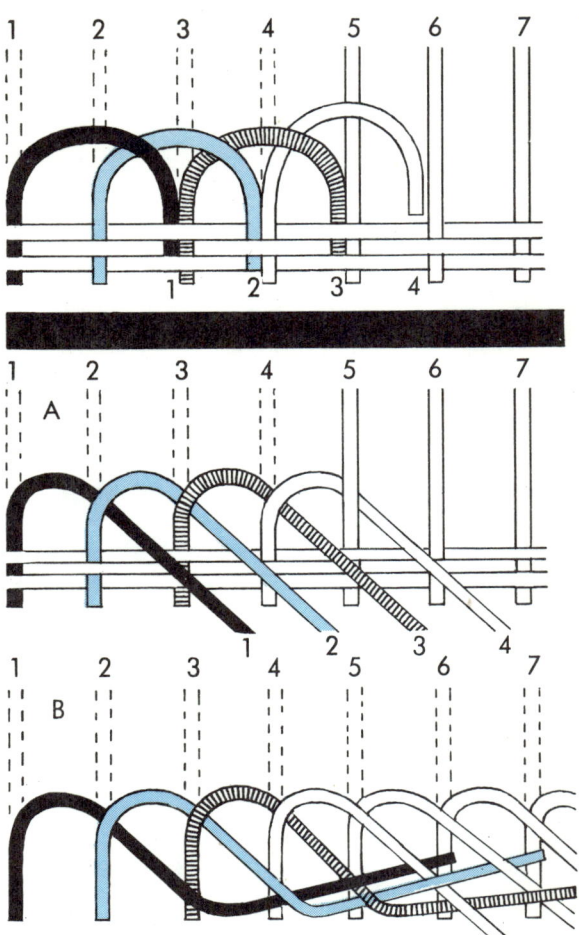

Randabschlüsse für Flechtwerk. Oben: Bogenförmiges Zurückführen der Wandstaken in die Flechtwand — Unten: Einfach geflochtener Rand, dargestellt in zwei Arbeitsgängen

schnitten ist und sein Ende angespitzt wurde, in eleganter Bogenführung neben den übernächsten in die Wand zurückführt.

Etwas komplizierter, dafür aber auch haltbarer wird der einfach geflochtene Rand. Man legt dabei Staken 1 hinter Staken 2, biegt ihn zum Fußende von Staken 3 hinunter und läßt ihn dort außenbords liegen. Dann kommt Staken 2 an die Reihe, der es dem Staken 1 gleichtut, nur daß er hinter 3 läuft und

vor 4 liegenbleibt. Zeigen alle Staken rundherum mit der Nase nach unten, so wird jedes Ende mit den drei rechts benachbarten in der Folge Unterschlag, Überschlag, Unterschlag verflochten, bis man den letzten Staken in die Schlußrunde ziehen kann. Dann zieht man rundherum alle Enden noch einmal gut stramm und läßt sie zuverlässig austrocknen, ehe man sie verputzt. Man kann die einzelnen Enden statt über drei auch über sechs benachbarte Staken

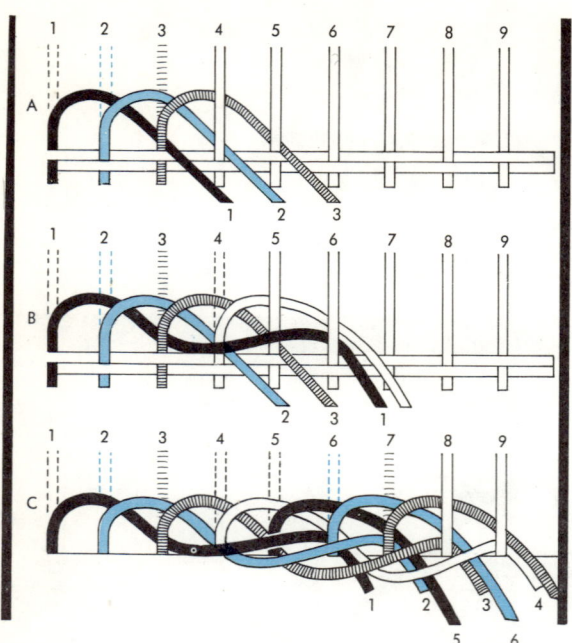

Der Zuschlag ist ein sehr solider und zugleich einer der meist gebräuchlichen Randabschlüsse. Die Zeichnung zeigt den Hergang seiner Entstehung in drei Arbeitsphasen

hinweg flechten. Doch bleibt der Rand selbst dann mehr Zierat als robuster Abschluß.

Das einzig Wahre auf dem Gebiet der Abschlüsse ist der sogenannte Zuschlag. Da es nahezu unmöglich ist, seine Entstehung mit Worten allein so zu beschreiben, daß man sie wirklich begreift, haben wir Ihnen auch diesen Vorgang aufgezeichnet.

Mit den ersten drei Staken ist die Geschichte noch einfach. Nr. 1 kommt hinter 2 und 3 und zeigt vor 4 nach unten. Dann folgt Staken Nr. 2, der hinter 3 und 4 kriecht und vor Nr. 5 liegenbleibt. Schließlich macht es Staken Nr. 3 mit den Nummern 4, 5 und 6 genauso. In der zweiten Flechtphase wird Staken Nr. 1 aufgenommen. Man führt ihn vorn über Nr. 4 und Nr. 5, sodann hinter Nr. 6 und läßt ihn vor Nr. 7 liegen. Jetzt wird die noch aufrecht stehende Nr. 4 abgebogen, hinter Nr. 5 und 6 und ebenfalls vor Nr. 7 geführt, so daß dort jetzt die Enden von Nr. 1 und 4 nebeneinan-

derliegen. Danach wird – wie aus Teilzeichnung C erkenntlich – die Nr. 2 aufgenommen. Man führt sie vor Nr. 5 und 6, dann hinter 7 und läßt sie vor Nr. 8 liegen. Zu ihr gesellt sich die noch stehende Nr. 5, nachdem sie Nr. 6 und 7 auf der Rückseite gerundet hat. Folgt nun Staken 3 vor 6 und 7, jedoch hinter 8, bleibt er vor 9 liegen und gesellt sich der stehende Staken 6 nach Durchlauf hinter 7 und 8 zu ihm, so liegen drei Stakenpaare vorn. Damit ist ein Stadium erreicht, das uns zwingt, etwas Neues zu ersinnen, damit die Sache weitergehen kann.

Das Neue besteht darin, daß aus dem zuerst gebildeten, vorn liegenden Stakenpaar die Nr. 4 aufgenommen, vor Staken 7 und 8, doch hinter Staken Nr. 9 gelegt wird. Der Staken Nr. 1 aus diesem Paar bleibt für alle Zeiten an seinem Platz. Statt seiner biegt man den letzten stehenden Staken, also die Nr. 7, nach rechts ab und legt ihn hinter Nr. 8 und 9, so daß nun dieser mit dem Ende von 4 ein neues Paar bildet. Danach verfährt man mit Nr. 5 und der stehenden Nr. 8 genauso und dreht auf diese Art und Weise seine Zuschlagrunde bis zum Schluß weiter. Schluß heißt in diesem Falle, daß wir wieder am Anfang angekommen sind, was uns insofern zunächst etwas ratlos dreinschauen läßt, weil wir jetzt keine weiteren stehenden Staken mehr vor uns haben, um die wir die letzten »Aufrechten« herumschlingen können. Diese müssen in den Anfang des Zuschlags verzogen werden. Das ist zugegebenermaßen nicht ganz einfach. Erstens muß man einen Augenblick grübeln, wohin man die letzten Staken stecken soll. Das wird einem indessen bald klar, wenn man sich das Bild des Anfangs genau anschaut. Zweitens ist das Geflecht so eng, daß die Enden nur mit Hilfe des Pfriems hineingehen. Drittens sind die Enden so stur, daß sie die erforderlichen Verrenkungen nicht gutwillig mitmachen. Am besten ist, man taucht den ganzen oberen Stakenkranz, ehe man mit dem Zuschlagflechten beginnt, für $^1/_2$ Stunde in heißes Wasser. Eine zusätzliche Geschmeidigkeit erhalten die Endstaken, wenn man sie mehrmals im Bogen zwischen Daumen und Zeigefinger hindurchzieht.

Hat die letzte Stakenweide Weg, Sitz und Ruhe gefunden, so muß der ganze Korb gut austrocknen, ehe er verputzt wird. Ist man mit dieser Schlußarbeit zu voreilig bei der Hand, kann es einem passieren, daß die Einschlag- und Stakenenden während des Weitertrocknens aus dem Geflecht herausrutschen und Löcher entstehen lassen.

Mit der Fertigstellung des Korbes haben wir eine, und zwar die grundsätzliche Art des Flechtens erlernt. Es gibt unzählige Varianten des Grundprinzips. Sie selber herauszufinden, macht nicht den geringsten Reiz der Sache aus. Da gibt es viel zu entdecken.

Ton in des Töpfers Hand

Mit dem Formen und Brennen von Ton nähern wir uns dem ersten handwerklichen Schöpfungsakt des Menschen. Ton ist nämlich das Material, aus dem der Mensch zum allererstenmal etwas gänzlich Neues hergestellt hat, indem er den Ton im Feuer zum Ziegel brannte. Offenbar tat er es häufig und tat er es gern, denn wenn man die geradezu unwahrscheinlichen Mengen von Tonscherben betrachtet, die von den Archäologen im Zuge ihrer Forschertätigkeit während der letzten hundert Jahre aus historischem Boden herausgeholt wurden, so könnte man fast auf den Gedanken kommen, daß es Jahrtausende gegeben haben muß, in denen der Mensch nichts anderes tat als Tontöpfe herzustellen. Und nirgendwo wird die Magie des Schöpfungsaktes so deutlich sichtbar, wie im Aufwachsen eines edlen Gefäßes aus dem gestaltlosen Tonklumpen unter den Händen des »Freidrehers«.

Der Freidreher ist ein Mann, der eine Form auf der rotierenden Töpferscheibe freihändig aufzieht. Ihm zuzuschauen, ist ein immer wieder faszinierendes Erlebnis, ihm nachzueifern, ein zwar begreifliches Verlangen, das jedoch für den Normalbastler nur in den seltensten Fällen Erfüllung finden wird.

Dabei wirkt die Tatsache, daß ein Töpfer früher sieben Jahre lang als Lehrling arbeiten mußte und allein Wochen brauchte, um seinen Tonklumpen überhaupt richtig in die Mitte der Scheibe zu bringen, auf die Mutigen weniger als Begeisterungsbremse denn der märchenhafte Dreck, den das Töpfern zwangsläufig mit sich bringt. Man kann sich nach Feierabend nicht einfach in städtischer Kleidung an die Töpferscheibe setzen. Zumindest muß man sich die Schuhe ausziehen, besser sogar auch noch die Strümpfe, um die Töpferscheibe mit dem erforderlichen »Zehenspitzengefühl« treten zu können. Erst aber muß man eine Töpferscheibe haben, und die muß in einem Raum stehen, in dem Wasser und Ton sich über alles und jedes außer der Sitzfläche des Töpfers hemmungslos ausbreiten dürfen. Die zumindest sollte sauber bleiben.

Zum andern braucht der Töpfer einen Brennofen, in dessen Hitze der Ton zum

»Scherben« gebrannt wird. In diesem Prozeß reift die Töpferware überhaupt erst zur Schönheit und Dauer aus. Die Lebensdauer des gebrannten Tonscherbens übertrifft die aller anderen Werkstoffe und findet nur im gewachsenen Stein eine Konkurrenz. Er hat weder Rost noch Motten, weder Holzwurm noch Fäulnis zu fürchten. Jahrtausende kann er in der Erde schlummern, und wenn der Mensch ihn auf seiner nimmermüden Suche nach Adam und Eva ausbuddelt, ist der Scherben so schön und frisch wie an seinem ersten Tag.

Die Aufbaukeramik

All dies aber darf und soll uns den Verzicht auf die Töpferscheibe nicht schwer machen. Uns bleibt der ermunternde Trost, daß wir auch mit der »Schmalspur-Töpferei«, der als Aufbaukeramik bekannten Technik des Tonformens, zu Resultaten von großer Schönheit und voller Gültigkeit kommen.
Bei der Werkstoffbeschaffung für unser feuchtes Hobby liegen die Dinge ähnlich wie beim Sammeln von Flechtmaterial. Ton (vgl. S. 55) kommt in mehr oder minder ausgedehnten Schichten überall auf der Erde vor. Deutschland erfreut sich sogar eines besonders großen Tonreichtums. Man könnte also Spaten und Eimer nehmen, seinen Ton selber graben und ihn so, wie er aus der Erde kommt – und wie es die alten Töpfer auch gemacht haben – verarbeiten. Man würde indessen mit diesem Rohstoff mancherlei Enttäuschungen erleben. Ton, der für unsere gehobenen Zwecke geeignet ist, muß einem verhältnismäßig komplizierten, vor allem aber langwierigen Schlemm- und Aufbereitungsprozeß unterzogen werden. Man bezieht den Ton deshalb der Einfachheit und auch der Zeitersparnis halber gebrauchsfertig aus einer Töpferei, von einer Spezialfirma oder als Keramik-Tonmehl aus einer Bastlerzentrale.
Ganz ohne aufbereitende Vorarbeiten kommen aber auch wir nicht aus. Trockenes Tonmehl muß selbstverständlich erst einmal – ähnlich wie Gips – in Wasser angemacht werden. Also erst Wasser in einen Topf und soviel Tonmehl einstreuen, wie das Wasser aufnehmen kann. Danach einen Tag absetzen lassen, den Brei auf saugfähiger Unterlage (Gipsplatten, unglasierte Ziegel) ausbreiten und warten, bis er sich leicht abheben läßt. Dann wird der Ton geschlagen. Dazu formt man ihn zum Block, schneidet ihn mit einem Ende Draht in zwei Hälften und klatscht die eine Hälfte mit Vehemenz auf die andere Hälfte. Das heitere Spiel hat den Zweck, den Ton gleichmäßig geschmeidig zu machen und die in der Masse eingekapselten Luftbläschen auszuschlagen. Sie würden später beim Brennen als Sprengladungen wirken. Das Schlagen muß so lange betrieben werden, bis der Ton »gängig« ist. Dafür bekommt man bald das richtige Gefühl. Man merkt es auch daran, daß der Draht beim Zerschneiden des Klumpens sich glatt und gleichmäßig durch die homogen gewordene Masse ziehen läßt wie durch ein Stück Butter.
Fette Tone, die allerdings keinerlei Fett im Sinne von Butter, Speck oder Schmalz enthalten, sind geschmeidiger und in sich zusammenhängender als magere. Sie eignen sich demzufolge besonders gut zum freien Formen, reißen jedoch beim Trocknen leicht. Wir arbeiten besser mit mageren Tonen, da sie sich gefahrloser trocknen und brennen lassen. Abmagerungsmittel für Ton sind reiner Quarzsand, Ziegelmehl, Schlämmkreide und Schamottemehl. Der fertige Ton wird in einem Zinkeimer aufbewahrt, über den ein feuchter Sack als Frischhaltepackung gelegt wird.
Der Ausdruck Aufbaukeramik verweist deutlich auf die Technik unserer handwerklich ziemlich einfachen Arbeit. In ihr geht das Formen Hand in Hand mit dem Bauen. Forderungen der Architektur und der Plastik durchdringen einander, was am deutlichsten in der Notwendigkeit sichtbar wird, dem im plastischen Zustand recht haltlosen Material nicht nur eine schöne Form, sondern auch Statik zu verleihen. Das heißt, unsere Arbeit muß »selbsttragend« auf-

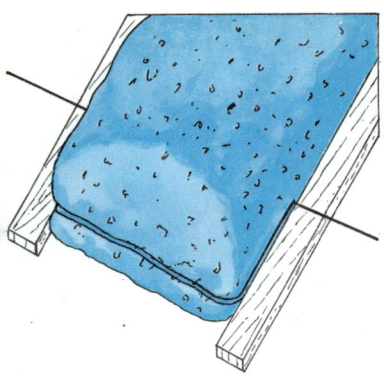

Das Aufteilen des geschlagenen Tonkuchens zu Platten und Streifen mit Schneidedraht und Richtlatten

gebaut werden, denn irgendwelche innere Stützen oder Verstrebungen verträgt die Tonform nicht. Als Bausteine stehen die quadratische bzw. rechteckige oder die runde Tonplatte und der Tonstrang, die gerollte »Wurst«, zur Verfügung. Wie man diese elementaren Bausteine formt, weiß jedes Kind. Wer eine Anleitung dazu braucht, schaue der Mutter und Hausfrau beim Brezelbacken in der Küche zu. Wie diese den fertigen Teig vor dem Ausrollen und Formen noch einmal kräftig durchwalkt, um ihn recht geschmeidig zu machen, so machen auch wir es mit dem Ton. Dabei sollte man sich jedoch daran gewöhnen, den Ton immer nur flach von einer Seite her anzudrücken, damit man keine Luft in die Masse hineinknetet. Als Arbeitsunterlage haben sich statt der schweren, leicht zerbrechlichen und zu stark saugenden Gipsplatten mittelstarke Sperrholzplatten gut bewährt. Da es gefährlich ist, wenn angetrocknete Tonkrümel in die neue Knetmasse geraten, ist die Arbeitsplatte unbedingt sauberzuhalten. Die Herstellung gleichmäßig starker Würste kann man sich erleichtern, wenn man aus dem rohen Ton ein backsteinartiges Gebilde formt, dieses auf den Tisch legt und an den beiden Langseiten mit zwei schmalen, aber gleich starken Latten flankiert. Zieht man nun in Höhe der Latten einen Schneidedraht quer durch den Kuchen und hebt das Oberteil ab, so liegt auf dem Tisch eine gleichmäßig starke Tonplatte, die man leicht zu Streifen mit quadratischem Querschnitt aufteilen kann, wenn man die Dicke der Richtlatte als Maß für die Streifenbreite nimmt. Man benutzt also beim Streifenschneiden die Latte als Lineal. Mit wenigen Rollbewegungen von Hand oder mit Hilfe eines Brettes sind dem »Tonstab« die Kanten gebrochen, und sein Querschnitt ist zum Rund geformt. Diese Methode hat gegenüber dem Rollen der Stränge aus dem Fladen den Vorteil, daß man nicht so leicht »hohle Würste« dreht.

Erinnern Sie sich bitte an den Aufbau eines Papierkorbes im Spiralgang des Bast- oder Strohstranges über der runden Bodenfläche (S. 132). Genauso entsteht in der Aufbaukeramik ein Gefäß aus der runden oder ovalen Bodenplatte und der rundlaufenden Tonwurst. Ob man den Boden aus einer Tontafel aussticht oder die Fläche ebenfalls aus der Wurst im Schneckengang anwachsen läßt, bleibt eine der vielen Variationsmöglichkeiten unseres Themas in Ton.

Bauelemente der Aufbaukeramik sind Tonplatte und Tonstrang. Dieser wird praktischerweise auf der Ränderscheibe zur Gefäßwandung aufgeschossen

Es bleibt auch dem einzelnen freigestellt, ob er seine Gefäßwandung aus einer ellenlangen Wurst aufschießt, oder ob er die einzelnen Runden aus einer Vielzahl von Wurstenden aufbaut, deren Längen dem jeweils erreichten Durchmesser entsprechen. Daß man bei dieser bequemeren Methode die Wand mit versetzten Stoßfugen in den einzelnen Wurstlagen aufmauert, versteht sich am Rande.

Wer als Vegetarier oder aus sonstigen Gründen etwas gegen Würste hat, der kann sein Gefäß auch mit Tonplatten in die Höhe treiben, ähnlich wie die Eskimos ihre Iglus aus Schneeblöcken aufrunden. Diese Technik allerdings setzt schon einige Vertrautheit mit den tönernen Geheimnissen voraus. Der Ungeübte bleibe im Anfang lieber bei der Wurst. Will er jedoch einmal nur bauen und folglich auf die Elementarformen dieser Tätigkeit, den Würfel oder Quader, zurückgreifen, weil er beispielsweise eine geradwandige Zigaretten- oder Butterdose als keramische Arbeit ausführen möchte, so wird er eine derartige Kastenform aus Tonplatten zusammenbauen. Auch der Weg zum Rundgefäß mit senkrecht aufsteigender Wand führt über die rechteckige Tonplatte, die zargenartig um das Bodenrund gelegt und mit einer Längsnaht »zusammengeschweißt« wird.

Diesem Verkitten oder Verstreichen der in der Aufbaukeramik nicht gerade seltenen Nähte gilt unsere besondere Aufmerksamkeit. Der naheliegende Versuch, den Ton in den Fugen mit Wasser zu erweichen und ihn »zusammenzukleistern«, gehört zu den Erzsünden der Aufbaukeramik, denn eine ungleichmäßige Durchfeuchtung des Gesamtgefüges muß im Interesse einer pannenlosen Austrocknung und Brennung auf jeden Fall vermieden werden.

Es kommt also alles auf die richtige Konsistenz des Tones an. Dafür nun sind Formeln leider nicht anzugeben. Der Ton ist gut, wenn er nicht mehr an den Fingern klebt, er ist zu trocken, wenn der Strang beim scharfen Abknicken bricht. Zwischen diesen beiden Polen liegt eine lange Skala von Schmiegsamkeitsgraden, aus denen der einzelne sehr bald den für seine Finger gängigsten herausfindet. Zwischen Statik und Formbarkeit muß die richtige Synthese gefunden werden. Der Ton darf nicht so weich sein, daß die Wand unter dem eigenen Gewicht zusammensackt wie Butter in der Sonne. Er soll sich andererseits aber auch leicht und mild verstreichen lassen.

Ein sehr praktisches Hilfsgerät für die Aufbautechnik im Spiralgang ist die Ränderscheibe. Sie sieht wie ein kleines, einbeiniges Tischchen mit drehbarer Platte aus, das man auf den Arbeitstisch stellt und während der Arbeit langsam weiterdreht. Die Ränderscheibe ist also in gewissem Maße die »Töpferscheibe des kleinen Mannes«. Man dreht ihre Platte und schießt dabei gleichzeitig den Tonstrang mit beiden Händen auf. In gleichmäßigen Abständen wird das hinzukommende Ende fest auf die untere Rundung gedrückt. Je nach dem Winkel, in dem man die neue Rundung auf die schon stehende Wand setzt, erreicht man mehr oder weniger starke Ausbuchtungen oder Einschnürungen der aufwachsenden Form.

Arbeitet man mit sehr magerem Ton, oder neigt seine Konsistenz zur Trägheit, so ist es gut, die Berührungszonen der Baustränge etwas aufzurauhen. Man kann das durch kreuzweises Einritzen mit dem Messer, oder durch leichten Druck mit dem Blatt einer groben Raspel erreichen. Sobald der Ring aufgesetzt ist, muß er sofort innig mit der unteren Rundung verbunden werden, indem man den Ton von der äußeren »Wurstpelle« nach unten in die rundlaufende Rille verschmiert. Wird das nicht gleich gemacht, so findet die Hand nachher im Innern des wachsenden Gefäßes keine genügende Bewegungsfreiheit mehr. Man schmiert am besten mit dem Finger oder auch mit einem glatten Modellierholz, das man sich aus Hartholz schneidet und in Leinöl kocht.

Oberflächenbehandlung

Kaum ein anderer Werkstoff erlaubt einer regen Phantasie eine derartig lebendige und vielseitige Oberflächengestaltung wie der Ton. Der Aufbau im Spiralgang oder durch Schichtung einzelner Ringe allein schon gibt dem Gefäß eine reizvolle Struktur, aus der deutlich die Geschichte seines Werdegangs abzulesen ist. Man kann die Oberfläche aber auch, nachdem sie leicht angetrocknet ist, durch Schlagen mit einem Löffel oder einem glatten Holz völlig dicht machen. Eine noch glattere, glänzende Oberfläche erzielt man, wenn man sie in lederhartem Zustand mit einem feuchten Tuch abreibt. Lederhart nennt der Töpfer ein noch nicht bis zum völligen Verlust seiner plastischen Eigenschaft durchgetrocknetes Werkstück. Auch mit dem Falzbein läßt sich eine lederharte, leicht angefeuchtete Oberfläche glattreiben. Wünscht man eine weniger perfektionierte Gefäßhaut, so kann man sie mit dem Messer abschaben.

Wer einen zusätzlichen plastischen Zierat seines Gefäßes in Form von geprägten Ornamenten oder Linienmustern wünscht, führt diese Arbeiten ebenfalls in lederhartem Zustand mit einem Holzgriffel aus. Man hüte sich dabei jedoch vor Entartung und Überladung, denn die Keramik soll in erster Linie durch ihre Form wirken.

Ist alle plastische Arbeit am Werk beendet, muß es völlig austrocknen. Es muß, ehe es in den Brennofen wandert, »knochentrocken« sein, wie der Töpfer sagt. Zu diesem Zweck das Gefäß auf die Zentralheizung oder in die Sonne zu stellen, wäre verfehlt, denn der Trockenprozeß muß sehr langsam, möglichst in feuchten Räumen vor sich gehen, um die Gefahr des Reißens zu bannen. Über die Dauer des Trocknens können bindende Werte nicht angegeben werden. Sie ist von der Luftfeuchtigkeit sowie von Größe und Wandstärke des Werkstückes abhängig und schwankt zwischen einer Woche und einem Monat. Während dieser Zeit darf man die Stücke aber nicht einfach sich selbst überlassen, sondern

muß sie mehrfach drehen und wenden, damit sie völlig gleichmäßig, und zwar auch vom Boden her, durchtrocknen. Andernfalls ziehen sie sich schief.

Wenn keramische Arbeiten während des Trocknens einmal reißen — und sie tun das um so leichter, je fetter der Ton ist —, so ist das eine Panne. Wenn sie dagegen zusammenschrumpfen, dann ist das ein natürlicher Vorgang, der hingenommen, bestenfalls beim Modellieren schon berücksichtigt werden muß. Je nach seiner Zusammensetzung schwindet der Ton während des Trocknens und Brennens mehr oder weniger. Maßhaltiges Arbeiten ist also nur möglich, wenn man das Schwundmaß seines Werkstoffs in einem Laboratoriumsversuch austestet. Man kann den Verringerungskoeffizienten einer zumindest für die Bastlerpraxis hinreichenden Genauigkeit feststellen, wenn man die Kantenlängen einer Tonplatte in frischem und in knochentrocknem Zustand ausmißt, die Maßdifferenzen in Prozenten ausdrückt und diese Werte später bei der Arbeit in den Größenabstimmungen seines Werkstückes berücksichtigt. Im allgemeinen wird man es so genau nicht nehmen.

Das Brennen ist, darüber müssen wir uns ganz klar sein, für den Heimkeramiker die am schwersten zu überwindende Klippe. Die Hitze der Ofenröhre langt dazu nicht aus. Der einzig brauchbare Weg aus diesem Notstand führt über die freundschaftlichen Beziehungen zu einer benachbarten Töpferei oder keramischen Werkstatt. Der Eigenbau eines Brennofens ist zu umständlich und schwierig; der Kauf eines kleinen, elektrisch- oder gasbeheizten Ofens bestenfalls einer kapitalkräftigen Interessengemeinschaft möglich. Wer gar keinen Weg findet, an einen Brennofen heranzukommen, dem bleibt nur der Verzicht auf diese schöne urschöpferische Tätigkeit. »Behüt' dich Gott, es wär' so schön gewesen…« Zugegeben, dieser Satz hätte zu Anfang des Kapitels stehen sollen; es wäre menschenfreundlicher gewesen. Dann aber wären allzu viele Flinten ins Korn geworfen worden. So aber hat vielleicht manch einer Appetit bekommen und macht sich doch auf die Suche nach einem Brennofen. Damit ist schon viel gewonnen, denn wo ein Wille zum Gestalten ist, dort öffnen sich eines Tages auch die Türen eines gastlichen Ofens.

Das Kleid der Töpferware

Das keramische Werken hat zumindest zwei Aspekte. Hatten wir im Voraufgehenden die Maxime aufgestellt, daß im Vordergrund jeden Bemühens auf diesem Gebiet die Sprache der Form zu stehen habe, so ist doch nicht wegzuleugnen, daß ein schönes Gewand die Wirkung einer edlen Tonform wesentlich unterstreichen und steigern kann. Das Kleid der Töpferware aber ist die Glasur im weiteren Sinne. Sie ist unter anderem auch das Trostpflaster für so manchen, der vergeblich nach einem Brennofen in seiner unmittelbaren Nachbarschaft sucht. Ja, es gibt sogar eine Menge Menschen, für die das gesamte Gebiet der Keramik überhaupt erst interessant wird, sobald es um den farbigen Fluß der Glasur geht. Sie betrachten die Wandung einer Tonvase, eines Tellers oder Kruges ausschließlich als Trägerfläche für einen dekorativen Überzug und setzen ihre Initiative erst dort in Aktion, wo die Arbeit des Formens und Brennens – zumindest des Vorbrandes – schon getan ist. Sie gehen in einen Bastel-Laden, kaufen sich vorgebrannte Töpfe, versehen sie in ihrer Alchimistenküche mit kunstvollen Glasuren und Malereien und lassen sie zum Schluß von einer Lohnbrennerei, und sei sie noch so weit entfernt, fertig backen. Der Weg ist durchaus gangbar, denn vorgebrannte Töpferware ist bei guter Verpackung den Strapazen der Beförderung gewachsen. Der ursprüngliche Sinn der Glasur besteht nun allerdings nicht darin, einen irdenen Topf schönheitskonkurrenzfähig zu machen, sondern ihn abzudichten. Einfach gebrannte Irdenware, wie sie uns im simplen Blumentopf begegnet, wird im sogenannten Schrüh- oder Biskuitbrand auf rund 950 Grad erhitzt und bekommt dabei je nach Zusammenset-

zung des Tons eine gelbliche bis ziegelrote Oberfläche, die stark porös und wasserdurchlässig ist. Durch einen glasartigen Überzug – daher der Name Glasur – wird der Scherben poren- und wasserdicht.

Die Zusammensetzung der Glasur ist eine Geheimwissenschaft für sich. Wir brauchen uns damit nicht unnötig zu belasten, denn wir kaufen uns sowohl farblose wie auch farbige Glasuren der Einfachheit halber in gebrauchsfertigem Zustand. Dabei handelt es sich normalerweise um sogenannte »gefrittete« Glasuren, deren Bestandteile im Frittofen gebrannt und zu feinem Pulver zermahlen wurden. Zusätze von bestimmten Metalloxyden machen transparente Glasuren farbig. Sie werden laut Gebrauchsanweisung mit Wasser zu einer nicht zu dünnen Suppe aufbereitet und auf den vorgebrannten Scherben gebracht. In einem zweiten Brand, dem Garbrand, fließt die in trockenem Zustand praktisch aus Glaspulver bestehende Glasur und verdichtet sich zu einer harten geschlossenen Haut. Jede Glasur hat ihre eigene Fluß-Temperatur, die beim Garbrand erreicht werden muß. Bei den gebrauchsfertigen Glasuren ist diese Temperatur stets angegeben. Sie liegt zwischen 900 und 1100 Grad.

Man kann die Glasur, wenn man ihr ein Haftmittel (Dextrin) zusetzt, auch auf die lederharte Oberfläche des ungebrannten Tons aufbringen und das Ganze in einem einzigen Brand brennen, doch ist dies Verfahren mit Vorsicht zu genießen. Auch das Haftmittel schützt nicht zuverlässig vor dem partiellen Abblättern der Glasur während des Brennens.

Soll ein Tongefäß seine Naturoberfläche behalten und nur von innen glasiert werden, so füllt man mit einem Schöpflöffel etwas von der gut durchgerührten Glasursuppe in den Topf, schwenkt ihn sorgfältig damit aus und gießt den überschüssigen Rest unter ständiger Drehbewegung des Gefäßes in die Suppenschüssel zurück. Das muß ziemlich flink vor sich gehen, denn der poröse Scherben wirkt auf das Wasser der Glasur wie ein trockener Schwamm. Sobald alles

Wasser verdunstet ist, bleibt die Glasur als gleichmäßig verteilte Pulverschicht auf dem Scherben zurück. Vorsicht, sie wischt sich leicht weg!

Das Außenglasieren kleinerer Stücke erfolgt im Tauchverfahren. Das Stück wird ganz kurz bis zum oberen Rand in die Glasurflüssigkeit getaucht. Wer dabei im Zeitlupentempo arbeitet, bekommt eine zu dicke Glasurschicht auf den Scherben, wodurch während des Brandes der nicht immer erwünschte Effekt der Laufglasur entsteht. Nur wenn eine Oberfläche aus dunkelbrennendem Ton mit einer hellfarbigen Glasur überzogen werden soll, darf man ein solches Stück etwas länger tauchen.

Bei größeren Stücken würde das Tauchverfahren ein unwirtschaftlich tiefes Glasurbad erfordern. Man glasiert sie deshalb nach der Schöpfkellenmethode, indem man das betreffende Gefäß über die Mutterflüssigkeit hält und diese mit der Schöpfkelle vom oberen Rande her über den Scherben gießt. Dabei wird das Gefäß langsam gedreht, damit sich die Glasur gleichmäßig auf die ganze Oberfläche verteilt. Überschüssige Glasur, die in Tropfen am Boden hängenbleibt, wird mit der Fingerspitze abgetupft. Da es sich nicht vermeiden läßt, daß die haltenden Finger der linken Hand kleine Inseln im Überzug zurücklassen, wird das Gefäß, nachdem man es vorsichtig abgestellt hat, ausgebessert. Man läßt etwas Glasurflüssigkeit vom Finger auf die freigebliebenen Stellen tropfen und überdeckt sie damit.

Wichtig ist, daß der Boden des Gefäßes von Glasur freibleibt, um beim Brennen unliebsame Verkleisterungen auf der Standfläche zu vermeiden. Darauf ist besonders beim Glasieren im Tauchverfahren zu achten. Dem Boden anhaftende Glasurflüssigkeit wird mit dem Spachtel weggekratzt, dann wischt man mit einem feuchten Schwamm nach.

Fettige Hände, die den Topf halten, hinterlassen unweigerlich Fehlstellen in der Glasur, denn wo Fettspuren auf dem Scherben sitzen, perlt die wässerige Glasurflüssigkeit ab. Und noch eins: Rühren Sie Ihre Glasurbrühe ständig gut durch.

Das Übergießen des vorgebrannten Scherbens mit der Glasurflüssigkeit

Glasuren sind keine Lösungen, sondern Gemische. Die gefritteten, glasartigen Bestandteile schweben im Wasser und sinken aufgrund ihrer Schwere schnell auf den Boden. Zwar gibt es Glasuren mit sogenannten »Stellmitteln«, die das Absetzen verzögern, aber das Rühren bleibt auch bei ihnen die unerläßliche Voraussetzung für einen gleichmäßig satten Glasurauftrag.

Da uns nicht nur transparente, sondern auch farbige Glasuren zur Verfügung stehen, ist uns mit ihnen auch ein Mittel gegeben, die Außenhaut eines Gefäßes farbig zu gestalten. Man könnte etwa einen Topf schräg in eine farbige Glasurflüssigkeit tauchen, könnte mit dem Schöpflöffel eine Glasur über die andere gießen oder sie mit einem weichen Pinsel in mehr oder weniger genialem Schwung aufschlagen.

All diese Möglichkeiten werden auch

zur Erzielung von Farbeffekten eifrig ausgenutzt, nur entzieht sich deren Werdegang zumeist der Kontrolle, so daß dieses Verfahren ein Spiel mit dem Zufall bleibt. Die gelenkte Technik der Farbgebung beginnt bei der Engobe- oder Schlicker-Malerei. Malmittel ist die Engobe, worunter ein Tonschlicker zu verstehen ist, dem Zusätze von Metalloxyden oder naturgegebene Beimengungen die Eigenschaft verleihen, farbig zu brennen. Die jeden Bedarf aufspürende Industrie erleichtert uns wieder einmal das Leben und liefert die Engobe in fertiger Mischung als ein feines, farbiges Pulver. Man hat nichts weiter zu tun, als daraus mit Wasser eine milde fließende Masse von der Konsistenz und Ebenmäßigkeit einer guten Vanillensauce anzurühren. Wie in dieser, so bleibt auch in der Engobe jede Art von Klunkern und Krümeln unerwünscht. Es ist deshalb ratsam, das Engobe-Malgut vor dem Gebrauch durch ein feines Sieb zu schlagen.

Im Gegensatz zur Glasur, die auf den im Schrühbrand vorgebrannten Scherben gegossen wurde, trägt man die Engobe auf den noch rohen, lederharten Ton der Keramik auf und läßt sie zusammen mit diesem weiter austrocknen, ehe das Stück in den Ofen wandert. Dieses Verfahren bedingt, daß der Engobeschlicker, der zur Hauptsache aus Ton besteht, annähernd den gleichen Schwundkoeffizienten hat wie die Grundmasse, das heißt wie der Ton der Gefäßwandung, der die Engobe aufgetragen werden soll. Darauf also ist bei Auswahl und Abstimmung der Werkstoffe zu achten. Andernfalls platzt der Farbauftrag während des Trocknens und Brennens von der Wandung ab.

Die Möglichkeiten der farblichen Oberflächengestaltung mit Hilfe der Engobe-Technik sind recht vielseitig. Sie beginnen beim vollständigen oder teilweisen Übergießen der Oberfläche mit dem Tonschlicker. Man verfährt dabei genauso wie beim Glasieren eines Tontopfes. Auf diese Weise bekommt das Gefäß einen gleichmäßig farbigen Überzug. Auch das Nebeneinandergießen oder partienweise Übereinandergießen

verschiedenfarbiger Engoben ist möglich.

Eine wesentlich leichter zu kontrollierende »Musterung« bietet die Wischtechnik. Man engobiert das Gefäß und wischt unmittelbar danach den noch feuchten Schlicker streifenweise mit dem Finger weg. Der Farbwechsel ergibt sich bei dieser Methode aus der Originalbrennfarbe der Grundmasse und aus dem Farbton der stehengebliebenen Engobe. Von hier aus ist es nur ein kleiner Schritt zum Ausschaben von ganzen Flächen, Linienmustern oder figürlichen Darstellungen aus der angetrockneten Engobeschicht. Das macht man mit einem Messer oder einem Stahlgriffel. Diese Technik ermöglicht neben dem Aufbringen flächiger Musterungen auch eine reliefartige Belebung der Gefäßwandung, wenn man mit dem Schlicker auch die oberste Schicht der noch lederharten Grundmasse wegschabt.

Freiesten künstlerischen Schwung erlaubt indessen die Engobe-Malerei, die man entweder direkt auf der Haut des Gefäßes oder auch auf einer vorher aufgegossenen Engobeschicht betreiben kann. Die sämige Konsistenz des Schlickers und die Unmöglichkeit bei dieser Art von Malerei, Korrekturen auszuführen, legen der Methode zwar einige Fesseln an, sichern ihr aber gleichzeitig damit eine gewisse naive Ursprünglichkeit von hohem Reiz.

Wer es kann, darf die Engobe mit dem Pinsel auftragen. Die meisten Menschen aber können es nicht, weil der Tonschlicker dazu reichlich steif ist. Aus diesem Grunde haben die alten Engobe-Maler das Malhorn ersonnen, aus dem man den suppigen Tonbrei auf den Malgrund gießt. Das Malhorn sieht ungefähr so aus und wirkt genauso wie eine kleine Gießkanne mit kleinkalibriger Tülle. Wer das Geld für einen solchen Apparat sparen will, suche im Haushalt nach einem Gefäß ähnlicher Konstruktion, dessen Tülle man mit Hilfe eines Federkiels im durchbohrten Korken zur richtigen Weite umbaut. Moderne Menschen mit sehr zartfühlenden Händen benutzen einen Spritzball aus Gummi.

Die Engobe-Malerei mit einem dieser beiden Geräte erfordert die Seelenhaltung eines Turmspringers im Schwimmstadion und eine sehr sichere Hand. Genausowenig, wie man Farbe, die einmal sitzt, wegwischen kann, ist es möglich, einen zu mager geratenen Strich durch abermaligen Engobeauftrag zu korrigieren. Schauen Sie sich beispielhafte Engobe-Malereien an, bevor Sie sich selbst in dieses fesselnde Abenteuer der Endgültigkeit stürzen! Sie werden sehen, daß die Bauelemente der Technik aus Punkten, kurzen Schwüngen und rasch hingeworfenen Wellen bestehen.

Das Malen eines Hohlgefäßes wird am sichersten so ausgeführt, daß man sich den Topf über die linke Hand stülpt und die Engobe rechtshändig auf die waagerecht gehaltene Fläche aufträgt. Bevor man dieses Wagnis eingeht, ist es allerdings ratsam, das Temperament des Malhorns erst einmal auf einer Abfall-Oberfläche auszuprobieren. Dazu ist, falls keine Scherben zur Verfügung stehen, dickes Packpapier geeignet. Schütteln Sie auch dann, wenn Sie die richtige Konsistenz der Engobe hinreichend ausprobiert haben, das Malmittel während der Arbeit ständig kräftig durch, damit der Fluß gleichmäßig bleibt und der Tonschlamm sich nicht am Boden des Malhorns absetzt. Je pastöser der Auftrag erfolgt, um so plastischer liegt die farbige Malerei auf der Grundmasse. Die Engobe wird, da es sich bei ihr ja um einen Tonschlamm handelt, nach dem Brennen stumpf und kreidig. Die Oberfläche ähnelt der eines rohen irdenen Topfes. Ihre volle Leuchtkraft bekommen die Farben erst, nachdem der ganzen Oberfläche im nachfolgenden Garbrand eine transparente Glasur aufgebrannt wurde.

Majolika oder Fayence

Damit ist die Engobe-Technik der Unterglasur-Malerei zuzuordnen, die in anderer Art auch mit speziellen, fertig käuflichen Unterglasur-Farben ausgeführt wird. Diese Farben ähneln in ihrem Cha-

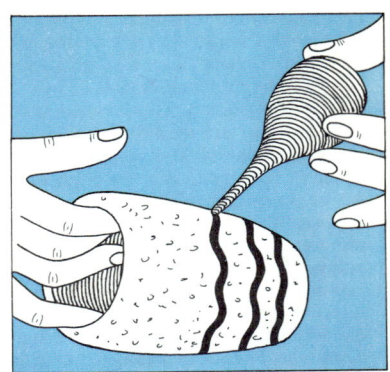

Die Engobe-Malerei kann man statt mit dem althergebrachten Malhorn auch mit einem kleinen Spritzball aus Gummi ausführen

rakter den Aquarellfarben aus dem »Tuschkasten«, werden wie diese mit dem eingefeuchteten Pinsel aufgelöst und auf den hart gebrannten Scherben aufgetragen.

Von diesen Maltechniken unterscheidet sich wesentlich die Majolika- oder Fayencemalerei, bei der das wirkliche Malen mit dem Pinsel als Dekorationstechnik die Hauptrolle spielt. Beide Benennungen bezeichnen ein und dasselbe Verfahren. Der Name Majolika leitet sich von der Insel Mallorca ab, wohin diese Art der Keramik mit ihrem prächtigen Dekor im 9. Jahrhundert n. Chr. durch die Araber gelangte. Die Technik selbst ist sehr viel älter. Schon aus der Zeit um 500 v. Chr. finden sich echte Fayencen in den Kachelwänden persischer Paläste. Von den Balearen drang die Technik nach Italien vor, wo sie seit dem 15. Jahrhundert zu hoher Blüte gelangte. Nach den berühmten Werkstätten in der Stadt Faenza erhielt die Technik ihren französischen Namen Fayence. Weltberühmt wurden später die Delfter Manufakturen, wo die Fayence, von den holländischen Seefahrern mitgebracht, seit dem 17. Jahrhundert als Nachahmung der chinesischen Porzellane gepflegt wurde.

Kriterium der echten Fayence ist der Gehalt an Zinnoxyd in der weißdeckenden Grundglasur, in die besondere, nicht verlaufende Farben hineingemalt werden. Farbe und Glasur durchdringen einander während des Brennprozesses, der den Farben überhaupt erst ihre volle Leuchtkraft und Reinheit verleiht.

Die weißbrennende Grundglasur wird nach der uns schon bekannten Praxis auf den im Schrühbrand gehärteten Tonscherben gebracht, dem sie nach dem Austrocknen als weiße Staubschicht aufliegt. Auf dieser pulverigen Schicht, die mit unglaublicher Gier und Geschwindigkeit jede Spur von Feuchtigkeit aus dem Pinsel saugt, muß gemalt werden. Erschwerend kommt hinzu, daß die Majolika-Farbe, die in einer reichen Skala von Farbtönen käuflich ist, ähnlich wie die Glasur im Grunde nichts anderes ist als staubfein gemahlenes Glas, das im Wasser schwebt. Man gibt der Majolika-Farbe zwar etwas Dextrin bei, aber auch dadurch wird sie nicht wesentlich geschmeidiger.

Diese Widerborstigkeit sowohl der Farbe wie auch des mehligen Malgrundes kann man nur mit einem sehr flotten, sehr zügigen, über die Oberfläche hinweghuschenden Pinselstrich überlisten. Irgendwelches voraufgehendes Skizzieren des Entwurfs mit dem Bleistift in der trockenen Glasurwüste ist nicht möglich. Daher auch der frische »improvisierte« Charakter einer gekonnten Fayence-Malerei.

Der Neuling auf diesem Gebiet kommt um Pinselübungen mit der Majolika-Farbe auf dem Papier oder auf Probescherben nicht herum, sollen ihm allzu grobe Mißerfolge die Begeisterung nicht zerschlagen. Allerdings gibt es bei der ganzen Geschichte einen Trick, der zwar 80 Prozent aller technischen Schwierigkeiten behebt, den der zünftige Majolika-Maler aber als eine seiner Kunst unwürdige Eselsbrücke ablehnt. Der Trick besteht darin, daß die Grundglasur bei mäßiger Ofenhitze vorgebrannt wird und sich nun dem Pinsel als bequemer Malgrund darbietet. Der Übende mag zu dieser Hilfe greifen; ist er jedoch zur Meisterschaft gelangt, wird er von selbst bereit sein, den Weg in die Staubwüste der ungebrannten Glasur zu gehen.

Wer bei der Majolika-Malerei nicht dem Rausch der Farbe verfällt, der werfe den ersten Stein auf den Anfänger, der in seiner Schwachheit eine geschmackliche Sünde begeht. Die Majolika ist die Vollendung des keramischen Dekors. In ihr sind auch heute noch die Märchen aus 1001 Nacht lebendig und wirksam. Besonders der malerisch Begabte kann sich leicht in diesem Wunderland verlieren.

9 Wohnlichkeit aus Bastlerhand

Ohne Licht kein Leben, und ohne hübsche Lampe keine Gemütlichkeit im Heim. Kein Wunder also, daß der Betätigungsdrang des Bastlers, sobald er im Umgang mit den gebräuchlichsten Werkstoffen und in den elementaren Fertigungstechniken einigermaßen sattelfest geworden ist, um den Bau von Lampen und Leuchten zu kreisen beginnt. Um das Gebiet abzugrenzen, wollen wir uns zunächst auf die Herstellung einer Stehlampe beschränken. Von hier aus zu den Wand- und Deckenleuchten vorzustoßen, ist, wenn wir erst einmal das Bauprinzip beherrschen, nicht mehr schwierig.

Eine Stehlampe besteht aus dem Lampenfuß, der eigentlichen Lichtquelle einschließlich ihrer Installation und dem Schirm als jenem Teil, mit dem in erster Linie die Lampe ihre innenarchitektonische Wirkung erzielt. Als Material für den Fuß kommen vornehmlich Holz und Metall, aber auch Keramik oder sogar Glas in Frage. Der Aufbau eines Lampenfußes aus Holz erfolgt in zwei Etappen, denn wir müssen, da wir im folgenden rein konstruktiv denken, den Fuß in Grundplatte und Säule unterteilen.

Die Grundplatte kann entweder quadratisch oder rund gehalten werden. Die Wahl des Holzes wird vom Geschmack des einzelnen diktiert. Geeignet sind alle harten und mittelharten Hölzer von charaktervoller Oberfläche. Das gilt für die Grundplatte wie für die Säule.

Der einfachste und schnellste Weg zur runden Grundplatte führt über die Arbeit an der Drechslerbank. Wem diese maschinelle Hilfe versagt ist, der übertrage die im Kapitel 4 beim Schnitzen einer runden Schale erworbenen Fähigkeiten sinngemäß auf den Bau der Grundplatte.

Ähnlich wie die Schale, muß auch die Platte, nachdem das Rund im Rohzustand fertig ist, von unten her ausgehöhlt werden, doch soll das nur so weit geschehen, daß ein Stehrand und der notwendige Raum für die Unterbringung des Zuleitungskabels einschließlich des Druckschalters geschaffen wird. Jede unnötige Schwächung der Platte ist zu vermeiden, damit sie nicht an Gewicht verliert. Je schwerer die Platte, um so sicherer steht die Lampe.

Allerdings ist die Standfestigkeit nicht allein vom Gewicht, sondern auch von der Beschaffenheit der Berührungsfläche mit Tisch oder Fußboden abhängig. Je weniger Berührungsfläche, um so besser. Wir lassen deshalb an der Unterseite der Platte nur einen 15 bis 17 mm breiten Rand in voller Materialstärke stehen und setzen die gesamte Mittelpartie etwa 6 mm tief gegen diesen Rand ab.

Die statische Erfahrung, daß ein dreibeiniger Tisch selbst auf einem welligen Fußboden nicht wackelt, kann man sich auch beim Lampenfuß zunutze machen, indem man nicht den ganzen Rand als Standfläche ausnutzt, sondern die Lampe nur auf drei Punkten ruhen läßt. Eine von mehreren Möglichkeiten zur Schaffung derartiger Fußpunkte bieten kleine Holzkugeln, die man mit Dübeln auf dem Rand befestigt. Den richtigen Abstand der Ansatzpunkte für die Kugelfüße findet man, wenn man den Durchmesser des Kreises, auf dem diese Punkte liegen, in den Zirkel nimmt und ihn dreimal auf der Peripherie des Kreises abträgt.

Diese Bauweise gestattet es später, das Zuleitungskabel von unten her in den Fuß einzuführen. Eleganter ist es allerdings, einen Kabelkanal von der Außenkante her radial bis in den Mittelpunkt der Grundplatte zu bohren. Hier hat man zuvor eine kleine Kammer ausgestochen, in die von oben her die Lampensäule einmündet. Dem Eingang des Kanals kann man mit einer Messing- oder

Kunststoffbuchse einen kabelschonenden Randabschluß geben.

Durch den Mittelpunkt der Platte wird sodann von oben her mit einem möglichst großen Zentrumbohrer der Durchbruch für die Säule bis in die von unten her ausgehöhlte Kabelkammer gebohrt. Wer handwerklich geschickt genug dazu ist, erweitert die obere Partie des Durchbruchs auf genauen Säulendurchmesser, damit die Säule in ihrer vollen Stärke um etwa 5 mm in die Platte versenkt werden kann. Bei kleineren Lampenmodellen, deren Säulendurchmesser nicht größer ist als der des größten zur Verfügung stehenden Zentrumbohrers, bohrt man zunächst mit dem großen Kaliber die Platte rund 5 mm an und bohrt dann mit einem kleineren Bohrer weiter. Auch so kommt der gewünschte Falz im Durchbruch zustande. Am leichtesten, schnellsten und genauesten sind all diese Arbeiten, da sie ja ausschließlich zentral ausgerichtet sind, auf der Drechslerbank auszuführen.

Nur den Durchbruch für den Druckschalter und den etwas ausgeweiteten Raum für dessen Gehäuse muß auch der Besitzer einer Drechslerbank von Hand arbeiten. Der Schalter soll bei Tischlampen in der Randzone der Platte, und zwar gegenüber der Kabeleinmündung, sitzen. Montiert wird der Schalter mit Hilfe der ihm vom Hersteller mitgegebenen Verschraubung. Die Art der Anbringung wird beim Anblick des Schalters sofort klar. Wächst sich das Modell bis zur Größe einer Bodensteh-

lampe aus, so wird der Schalter in die Säulenwandung verlegt, sofern man sich nicht mit einem Zugschalter in der Lampenfassung begnügt. Diese Möglichkeit ist selbstverständlich auch bei der Tischlampe gegeben, wodurch die Arbeit an der Platte etwas einfacher wird. Stößt der abgesetzte Durchbruch durch die Fußplatte aus Mangel an geeignetem Werkzeug oder an dem nötigen Selbstvertrauen auf Schwierigkeiten, so bohre man ihn mit einem Durchmesser, der um mindestens 1 cm hinter dem der Säule zurückbleibt. Der Falz wird in diesem Falle nicht an der Bohrwandung, sondern nur am unteren Säulenende angebracht, so daß die Säule nicht mit ihrer ganzen Dicke in die Platte hineingreift, sondern deren Oberfläche aufsitzt.

An die endgültige Formgebung und Oberflächenbehandlung der Platte geht es natürlich erst, wenn die »Bauarbeit« abgeschlossen ist. Es ist ja nicht gesagt, daß die Platte plan wie ein Brett bleiben muß. Man kann ihr genauso gut eine gewölbte Form geben oder sie als Halbkugel gestalten, sofern die Maserung des Holzes dazu reizt. Die »Belebung« der Platte mit aufgeklebten Holzhunden, Eulen oder Rettungsringen sollte allerdings ebenso unterbleiben wie der Einbau von Uhren, Aschenbechern oder Barometern.

Das konstruktive Problem der Lampensäule liegt in der Bohrung ihrer »Seelenachse« als Kanal für die Zuleitung zur Lampenfassung. Auf das Bohren müssen

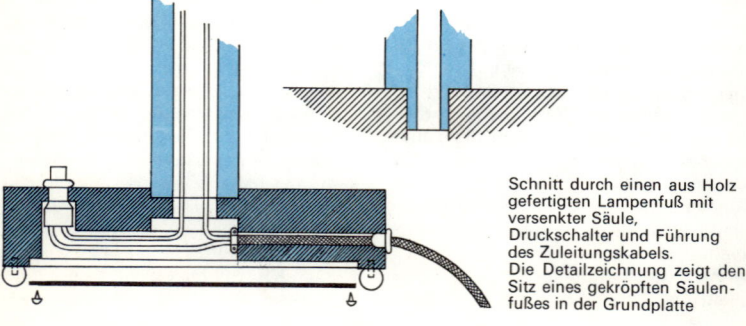

Schnitt durch einen aus Holz gefertigten Lampenfuß mit versenkter Säule, Druckschalter und Führung des Zuleitungskabels. Die Detailzeichnung zeigt den Sitz eines gekröpften Säulenfußes in der Grundplatte

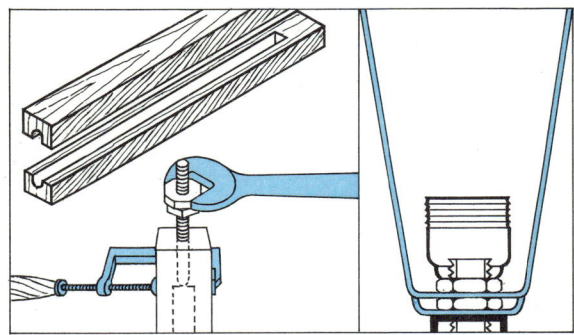

Bau einer Lampen-
säule aus dem auf-
geschnittenen Vier-
kantholz mit aus-
gehobenem Kabel-
kanal. Eindrehen
des Gewinde-
stutzens und
Montage des
Schirmträgers

wir hierbei von vornherein verzichten, denn selbst wenn es Bohrer von der Länge einer normalen Lampensäule gäbe, so würde die Sache doch buchstäblich schiefgehen.

Statt dessen montieren wir die Säule aus zwei vorbehandelten Teilen. Der zunächst als Vierkant roh vorgeschnittene Stab, der später zur runden Säule weiter zu bearbeiten ist, wird erst einmal der Länge nach aufgetrennt. Der zweite Arbeitsgang besteht darin, in den neuen Schnittflächen je eine langlaufende Nut von reichlich halber Tiefe des Kabeldurchmessers auszuheben. Das macht man mit einem Hohleisen, und zwar richtet sich die Breite der Nut, die auf beiden Teilhölzern mit gleichmäßigem Kantenabstand angerissen wird (Streichmaß!), nach der Breite des vorhandenen Hohleisens, damit man mit einem Stich auskommt. Sind die Furchen gezogen, werden die Teilhölzer wieder aufeinandergeleimt. Hierzu müssen die Flächen sehr sauber abgerichtet und nach dem Leimauftrag mit mehreren Schraubzwingen unter gehörigen Abbindedruck gesetzt werden, denn die Leimfuge soll nicht nur halten, sondern auch möglichst unsichtbar bleiben.

Und noch etwas ist zu beachten! Die beiden Nuten, die im zusammengeleimten Säulenholz den Kabelkanal bilden, sollen nicht bis obenhin durchlaufen. Lassen Sie die oberen 4 cm des Säulenkopfes geschlossen und bohren Sie dieses Stück nach dem Zusammenlei-

men der Teilstücke von oben her mit einem 9-mm-Bohrer aus. Ansatzpunkt des Bohrers im Schnittpunkt der Diagonalen des quadratischen Querschnittes. Der Sinn dieser Maßnahme wird Ihnen bei den nun folgenden Sätzen sofort einleuchten.

Wir müssen nämlich in diesem Arbeitsstadium von Holz auf Metall umschalten, denn es geht darum, den Lampenkopf durch eine Haltevorrichtung für den Schirmträger und die Lampenfassung zu vervollständigen. Wir schaffen sie uns durch ein 10 mm starkes, hohles Gewindestück aus Messing, das man samt den dazu passenden Muttern für ein paar Pfennige in jedem Elektrobedarfsgeschäft bekommt. Dort gibt es auch die richtigen Druckschalter, Abschlußbuchsen, Reduktionsnippel, Klemmen und Leitungsdraht und was sonst für die Installierung notwendig oder praktisch ist.

Das Gewindestück wird fest in die 9-mm-Bohrung des Säulenkopfes eingedreht, womit der Übergang zum weiteren Lampenaufbau gegeben ist. Begreiflicherweise gelingt das Einziehen des Gewindestückes bis zu der von der Festigkeit des Ganzen geforderten Tiefe nicht mit der bloßen Hand. Da muß schon eine mittelkräftige Zange her. Damit deren Backen aber die Gewindegänge nicht zerquetschen, schraubt man zwei Muttern auf das Gewindestück, zieht sie gegeneinander fest und bringt nun das ganze Stück möglichst nicht mit einer Zange, sondern zur Schonung der Muttern mit einem passenden Schraubenschlüssel in die Bohrung. Je strammer sich die Buchse in das Holz dreht, um so besser für die Haltbarkeit der Verbindung. Um so größer aber auch die Gefahr, daß man durch den Schraubendruck die Leimfuge auseinandertreibt. Der vorsichtige Mann wird also den Druck von innen durch eine von außen auf die Wandung gesetzte Schraubzwinge abfangen und unschädlich machen.

Das Eindrehen des Gewindestückes erfolgt klugerweise schon jetzt, das heißt im Rohzustand der Säule, damit die angesetzte Schraubzwinge nicht die fertige Oberfläche verschandelt. Der Gewindenippel muß unbedingt gerade stehen, damit später auch Schirm- und Lampenfassung genau im Lot sind. Nun geht es ans Ausarbeiten der Säule. Durch Abhobeln der Kanten entsteht aus dem viereckigen ein achteckiger Querschnitt, der weiter mit Raspel und Sandpapier zum idealen Rund geformt wird. Zum Schluß setzt man den Säulenfuß dem Wandprofil im Plattendurchbruch entsprechend ab und leimt ihn in die Platte ein. Nach alldem konzentriert sich die Arbeit auf das Montieren des Schirmträgers und der Lampenfassung. Bietet der obere Durchmesser der Säule eine genügend sichere Lagerfläche für den Träger, so wird er mit der Durchbohrung seiner Grundplatte einfach auf den Gewindestutzen gesteckt und mit einer Mutter festgelegt. Andernfalls muß zunächst ein Unterlegteller mit passendem Innengewinde auf den Stutzen geschraubt werden. Ist ein solcher nicht erhältlich, kann man sich mit einer großen, leicht aufgetieften Unterlegscheibe behelfen, die von einer flachen Mutter auf dem Gewindestutzen gehalten wird. Diese stützt mit ihrem aufgewölbten Rand den Schirmträger, der ebenfalls mit einer Mutter festgehalten wird. Die Glühlampen-Normalfassung hat von Hause aus ein 10-mm-Innengewinde. Es kann also ohne jede Schwierigkeit ganz einfach auf den Stutzen geschraubt werden.

Die Installierung der Lampe

Damit ist das Gerüst der Lampe fertig, und wir stehen vor der heiklen Aufgabe, ihr den eigentlichen Lebensnerv einzubauen. Die Lampe muß installiert werden. Das ist zwar vom Gesetzgeber nicht ausdrücklich verboten, doch muß sich jeder, der irgendwelche Arbeiten an Starkstrom führenden Leitungen ausführt, darüber im klaren sein, daß er für jeden Schaden, der infolge einer unsachgemäßen Installierung oder Reparatur von Elektrogeräten eintritt, vor dem Gesetz voll verantwortlich ist. Die Gewissenhaftigkeit erfordert es, in diesem Zusammenhang auf Zimmerbrände durch Kurzschluß und auf Tod durch elektrischen Schlag zu verweisen. Das sind Dinge, denen man gegenüber der Anklagevertreter vor Gericht durchaus keinen Spaß versteht.

Der vorsichtige und gewissenhafte Bastler wird also seine Lampe zu einem renommierten Elektromeister tragen, damit der mit ihr nach Vorschrift des VDE (Verband Deutscher Elektrotechniker) verfährt. Wer aber genügend Erfahrung im Umgang mit »Strippen« und Lampenfassungen hat und obendrein bereit ist, alle Konsequenzen seines Handelns auf sich zu nehmen, der führt, nachdem er die Hülse von der Lampenfassung geschraubt und den dadurch frei gewordenen Porzellansockel aus dem Bodenstück der Fassung herausgenommen hat, das zweiadrige Zuleitungskabel von der Seite her in den Bohrkanal der Platte ein. Dann zieht er es um die reichlich bemessene Länge der Säule plus doppelten Radius der Grundplatte in die ausgehöhlte Plattenkammer hinein und verbaut ihr das Zurückrutschen, indem er das abgemessene Ende durch eine aufgesetzte Klemmschelle festlegt, die er gut mit Isolierband umwickelt. Diese Vorrichtung ist wichtig, weil sie später beim Gebrauch der Lampe die Anschlüsse der Litzenenden im Schalter und in der Fassung vom Zug des Kabels entlastet.

Jenseits der Klemme wird die Umspinnung von der Zuleitung weggeschnitten, so daß nun die beiden durch eine gute Gummi-Isolierung geschützten Kabeladern getrennt verlaufen. Die eine Ader wird ohne Unterbrechung durch die Säule nach oben zur Lampenfassung geführt, während zwischen den zweiten Strang der Druckschalter montiert wird, ehe man auch dessen freies Ende durch die Säule nach oben weiterführt. Man muß sowohl beim Montieren des Schalters als auch beim Anschluß der Fassung darauf achten, daß nicht mehr von der Isolierung der Kabeladern weggeschnitten wird, als unbedingt erforderlich ist. Das Ende der Isolierung muß nach dem Anklemmen der Drähte um 1 mm in das Schaltergehäuse hineinragen. Vor dem Festklemmen werden die vielen dünnen Einzeldrähtchen der Litze fest zusammengedreht. Besser noch, man vereinigt sie durch einen Tropfen Lot zu einem halbstarren Stift, der blank geschabt in die Anschlußbuchsen eingeführt und festgeschraubt wird.

Nachdem der Schalter mit seiner Überwurfmutter in der Platte festgeschraubt ist, werden die oben aus dem Bodenstück der Lampenfassung herausragenden Litzenenden auf die richtige Länge zugeschnitten und an die beiden Kontaktklemmen des Porzellansockels angeschlossen. Danach setzt man den Sockel ins Bodenstück zurück, schließt die Fassung mit der Hülse, und die Installierung ist beendet. Es bleibt nur noch übrig, die unten offene Fußplatte durch eine in den eigens zu diesem Zweck abgesetzten Falz eingearbeitete Platte aus Kunststoff zu verschließen. Die Abschlußplatte wird mit Messingschräubchen verschraubt. Nimmt man statt des leichten Kunststoffdeckels eine Eisen- oder sogar Bleiplatte, so gewinnt der Fuß an Gewicht und damit die Lampe, die nun betriebsfertig ist, an Standfestigkeit.

Dem Elektrobastler ist es nicht neu, daß in einem zweiadrigen Kabel eine der Adern grau, die andere schwarz isoliert ist. Er weiß auch, daß jeder Kabelanschluß ordnungsgemäß so montiert werden soll, daß in der schwarzen Ader, der »Phase«, der Strom von der Quelle zur

Zur Installierung einer Lampenfassung

1 Hülse –
2 Gewindekontakt –
3 Porzellansockel –
4 Phase, hat Verbindung mit dem federnden Bodenkontakt –
5 Bodenstück –
6 Zuleitungskabel

Verbrauchsstelle fließt und im grauen Strang, dem »Mittelpolleiter«, seinen Weg zurück nimmt. Drittens weiß er, daß bei der Montage einer Lampenfassung aus Sicherheitsgründen der Mittelpolleiter stets Verbindung mit der Kontaktfeder für das Glühbirnengewinde, die schwarze Phase jedoch Verbindung mit dem federnden Bodenkontakt haben soll.

Der Nutz- und Schutzeffekt, der mit der Einhaltung dieser Installateur-Regel erreicht werden soll, bleibt allerdings zweifelhaft, solange am Ende der Lampenzuleitung ein verwechselbarer Stecker sitzt. Denn da man ihn so oder so in die Steckdose tun kann, bleibt der Phasenverlauf innerhalb der Lampe dem Zufall überlassen. Diese Duldsamkeit gegenüber Phase und Mittelpolleiter mag vertretbar bleiben, solange es sich um Lampen aus Holz handelt. Sehr viel strenger aber verfährt der Elektriker bei einem Lampenfuß aus Metall, da hier die durch eine unsachgemäße oder im Laufe der Zeit schadhaft gewordene Installierung entstehende Gefahr infolge der erhöhten Leitfähigkeit des Metalls wesentlich größer wird. Bekommen stromführende Teile der Leitung Schluß mit dem Lampengehäuse, so steht es unter Spannung. Sobald nun jemand den Metallfuß berührt, kann es vorkommen, daß der Strom nicht über den Mittelpolleiter abfließt, sondern den ihm unter leicht gegebenen Umständen bequemeren Weg über den menschlichen Körper und durch die Erde zu seinem Ausgangspunkt zurücknimmt. Und schon ist das Unglück geschehen! Eiserner Grundsatz: Lampen mit Metallteilen sollen ausnahmslos mit Schuko-Steckern und den dazugehörigen dreiadrigen Zuleitungen installiert werden. Neben der grauen und schwarzen Ader, die in einem solchen Falle phasengerecht anzuschließen sind, führt ein derartiges Kabel eine rote Ader, die sogenannte Schutzleitung. Diese bekommt auf der einen Seite Verbindung mit dem Metallgehäuse der Lampe, auf der andern Seite über eine besondere Klemmschraube im Schuko-Stecker Schluß mit dessen Schutzbügel. Sobald jetzt der Lampenfuß unter Spannung gerät, fließt der Strom augenblicklich über die Schutzleitung ab, durchschlägt die Sicherung und macht so die Lampe zwar strom-, aber auch gefahrlos. Eine durchgebrannte Sicherung kostet ein paar Pfennige, ein metallener Lampenfuß ohne Schutzleitung unter Umständen das Leben. Jeder, der die Verantwortung auf sich nahm, seine Lampe selbst zu installieren, lasse sich die Richtigkeit seiner Arbeit, auch dann, wenn er davon überzeugt ist, sie sachgemäß ausgeführt zu haben, von einem geprüften Fachmann bestätigen. Erst dann darf er sein und seiner Lampe Licht leuchten lassen.

Lampen aus Metall, Glas und Ton

Mehr als das Holz ist die Sachlichkeit des Metalls unserer Zeit gemäß. So ist beispielsweise die Kombination einer hölzernen Fußplatte mit einer Säule aus Messing nicht nur geschmacklich vertretbar, sondern von einem geschickten Bastler auch relativ leicht anzufertigen. Die Messingsäule hat den Vorteil, daß man sie als von Natur aus hohles Rohr von nahezu jeder Länge und Stärke kaufen kann. Ihrer Befestigung in der Fußplatte mittels Tischlerleims stehen allerdings Schwierigkeiten entgegen. Wir müssen das Rohr im geradwandigen Durchbruch der Platte von unten verschrauben. Das dazu erforderliche Gewinde auf das untere Rohrende zu schneiden, ist nur für denjenigen problematisch, der keine Schneidkluppe besitzt oder ausborgen kann. Noch aber gibt es Werkstätten, die derartige Arbeiten im Lohnauftrag ausführen. Dort auch wird man eine passende Mutter und eine Unterlegscheibe beziehen können. Beide jedoch nützen nichts, wenn die Verschraubung auf der Gegenseite, also auf der Oberseite der Grundplatte, kein Gegendrucklager findet. Man schafft es durch eine Muffe, die mit Abstand der Holzplattenstärke vom Gewinde auf die Rohrwandung gelötet wird. Ist eine derartige fertig gedrehte Muffe nicht aufzutreiben, so behelfe man sich mit einem genügend starken Messingring, dessen Innendurchmesser durch Ausfeilen auf das Maß des äußeren Rohrdurchmessers gebracht wird.

Ein Abschluß durch eine Ziermuffe steht auch dem oberen Rand der Säule gut. Er wird sogar unerläßlich, wenn die Wandstärke des Säulenrohrs nicht genügend Futter für eine zuverlässige Lötnaht bietet. Wiederum nämlich stehen wir vor der Aufgabe, das weite Säulenrohr auf den nur 10 mm messenden Durchmesser des Gewindestückes für die Lampenfassung zu reduzieren. Hierzu feilen wir aus einem mindestens 1,5 mm starken Messingblech eine runde Deckscheibe, die mit der Außenwand des Rohres bzw. der Verstärkungsmuffe abschließt. In der Mitte wird ihr ein Loch von 10 mm Durchmesser gebohrt, durch das man den Gewindestutzen steckt, nachdem man ihm vorher eine Schraubenmutter aufgedreht hat. Mutter, Gewinde und Messingplatte werden sodann zu einer haltbaren Einheit verlötet.

Eine zweite Scheibe — es genügt eine einfache Beilegescheibe von einem Durchmesser, der gerade in die lichte Rohrweite hineinpaßt — wird zwischen zwei Muttern auf dem nach unten gerichteten, etwa 3 bis 4 cm langen Ende des Gewindestückes fest verschraubt. Das Gewindestück oberhalb der Messingscheibe richtet sich nach Art der Lampe und nach Größe des vorgesehenen Schirmträgers. Dieser Kopfteil wird von oben in das Rohr geschoben, bis die Deckplatte fest auf deren Rand liegt, wo man sie verlötet. Die Haltbarkeit dieser Lötnaht ist wesentlich abhängig von der genauen Paßform der beiden völlig plan gerichteten Berührungsflächen von Rohrwandung und Deckplatte sowie von dem strammen Sitz der unteren, innerhalb des Rohres liegenden Stützplatte. Deren Aufgabe besteht darin, die Lötstelle zwischen Deckel und Rohr, besonders aber diejenige zwischen Deckel, Gewindestutzen und Unterlegschraube, gegen eine von der Seite her wirkende Hebelbelastung abzustützen.

Sobald der Konstruktionsplan für eine Lampe außerdem noch eine Fußplatte aus Messing vorsieht, wird die Ausführung etwas mühevoller. Wir haben keine andere Möglichkeit zur Herstellung der Platte als die im Kapitel 6 geübten Praktiken des Metalltreibens. Die senkrecht verlaufende Seitenwand einer runden Platte mit gerader Oberfläche kann aus einem starken Messingblech aufgebördelt werden, während man mit der Technik des Auftiefens eine pilzhutförmige Wölbung des Bleches erzielt.

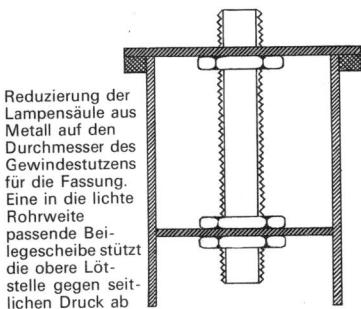

Reduzierung der Lampensäule aus Metall auf den Durchmesser des Gewindestutzens für die Fassung. Eine in die lichte Rohrweite passende Beilegescheibe stützt die obere Lötstelle gegen seitlichen Druck ab

Bei kleineren, leichten Modellen wird die Festigkeit des Messingblechs ausreichen, das Gewicht der Lampe zu tragen. Bauen wir aber eine große Stehlampe für den Fußboden, wird die Konstruktion wesentlich solider, wenn wir deren Gewicht einem gesonderten

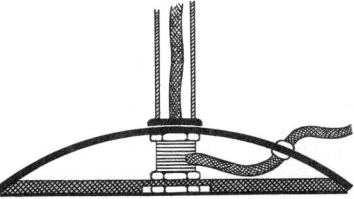

Schnitt durch einen Lampenfuß aus Metall mit den Verschraubungen des Säulenrohrs mit der Messingdecke und der eisernen Trägerplatte

Tragegerüst aufbürden, dessen nüchterne Zweckmäßigkeit von der Metallhaut des getriebenen Messings verhüllt wird. Hinzu kommt, daß wir den Schwerpunkt der ganzen Lampe im Interesse ihrer Standfestigkeit durch ein zusätzliches Gewicht in den unteren Teil des Fußes, also in die Platte, verlegen müssen. Wunderbar schwer ist eine 10 bis 12 mm starke Eisenplatte. Noch mehr Gewicht hat Blei. Außerdem läßt es sich leichter bearbeiten. Eine derartige Platte übernimmt die Aufgabe des Lampenträgers, und sofern nur Stärke und Durchmesser sorgfältig genug auf die Innenmaße der Messinghaut abgestimmt sind, bleibt sie völlig unsichtbar. Ihre »Unterfläche« soll bei fertig montiertem Fuß mit dem unteren Rand der schmückenden Metallhaut gleichlaufen. Sie darf eher $1/2$ mm über diesen Rand vorstoßen als hinter ihm zurückbleiben. Montiert wird mit einer Schraubverbindung wie in der Kombination von Metallsäule und Holzplatte. Zunächst wird die Messinghaut mit dem Säulenrohr, dem als Widerlager eine Muffe aufgelötet ist, verschraubt. Dann wird die Eisen- bzw. Bleiplatte mit ihrer Durchbohrung über den unteren Rohrstutzen gelegt und ebenfalls mit einer Mutter festgezogen. Auch sie bekommt durch eine oberhalb der Platte liegende Kontermutter das notwendige Gegenlager. Die untere Schraubenmutter muß in der Trägerplatte versenkt werden. Da eine solche Platte in den meisten Fällen sowieso von einer Werkstatt maßstabgerecht abgedreht werden muß, lasse man deren Mitte von vornherein so weit absetzen, daß die Haltemutter genügend »Versenkungsraum« findet.

Der Hohlraum, der zwischen Messinghaut und Trägerplatte für das Zuleitungskabel verbleiben muß, ist durch die Stärke der Verschraubung innerhalb des Fußes gegeben. Durch eine Bohrung in der äußeren Messinghaut wird das Zuleitungskabel in den Fuß eingeführt und findet durch eine zweite Bohrung in der Säulenwandung, die zwischen den beiden Halteschrauben für Messingblech und Trägerplatte liegt, seinen Weg in das Innere des Rohres.

Rohe Eisen- und Bleiplatten sind bei Hausfrauen nicht sehr beliebt, weil sie Möbel und Fußböden zerschrammen. Man überklebt die Unterseite des Fußes, nachdem die Lampe so weit gediehen ist, mit einer dünnen Filzplatte und geht damit allem Ärger aus dem Wege.

Menschen, in denen die altnordische Sehnsucht nach der Sonne des Südens als stille Liebe zu Italien weiterglüht, lieben bastumwickelte Chianti-Flaschen als Lampenfüße. Andere wieder erlernen die Aufbaukeramik eigens zu dem Zwecke, einem formschönen Krug aus Ton die Funktion eines Glühbirnen- und Schirmträgers zu übertragen. Die Keramiker sind den Chianti-Schwärmern gegenüber insofern im Vorteil, als sie dicht über dem Boden ein Loch in der Gefäßwand anbringen können, um ihre Lampe mit unsichtbarer Strippenführung zu installieren. Das geht bei einer Chianti-Flasche nicht. Beim gläsernen Lampenfuß läuft die Zuleitung durch eine Bohrung, die unmittelbar unterhalb des Schirmträgers in dem Gewindestück für Schirmträger und Fassung angebracht wird. Der Schalter wird bei diesen Lampen praktischerweise als Druckschalter zwischen das Zuleitungskabel montiert. Eine andere betriebssichere und gleichzeitig elegante Lösung bietet die Birnenfassung mit eingebautem Zugschalter. Damit der Zug des Kabels aber nicht oben an der Lampe ansetzt und sie dadurch gar zu leicht umreißt, legt man das Kabel mit einer Bastwicklung auf Hals und Körper der Flasche fest. Ihre Standfestigkeit kann durch eine Sandfüllung weiter erhöht werden. Glasperlen oder Schrotkörner tun die gleichen Dienste.

Problematisch wird die Befestigung des Gewindestückes im Flaschenhals. Sie ist für den Bastler praktisch nur mit Hilfe eines durchbohrten, möglichst langen Korkens möglich, den man oben mit einem Messingring abdeckt. An die Haltbarkeit einer derartigen Befestigung sind selbstverständlich keine übertriebene Forderungen zu stellen. Es wäre verfehlt, ihr einen schweren oder übermäßig großrandigen Schirm aufzubürden.

Allerlei Lampenschirme

Mehr noch als der Fuß ist der Schirm der Lampe ausschlaggebend für die Gesamtwirkung der fertigen Arbeit. Der Schirm erst ist es, der einen Beleuchtungskörper zur Poesie der Lampe erhebt.

Der Schirmträger ist uns schon während der Arbeit am Lampenfuß als Verbindungsglied zwischen Säule und Schirm bekannt geworden. Derartige Gestelle sind in verschiedenen Größen und Ausführungen aus dem Installationsgeschäft zu beziehen. Sie haben am Kopf eine kleine Platte mit einem Gewindenippel, auf dem das Schirmgestell mit Trägerkappe und Überfangmutter befestigt wird. Schirmgestelle sind ebenfalls in allen nur erdenklichen Formen und Größen fertig käuflich. Achtzehnkarätige Bastlerleidenschaft lötet sie aus verzinktem Eisendraht oder in edlerer Ausführung aus Messingdraht von 3 mm Stärke zusammen. Als zentrale Halterung und als Aufhängungspunkt dient dabei eine genügend große Unterlegscheibe aus Eisen oder Messing.

Die eigentliche gestalterische und ledig-

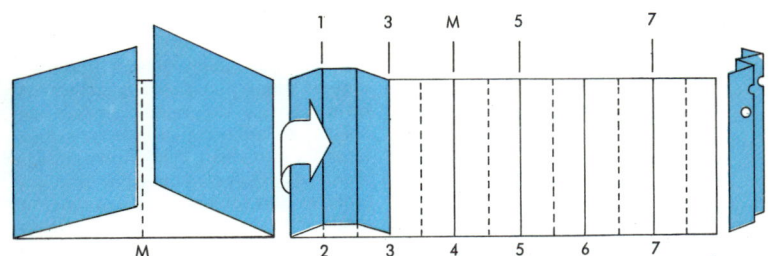

Faltschema für einen Lampenschirm aus Papier. Daneben: Sitz der Stanzlöcher für den Schirmeinzug und das obere Ringlager

lich vom persönlichen Geschmack geleitete Arbeit indessen beginnt erst bei der Bespannung des Schirmes. Dabei darf allerdings nicht vergessen werden, daß ein Lampenschirm neben seinem geschmacklichen Aspekt auch einen solchen reiner Zweckmäßigkeit hat. Er soll die grelle Glühbirne zwar abschirmen und das Licht angenehm streuen, darf aber nicht zu einer Lichtbremse werden. Nur dort, wo die Lichtausnutzung nicht unter den Pantoffel der dekorativen Absicht gerät, bleibt der Sinn eines Lampenschirms erhalten.

Damit liegen die Richtlinien für die Wahl des Bespannungsmaterials fest. Sie gelten in gleichem Umfang für Papiere, Kunststoff-Folien, Pergament oder textile Gewebe und treffen sich im Schnittpunkt der Forderung nach Helligkeit und Transparenz.

Am einfachsten zu bewältigen ist der schlichte Faltschirm aus Papier, für den man ein festes, starkfaseriges oder auch geprägtes Papier wählt. Mit einem Streifen von gut der doppelten Länge des unteren Schirmumfanges und einem Stückchen Seidenkordel haben wir das Material zusammen, das ein derartiger Schirm benötigt. Die erforderliche Breite des Papierstreifens ergibt sich aus dem Abstand zwischen oberem und unterem Begrenzungsring des Schirmgestells plus 5 cm für die an Kopf und Unterkante überstehenden Randbreiten.

Beim Falten des Schirms stehen wir vor der Aufgabe, eine Papierfläche von gegebener Länge in gleichmäßig breite Faltenbrüche aufzuteilen. Man erreicht das am leichtesten in zwei Arbeitsgängen, und zwar werden im ersten alle nach oben weisenden Grate, im zweiten alle nach unten gerichteten Brüche gefaltet. Die Sache beginnt damit, daß wir die Gesamtlänge des Schirmstreifens durch einen Mittelbruch in seine beiden Hälften unterteilen. Werden nun die beiden Endkanten einzeln nach innen an den Mittelbruch gelegt, ist die Fläche in Viertel aufgegliedert, die durch abermaliges Halbieren jeweils einzeln nach innen in acht Achtel zerstückelt werden. Damit haben wir sieben Brüche in den Streifen gelegt. Die nächste Stufe der Unterteilung kommt zustande, indem man die linke Kante nacheinander an Bruch 1, 3, 5 und 7 legt. Danach verfährt man mit der rechten Kante genauso, das heißt, man legt sie nacheinander an Bruch 7, 5, 3 und 1. Dieses Spiel des Einfaltens von beiden Seiten her, wobei man beim Anlegen der Kanten jeweils einen schon vorhandenen Bruch überspringt, wird so lange fortgesetzt, bis die gesamte Länge in etwa 1,5 bis 2 cm breite Streifen aufgegliedert ist. Dann legt man das Papier auf die andere Seite und geht ans Kniffen der Gegenfalten. Die richtigen Faltstellen findet man wiederum durch Anlegen der Kante an die im ersten Faltgang entstandenen Brüche, wobei jeweils einer übersprungen wird. Probieren Sie diese Technik aber vorher mit einem Bogen Packpapier. Nach dieser vorbereitenden Arbeit legt man den Streifen leporelloartig zusam-

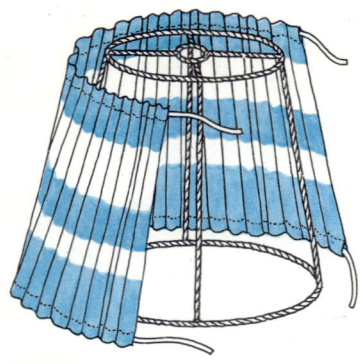

Der Mantel eines Lampenschirms aus gekräuseltem Stoff wird auf das Schirmgestell gebracht. Streben und Ringe des Gestells sind mit Leinenband umwickelt

men und stanzt etwa 7,5 cm vom oberen Rand entfernt quer durch die Falten ein Loch, in das die Seidenkordel für den oberen Einzug des Schirms gezogen wird. Schließlich bekommt, damit der Schirm fest auf dem Gestell liegt, der innen liegende Faltenstoß, 2 cm von der Oberkante entfernt, eine halbrunde Ausstanzung, in die später der obere Rand des Gestells zu liegen kommt. Dann werden die Seitenkanten des Faltenstreifens zum Rund verklebt, und der Schirm ist, nachdem die Seidenkordel bis zur passenden Oberweite angezogen wurde, fertig.

Lampenschirme aus Seide oder Crêpe de Chine in Form stumpfer Kegelausschnitte werden aus zwei Stoffbahnen gearbeitet, von denen die eine das Bespannungsmaterial für den Schirmmantel, die andere dasjenige für die Deckenpartie ergibt. Breite der Mantelbahn gleich Schirmhöhe zuzüglich 3 cm für je einen schmalen Saum an Ober- und Unterkante der Bahn. Die Länge richtet sich nach der gewünschten Stärke der Kräuselung oder eines S-Faltenwurfs im Schirm. Mit dem Doppel des unteren Gestellrandes dürfte das Mindestmaß angegeben sein.

Einfacher als ein Faltenwurf ist der gekräuselte Mantel zu erreichen. Während die Falten einzeln auf die Leinenum-

wicklung des Schirmgestells geheftet werden müssen, wobei man die Differenz zwischen dem oberen und dem unteren Ringumfang auszugleichen hat, kann man die Kräuselung ähnlich wie bei einem Gardinenquerbehang mit zwei Schnüren erreichen. Diese Schnüre zieht man in die Säume an der Ober- und Unterkante und schiebt die Stoffbreite auf ihnen je nach dem erforderlichen Umfang an Ober- und Unterring zusammen, ehe man die Bahn auf das Gestell heftet. Es kommt auf die Größe des Schirms an, ob man die ganze Länge des Stoffes aus einem Stück schneidet oder ob man mehrere Längen aus der Ballenbreite des Stoffes nimmt und sie mit den Webkanten aneinanderstößt. Ein Vernähen ist bei geschickter Kräuselung nicht erforderlich, man kann den Zusammenstoß in den Falten verstecken, ohne daß nachher ein Spalt im Mantel klafft.

Ebenfalls von der Größe des Schirms wird die Technik bestimmt, mit der man die Schirmdecke spannt. Bei kleinen Modellen genügt ein entsprechendes Rund, das man nach einem Papierschnittmuster aus dem Stoff schneidet. Größere Decken erfordern bis zu vier trapezförmig geschnittene Teile, die aneinandergesetzt werden. Dabei muß die nach der Mitte zu notwendig werdende Flächenreduzierung durch eine radial verlaufende Faltenlegung bewirkt werden.

Man wird zarte Seidengespinste im allgemeinen nicht direkt auf das Schirmgestell bringen, sondern sie mit einer weißen oder cremefarbenen Kunstseide unterfüttern. Dazu wird es zunächst notwendig, das gesamte Drahtgestell mit Leinenband zu umwickeln. Dies nicht nur zur Schonung der Gewebe, sondern auch, um sich Haltegrund für die Nadelstiche zu verschaffen, mit denen Futter und Oberkleid auf dem Gestell festgeheftet werden.

Im Gegensatz zum Oberkleid wird das Futter straff über das Gestell gespannt, und zwar von der Innenseite her. Hierzu ist es erforderlich, die Rundung des Schirmmantels wie auch die Deckenfläche mit Hilfe von Papierschnittmustern in mehrere Sektoren aufzuteilen, nach denen man die Teilstücke zuschneidet.

Sitzt die Futterbespannung faltenfrei fest, wird als erstes die Decke mit dem Oberstoff überzogen. Der Mantel kommt zuletzt an die Reihe. Abschließend werden die beiden Kräuselsäume bzw. die Heftränder des S-Faltenwurfs am oberen und unteren Schirmring mit einer rundlaufenden, farblich passenden Borde abgedeckt.

Mit der Packpapier-Schnittmuster-Methode findet man leicht auch die einzelnen Teilformen, aus denen ein Schirm aus Pergament, Cellon, Ölpapier oder einem ähnlichen halbstarren Material zusammengefügt wird. Nur sehr kleine Schirme dieser Art lassen sich aus einem einzigen Stück fertigen, anspruchsvollere Modelle erfordern die Montage aus mehreren Teilen. Diese Montage soll nicht durch Klebstellen, die doch nicht unsichtbar bleiben, vertuscht, sondern durch ehrliche Nähte betont werden. Man näht mit Seidenkordel, mit Bast, Lederstreifen oder einem andern stark auftragenden Faden und stößt die Teile dabei ohne Überlappung stumpf gegeneinander. Die Einstiche werden vor dem Nähen in die Bespannungsteile gelocht, als Fadenführung eignet sich ein Kreuzstich oder die sehr schöne Bootsmannsnaht.

Nachdem die Einzelteile zu einer geschlossenen Haube zusammengefügt sind, stülpt man sie über das Schirmgestell und befestigt ihren unteren Rand durch eine Wickelnaht auf dem unteren Ring des Gestells.

Sehr schöne Möglichkeiten für dekorative Lampenschirme bieten die verschiedenen Bespannungsarten des Schirmgestells mit ein- oder mehrfarbigen Bastfäden. Ob man dabei das Gestell zuvor mit Batist oder Kunstseide unterfüttert, bleibt dem Geschmack des einzelnen überlassen. In jedem Falle aber müssen Streben und Ringe des Gestells mit Bast umwickelt werden.

Die einfachste Art, zu einer Mantelfläche aus Bast zu kommen, besteht darin, daß man einen fortlaufenden Faden über

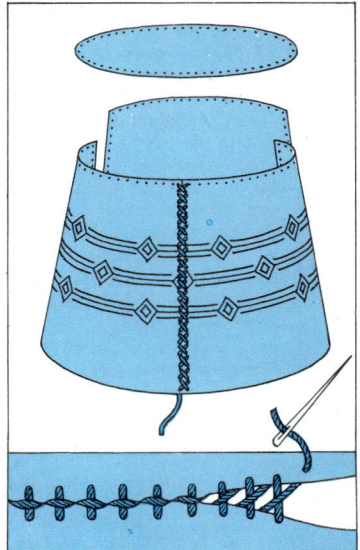

Montage eines Lampenschirms aus mehreren Teilstücken bei Verarbeitung starrer Werkstoffe. Unten: Fadenführung in der sogen. Bootsmannsnaht

Ober- und Unterring schlingt, bis die ganze Wandung rundherum mit dicht nebeneinanderliegenden Fäden geschlossen ist. Muß der Faden gestückt werden, werden die Längen so zugeschnitten, daß die Knotenstelle unmittelbar neben einem der beiden Ringe zu liegen kommt. Ein aus Bast geflochtener Zopf, der als Abschlußbordüre auf die Ringe gesetzt wird, verdeckt später die Knotenstellen.

Eine andere Spielart des Bastschirmes entsteht dadurch, daß man die Gesamthöhe der Schirmwandung durch drei bis vier (je nach Größe des Schirms) parallel zu Ober- und Unterring verlaufende Bastzöpfe in mehrere Streifen aufteilt. Die sich dadurch ergebenden Ringflächen werden sodann durch verschiedenfarbige Bastfäden geschlossen, die im Zickzack, über Kreuz verlaufend oder in Parallel-Lage zwischen die Zöpfe geflochten werden. Ein solcher Schirm mit seinem stark durchbrochenen Bastkleid

163

sollte allerdings in jedem Falle unterfüttert werden. Außerdem versieht man das Gestell mit Zwischenringen innerhalb der Wandrundung.

Wer es im Umgang mit Peddigrohr und Weide zu einer anerkennenswerten Fertigkeit gebracht hat, der kann sich einen Lampenschirm ganz und gar aus einem der beiden Werkstoffe flechten. Die Technik, bei der es sich um ein ausgesprochenes »Feinflechten« handelt, eignet sich besonders gut zur Anfertigung von Ampeln, bei denen Gestell und Bespannung des Schirms zur Materialeinheit zusammenwachsen.

Ähnlich wie beim Korbflechten (vergl. S. 135) beginnen wir auch den Ampelschirm mit der Anlage eines Bodenkreuzes aus einer ungeraden Stakenzahl. Um uns die Arbeit zu erleichtern, nehmen wir in diesem Falle Zuflucht zu einer

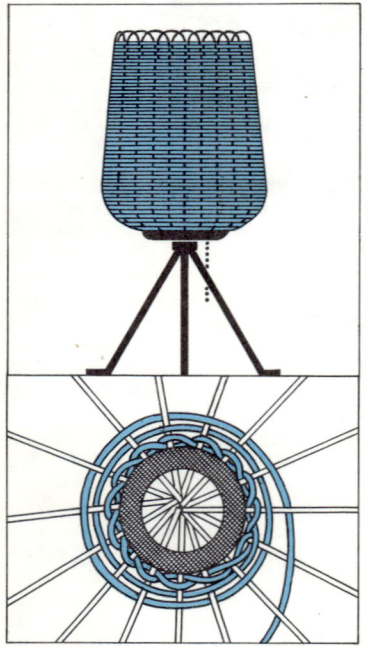

Der selbsttragende Schirm aus Peddigrohr oder Weidengeflecht. Unten: Anlage des Bodenkreuzes im Pappring und Flechtbeginn mit einer Fitzrunde

Hilfskonstruktion in Form eines Ringes aus sehr starker Pappe mit einem Außendurchmesser von etwa 5 cm für eine Ampel mittlerer Größe. Der Ring wird in gleichmäßigen Abständen von der Seite her mit der notwendigen Anzahl von Löchern durchbohrt, in welche man die Staken so weit einführt, daß sie sich im Mittelpunkt des Ringes überschneiden. Damit ist dem Bodenkreuz nicht allein ein provisorischer Halt gegeben, sondern es ist von vornherein auch richtig aufgebrochen. Die Länge der Staken muß nach der Größe des Schirms abgestimmt werden, ebenso ihre Anzahl.

Mit dem Flechten des Bodens beginnt man dicht an der Außenkante des Pappringes, und zwar legt man der größeren Festigkeit wegen zunächst mindestens eine Fitzrunde (Flechtbilder siehe S.136). Dann wird mit einfachem Zaungeflecht weitergearbeitet, bis der gewünschte Durchmesser des Bodens erreicht ist. Hat man die Übergangszone vom Boden zur Wandung erreicht, werden die Staken frisch eingefeuchtet, damit sie sich mit sanfter Rundung »in die Kurve« legen lassen. Die mehr oder weniger starke Bauchung der Seitenwand wird allein durch eine mehr gelockerte oder gestraffte Führung des Einschlags erreicht.

Achten Sie darauf, daß auch bei stärkerem Anziehen des Einschlags die Staken stets gestreckt bleiben, und legen Sie hinzukommende Einschlagfäden stets von der Innenseite des Flechtwerks an. Irgendwelche unnötig schwere Randabschlüsse sind bei einem so leichten Gebilde, wie es ein Lampenschirm bleiben soll, zu vermeiden. Haben wir unsern Schirmkorb fertig geflochten, schaffen wir den Rand dadurch, daß jeder Staken, nachdem man ihn auf Länge zugeschnitten und angespitzt hat, in sanfter Rundung neben den übernächsten in die Wandung zurückgeführt wird. Ein Pfriem oder ein kleiner Schraubenzieher, notfalls auch eine Stricknadel, dient ihm dabei als Wegbereiter.

Ähnlich wird abschließend auch der Anfang des Flechtwerks in seine endgültige Form gebracht. Den provisorischen Haltering aus Pappe schneiden wir vorsichtig weg und befestigen die Staken ebenfalls dadurch, daß wir ihre Enden jeweils neben den übernächsten Staken in das Geflecht zurückstecken. Das ist in dem zur Verfügung stehenden engen Raum und bei der notgedrungenen starken Abknickung der Stakenenden eine etwas knifflige Arbeit. Weichen Sie deshalb die Stakenenden zuvor kräftig mit heißem Wasser ein und biegen Sie die Rundungen über einem Pfriemschaft ab.

Damit ist der »selbsttragende« Schirm fertig und kann ohne besonderen Schirmträger sowohl hängend als auch stehend auf die Lampe montiert werden. Er wird gehalten von der üblichen Kappenverschraubung, wie man sie als Kombination mit der Birnenfassung kaufen kann.

Das Spiel mit den bunten Steinen

Die allgemeine Beliebtheit des landläufig als »Kacheltisch« bezeichneten Möbels ist eine durchaus begreifliche Tatsache. Es gibt keine andere Tischplatte, die ihre dekorative Wirkung so ideal mit Zweckmäßigkeit und Widerstandsfähigkeit gegen alle möglichen äußeren Einflüsse vereinigt wie die keramische. Und es ist obendrein nicht zu bestreiten, daß sie durchaus in der Lage ist, dem Wohnraum eine sehr persönliche Note und das gewisse Etwas einer kultivierten Gepflegtheit zu geben.

Die Bezeichnung »Kacheltisch« ist allerdings, obwohl sie im allgemeinen Sprachgebrauch üblich ist, nicht ganz korrekt. Als Kachel gilt jenes keramische Werkstück, aus dem der Töpfer oder Hafner seinen Ofen aufbaut. Feinkeramische Bauteile, wie sie als Wand- und Tischbeläge Verwendung finden, werden als Fliesen bezeichnet. Jedenfalls will es der strenge Zunftbrauch so.

Wir bauen uns demnach also auch keinen Kachel-, sondern einen Fliesentisch, wobei unser Interesse in diesem Kapitel in erster Linie der Praxis der Oberflächengestaltung gilt. Das Tischgestell selbst wird aus fabrikmäßig vorgefertigten Bauelementen (Beine, Halteklötze, Platte) nach der mitgelieferten Bauanleitung zusammengefügt. Derartige Einzelteile kann man aus jedem Spezialgeschäft für Bastlerbedarf beziehen. Selbstverständlich kann man auch jeden andern bereits vorhandenen Tisch durch einen Fliesenbelag veredeln, sofern nur seine Beschaffenheit und Stabilität den Aufwand rechtfertigen und sofern seine Abmessungen mit dem zu Länge und Breite addierten Fliesenmaß in Einklang zu bringen sind.

Da das starre Maß der Fliese die endgültige Größe der Tischplatte bestimmt, wird man sich im Normalfalle eine Grundplatte in den notwendigen Abmessungen anfertigen und sie mit Hilfe der lieferbaren Beine und der vorgebohrten Halteklötze zum Tisch erweitern. Sehr gut geeignet als Untergrund für den Fliesenbelag sind abgesperrte Möbelplatten oder Holzspanplatten. Ihre Stärke richtet sich nach der Größe des Tisches. Die Kantenlängen ergeben sich aus der Addition der einzelnen auf die jeweilige Länge entfallenden Fliesenmaße zuzüglich der Fugenbreiten.

Die gleichmäßig breite Fuge ist ein nicht unwichtiges Wirkungselement der fertig gefügten Fliesenfläche, man behandle sie also nicht stiefmütterlich. Sie darf schon bei einer kleineren Tischfläche getrost mit 2,5 bis 3 mm Breite angenommen werden. Um das Fugenmaß während der Montage gleichmäßig einhalten zu können, schaffen wir uns zwei Breitenlehren in Form von sorgfältig ab-

Belegen einer Tischplatte mit Fliesen. Zwei gleich dicke Leisten dienen als Breitenlehre für die Fugen

gehobelten Holzlatten. Sehr gut eignen sich dazu auch Abfallstreifen von Kunstharzplatten, die während des reihenweise erfolgenden Fliesenklebens in die Längs- und Querfugen gesetzt und später wieder herausgenommen werden.

Voraussetzung für die korrekt ausnivellierte Oberfläche des Fliesentisches ist ein einwandfrei plan und sauber geschliffener Untergrund. Auf ihm werden die einzelnen Fliesen mit einem keramikbindenden Kunststoff-Kleber (Pattex, Nobellux u. a.) verlegt, wobei zu beachten ist, daß diese Kleber sehr schnell und fest binden. Die Fliese muß sofort richtig sitzen, nachträgliche Korrekturen sind nur schwer möglich, in jedem Falle beeinträchtigen sie die Haltbarkeit. Man setzt die mit dem Kleber eingestrichene Fliese erst mit einer Kante auf und klappt ihre Fläche dann auf die Grundfläche nieder. Die Randfliesen sollen bündig mit der Kante der Grundplatte abschließen.

Sind alle Fliesen geklebt, bekommt der Tisch einen sauberen Randabschluß aus einer in Fliesenhöhe abschließenden Holzleiste, die an den Ecken auf Gehrung geschnitten wird. Statt der Holzleiste kann man auch einen »Umleimer« aus Kunstharz wählen oder eine Messingschiene, die auf die Tischkante geschraubt und im Zusammenstoß mit einer Überfang-Schelle geschlossen wird.

Ganz zum Schluß werden die noch leerstehenden Fugen mit einem weißen Zementmörtel (1 Teil Dyckerhoff-Weiß auf 2 Teile Sand) ausgefugt. Der Sand muß sauber und sehr feinkörnig sein, am besten verwendet man den auch vom Maurer für Feinputzarbeiten bevorzugten sogenannten »Schweißsand«. Der Mörtel darf nicht zu steif angemacht werden, er soll sich leicht in die Fugen einstreichen lassen. Nach dem Verfugen wird die ganze Fläche sofort sorgfältig gesäubert. Mörtelreste, die auf der Fliesenoberfläche angetrocknet sind, erweisen sich als sehr hartnäckig. Bevor der Fliesentisch der geringsten Belastung ausgesetzt wird, muß man dem Mörtel genügend Zeit zum Abbinden lassen.

Eine sehr viel freiere Gestaltung hinsichtlich der Farbgebung, der Musterung und des Formats als die großflächige Fliese gestattet der kleinere Baustein des Mosaiks. Das Kleinmosaik aus keramischen Bauelementen, aus farbigem Glas oder auch aus Kunstharzstücken hat den Vorzug, daß es sich nahezu jeder Form anpaßt. Man kann damit außer eckigen auch runde Tische, sogar solche mit ganz asymmetrischen Formen, auslegen. Man kann Fensterbänke damit schmücken, Spiegelrahmen und Wandflächen oder auch ganze Fußböden daraus komponieren.

Das Mosaik ist über das freie, malerische Spiel mit bunten Steinen hinaus eine Kunst des plastischen Bauens. Es soll deshalb im fertigen Mosaik einmal der spielerische Charakter erhalten bleiben, und es ist deshalb zum andern auch durchaus nicht gleichgültig, wie groß oder wie geformt der einzelne Baustein ist. Hinzu kommt, daß beim Mosaik der Fugenverlauf weit mehr noch als in der Fliesenfläche ein wichtiger Bestandteil der Bildwirkung wird.

Mosaiksteine sind als Glasmosaik im Format 2×2 cm oder als 5 mm dicke Keramikplättchen mit gesinterter Oberfläche in einer langen Skala leuchtender oder pastellartiger Farbtöne zu beziehen. Man verarbeitet sie entweder in der gelieferten Form oder steigert die Individualität der Arbeit, indem man die Steine mit der Zange in verschiedene Formate und Formen bricht. Auf diese Weise kann man sich das Rohmaterial auch aus farbigen Fliesenabfällen, aus farbigen Glasflüssen oder aus hintermalten Glasstücken selber zusammensuchen und brechen. Mit Feile und Sandpapier lassen sich die rohen Bruchkanten nachbearbeiten.

In der Verlegetechnik unterscheidet man zwei Arbeitsmethoden, und zwar das Positiv- und das Negativ-Verfahren. Von beiden ist das Positiv-Verfahren am leichtesten auszuführen und darf deshalb demjenigen, der sich als Neuling in die Materie hineinfinden möchte, als Übungstechnik empfohlen werden. Zur Erzielung einer gleichmäßig hoch liegenden Oberfläche ist dazu allerdings

Voraussetzung, daß man nur Bausteine von durchgehend gleicher Stärke verarbeitet.

Als Untergrund dient genau wie beim Fliesentisch eine sauber geschliffene Sperrholzplatte oder eine Spanholzplatte. Auf ihr kann man den Entwurf mit Bleistiftstrichen skizzieren oder aber die Steine im freien Spiel der Farben verlegen. Geklebt werden die einzelnen Steine wiederum mit Kunstharzkleber, wobei sorgfältig auf genügend Abstand zwischen den Steinen zu achten ist. Niemals sollen die Steine aneinander kleben! Nach dem Verlegen erhält die Platte ihren Randabschluß mit Leiste, Umleimer oder Metallschiene, und die Fugen werden mit einem recht flüssig angemachten Zementmörtel aus Dykkerhoff-Weiß, den man mit der Hand einstreicht, verschlossen. Überschüssiger Mörtel wird sofort mit dem Spachtel weggeschabt. Ist die Fuge leicht angetrocknet, reinigt man die ganze Fläche mit einer schwachen Salzsäurelösung und reibt mit einem sauberen, in klarem Wasser angefeuchteten Lappen nach. Erst wenn die Fugen zuverlässig durchgetrocknet sind, was nach ein paar Tagen der Fall sein wird, wird die fertige Mosaikoberfläche mit einem dünnen Wachsauftrag poliert.

Eine Abwandlung des Positivverfahrens besteht im Verlegen der Steine im selbsttragenden Zementbett. Diese Verlegetechnik wird überall dort notwendig, wo als Untergrund für das Mosaik Mauerwerk oder Wandputz gegeben ist.

Doch auch auf einer Sperrholzplatte kann fest in Zement oder auch in Gips-Spachtelmasse verlegt werden. Dazu umlegt man die Platte zu allererst mit dem Randabschluß, damit der Mörtel an den Seiten nicht »vom Tablett« kleckert und die ganze Sache einen festen Halt bekommt. Das Mörtelbett wird als zäher Brei aus Portlandzement und scharfkörnigem Quarzsand angemacht und mit der Kelle in gleichmäßiger Schicht von ca. 1,5 cm Dicke auf die Grundfläche gestrichen. In diese Schicht werden die Steinchen gedrückt, jedoch nicht so tief, daß die Stoßfugen vom aufsteigenden

Grundmörtel ganz ausgefüllt werden. Wo das doch einmal passiert, muß der Mörtel ausgekratzt werden, denn die Schönheit der Fuge kommt dadurch zustande, daß man sie, nachdem der Grundmörtel einen halben Tag lang angezogen hat, mit Dyckerhoff-Weiß verstreicht. Durch Einritzen der wichtigsten Kompositionslinien in den glatt gestrichenen, feuchten Zementgrund kann man die Sicherheit des Bildaufbaus wesentlich erhöhen. Außerdem läßt der nur langsam abbindende Zement Korrekturen zu. Kleine Mosaikflächen werden in einem Zug verlegt, hat man indessen größere Formate zu bewältigen, ist es ratsam, das Anlegen des Zementbettes und das Einlegen der Steine in mehreren Etappen vorzunehmen.

Soll das fertige Mosaik später von der Montageplatte abgenommen werden, so wird der Begrenzungsrand nicht fest verleimt oder verschraubt, sondern nur lose als Rahmen auf den Untergrund gestellt. Die Sperrholzplatte wird in diesem Falle, um ein Festbinden mit dem Zementgrund zu verhüten, mit Entschalungsöl bestrichen. Das gleiche gilt für die Innenfläche des sauber behobelten Abschlußrahmens.

Beim Mosaik-Negativ-Verfahren geht man einen grundsätzlich anderen Weg. Der in Originalgröße spiegelbildlich mit Aquarellfarben auf dem Papier angelegte Entwurf wird unter eine Spiegelglasscheibe gelegt, deren Oberfläche man mit einer leichten Seifenlösung einreibt. Auf diesem »Gießgrund« wird das Mosaik, und zwar mit der Bildseite nach unten, montiert, indem man die Steinchen mit einem wasserlöslichen Klebemittel (Dextrin, Stärkekleister) entsprechend dem durchscheinenden Entwurf auf die Glasplatte klebt. Nach der Montage wird um das Ganze ein Gießrahmen gelegt, den man entweder als Provisorium aus sauber gehobelten und eingeölten Latten oder als endgültig verbleibende Umrandung in solider Ausführung nach den Außenmaßen des Entwurfs abstimmt. Eine verbleibende Umrandung aus einer Metallschiene wird durch ein eingelötetes Drahtkreuz im

Gießzement verankert, doch genügen auch ein paar mit dem Kopf auf die Innenwand festgelötete lange Nägel.

Nachdem die Umrandung auf die Glasplatte gestellt ist, wird die ganze rückseitige Mosaikfläche mit einem dünn angemachten Mörtel aus Dyckerhoff-Weiß so weit ausgegossen, daß die Gießmasse, nachdem sie alle Zwischenräume ausgefüllt hat, etwa 5 mm über den Mosaiksteinen steht. Wegen seines zwangsläufig hohen Wassergehalts setze man diesen Gießzement aus gleichen Gewichtsanteilen von Zement und Sand an. Er wird zwar langsamer hart, dafür aber bindet er sicherer ab.

Die Feuchtigkeit des Mörtels lockert die Klebestellen der Steinchen auf der Glasplatte, so daß man das ganze Werkstück nach dem Abbinden des Zements von der Unterlage lösen kann. Notfalls hilft man mit etwas Wasser nach, das man zwischen Glasplatte und Mosaik-Bildfläche sickern läßt und geduldig wartet, bis der Leim so weit aufgeweicht ist, daß er lockerläßt.

Sobald der Gießzement völlig erstarrt ist und abgebunden hat, ist das Mosaik zu einer selbsttragenden, festen Einheit geworden, die nach erfolgter Säuberung ihrer Bildoberfläche auf den gewünschten Untergrund gebracht werden kann. Soll das Mosaik eine Tischfläche ergeben, so legt man es von vornherein in einen Gießrahmen aus, der später die Tischumrandung ergibt. Die Wandhöhe des Rahmens muß also so bemessen werden, daß nach dem Übergießen der Steine mit Zement noch genügend Tiefe bleibt, in die eine abdeckende Holzplatte eingelegt werden kann. Diese Deckplatte wird genau in das lichte Maß des Rahmens eingearbeitet, darf jedoch erst aufgebracht werden, wenn der Mörtel zuverlässig durchgetrocknet ist. Das nimmt seine Zeit in Anspruch. Wird der chemische Trockenprozeß forciert, so reißt der Mörtel. Am besten ist, man überdeckt die Rückseite des Mosaiks während des ersten Trockentags mit feuchten Tüchern.

Ehe man den Rückendeckel aufbringt, wird die Zementfläche mit Bims- oder Ziegelstein glatt geschliffen, damit das Mosaik nirgends hohl liegt. Dann klebt man die Holzplatte mit einem Kunststoff-Kleber ein und verschraubt sie mit Messingschrauben, die durch die Rahmenwandung greifen.

Wem eine genügend große Glasplatte als Gießgrund fehlt, der kann sein Mosaik auch auf einem Bogen kräftigen Transparentpapiers verkleben, der zuvor mit Leimstreifen auf eine Sperrholzplatte gezogen wurde. Hat man seinen Entwurf auf das Transparentpapier gezeichnet und legt dessen Rückseite nach oben, so hat man damit zugleich den notwendigen Spiegelbild-Effekt erreicht. Nach dem Abbinden des Gießzements wird das Papier von der Bildfläche des Mosaiks abgezogen.

Ein Wort noch zur Technik des Entwurfzeichnens. Addieren Sie Ihren Bildvorwurf nicht aus schematisch aneinandergereihten Vierecken zusammen, die Sie pedantisch mit Aquarellfarben austuschen, sondern improvisieren Sie mit mutig und flott aufs Papier gesetzten kurzen Pinselstrichen. Jeder Strich entspricht dabei einem Mosaikstein und mit den Zwischenräumen ist zugleich die bildwichtige Fugenwirkung gegeben. Auf diese Art erhalten Sie am ehesten die spielerische und zugleich stilisierende Frische, die den eigenartigen Zauber des Spiels von Licht und Farbe im Reigen der bunten Steine ausmacht.

10 Schönheit für die Schönheit

Keine Frau ist so schön, daß sie nicht den Wunsch hätte, die eigene Vollendung und Anmut noch durch einen zusätzlichen Schmuck zu unterstreichen. Das beginnt schon im frühen Kindesalter, wenn die zukünftigen Frauen noch als gezopfte Schmetterlinge auf der Frühlingswiese ihren Ringelreihn tanzen und sich Kränze aus Gänseblümchen in die Locken winden.

Das Kind besitzt noch die Unschuld, auch im anspruchslosen Werkstoff Schönheit zu entdecken. Es braucht nicht unbedingt Gold oder kostbares Edelgestein zu sein, das die jungen Herzen höher schlagen läßt. Und so wird die Herstellung einfacher Schmuckgebilde »auf Bastler-Basis« zu einem Tätigkeitsfeld, das gerade unseren jungen Freunden viele lohnende Möglichkeiten bietet, aus Phantasie und Fertigkeit kleine Schönheiten zur Freude für sich und andere entstehen zu lassen.

Billigstes Material für die Elementarstufe, auf der einfache Halsketten und Armbänder entstehen, liefert die Natur im Herbst als Kerne vom Steinobst, vom Kürbis oder als Haselnüsse. Wurmstichige Nüsse weisen den Weg, wie man zu den Löchern für die Schnur kommt. Sie werden mit einem feinen Drillbohrer gebohrt. Steinobstkerne müssen vor der Verarbeitung abgekocht und mit einer scharfen Bürste von allen anhaftenden Fruchtfleischresten gesäubert werden. Nach dem Trocknen und Bohren werden die Kerne mit Zaponlack lackiert. Man steckt die »Perlen« für diese Arbeit reihenweise auf dünne Stricknadeln und streicht sie mit einem weichen Haarpinsel ein. Mit genügend Abstand voneinander verbleiben die Kerne so lange auf der an einem staubfreien Raum abgelegten Nadel, bis der Lack trocken ist.

Auf die gleiche Art und Weise lassen sich auch die in verschiedenen Größen

käuflichen rohen Holzperlen veredeln. Man kann ihnen mit einem glühenden Stichel Brandmuster einprägen oder sie durch verschiedenfarbige Lacke bemustern.

Die harte Oberfläche der Haselnüsse poliert man mit Bimssteinpulver und Schellack zu einem sehr schönen Hochglanz, der dem warmen Braun der Früchte ein überraschendes »Feuer« verleiht. Einen sehr reizvollen Rohstoff von dunkelbraunem, geheimnisvollem Glanz für Plättchenketten ergibt die polierte Schale von Kokosnüssen. Besonders das Polieren der Außenfläche dieser Schale erfordert einige Geduld. Sie muß mit Raspel und Sandpapier verschiedener Grade sorgfältig vorgerichtet werden, bis jene Glätte erreicht ist, die eine Politur als Untergrund erfordert. Man wird also größere Stücke der Schale möglichst weit vorarbeiten, ehe man die einzelnen Plättchen mit der Laubsäge aussägt. Die letzte Feinarbeit durch Brechen und Polieren der Sägeschnitte kann jedoch erst am einzelnen Plättchen vorgenommen werden.

Die Herstellung von Ketten aus polierten Nüssen oder Nußschalen erfordert Geduld und Ausdauer. Das Resultat aber lohnt die Mühe, denn derartige Ketten sind echter Schmuck, der sich dem Stil einer sportlichen Kleidung geschmackvoll einordnet.

Einfache Halsketten und Armbänder

Die Verarbeitung von Metallen zu Schmuckgegenständen beginnt mit dem Draht. Er ist insbesondere das geeignete Halbzeug, aus dem im Anschluß an die soeben betrachtete »Naturstufe« Ketten und Armringe gearbeitet werden, deren Verschiedenartigkeit sich durch die Variationsmöglichkeiten der einzelnen Gliedformen ergibt.

Beispiele für einfache Schmuckstücke aus dem Pflanzenreich: 1 Halskette aus Stücken der Kokusnußschale – 2 Brosche aus polierten Haselnüssen – 3 Armreif aus zweifarbig lackierten Holzperlen

Für Schmuck, der getragen werden soll, benötigen wir halbharten Messingdraht nicht unter 1 mm Durchmesser oder auch Silberdraht, sofern die gewonnene Handfertigkeit ein gültiges Resultat aus diesem edlen und etwas kostspieligeren Material erwarten läßt.

Draht wird fast nur durch Biegen verformt. Wir benötigen für unsere »Goldschmiedewerkstatt« ein paar Rundstäbe als Biegeklötze, dazu als wichtigstes Werkzeug eine Rund- und eine Flachzange. Ein Hebelvorschneider und eine kleine Feile zum Glätten der Drahtenden sowie eine Metall- oder eine Laubsäge mit Metallsägeblatt vervollständigen die Ausrüstung der Werkstatt. Für anspruchsvollere Arbeiten von erhöhter Haltbarkeit wird allerdings noch ein Lötkolben notwendig, und zwar am besten ein Elektro-Lötkolben mit auswechselbaren Spitzen.

Die Biegeklötze fertigen wir uns selbst aus Rundhölzern, in deren eine Hirnholzfläche ein drahtstarker Sägeschnitt von etwa 5 mm Tiefe gelegt wird. Etwas dauerhaftere Biegeklötze ergeben Rundstahlstäbe oder für feinere Wicklungen auch rundschäftige Nägel, denen man die Köpfe abkneift.

Diese Biegeklötze gestatten nicht allein eine gleichmäßige Formung aller Kettenglieder, sondern rationalisieren auch deren »Massenfabrikation«. So entstehen die Einzelelemente für eine Kette aus Ringgliedern dadurch, daß man das Drahtende in der Kerbe des Biegeklotzes festlegt, es rechtwinklig abbiegt und die freie Länge des Drahtes nun in enger, gleichmäßig fest anliegender Spirale auf den Schaft des Rundstabes wickelt. Ist dessen ganze Länge gefüllt, spannt man ihn in den Schraubstock und schneidet die Spirale mit der Metallsäge in Längsrichtung auf. Dadurch wird diese in einzelne Ringglieder aufgeteilt, die man ineinanderhängt, mit der Zange zusammenbiegt und sauber verlötet.

Benutzt man statt eines Biegeklotzes mit kreisrundem Querschnitt einen solchen mit ovalem Querschnitt, so zeigen sich die auseinander geschnittenen Einzelteile der auf einen solchen Kern gewickelten Spirale als Kettenglieder von entsprechender Form.

Eine etwas schwerere Kette von stark räumlicher Wirkung entsteht aus der Reihung von 8-förmigen Gliedern, die schlaufenartig ineinandergehängt werden. Diese Kette verlangt ein kräftiges Material, soll ihre geflechtähnliche Struktur voll zur Geltung kommen. Das wiederum erfordert eine stabile Biegevorrichtung. Wir schaffen sie uns aus zwei

Rundstahlstäben von 7 bis 8 mm Durchmesser, die mit einem Abstand von 3 bis 3,5 cm senkrecht in den Schraubstock gespannt werden. Diese Maße gelten für einen 1,5 mm starken Messingdraht und sind je nach der Stärke des verwendeten Materials abzuändern. Um die beiden Wendepunkte werden die Kettenglieder abgelängt, indem man den Draht in eng liegender Spirale um die Stäbe wickelt. Ist die Wicklung fertig, wird sie mit einer Rundzange genau in der Mitte zwischen den beiden Wendepunkten so weit zusammengedrückt, daß sich die inneren Drahtwandungen berühren. Hierzu ist es allerdings notwendig, einen der beiden Stäbe zu lockern. Man öffnet die Schraubstockbacken so weit, daß man einen Stab herausziehen kann, läßt ihn jedoch in der Windung stecken, damit die durch die Mitteleinschnürung entstehenden Rundungen an beiden Seiten gleichmäßig ausgeformt werden. Danach erst wird einer der beiden Rundstäbe entfernt, während man die Spirale über dem Schaft des andern zu Einzelgliedern aufsägt.

Nun richtet man die vorgeformten Teile mit der Zange nach, daß der sauber gefeilte Stoß der Drahtenden in einer Ebene liegt, und biegt das einzelne Glied zur Schlaufe. Dazu legt man einen der

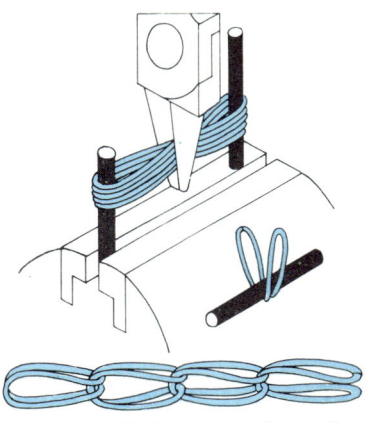

Das Biegen und Reihen schlaufenförmiger Kettenglieder aus starkem Material

zum Ablängen benutzten Rundstahlstäbe quer über die Mitteleinschnürung und biegt die beidseits freiliegenden Flügel über die Schaftrundung nach oben, bis sie sich berühren. Damit ist das einzelne Schlaufenglied fertig, die Reihung der Kette ist kein Problem. Ein Verlöten der Stoßstellen ist bei genügend starkem Material nicht unbedingt erforderlich, da die Haupt-Zugbelastung der Kette auf der geschlossenen Drahtbiegung liegt.

Bei allen andern Kettengliedern, die aus einer einphasigen Drahtwicklung geformt sind, empfiehlt sich ein Verlöten der Stoßstellen, da sie sonst der Beanspruchung des Tragens kaum gewachsen sind. Man kommt jedoch in vielen Fällen ohne Lötkolben aus, wenn man die Kettenglieder in mehreren Phasen aus dünnerem Draht wickelt. Die Technik des Wickelns über dem Formstab ist die gleiche wie bei starkem Material, nur schneidet man hierbei nicht die ganze Spirale in der Längsrichtung auf, sondern zwickt deren Strang jeweils nach der gewünschten Anzahl von Wicklungen mit der Drahtschere ab. Die einzelnen Glieder werden wie Schlüsselringe ineinandergezogen. Es ist durchaus nicht notwendig, immer nur Glieder gleicher Größe und Materialstärke oder

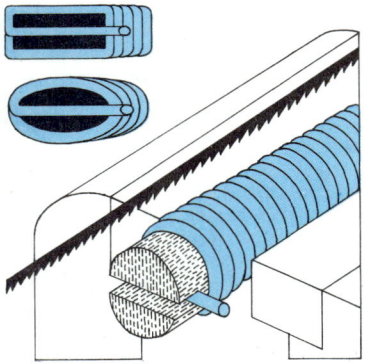

Gleichmäßige Formung mehrerer Kettenglieder aus Draht über Biegeklötzchen verschiedener Querschnitte. Die gewickelte Drahtspirale wird durch einen Sägeschnitt längs des Biegeklotzes zu einzelnen Kettengliedern aufgeteilt

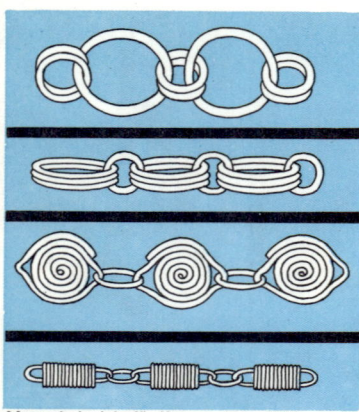

Musterbeispiele für Ketten, deren Wirkung auf der Reihung von Gliedern mit unterschiedlicher Wicklungszahl und verschiedener Größe beruht

solche mit gleicher Wicklungszahl zur Kette zu reihen. Draht ist zwar ein körperhaftes, aber zugleich auch ein lineares Gebilde. Erst in kontrastierender Anordnung kommt er zur vollen Wirkung. So ergibt zum Beispiel die abwechselnde Reihung von einphasigen Ringgliedern und mehrphasigen flachen Ovalgliedern ein sehr lebhaftes Kettenbild. Auch zu flachliegenden, enggewundenen Spiralen aufgeschossene Einzelglieder lassen sich im Wechsel von zwei verschiedenen Größen mit Hilfe von ösenförmigen Ausbuchtungen in der äußeren Rundung zu interessanten Ketten zusammenhängen. Schließlich entsteht ein hübsches, langgestrecktes Verbindungsstück zwischen je zwei Ringgliedern, wenn man eine schmale, etwa 10 mm lange Doppelschlaufe aus Draht von gleicher Stärke der Ringglieder so weit mit einer dichtgewickelten Spirale aus dünnerem Material umwickelt, daß links und rechts nur eine kleine Öse stehenbleibt. Sie muß gerade so groß sein, daß die Ringglieder bequem eingehängt werden können.

Erweist sich ein Messingdraht für die Kaltverformung mit der Zange als zu spröde, so muß man ihn mit Lötlampe oder Gasbrenner in schwache Rotglut versetzen und in einer Beize abschrek-

ken (vgl. S. 98). Danach wird er mit einer Bürste unter Wasser gereinigt. Mit der gleichen Behandlung entfernt man Unsauberkeiten, die eventuell beim Löten entstehen. Das fertige Stück wird mit einem Silberlappen blank gerieben und, sofern man Messing verarbeitet, mit einem wasserklaren Zaponlack gegen Oxydation geschützt.

Ein technisches Problem besonderer Art erhebt sich, sobald es um die Verschlußfrage an Ketten und Armreifen geht. Man kann einen Verschluß nach dem »Haken-und-Ösen-Prinzip« oder in mehrfacher Wicklung nach Art des Schlüsselringes herstellen. Doch fragt es sich, ob man ein gut gelungenes Stück der Sicherheit eines derartigen Behelfes anvertrauen will. Im allgemeinen ist es schon richtiger, man verzichtet hier auf den Eigenbau und kauft sich einen zuverlässigen Kettenverschluß.

Durchbrochene Anhänger

Eine aus gewickelten Drahtgliedern gereihte Schmuckkette mit ihrem ausgeprägten Charakter bedarf keiner weiteren Attribute. Sie mit einem Anhänger belasten zu wollen, hieße den Bogen des guten Geschmackes überspannen. Die Trägerkette für einen Hänger soll dezent in den Hintergrund treten, denn hier ist sie nur Dienerin.

Wenden wir uns der Anfertigung solcher Anhänger zu, so wechseln wir vom Halbzeug Draht zum Halbzeug Blech über und begeben uns an die Gestaltung aus der Fläche heraus. Auf unserer Materialliste stehen starke, mittelharte Bleche aus Messing und Kupfer, für feinere Arbeiten auch Silber-, ja im Einzelfalle sogar Goldbleche. Auch auf diesem Gebiet wird die Meisterschaft in der weisen Beschränkung auf das »Bastlermögliche« sichtbar. Es wäre sinn- und zwecklos, dem Goldschmied mit einem Versuch, Edelsteine in Platin zu fassen, ins Handwerk pfuschen zu wollen. Die Ebene, auf der wir uns mit guten Erfolgsaussichten bewegen, bleibt zweidimensional, sie ist das Blech, das wir mit der Laubsäge bearbeiten. Es handelt sich dabei, ähnlich wie beim Scherenschnitt, um eine Durchbrucharbeit. Das müssen wir schon bei der Anlage des Entwurfes berücksichtigen, zu dem in der Tat der Scherenschnitt eine gute Vorübung ist. An ihm kann man die Durchbruchwirkung studieren. Es ist jedoch darauf zu achten, daß die Endform in Metall und nicht in Papier ausgeführt werden soll. Man hüte sich also vor übertrieben zierlichen Innenformen und Linienführungen und achte darauf, daß keine der Einzelformen frei in der Luft schwebt. Alle Einzelelemente des Entwurfs müssen sich gegenseitig halten und stützen. Dabei dürfen die Berührungsstege nicht zu fein ausgeschnitten werden, damit keine Einzelteile herausfallen. Schließlich will auch hier das ornamentale Grundgesetz beachtet sein, nach dem Zwischenraum und Bildsteg des Musters so in der Gesamtfläche ausgewogen sind, daß beide Elemente, das Negative wie das Positive, gleichmäßig am Aufbau des Ganzen beteiligt sind. Die praktische Ausführung der Arbeit bereitet demjenigen, der mit der Laubsäge umzugehen versteht, keinerlei Schwierigkeiten. Zu Beginn wird der Entwurf mit Kohlepapier und spitzem Bleistift auf das Blech übertragen. Da sich der Kohlestrich während des Hantierens mit der Säge sehr leicht verwischt, empfiehlt es sich, die Konturen mit einer scharfen Reißnadel nachzuziehen. Danach wird in jede einzelne Durchbruchfläche mit dem Drillbohrer ein Loch gebohrt, in das man das Sägeblatt einhängen kann.

Jetzt erst tritt die Säge in Aktion. Daß man sie mit einem feinzahnigen Metallsägeblatt bestückt, versteht sich von selbst. Es gibt indessen nicht nur spezielle Sägeblätter für Metall, sondern auch kleine, sehr stabile Laubsägebügel für derartige Arbeiten. Wer kann, leiste sich den Luxus eines solchen, der Erfolg lohnt den Aufwand.

Gesägt werden zuerst alle Innenformen, und zwar beginnt man mit der Arbeit in den Mittelpartien, um die Stabilität des Ganzen nicht unnötig früh zu schwä-

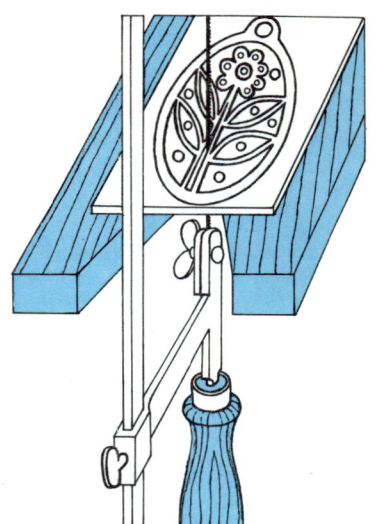

Das Sägen durchbrochener Anhänger mit dem Metall-Laubsägeblatt

chen. Die Außenkontur mit der Hängeöse für den Kettenring wird ganz zum Schluß gesägt, wenn alle Innenformen stehen. Wichtig ist, daß die Säge stets korrekt senkrecht läuft. Andernfalls gibt es geneigte Stegwandungen. Mit den ganz sauberen, ausstellungsreifen Sägeschnitten ist es allerdings ähnlich wie mit den Rekordfischen der Angler. Sie kommen nur in Stammtischgesprächen vor. Wir kommen also ohne ein sorgfältiges Nachputzen und Glätten aller Konturen mit Nadelfeilen nicht aus. Derartige Liliput-Feilen, deren Lebensdauer begreiflicherweise beschränkt ist, kann man als Sechser-Sortiment mit verschiedenen Profilen billig kaufen.

Zum guten Ende bleibt nur noch übrig, die letzten Spuren der Handarbeit zu entfernen und das Werkstück durch eine sorgfältige Politur zum Schmuckstück zu erheben.

Mit der hier praktizierten Technik des Metallsägens lassen sich nicht nur Anhänger, sondern auch Broschen, Gürtelschließen, Ringe und Armreifen anfertigen. Und wer über das reine Gebiet des

Schmucks hinausgehen will, der findet in Anhängern für Autoschlüssel, Zierknöpfen oder Beschlägen für Schatullen weitere lohnende Möglichkeiten, seine Kunstfertigkeit zur Herstellung schöner und nützlicher Dinge anzuwenden.

Keramischer Schmuck

Den Werkstoff für einen Halsschmuck ganz anderen Charakters holen wir uns aus dem Mineralreich. Die Aufgabe lautet, einen Kettenanhänger mit einer figürlichen Reliefdarstellung in Keramik aus-

1

2

3

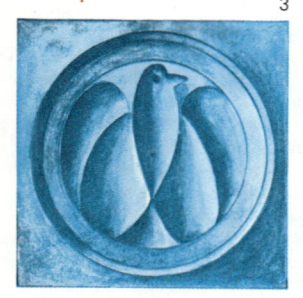

Die Herstellung einer Gießform für keramische Anhänger: 1 Wachsmodell – 2 Das mit Gips überdeckte Modell auf dem Grunde des Gießgefäßes (Schnitt) – 3 Die fertige Prägeform (Gipsoberfläche gefärbt)

zuführen. Der Weg dahin führt über eine Prägeform aus Gips, die uns neben ihren sonstigen Vorzügen die Möglichkeit der mühelosen Reihenfertigung bietet. Die ganze Kunst besteht darin, ein Modell des Anhängers in Originalgröße aus Modellierwachs oder Ölton herzustellen. Angenommen, der Entwurf zeigt auf runder oder ovaler Platte die Darstellung eines Tierkreiszeichens – um nur eines der vielen möglichen Motive zu nennen–, so ist peinlich darauf zu achten, daß das Relief keine unterschnittenen Formen aufweist. Mit andern Worten, die Seitenkanten aller erhabenen Flächen müssen mit dachartiger Schräge abfallen.

Nach diesem Grundmodell wird die Negativform angefertigt. Man legt dazu das Wachsmodell auf ein Sperrholzbrettchen und umstellt es rundherum mit einem Gießrand, der überall einen guten Zentimeter vom Metall entfernt ist. Diesen Rand kann man als Tonwulst oder auch aus Wachs auf die Sperrholzplatte kleben. Einfacher fast noch ist es, einen etwa 4 cm breiten, glatten Kartonstreifen zu einem Rand zu kleben und ihn mit Leimstreifen auf dem Grundbrett zu befestigen.

Das so entstandene Gefäß, auf dessen Grund das Wachsmodell mit dem Gesicht nach oben liegt, wird nun mit einem kalt angemachten, nicht zu steifen Gipsbrei, dem eine Prise Alaun beigegeben wurde, so weit ausgegossen, daß die Masse etwa 1,5 cm über dem Wachsmodell steht. Gießen Sie langsam und lassen Sie den Gips von einer Seite her über das Modell fließen, damit sich keine Luftblasen in der Masse bilden. Sobald der Gips völlig erstarrt und gut ausgetrocknet ist, kann man den Gießrand entfernen und den Formblock von der Sperrholzplatte abheben. Auch das Wachsmodell hat seine Pflicht getan. Es läßt sich leicht vom Gips lösen, in dem nun das negative Bild unseres Anhängers mit allen Feinheiten steht. Durch den Alaunzusatz hat der Gips genügend Härte bekommen, daß nachträglich noch feine Konturen durch Schaben mit kleinen Messern, Rasierklingen oder den Radierfedern möglich sind.

Die Tonbäckerei, die als nächster Arbeitsgang folgt, ist ein Kinderspiel. Man braucht den geschmeidig gekneteten Ton nur in die Negativform zu drücken und vorsichtig wieder abzuheben. Die noch weiche Grundplatte bekommt oben ein Loch, durch das später der Kettenring gezogen wird. Dann läßt man das Stück wie jede andere Keramik »knochentrocken« werden, ehe es in den Brennofen wandert.

Über das Glasieren und die Engobe-Malerei als keramische Farbtechniken finden Sie alles Notwendige im Kapitel 8, Seite 148 ff.

Man kann ein weniger wertvolles Positiv gewinnen, wenn man das Gipsnegativ wiederum mit Gips ausgießt. Dazu aber ist es erforderlich, die Oberfläche der Form vorher gut mit Vaseline einzustreichen. Man kann das Negativ auch in flüssiges Wachs tauchen, bis sich seine Oberfläche vollgesogen hat, oder diese mit einer Emulsion aus reiner Kernseifenlösung und Salatöl einstreichen. Sogar das Ausgießen mit Blei oder Zinn verträgt das Gipsnegativ. Es muß nur, damit sich das erstarrte Metall daraus wieder lösen läßt, kräftig eingerußt werden. Wer keine blakende Petroleumlampe hat, benutzt dazu eine Kerze.

Auch diese Technik der Positivgewinnung aus einem nach dem Wachsmodell gefertigten Gipsnegativ weist als unserer Schmuckwerkstatt hinaus auf Wege, die zu schönen Reliefkacheln als Wandschmuck führen. Sogar prächtige private Karnevalsorden kann man mit dem Verfahren herstellen oder Erkennungsmarken für den Geheimbund »Grüner Drache«, vor dessen gerechtem Arm die heulenden Schakale aus der »Langen Straße« wie Waldmeisterpudding zittern.

Broschen und Nadeln

In das Repertoire der Schmuckstücke aus der Bastlerwerkstatt gehören neben der metallgesägten Gürtelschließe, neben Anhängern und Ketten auch die Brosche und die Ziernadel als Abschluß des Arbeitsprogramms. Die Metallsäge-

arbeit hat uns bereits einen der möglichen Wege zu diesem vielbegehrten Zierat gewiesen. Wenn die gesägte Brosche schildartig aufgewölbt werden soll, so wird das Blech nach der auf Seite 99 beschriebenen Arbeitsmethode bis zu dem gewünschten Grad aufgetieft. Vor Übertreibungen muß gewarnt werden! Vor dem Auftiefen wird jedoch die Entwurfzeichnung aufgetragen und mit der Reißnadel fixiert, und zwar erfolgt all dies von der Rückseite her. Im andern Falle würden wir beim Sägen auf erhebliche Schwierigkeiten stoßen. Das gewölbte Blech läßt sich nämlich nur dann sicher sägen, wenn es nicht hohl liegt, die Wölbung also nach unten weist. Achten Sie streng darauf, daß das Sägeblatt stets senkrecht zu der gerade bearbeiteten Partie der Metalloberfläche steht, und sägen Sie nur innerhalb des kleinen Kreisausschnittes im Laubsägetischchen. Hier läßt sich das gewölbte Blech am leichtesten so festlegen, daß es nicht vibrieren kann.

Im Kapitel »Metall unter dem Hammer« hatten wir auf Seite 102 ff. das Punzieren und Ziselieren erlernt. Der geschickte und erfindungsreiche Broschenschmied kann diese beiden Treibtechniken gewinnbringend mit der Durchbruchwirkung des gesägten Bleches kombinieren.

Doch auch mit den beiden Ziertechniken des Punzierens und Ziselierens allein

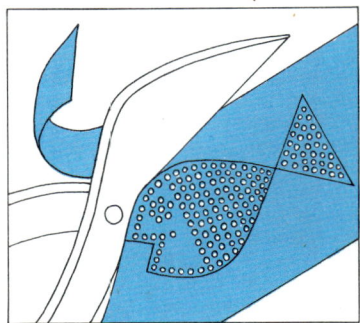

Figürliche Ausformung einer Ziernadel auf dem Wege des Treibziselierens. Die gepunzte Form wird aus dem Blech ausgeschnitten

kommt man, vom planen oder aufgetieften Blech ausgehend, zu sehr ansprechenden Modellen. Dabei sind außer geometrischen Formen auch figürliche Ausformungen möglich, indem man etwa die Kontur eines Schmetterlings, eines Käfers oder einer Eidechse mit dem Perlpunzen von der Rückseite her aufreiht und die derart abgegrenzte Form mit der Blechschere ausschneidet.

Bei der Auswahl des Materials für diese durchaus nicht schwierigen, aber dennoch lohnenden Arbeiten ist zu berücksichtigen, daß schwache, harte Bleche nur flache Reliefausformungen zulassen. Das Punzieren und Ziselieren indessen sind Treibtechniken. Sie erfordern starke, weiche Bleche. Da sie einen hohen Dehnungskoeffizienten besitzen, gestatten sie eine sehr weitgehende plastische Verformung.

Einfachster und sehr brauchbarer Verschluß für alle Arten von Broschen aus unserer Werkstatt sind rückseits aufgelötete Sicherheitsnadeln. Man lasse bei durchbrochenen Schmuckstücken genügend Futter für haltbare Lötstellen stehen.

Der Emaille-Schmelzfluß

In die kunsthandwerkliche Oberstufe rücken wir auf, sobald hohe Ansprüche neben der schönen Form eines Schmuckstücks auch dessen farbige Bereicherung verlangen. Wir greifen zurück auf die uralte Technik des Schmelzflusses, landläufig unter der Bezeichnung Emaille bekannt. Sie erlaubt es uns, ornamentale und figürliche Darstellungen als leuchtend farbige Flächen mit der Metallarbeit zu verbinden.

Das Verfahren hat gewisse Ähnlichkeit mit dem Glasieren von Tonwaren. Auch beim Emaillieren geht es darum, ein farbiges Glaspulver auf den Schmelzträger Metall aufzubrennen.

Für uns geeignete Schmelzträger sind Silber und Tombak (mit nicht mehr als 8 Prozent Zinkgehalt), in erster Linie aber reines Kupfer. Messing ist als Schmelzträger ungeeignet. Die in unserer Schmuckwerkstatt bevorzugten kleinen Werkstücke wie Broschen, Agraffen, Ziernadeln, Platten für Ringe und Manschettenknöpfe oder Gliedflächen für Armreifen, dürfen uns nicht zur Auswahl allzu schwacher Bleche verleiten. Einseitig emaillierte Schmelzträger sollen nicht dünner als 0,8 mm sein. Wenn dünnere Bleche verarbeitet werden sollen oder müssen, wird es notwendig, ein Gegenemail aufzubrennen, um ein Verziehen der Schmelzträger zu vermeiden. Alle Schmelzträger verlangen vor dem Auftrag des Emails eine gründliche Vorbehandlung. Das Kupfer will leicht ausgeglüht sein. Danach wird es unter Wasser kräftig mit einer Metallbürste abgerieben, anschließend in einer zehnprozentigen Schwefelsäurelösung gebeizt und in sauberem Wasser abgekocht. Abgetrocknet wird in Sägemehl. Jede Spur von Fett ergibt unweigerlich Fehlbrände, das Blech darf also dort, wo das Email haften soll, unter keinen Umständen mit den Fingern berührt werden. Überhaupt sind peinlichste Sauberkeit und äußerste Sorgfalt Grundvoraussetzungen für das Gelingen der Arbeit, bei der immer noch ein gut Teil Zauberei im Spiel ist. Das wird besonders bei der wundersamen Geburt der leuchtenden Emailfarben im Flußbrand überraschend sichtbar.

Auch Silberlegierungen — Feinsilber eignet sich nicht zum Emaillieren — müssen ausgeglüht und in 1:10 verdünnter Schwefelsäure abgekocht werden. Vorsicht, das Kochen muß in einem Glasgefäß oder in einem emaillierten Tiegel vor sich gehen. Gefäß wegen der nicht gerade gesundheitsfördernden Dämpfe gut abdecken!

Die von den Herstellerfirmen gelieferten Emaillen, deren Grundsubstanz aus einem farblosen Glassatz besteht, sind in drei Gruppen zu unterteilen: in das transparente, also durchsichtige, in halbdeckendes und volldeckendes Email, das »opake Email«. Farbigkeit und Deckkraft werden durch bestimmte Zusätze von Metalloxyden, von Fluor und Flußspat erreicht.

Das in Stücken gelieferte Email wird

zunächst in einem Tuch mit dem Holzhammer zertrümmert und weiter im Porzellanmörser pulverfein zerstoßen. Danach muß man das Pulver sorgfältig schlämmen, das heißt mehrmals mit Wasser auswaschen. Das macht man praktischerweise in kleinformatigen Einmach- oder Marmeladengläsern, in denen man das Email kräftig mit einem Glasstab umrührt. Hat sich das Pulver am Boden abgesetzt, wird das Schlämmwasser vorsichtig abgegossen und der Waschprozeß so lange wiederholt, bis das Wasser völlig sauber bleibt. Für die letzten beiden Waschungen verwende man destilliertes Wasser.

Der Auftrag des feuchten Emails auf den vorbehandelten Schmelzträger erfolgt mit einem kurz geschnittenen Flachpinsel oder mit einem Auftragsstift, wie ihn auch der Kollege vom Fach benutzt, in dünner, gleichmäßiger Schicht. Dabei ist es durchaus möglich, Email verschiedener Färbung nebeneinander aufzutragen. Auch kann man in einen sehr feinkörnig aufgetragenen Grund gröbere Körner eines kontrastierenden Emails einstreuen, die im Brand als reizvolle Farbinseln in die Grundfarbe einfließen. Ein regelrechtes Mischen der Emailfarben ist nicht möglich. Zwischentöne kann man nur durch mehrfaches Aufeinanderschmelzen von Lasurfarben erreichen. Derartige überaus reizvolle Experimente sollten indessen solchen Bastlern vorbehalten bleiben, die schon etwas tiefer in die Geheimnisse des Emaillierens eingedrungen sind. Denn jeder Brand birgt ein gewisses Risiko in sich.

Für den Anfänger empfiehlt es sich, seine ersten Versuche mit opaken Emaillen zu machen. Er ist damit vor Fehlschlägen relativ sicher. Unter den transparenten nämlich gibt es häufiger als unter den deckenden Emaillen Farben, die während des Schmelzprozesses chemische Verbindungen mit dem Metallgrund eingehen und sich dabei mehr oder weniger stark verändern. In diesen Fällen ist es notwendig, dem Schmelzträger vor dem eigentlichen Farbemail ein farbloses Grundemail, den sogenannten Fondant, aufzubrennen. Besonders das für trans-

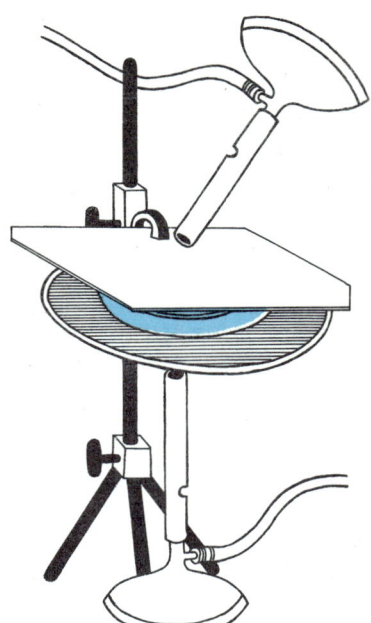

Emaille-Schmelzfluß im offenen Brand. Zwei Bunsenbrenner liefern die erforderliche Schmelztemperatur. Ein Abdeckblech schützt die Emailschicht vor der direkten Flammeneinwirkung des oberen Bunsenbrenners

parente Emaillen wegen seines hellen Untergrundes geeignete Silber neigt zu Farbveränderungen als Folge chemischer Beeinflussung. Silber allerdings benötigt einen Spezial-Silberfondant als Grundierung.

Der Fondant muß besonders fein gemahlen und in dünner, gleichmäßiger Schicht aufgetragen werden. Er wird meistens als trockenes Pulver mit Hilfe eines engmaschigen Siebes über die Trägerfläche gestäubt. Das Aufsieben farbigen Emails in trockenem Zustand ist nur auf größeren, geschlossenen Flächen angebracht. Damit das Pulver auf dem Grunde haftet, wird dieser zuvor mit Tragantlösung eingepinselt. Tragant ist ein Pflanzengummi, der in Wasser zu einem trüben Schleim aufquillt. Der zünftige Emailleur verwendet statt dessen auch in Wasser eingeweichte Quittenkerne als Haftmittel für das Email-pulver. Das Vorstreichen der Grund-fläche mit Tragant ist auch bei feuchtem Auftrag des Emails überall dort ratsam, wo es um das Emaillieren steiler Wan-dungen geht. Diesen Fall haben wir bei-spielsweise zu berücksichtigen, wenn wir eine Brosche oder eine Anstecknadel mit stark aufgewölbten Rändern zu emaillieren haben. Hier besteht sonst die Gefahr, daß das trocknende Pulver — und es muß vor dem Brennen auch die letzte Spur von Feuchtigkeit abgestoßen haben! — von den Rändern abrutscht. Auch Gegenemail wird praktischerweise durch Vorstreichen mit Tragant gebun-den, weil es sich sonst bei der Weiter-verarbeitung der Gegenstände allzu leicht wegwischt. Es wird stets aufgebracht, bevor man sich der Bildfläche zuwen-det.

Zwar liegt der Gedanke nahe, sich die Arbeit dadurch zu erleichtern, daß man das Email mit dem Bindemittel anrührt und ihm so die notwendige Haftfähig-keit verleiht. Doch ist dieser Gedanke zu verwerfen. Das Verfahren wird nur beim Innen-Emaillieren enger Gefäße unumgänglich, die man mit einer Email-Tragant-Lösung ausschwenkt.

Um das Austrocknen der feucht aufge-brachten Emailschicht zu beschleunigen, wird das überschüssige Wasser mit schmalen Filtrierpapierstreifen von der Oberfläche abgesogen. Wenn man da-bei das Werkstück durch leichtes Be-klopfen seines Randes in Vibration ver-setzt, sammelt sich das Wasser an der Oberfläche. Zugleich setzt sich das Emailpulver ebenmäßig und dicht ab. Sobald der Emailauftrag völlig ausge-trocknet ist, kann gebrannt werden. Da-bei müssen alle Bewegungen des Werk-stückes mit äußerster Behutsamkeit und ohne jede Erschütterung ausgeführt werden. Denn das Email liegt jetzt als staubtrockene Pulverschicht locker auf dem Schmelzträger. Es sei denn, man hat den Auftrag mit Tragant gebunden. Der Brand soll kurz und scharf bei etwa 950° Hitze vor sich gehen. Das ideale Gerät hierfür ist der elektrische Muffel-ofen, doch braucht das Fehlen eines

solchen uns keineswegs in die Resigna-tion zu treiben.

Da es sich bei unseren Schmuckstücken zunächst nur um kleinere Arbeitsvorha-ben handelt, sind wir sehr wohl in der Lage, die erforderliche Schmelztempe-ratur im »offenen« Brand zu erreichen. Der wird mit zwei Bunsenbrennern aus-geführt. Ein Stativbrenner liefert die Un-terhitze; ein zweiter, der mit der Hand geführt werden kann, strahlt die Hitze von oben in den offenen Ofen. Allerdings muß dabei die Emailschicht vor der di-rekten Flammeneinwirkung geschützt werden. Man schaltet also zwischen Flamme und Werkstück ein Abdeck-blech, das man sich aus einer aufgeroll-ten Konservendose schneiden kann. Als Trägerfläche für das Brenngut dienen Schamotteplatten oder Asbestgewebe. Gegenstände mit einem Gegenemail stellt man auf eine Zwischenlage aus Glimmer. Er läßt sich nach dem Brennen leicht von der Emailschicht lösen und hinterläßt kaum sichtbare Spuren.

Sobald das Werkstück hellrot glüht und die Emailfläche spiegelnd glatt erscheint, ist der Brand beendet, und das Brenngut wird dem Flammenbereich schnell ent-zogen. Das ist leicht durch Abdrehen der Bunsenbrenner getan. Danach läßt man das fertig gebrannte Stück langsam aus-kühlen.

Der Brand zwischen offenen Flammen hat den großen Vorzug, daß man den Schmelzvorgang, in dem sich das Wun-der der Verwandlung vom unansehn-lichen Emailpulver zum leuchtenden Farbfluß vollzieht, gut beobachten kann. Man hat sogar die Möglichkeit, die Farb-schmelze zu steuern, indem man sie mit einem Eisenstäbchen von zu dick auf-getragenen Partien auf fehlerhafte Stel-len zieht. Sogar farbige Zaubereien kann man noch während des Brennens voll-bringen, wenn man kleine Emailstücke in den glühenden Lavastrom der Schmelze wirft.

Man kann sich mit der im ersten Brand erreichten Oberfläche zufriedengeben. Man kann diese jedoch auch mit einem zweiten Schmelz, dem Glanz- oder Überfangbrand, überziehen. Er besteht aus einem glasklaren, farblosen Fondant, der in gewohnter Weise dem farbigen Grund aufgetragen wird. Im Gegensatz zum ersten Brand soll das Schmelzen des Überfangfondants bei nicht zu großer Hitze herbeigeführt werden, damit er sich nicht in den farbigen Grund einbrennt. Ganz abgesehen davon, daß jeder Brand mit einem Risiko verbunden ist, erreicht man die schönste Emailoberfläche durch die Politur. Das allerdings ist eine langwierige und mühselige Arbeit. Der eigentlichen Politur geht das Schleifen voraus, das mit Wasser und Karborundsteinen verschiedener Körnung, und zwar im langsamen Übergang von grober zu feiner Körnung, ausgeführt wird. Durch das Schleifen wird die Emailoberfläche stumpf. Man kann ihr in diesem Zustand eine Glanzschicht aufbrennen oder ihr durch manuelle Weiterbearbeitung mit heißem Wachs und Seidenpapier einen angenehm matten Glanz aufpolieren. Arbeitet man mit Bimsstein und feuchten Lindenholzklötzchen weiter und geht später zu einer Schlußbehandlung mit farbloser Polierpaste auf Leder über, so kann man bis zum spiegelblanken Hochglanz weiterpolieren. Doch das ist, wie gesagt, mühsam und nicht jedermanns Sache.

Ein Sondergebiet des Emaillierens ist der Zellenschmelz, der, von künstlerischem Empfinden und sicherem Geschmack gesteuert, die Anfertigung überaus prächtiger Schmuckstücke gestattet. Es steht dem Bastler heute zwar

Vorbereitung des Schmelzträgers für den Zellenschmelz: Die mit Tragant aufgeklebten Drahtstege werden in den noch flüssigen Grundfondant niedergedrückt und eingebrannt

eine sehr einfache Technik zur handwerklichen Meisterung des Zellenschmelzens zur Verfügung, doch setzt auch deren praktische Ausführung noch ein gewisses Maß an Geschicklichkeit und Fingerspitzengefühl voraus.

Im Gegensatz zum Flächenemail, bei dem die benachbarten Farben ohne feste Konturen ineinanderfließen, werden beim Zellenschmelz die Farben in einzelne wabenartige Zellen gefaßt und so streng voneinander getrennt. Die Zellen entstanden früher dadurch, daß man feine Drähte aus dem Material des Schmelzträgers auf den Metallgrund lötete. Die Zellen werden mit Email in den ver-

Charakteristisch für den Zellenschmelz ist die strenge Trennung der Farben durch Drahtstege, die dem Schmelzträger mit einem Grundfondant aufgebrannt werden. Das feuchte Email wird mit einem kurz geschnittenen Flachpinsel oder mit einem Auftragstift in die einzelnen Zellen gebracht

schiedenen Farben, die für die Komposition vorgesehen sind, gefüllt und eingebrannt. Dabei erfüllen die Zellenstege nicht allein den rein technischen Zweck der Farbtrennung, sondern sie werden mit ihrem linearen Gefüge zu einem wesentlichen graphischen Element in der Gesamtkomposition. Eine geschickte, in sich geschlossene Drahtführung erlaubt neben der ornamentalen Aufteilung einer Fläche auch figürliche Darstellungen, in denen sich das malerische Element der Farbe mit dem graphischen der Zellenstruktur reizvoll durchdringt.

Die alte Löt-Technik wird heute meistens dadurch ersetzt, daß man das Blech mit einem Grundfondant emailliert, auf das die Drahtstege mit Tragant festgeklebt werden. Dann werden die Stege eingebrannt. Sobald das Email im Ofen zu fließen beginnt, sinkt der Draht in die Schmelze ein. In diesem Zustand holt man das Stück schnell aus dem Feuer und drückt den Draht, solange der Fluß noch weich ist, mit einem Eisenstab bis auf den Metallgrund nieder. Nach dem Abkühlen kann sofort mit dem Ausfüllen der einzelnen Zellen begonnen werden.

Alle Kunst des Emaillierens, mögen auch die vorbereitenden Arbeiten noch so viel Sauberkeit und Sorgfalt verlangen, liegt im Brennen der Schmelze. Es ist der Schöpfungsprozeß des leuchtend schönen Farbflusses, dessen satter Glanz und tiefe Transparenz durch keine andere Technik zu imitieren sind. Nicht jeder Brand geht reibungslos vonstatten. Stets von neuem handelt es sich dabei um ein aufregendes Abenteuer, das voller Überraschungen steckt. Dem Experimentierfreudigen öffnet sich hier ein weites Betätigungsfeld. Das gelungene Werk aber belohnt alle aufgewendete Mühe. Es erstrahlt in einer herrlichen Schönheit von bestechender Farbigkeit und lebendigem Schmelz.

Tauschierte Ornamente

Zum Abschluß unseres Schmuckkapitels wollen wir ganz kurz eine Ziertechnik

betrachten, die sich die Verschiedenfarbigkeit einzelner Metalle zunutze macht und die auf dem Gebiet der Metallarbeit etwa als das bezeichnet werden darf, was die Intarsia für die Holzoberfläche bedeutet. Es handelt sich um die fast in Vergessenheit geratene Kunst des Tauschierens, bei der es darum geht, ein weicheres Metall in ein härteres, das als Grundfläche dient, einzuschlagen. Um ein Beispiel zu nennen: Ein heller, weicher Silber- oder Aluminiumdraht soll in bestimmter Linienführung so in einen Eisen- oder Messinggrund geschlagen werden, daß er als Ornament oder Initial in gleicher Ebene des dunkleren Trägergrundes steht.

Die Arbeit ist zugegebenermaßen nicht aus dem Handgelenk zu meistern, doch sind ihre Anforderungen an das handwerkliche Geschick und an das Können des einzelnen auch nicht höher als die anderer »schwieriger Techniken«, in denen es der von Hause aus meist pfiffige Bastler zu staunenswerten Leistungen bringt, obwohl er doch »Laie« ist. Dem Mutigen gehört die Meisterschaft, und wer schon einige Erfahrungen im Umgang mit Stichel und Meißel hat, der kann sich mit einiger Übung im Tauschieren eine Technik aneignen, die eine sehr reizvolle und materialechte Verzierung von Gürtelschließen, Spangen oder Monogrammplaketten für Handtaschen und sonstiges modisches Beiwerk möglich ist. Die Anwendungsgebiete erschließen sich dem Jünger dieser Kunst um so williger, je tiefer er in ihre Arbeitstechnik eindringt.

Stets muß die Grundplatte härter sein als das eingeschlagene Metall. Auch wird man zur Erzielung einer stärkeren Kontrastwirkung das Grundmetall möglichst dunkel wählen. Geeignet sind Grundplatten aus Stahl, Bronze, Messing und Kupfer. Eine künstliche Färbung der Grundplatte nach dem Tauschieren ist möglich, jedoch nicht erforderlich. Die Wirkung einer Eisenplatte allerdings kann durch eine Dunkeltönung wesentlich erhöht werden. Man erreicht das durch Abbrennen der mehrfach mit Öl eingestrichenen Platte. Als Tauschier-

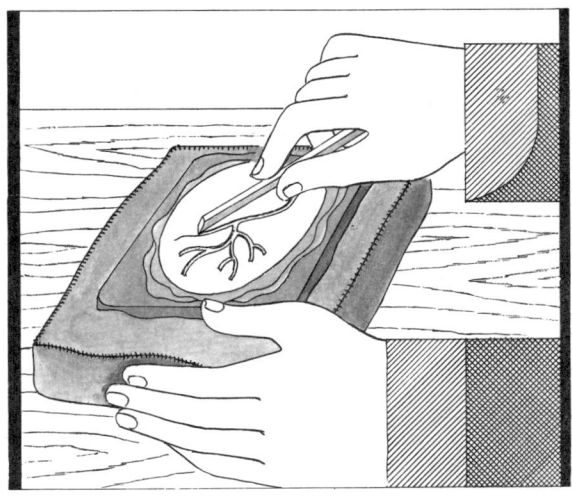

Zur Arbeitspraxis des Tauschierens: Das Gravieren der auf einem Stahlblock verkitteten Grundplatte mit dem Stichel. Als Unterlage dient ein Lederkissen mit Sandfüllung, das zur Änderung der Schnittrichtung mit der linken Hand gedreht wird

mittel verwenden wir weichen Aluminium- und Silberdraht. Wer die Technik sicher beherrscht, darf auch zum kostbaren Golddraht greifen. Er steht besonders schön auf dunkel gebranntem Eisengrund.

Hat man den Entwurf der Arbeit – als Beispiel sei ein großzügiges Monogramm angenommen – mit dem Bleistift auf die Grundplatte skizziert und mit der Reißnadel nachgezogen, so geht es an die diffizile Arbeit des Gravierens. Mit Meißel und Stichel, wie sie auch der Graveur benutzt, werden, den Linien der Zeichnung folgend, die Nuten in die Grundplatte gegraben, in die später der Tauschierdraht eingetrieben werden soll. Hierzu sind sehr scharf geschliffene Werkzeuge notwendig. Versuchen Sie nicht, die erforderliche Nut-Tiefe mit dem ersten Stichel-Schub auszuheben. Eine Eisenplatte ist kein Butterklotz. Man muß sich mit geringer Spanabnahme zufriedengeben und langsam in die Tiefe vordringen. Wer ein Elektro-Mehrzweck-Werkzeug mit biegsamer Welle und Metallfräsen besitzt, kann sich die Vorarbeit mit diesem technischen Heinzelmann wesentlich erleichtern. Besondere Sorgfalt ist der oberen Anschnittkante der

Nut zu widmen. Von ihrer Schnittschärfe ist die Sauberkeit der Zeichnungskontur in der fertigen Arbeit abhängig.

Die feste Verbindung zwischen Tauschiergrund und Einlage ist rein mechanischer Natur. Wir müssen, damit das eingehämmerte weiche Metall nicht wieder aus der Bettung herausspringen kann, die Lagernut mit schwalbenschwanzförmigem Querschnitt schneiden. Das erfordert Hingebung und Geduld.

Einiges Kopfzerbrechen wird dem Bastler die Beantwortung der Frage nach einer geeigneten Arbeitsunterlage machen. Sie soll das Werkstück zwar festlegen, damit es dem Druck des Stichels nicht ausweicht, zum andern aber leicht beweglich bleiben, denn die Änderung der Schnittrichtung wird weniger durch Abwinkeln des Stichels als durch Drehung des Werkstückes bewirkt. Unseren kleinen Werkstücken gibt ein Lederkissen mit Sandfüllung den erforderlichen Halt. Das Kissen wird mit der linken Hand gehalten und gedreht. Unhandlich kleine Werkstücke werden mit Ziseleurkitt (vgl. S. 103 f.) auf einen größeren Stahlblock geklebt.

Zum Einhämmern der Einlage wird die

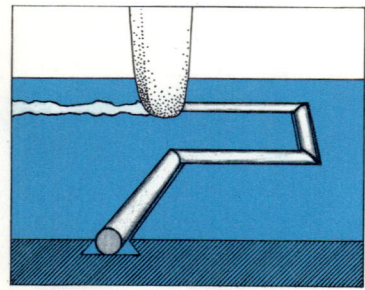

Zur Arbeitstechnik des Tauschierens: Der Einlegedraht wird in die schwalbenschwanzförmig ausgehobene Nut der Trägerfläche getrieben

Grundplatte auf einen flachen Hirnholzklotz gelegt. Man legt den Einlagedraht in die ausgehobene Nut und treibt ihn mit einem flachen Punzen Stück für Stück in die Nut, bis diese ganz gefüllt ist und sich der Draht unter die schrägen Wände des unterschnittenen Nutprofils fest verkeilt hat. Das Einhämmern muß mit äußerster Vorsicht geschehen, damit keine Spannungen und Federeffekte auftreten, die den Draht wieder aus seinem Lager herausspringen lassen. Man

kann übrigens, um die Festigkeit der Lagerung noch zu steigern, die Sohle der Nut durch schräge Stichelstiche aufrauhen, so daß sich hier kleine Widerhaken bilden, die sich in das eingetriebene Metall beißen. Nach beendetem Einhämmern wird das überstehende Weichmetall mit einem Dreikantschaber oder mit einer Feile bis auf die Oberfläche der Grundplatte weggenommen. Nach dem Schleifen und Polieren ist die Arbeit beendet und vollendet.

Das Tauschieren ist eine typisch »unzeitgemäße« Beschäftigung, denn sie ist alles andere als rationell. Die arbeitstechnischen Hürden zwar sind für einen geschickten Bastler leichter zu nehmen, als es im ersten Augenblick den Anschein haben mag. Auch sind die Materialkosten so gering, daß sie kaum ins Gewicht fallen, aber Zeit, Mühe und Sorgfalt darf man nicht in die Kalkulation aufnehmen. Dann würde die Rechnung nicht mehr aufgehen. Ob es sich also lohnt? Alle Arbeit, die um ihrer selbst willen, in keinem Falle jedoch aus dem Streben nach materiellem Gewinn getan wird, trägt ihren Lohn in sich. Es ist der Lohn der Freude.

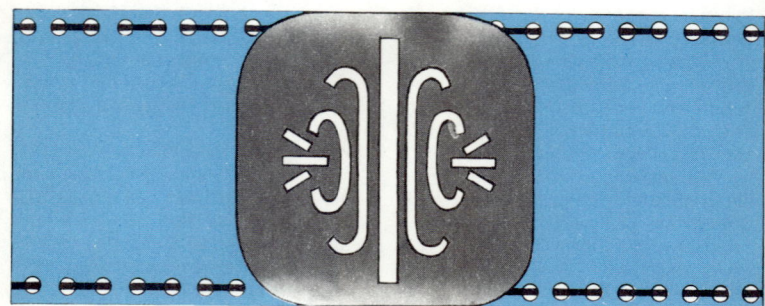

Gürtelschließe als Beispiel für die Anwendungsmöglichkeiten der Tauschiertechnik: Hell steht die Zeichnung des eingehämmerten Silbers auf der dunkel gefärbten Eisenplatte

11 Großes und kleines Welttheater

Eine spannende Geschichte im stillen Kämmerlein zu lesen, ist unbestreitbar ein guter Zeitvertreib. Doch viel mehr Spaß noch macht es, im gleichgesinnten Kreis gute Geschichten spannend zu erzählen oder ihnen zuzuhören. Das richtige Leben aber kommt erst »in die Bude«, wenn aus dem blassen Wort das plastische Bild wird, wenn die unsichtbaren Figuren als leibhaftige Gestalten aus dem Hintergrund der Erzählung hervortreten, den Inhalt der Geschichte als selbst vollbrachte oder erlittene Handlung in ihre Hände nehmen und sie uns als miterlebte Wirklichkeit vor Augen führen.

Die ganze Welt, in der wir leben, all ihre Menschen, die Guten und die Schurken, die Dummen und die Gewitzten, und das ganze Theater, das sie treiben, um sich zu betrügen oder einander glücklich zu machen – all das können wir zu unserer Freude und Unterhaltung mit ganz einfachen Mitteln im Hohlspiegel eines privaten Zimmertheaters einfangen und als fesselndes Gemeinschaftserlebnis zurückstrahlen lassen. Aber auch jenen Zweiflern, die den Teufel und die Hexe, die Gnomen und Nixen nicht wahrhaben wollen, die den verwunschenen Prinzen und die gläsernen Pantoffel der Prinzessin leugnen, auch denen können wir beweisen, daß es zwischen den Kulissen unserer Schaubude noch viele Dinge gibt, von denen sich ihre Schulweisheit nichts träumen läßt. Als Herren eines Puppentheaters sind wir die allmächtigen Zauberer über die ganze Märchenwelt mit ihrer übergeordneten Wirklichkeit. Zeit und Raum enden für uns erst dort, wo die eigene Phantasie versiegt.

Das Kasperle-Theater

Am klarsten und ursprünglichsten begegnet uns die Welt des Puppenspiels im Kasperle-Theater oder, korrekter ausgedrückt, im »Handpuppen«-Spiel. Eine Bühne dafür läßt sich mit allereinfachsten Mitteln improvisieren. Man braucht nur einen Tisch so auf einen anderen (etwas größeren) zu legen, daß seine senkrecht stehende Platte zum Publikum weist, und schon ist eine nach vorn abgeschirmte Spielrampe geschaffen. Wenn man dazu die Tische vorn und an den Seiten noch mit Decken verhängt, dann haben wir einen völlig abgeschlossenen Raum, hinter dessen Wänden alle prosaische Bühnentechnik dem neugierigen Blick verborgen bleibt.

Den Rahmen einer Bühne, die Spielraum und Parkett voneinander trennt und gleichzeitig die Verwendung einfacher Hintergründe erlaubt, bietet eine Tür zwischen zwei Zimmern. Über die Türverkleidung im Zuschauerraum wird eine Decke vom Fußboden bis zur gewünschten Spielhöhe gespannt. Eine zweite Decke, die den Hintergrund ergibt, deckt auf der anderen Seite der Verkleidung den oberen Teil des Türrahmens ab. Die Tiefe des Rahmens ergibt einen genügend geräumigen Spalt, um die Figuren darin halten zu können.

Die Kasperle-Bühne mit der vollen Raum-Illusion, mit auswechselbaren Hintergründen, mit Kulissen und Versatzstücken bauen wir uns als ein dreiteiliges Lattengestell, das auf einem verhangenen Tisch aufgebaut wird und das wir nach Beendigung der Festspielwoche aus Raumersparnisgründen zusammenklappen und wegpacken können.

Der Aufbau eines solchen Gestells wird aus unserer Werkzeichnung deutlich. Die Maße muß jeder nach der von ihm gewünschten Größe seines Theaters abstimmen. Man hüte sich jedoch vor übersteigerten Dimensionen. Auf einer Bühne mit einer lichten Rahmenbreite von 60 bis 70 cm kann schon allerhand passieren. Wichtiger als die Ausdehnung

Die Handpuppenbühne in Einzeldarstellungen: A Das dreiteilige Lattengerüst mit Bespannung und
Bühnenrahmen (a Grundriß des Gestells mit abgewinkelten Seitenflügeln) – B Vordergrund-
dekoration auf dem Kulissentisch (hier ohne Befestigung) – C Die Trägerlatten des Hintergrundes
und des Schnürbodens werden über Stielösen und Haken mit den Seitenflügeln des Gestells verbunden – D Sperrholzgehäuse für die Rampenbeleuchtung

der eigentlichen Bühne ist die Stabilität des Ganzen und eine genügende Höhe. Es müssen also kräftige, nicht zu schmale Latten verarbeitet werden. Die überplatteten Ecken und die Verbindungen der Querriegel werden sehr genau im rechten Winkel ausgearbeitet, verleimt und verschraubt. Bei der Bestimmung der Bühnenhöhe ist zu bedenken, daß die Spieler im Stehen agieren. Der untere Rand muß also so hoch liegen, daß nicht plötzlich etwaige in den Bühnenraum hineinragende Haarschöpfe der Spieler die Erhabenheit des Geschehens ins Lächerliche ziehen. Lieber 10 cm zu hoch als zu niedrig bauen! Ganz kleine Spieler steigen hinter dem Spielgestell auf eine Fußbank. Durch Umkippen im rechten Augenblick spielen sie gleichzeitig den Donnerschlag des Gewitters. Die Seitenflügel des Gestells werden nach dem Zusammenbau in ihrer ganzen Fläche mit einem undurchsichtigen Stoff bespannt. Vom Frontteil wird nur die untere Hälfte bespannt, dann wird der Bühnenrahmen aus Sperrholzplatten (3 mm) aufgeschraubt. Bei Hochleistungsbühnen muß der Giebel um 7 bis 8 cm vorspringen und als oben und seitwärts geschlossener Kasten ausgebildet werden. Der damit gewonnene Raum dient zur Unterbringung der Oberbeleuchtung.

Über je zwei Einstemmbänder, die sich leicht aushängen lassen, werden die Seitenflügel mit dem Frontteil der Bühne verbunden. Beim Aufbau werden die Seitenteile nach hinten abgeknickt und durch die Trägerlatten des »Schnürbodens« in einem Winkel festgehalten, der dem ganzen Gestell genügend Standfestigkeit verleiht.

Die rückwärts liegende Latte trägt den Hintergrund, an der weiter vorn liegenden hängen die Kulissen, die für die jeweilige Dekoration benötigt werden. Eine Reihe von Schraubösen genügt zur Befestigung der Kulissenschnüre. Im Interesse eines schnellen Szenenwechsels empfiehlt es sich, mehrere solcher Hängeleisten anzufertigen und sie vor Beginn der Vorstellung mit den nötigen Kulissen zu bestücken. Anbringung der Latten durch Haken und Stielösen, die man als fertige Beschläge kaufen kann. Die Vordergrunddekorationen und Versatzstücke bekommen rückseits an ihren Fuß einen Holzklotz aufgeleimt. So steht das Dekorationsstück auf einem schmalen, über die ganze Bühnenbreite laufenden Kulissentischchen, das gegen die Riegellatte des Frontteils geschraubt ist. Damit diese Dekorationsstücke bei Kasperles temperamentvollem Spiel nicht in der Versenkung verschwinden, wird ihre Fußlatte auf dem Trägertischchen mit kleinen Schraubzwingen festgeklemmt. Die Kulissen selbst werden mit der Laubsäge aus dünnem Sperrholz ausgesägt und mit kräftigen Farben bemalt. Je großflächiger und einfacher sie gehalten sind, desto eindringlicher ihre Wirkung. Ein rechtes Kasperle-Theater braucht natürlich einen Vorhang, der dicht an der rückwärtigen Wand des Bühnenrahmens laufen muß, wenn er seinen Zweck richtig erfüllen soll. Ein Rollvorhang ist für das Theater wirkungsvoller als ein zweigeteilter Zugvorhang nach Gardinenart und auch nicht schwerer herzustellen als dieser. Ein Stück von einem Besenstiel ergibt die Rollstange, deren Enden mit je einer Endkappe gesichert werden. In die zentrale Bohrung der Endkappen werden die beiden Bundstifte geschlagen, die als Drehzapfen des Vorhangs funktionieren. Endkappen, Bundstifte und die dazugehörigen Trageisen mit den Lagern für die Bundstifte holen wir uns aus dem Gardinen-Fachgeschäft. Die Trageisen schrauben wir auf die obere Querleiste des Frontteils, und zwar so, daß die eingehängte Rollstange absolut waagerecht liegt, sonst läuft der Vorhang schief. Er läuft auch schief, wenn das Vorhangtuch nicht genau rechtwinklig geschnitten und gesäumt wird oder wenn man die Oberkante des Tuches nicht in einer exakt eingehaltenen Geraden auf die Rollstange nagelt. An seiner Unterkante bekommt das Tuch einen Stecksaum, in den eine schmale Beschwerungsleiste eingeführt wird. Je schwerer die Leiste, desto besser und schneller rollt der Vorhang. Man kann auch einen Bleistreifen verwenden.

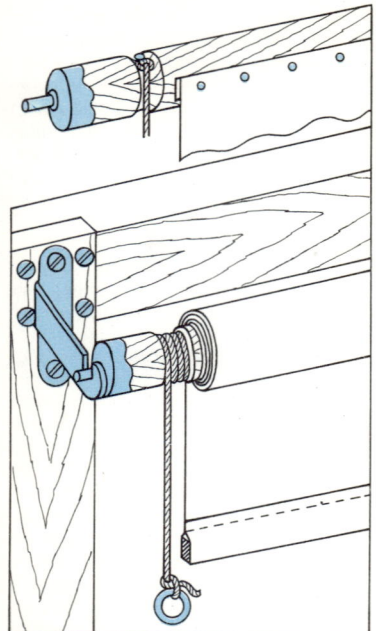

Rollstange, Zugvorrichtung und Lagerung des Bühnenvorhangs. Das Vorhangtuch wird mit einer Einsteckleiste beschwert

Links oder rechts, je nachdem, auf welcher Seite der Vorhang betätigt werden soll, feilen wir eine 2,5 cm breite rundlaufende Nut in die Drehstange, in der die Zugschnur läuft. Mit einer Kammzwecke wird sie in der Nut festgenagelt und bei aushängendem Vorhangtuch aufgewickelt. So kommt das Ganze in die Lager der Trageisen. Wenn man jetzt an der Schnur zieht, wickelt sie sich von der Stange ab und versetzt diese dadurch in Drehung. So wird der Vorhang aufgerollt. Läßt man die Schnur locker, so zieht die Beschwerungsleiste das Tuch abwärts, und der Vorhang rollt in umgekehrter Richtung ab. Das heißt, während der Vorhang abrollt, wickelt sich die Schnur wieder auf. Wir brauchen also im unteren Teil des Bühnengestells einen Klemmhaken, in dem wir die Schnur bei aufgerolltem Vorhang festlegen können.

Charakterköpfe

Eine hübsche Bühne und ein reichhaltiger Kulissenfundus sind beim Kasperle-Theater nicht zu verachten. Vor allen Dingen macht der Bau dieser Requisiten sehr viel Freude. Doch all das darf im Notfalle fehlen. Hauptsache ist und bleibt das Schauspieler-Ensemble unter Führung des Kasperle. Seiner Zusammenstellung haben wir uns mit ganzer Liebe zu widmen. Alle im zünftigen Kasperle-Theater auftretenden Gestalten sind stark ausgeprägte Charaktertypen. Sie verkörpern das Gute oder das Böse, gehören zum Regiment, das für die Ordnung in dieser Welt zu sorgen hat, oder stammen aus dem Gruselreich des Jenseitigen. Gerade diese Gestalten, zu denen der Teufel, der Zauberer, die Hexe, das Gespenst und das Krokodil gehören, verwirren immer wieder die Fäden der logischen Handlung und schaffen überraschende dramatische Spannungen. Kasper, als der Welt des Guten zugehörig, hat ihnen gegenüber oft einen schweren Stand. Aber gegen den Witz dieses ewigen Schalks, dieses Eulenspiegels und Erzschelms, der für die Heiterkeit des Lebens gegen Tod und Teufel zu Felde zieht, ist die Tücke der Geisterwelt machtlos. Zur Welt des Guten gehören auch Kaspers Großmutter sowie seine Frau, die sich alle Mühe gibt, den geliebten Wildfang im Zaum zu halten. Das ist nicht immer leicht, denn Kasperle fürchtet nichts auf dieser Welt, weder den Nachtwächter noch den Schutzmann, noch den König mit seinem ganzen Hofstaat, die doch alle für die Ordnung im Lande verantwortlich sind. Nur vor der lieblichen Schönheit der Prinzessin verstummt sein Spott.
Das Typische der einzelnen Figuren und die Welt, die sie repräsentieren, müssen auf den ersten Blick erkennbar sein. Nur dann sind die Kasperlefiguren wirklich gut. Wes Geistes Kind aber jemand ist, das steht am deutlichsten in seinem Gesicht geschrieben. Der Kopf ist also auch beim Kasperle die Hauptsache. Mit dem Bemühen um Porträtähnlichkeit mit lebenden Menschen oder um

eine naturalistische Darstellung ist hier nichts geholfen. Hinzu kommt, daß die Köpfe auf Fernwirkung modelliert werden müssen. Wir dürfen also getrost alle Gesetze der Anatomie mißachten und die Formen übersteigern. Unwichtigkeiten werden im Interesse der typischen Wesensmerkmale unterdrückt. Unverwechselbar, prägnant und großzügig sollen die Köpfe sein. Ihre Sprache muß dem Zuschauer direkt eingehen.

Neben diesen künstlerischen »Gesichtspunkten« haben wir bei der Herstellung von Kasperleköpfen zwei technische Forderungen zu beachten: die Köpfe sollen leicht bleiben, damit sie die Hand des Spielers nicht ermüden, und sie müssen ein gut passendes »Spielloch« haben, in dem der Zeigefinger des Spielers einen festen Halt findet.

Zu recht leichten, dabei doch festen und haltbaren, obendrein noch billigen Kasperleköpfen kommen wir mit dem einfachen Modellieren aus Papiermaché. Die Modelliermasse stellen wir aus zerrissenem Zeitungspapier her, das in recht viel heißem Sodawasser eingeweicht wird. Ein hervorragendes Ausgangsmaterial für die Modelliermasse ergeben auch zerrissene Bierteller. Das eingeweichte Papier wird mit einem Quirl zu einer weichen, gleichmäßigen Masse geschlagen, von der man das überschüssige Wasser durch ein Sieb abgießt. Dann drückt man den zurückgebliebenen Brei mit den Händen möglichst trocken aus und knetet ihn unter Zugabe von Stärkekleister und etwas Gips zur plastischen, gebrauchsfertigen Masse. Statt des Stärkekleisters kann man auch Fertigfabrikate (Sichel- oder Henkelkleister u. a.) verwenden.

Wir modellieren den Kopf über einem runden Formstab von ca. 20 cm Länge und 20 mm Durchmesser, der senkrecht in die Vorderzange der Hobelbank oder auch in eine quergelegte Schraubzwinge geklemmt wird. Der Stab wird in seinen oberen zwei Dritteln konisch zugefeilt, und zwar so weit, daß er an der oberen Spitze bis auf ca. 10 mm Durchmesser geschwächt ist. Nach diesem Holzkern wird die Hülse des Spielloches geformt. Man klebt sie aus einem festen Kartonstreifen, den man durch scharfen Zug über die Tischkante vorrundet, zusammen, stülpt sie über den Holzkern und umklebt sie mit ein paar Lagen Zeitungspapier. Die konisch zulaufende Röhre gibt sowohl dünnen wie auch dicken Fingern einen gleich guten, festen Halt. Ein normaler Handpuppenkopf ist vom Kinn bis zum Scheitel 8 bis 10 cm hoch. Um das Gewicht des Kopfes zu ver-

Modellieren eines Kasperle-Kopfes aus Papiermaché über dem Formstab

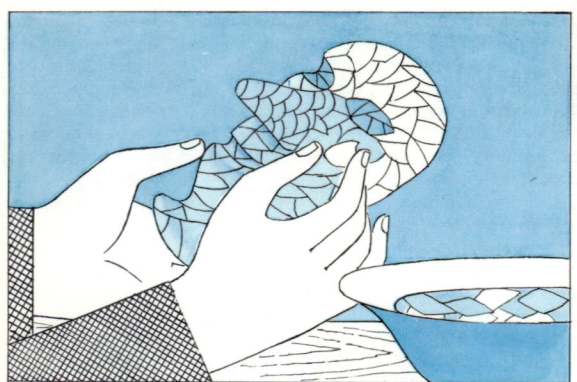

Beim schichtweisen Aufbau eines Puppenkopfes über dem vormodellierten Tonkopf wird mit zwei Papierfarben gearbeitet, die in den einzelnen Lagen wechseln

ringern, bauen wir ihn nicht von Grund auf aus der kostbaren Modelliermasse auf, sondern formen aus trockenem Zeitungspapier einen rohen, eiförmigen Kern, den wir fest um die Führungsröhre binden. Darauf wird dann aus dem Papiermaché die endgültige Form mit Nase, Mund und Ohren aufgebaut und durchmodelliert. Modellierholz, Falzbein und Haarnadeln sind dazu probate Hilfsmittel. Sehr wichtig ist es, dem Hals am unteren Ende einen gehörig breiten Wulst aufzusetzen, über den später das Kleid der Puppe gebunden wird.

Der fertig modellierte Kopf wird vom Formholz abgezogen und muß ein paar Tage lang austrocknen. Dabei schrumpft er etwas zusammen. Risse, die während des Trocknens auftreten, werden mit dünner Modelliermasse oder mit einem Kitt aus Schlemmkreide und Tischlerleim verstrichen. Ist der Kopf völlig durchgetrocknet, kann man ihn mit Sandpapier überarbeiten. Ganz zum Schluß wird er mit einer Schicht aus dünnem weißem Papier, das man in Stücke reißt (nicht schneidet!), überklebt. Damit ist der Kopf zum Bemalen mit Tempera- oder Plakatfarben fertig. Man male seine Puppenköpfe bei Lampenlicht, denn sie spielen ja später auch bei künstlicher Beleuchtung. Die trokkene Bemalung bekommt einen Schutzüberzug aus Zaponlack.

Ein aus Papiermaché modellierter Teufelskopf sollte sich vor allzu harten Schlägen des Kaspers und des Bühnenschicksals in acht nehmen. Einen sehr viel widerstandsfähigeren, obendrein noch leichteren »Pappkopf« können wir mit Hilfe der Klebetechnik herstellen. Sie besteht darin, daß man dünne Papierschichten wie die Häute einer Zwiebel über einen vormodellierten Tonkopf klebt.

In den fertig durchmodellierten Tonkopf wird, solange er noch feucht ist, ein mit einem Lappen umwickeltes Rundholz vom Halswirbel her hineingedrückt. Dann wird der eigentliche Hals mit seinem Kleiderwulst nachgeformt und, nachdem alles getrocknet ist, dünn mit Schellack überzogen. Danach geht es ans Kleben der einzelnen Schichten aus dünnem, in kleine Stücke zerrissenem Packpapier. Die Stücke weicht man vor Arbeitsbeginn gut in warmem Wasser ein. Der Pappkopf wird aus insgesamt acht einzelnen Schichten aufgebaut. Die erste Schicht darf allerdings nicht geleimt werden, sondern muß in nur angefeuchtetem Zustand dem Tonkopf aufgedrückt werden. Die zweite Schicht und alle folgenden kleben wir mit Tischlerleim, den wir recht flüssig angesetzt haben und im Wasserbad heiß halten. Nach jeder Schicht wird der Kopf mit Leim überstrichen. Auch muß nach dem Auflegen jeder Schicht die Plastik des Kopfes mit einem feuchten

Das Ensemble des Kasperle-Theaters besteht ausschließlich aus Charakterdarstellern. Wes Geistes Kind der einzelne ist, das steht ihm deutlich in seinem auf Fernwirkung berechneten Gesicht geschrieben

Modellierholz deutlich nachgearbeitet werden, damit sich die Formen in der langsam stärker werdenden Haut nicht verwässern. Hat man vier Schichten geklebt, wird eine gründliche Durchtrocknungspause eingelegt. Damit man beim Legen der einzelnen Schichten die Kontrolle über die Dicke nicht verliert, arbeitet man mit zwei Papierfarben, die sich lagenweise abwechseln.

Wenn auch die siebente Schicht geklebt und gut durchgetrocknet ist, zieht man den Formstab aus dem Hals und polkt mit Messer, Bohrer und Schraubenzieher aus der Papphülle den trocknen Tonkern heraus. Damit kann man sich ziemlich lange amüsieren. Schneller geht es, wenn man ein Stück vom Hinterkopf wegsägt und auch im »Kleinhirn« zu bohren beginnt. Ist der Kopf leer, wird sein Inneres zur Erhöhung der Haltbarkeit mit Leim ausgestrichen. Um das entfernte Hinterhaupt wieder zu be-

festigen, klebt man einen rund geschnittenen Kartonstreifen in den Schädel und leimt darauf das abgesägte Stück wieder fest.

Anschließend geht es an das Einpassen der Führungshülse, die nach schon bekannter Methode über dem konischen Formstab zurechtgeklebt wurde. Das für die Hülse viel zu weite Halsloch wird mit Zeitungspapier kaschiert, bis es so eng geworden ist, daß die Hülse stramm hineinpaßt und eingeleimt werden kann. Damit ist die Rohform fertig. Der ganze Kopf bekommt seine achte und letzte Haut aus fleischfarbenem Papier und kann jetzt bemalt, bezopft oder auch mit einem Bart verschönert werden.

Die hohe Kunst des Handpuppenkopfes beginnt bei der selbstgeschnitzten Holzmaske. Sie ist der stille Wunsch jedes passionierten Handpuppenspielers, und wer nur etwas zeichnerische Begabung besitzt, wer auch schon einige Übung im

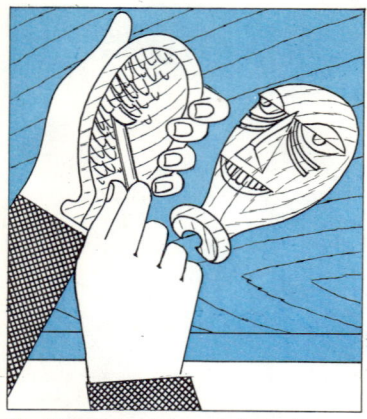

Die Hälften des holzgeschnitzten Puppenkopfes werden in der Sprengfuge voneinander
getrennt und zur Gewichtsverminderung möglichst weit ausgehöhlt

Umgang mit Schnitzmesser und Bildhauereisen (vgl. Kap. 4, Seite 58 ff.)
erworben hat, der sollte sich getrost
die dankbare Aufgabe stellen, seine
Kasperleköpfe aus Holz zu schnitzen.
Das Modellieren von Köpfen aus Papiermaché und Ton ist eine gute Vorübung
dazu. Auch der Holzschnitzer sollte sich,
bevor er zum Werkzeug greift, einen
Modellkopf natürlicher Größe formen.
Das erleichtert die Kontrolle der Formen
und deren Größenverhältnisse zueinander.
Statt aus Ton kann man den Modellkopf
auch aus Plastilin formen. Außerdem
gibt es in den Bastlerbedarfsgeschäften
verschiedenartige Modelliermassen (Pla-
stika, Jolo, Modellin), die sich hervorragend zum Formen von Kasperleköpfen
eignen.
Wir schnitzen unsere Köpfe aus Lindenholz, da es am einfachsten zu bearbeiten
ist. Der Klotz wird aus zwei Stücken mit
einer Sprengfuge zusammengeleimt,
denn der Kopf soll zur Gewichtsverminderung später ausgehöhlt werden.
Die Arbeit beginnt mit dem Ansägen der
Halslänge und dem Wegschlagen der
unteren Holzpartien. Mit dem so entstandenen rohen Zapfen kann das Werkstück für die Weiterarbeit vorerst in der

Hobelbank gehalten werden. Schon jetzt
wird mit 10 mm starkem Bohrer das
Spielloch gebohrt. Später würden wir,
wenn wir den fertigen Kopf zum Bohren
in die Bank spannen wollten, die geschnittene Form zerdrücken.
Mit breitem Eisen legt man nun zunächst
die grobe Eiform des Kopfes an, setzt den
Hinterkopf ab und legt die beiden Ge-
sichtshälften von der Nasenebene aus
nach den Ohren zurück. Dann werden
die Augen, Nase, der Mund und das
Kinn zunächst in groben Zügen angelegt
und nach dem jeweils gewollten (übersteigerten!) Charakterzug durchmodelliert. Man verliere sich niemals in Einzel-
partien des Kopfes, sondern modelliere
stets das Ganze. Der Anfänger verfällt
leicht in eine zu verfeinerte Darstellung
von Einzelheiten, die jedoch in jedem
Falle vermieden werden soll. Zum Schluß
wird der Hals mit dem Kleiderwulst ausgeformt. Ist alle Schneidarbeit an der
Außenform beendet, brechen wir vorsichtig die Sprengfuge auf und höhlen
die beiden Kopfhälften möglichst bis
auf eine Wandstärke von nur wenigen
Millimetern aus. Bei dieser Gelegenheit
lassen sich auch die beiden Hälften des
eng gebohrten Spielloches nach unten
hin konisch erweitern. Wenn auch das
erledigt ist, werden die beiden Kopfhälften nach Säuberung der Leimfuge
wieder zusammengeklebt, und der Kopf
ist fertig. Er kann dem Maskenbildner
zur bühnenwirksamen Bemalung und
zur Ausstattung mit Haupthaar und Bart
übergeben werden.
Haare, Perücken und Bärte werden aus
Fellstückchen, Wolle und Werg geklebt. Hände kann man über Draht-
gestellen mit Papiermaché und Seidenpapier formen. Besser schneidet man sie
aus Holz, beklebt sie am Handgelenk mit
einer Kartonmanschette und näht sie in
die Kleider der Puppe. Wer geschickt genug dazu ist, kann sie auch, ähnlich wie
Handschuhe, aus Stoff oder dünnem
Leder nähen. Sie werden nach dem
Nähen umgekrempelt und mit Watte
ausgestopft. Ebenso werden die Schuhe
angefertigt.
Kräftig stilisiert wie die Köpfe sollen auch

die Kleider der Handpuppen sein. Die Maße müssen sich nach der Spannweite der spielenden Hand richten. Die im Kimono-Schnitt gefertigten Kleider sollen geräumig und nicht zu kurz sein, damit sie weit genug über den Arm des Spielers fallen. Alle Kleider müssen so gearbeitet sein, daß sie mit einem Einzug am Halsausschnitt schnell über den Wulst des Kopfes gebunden werden können. Anregungen für phantasievolle Kleider findet man in den Illustrationen von Knaurs Märchenbüchern.

Das Marionettentheater

Sehr viel anspruchsvoller als Kasperles derbdrollige Welt ist in Bau und Spiel das Marionettentheater. Wenn das Kasperletheater seine Wirkungen in erster Linie durch das Herausarbeiten starker Gegensätze anstrebt, so bewegt sich das Spiel der Marionette mehr im Bereich des Märchenhaften. Es lebt in den Grenzbezirken des Phantastischen und Unmöglichen, wo das gesprochene Wort zur Nebensache wird.
Die Sprache der Marionette ist die Bewegung. Darin liegen die technischen und die künstlerischen Schwierigkeiten, die sie ihrem Theaterdirektor zu lösen aufgibt. Ganz abgesehen davon, daß es kaum einem Menschen auf Anhieb gelingen wird, eine Marionette an ihren Fäden mit jener tänzerischen Gelöstheit über die Bühne zu führen, deren sie fähig ist, gehören auch zum Bau der Marionette und ihres Theaters künstlerisches Einfühlungsvermögen und technische Erfindungsgabe. Doch all das wird geweckt und reift heran, sobald man sich erst einmal in die geheimnisvolle Welt der tanzenden Fäden, in der kein Ding unmöglich scheint, hineingewagt hat.

Figur und Spielkreuz

Wie beim Kasperle, so ist auch bei der Marionette der Kopf die Hauptsache. Wie dort, so wird er auch hier nach einer durchaus eigenwilligen Anatomie aufgebaut, wobei darauf zu achten ist, daß seine charakteristischen Züge nicht nur in frontaler Sicht, sondern auch im Profil deutlich zur Geltung kommen. Die praktische Herstellung erfolgt nach den gleichen Methoden, wie wir sie schon beim Kasperlekopf durchexerziert haben. Auch für die Marionette gilt das Proportionsgesetz, daß der Kopf übertrieben groß sein muß. Seine Höhe soll etwa ein Sechstel der Gesamtfigur ausmachen. Wichtig ist auch, daß die vordere Kopfhälfte schwerer ist als die hintere. Andernfalls legt sich das majestätische Haupt des Königs, wenn es dem Wunsche der schönen Prinzessin gnädig Gewährung nicken soll, nach rückwärts, als wolle Majestät dem Hofbarbier sein Kinn zum Rasieren darbieten. Solche Überraschungen lösen im Publikum meist unbeabsichtigte Heiterkeitsstürme aus. Man lege also seinen Köpfen ein Stückchen Blei in die Nase oder in die Stirnhöhle. Im Gegensatz zum Handpuppenkopf bekommt der Marionettenkopf kein Spielloch. Über dem Stock modellierte Köpfe müssen am Hals mit einem eingeleimten, unten abgerundeten Holzklotz verschlossen werden. In den Holzklotz wird eine Schrauböse für das Halsgelenk gedreht. Oberhalb der Ohren — möglichst vom Haaransatz verdeckt — werden dem Kopf zwei weitere kleine Schraubösen zur Befestigung der Spielfäden eingedreht.
Den Körper der Marionette bauen wir als Knochengerüst als Vierkantleisten (Kiefernholz). Für Arme und Beine haben sich, insbesondere für größere Figuren, Rundstäbe aus Buchenholz bewährt. Die Stärke der Hölzer richtet sich nach der Größe der Figur, über die man sich von vornherein im klaren sein muß. Für eine Figur von 42 cm Höhe, die hier als Beispiel angenommen sei, kommen wir mit Holzstärken von 1,7 bis 2 cm im Querschnitt aus. Unnötig schwere Konstruktionen sind zu vermeiden.
Um planmäßig arbeiten zu können, machen wir eine Skelettzeichnung von unserer Figur im Maßstab 1:1, in der alle Knochengrößen und Körperpropor-

tionen enthalten sind. Eine normal proportionierte Marionette bauen wir nach einem Maßstab auf, der sich aus einer sechsfachen Unterteilung der Gesamthöhe ergibt. Unser Modell war mit 42 cm Größe angenommen. Das obere Sechstel (7 cm) wird vom Kopf beansprucht. In der Mitte zwischen Scheitel und Sohle liegt der »Beckenknochen«. Wie der Kopf, so sind auch Hände und Füße übertrieben groß; sie haben ungefähr die gleiche Länge wie der Kopf. Bei hängendem Arm enden die Fingerspitzen auf einer Höhe, die zwei Sechstel (14

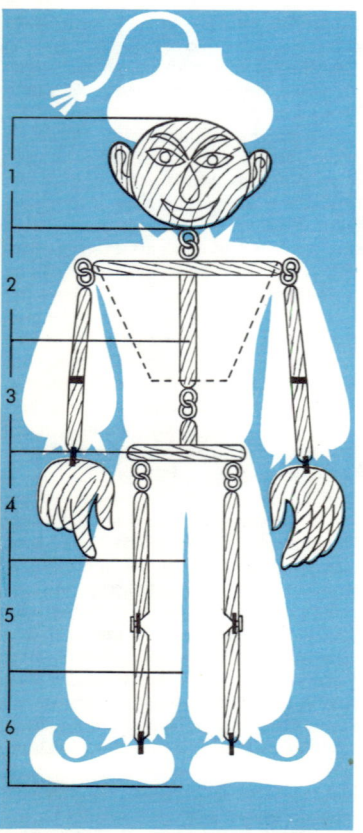

Das sechsfach unterteilte Figurengerüst der Marionette mit Klapp- und Kugelgelenken

cm) über dem Fußpunkt der Figur liegt. Handwurzel in Höhe des Beckenknochens. Die Oberarme sind etwas länger als die Unterarme. Das gleiche gilt für die Ober- und Unterschenkel. Zwischen Kinn und Schulterbalken bleibt so viel Platz, wie ein Halsgelenk in Form von zwei ineinandergehängten Schraubösen beansprucht wird. Die Längen von Schulter- und Beckenholz verhalten sich wie 3:2. Das Rückgrat der Figur wird etwa im ersten Fünftel oberhalb des Beckens durch ein Hüftgelenk unterbrochen. Starre Verbindungen hat das Gerüst nur zwischen Hüft- und Beckenholz und zwischen Schulterbalken und »Wirbelsäule«. Alle anderen Teile sind mit Gelenken untereinander verbunden. Bevor wir uns an die Konstruktion der Gelenke machen, wird dem Gerüst eine trapezförmige, leicht taillierte Brustplatte aus dünnem Sperrholz aufgeleimt, die man später mit Watte und einem Leinenüberzug polstert, damit die Figur »Körper« bekommt. Der bucklige Hofnarr am Königshof bekommt auch rückseits eine solche Platte aufs Gerippe geleimt.

Im Körperbau der Marionette gibt es zwei Arten von Gelenken: Kugel- oder Drehgelenke und Klappgelenke. Kugelgelenke sitzen am Hals, in den Schultern und in der Hüfte. Diese Gelenke bestehen aus ineinandergehängten Schraubösen, die man in die abgerundeten Enden der jeweiligen Gerüsthölzer dreht. Die Klappgelenke an Armen und Beinen fertigen wir am einfachsten aus weichen Lederstreifen an, die in einen vorgesägten Kernholzschlitz an den zu vereinenden »Knochen« eingeklebt werden. Eine etwas solidere Art von Klappgelenken kann man aus schmalen Messingscharnieren bauen, die man genau wie die Lederstreifen in die Hölzer einarbeitet und mit kleinen Holzschrauben befestigt. Diese Scharniere aber sind so, wie man sie aus dem Laden holt, für unsere Marionette nicht gelenkig genug. Man muß den Drehstift herausschlagen und ihn durch einen dünnen Draht ersetzen, sonst bewegt sich die Figur, als hätte sie Rheumatismus.

Das Ellbogengelenk klappt nach vorn.

Sein Drehmoment muß im rückwärtigen Teil der Hölzer liegen, während die vorderen Holzpartien abgeflacht werden, damit das Gelenk Bewegungsfreiheit nach vorn bekommt. Beim Kniegelenk, das nach hinten klappt, ist es genau umgekehrt. Dort liegt das Drehmoment vorn, die Abschrägung an Ober- und Unterschenkel hinten. Durch eine kleine gewölbte Holzplatte, die man als »Kniescheibe« zur Hälfte auf den Oberschenkel leimt, wird die Standfestigkeit des Beins erhöht. Außerdem ist sie ein zusätzlicher Schutz gegen das Einklemmen der Kleider während des Spiels.

Achtung beim Einsetzen des Handgelenks! Es darf nicht wie das Ellbogengelenk nach vorn klappen, sondern muß um 90 Grad gegen dieses gedreht werden. Hier ist in jedem Falle sehr weiches Leder, und zwar ein möglichst schmaler Streifen, zu verwenden, damit dem Gelenk eine leichte Drehbewegung möglich ist. Untere Enden der Arme und der Handwurzeln gut abrunden! Das Fußgelenk wird in die Mitte des unten nicht abgerundeten Unterschenkelholzes gesetzt. Die mehr nach unten als nach oben ausschlagende Bewegung des Fußes wird durch Abschrägen der Hirnholzflächen am Unterschenkel beiderseits des Scharniers ermöglicht.

Füße und Hände der Marionetten sollten stets aus Holz geschnitzt werden. Wenn man bei den Schuhen mit dem Ausschneiden der Seitenansicht beginnt, ist die Sache sehr einfach. Bei der Hand schnitze man nicht jeden Finger einzeln, sondern behandle sie als geschlossenes Ganzes. Notfalls kann man Hände und Füße jedoch auch aus Leder und Stoff nach einer vorher angefertigten Papierschablone nähen. Die nach Art von Handschuhen entstehenden Hüllen werden mit Sand oder Sägemehl gefüllt. Die Füße dürfen nicht zu leicht sein, damit sie beim Gehen schnell genug wieder auf die Erde kommen. Deshalb ist es gut, wenn man die Holzschuhe mit Bleiplatten besohlt.

Das Geheimnis der erdgelösten Marionettenbewegung liegt in der Handhabung des Spielkreuzes, dessen einzelne

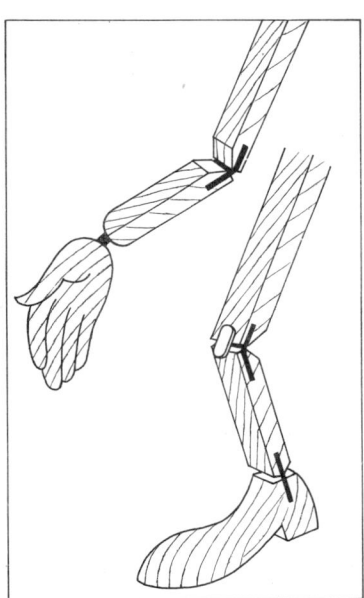

Die Klappgelenke in Armen und Beinen der Marionette werden als Lederscharniere ausgeführt

Balken über die Spielfäden mit den dazugehörigen Gliedern der Puppe verbunden sind. Der Zusammenbau eines Spielkreuzes aus 1 cm starken Vierkantleisten ist recht einfach. Er wird aus unserer Konstruktionszeichnung deutlich. Dort, wo der Querbalken D sitzt, ist vorne. Die Größe des Kreuzes muß, da seine einzelnen Arme wie Hebel wirken, auf die Körpermaße der Marionette, die es dirigieren soll, abgestimmt werden. Der Querbalken B, an dem die Schulterfäden sitzen, muß etwa 2 cm länger sein als der Schulterbalken der Figur. Die gleiche Länge bekommt Balken C, der das Spiel der Hände und Arme zu dirigieren hat. Balken D wird wiederum um etwa 2 cm länger als B und C gehalten. Er bewirkt das Laufen der Marionette. Da diese körperliche Tätigkeit auf einem rhythmischen Auf und Ab der Beine beruht, ohne daß alle anderen Gliedmaßen mit ins Schlenkern geraten, muß der Balken D unabhängig von den übrigen Teilen des Kreuzes beweglich sein. Im Gegensatz zu B und C, die über eine verleimte und verschraubte Überplattung starr mit Balken A verbunden sind, bekommt Balken D auf der vorderen Stirnseite von A eine drehbare Halterung.

Die Aufhängung der Marionette an den einzelnen Balken des Spielkreuzes

Man erreicht das mit Hilfe einer Durchbohrung auf der Mitte von D, durch die man eine Holzschraube in A führt. Bitte genau und gerade bohren, sonst hinkt nachher womöglich ausgerechnet die gute Fee! Am Balken B hängt, von zwei gleich langen Gummiseilen getragen, ein etwas schwächeres Rundholz, an dessen Stirnseiten die beiden Kopffäden enden. Analog der Längenabstimmung von B und C ist dieses Rundholz 2 cm länger als der Marionettenkopf breit. Der Längsbalken A, auf dem die drei Querbalken in etwa gleichen Abständen befestigt werden, hat für unsere Modellmarionette von 42 cm Größe eine Länge von 18 cm. Wenn alle freien Hirnholzflächen des Spielkreuzes mit Ringösen bestückt sind, ist das Zentralsteuerungsorgan für die Marionette fertig, und wir können uns daranmachen, der Figur mit den Spielfäden Muskeln und Leben zu verleihen.

Aufhängung und Bekleidung

Das Aufhängen der Marionette muß mit Sorgfalt und Fingerspitzengefühl ausgeführt werden. Zunächst erhebt sich die Frage: Welche Schnüre, und wie lang müssen sie sein? Der moderne Mensch greift zu dünnen, also unauffälligen, dennoch aber außerordentlich haltbaren Nylonfäden. Wer sparen muß, nimmt gut gewachstes, starkes Hanfgarn. Die Länge der Schnüre richtet sich nach der Höhe der Bühne.

Wichtig ist, daß das Spielkreuz während des Aufhängens völlig waagerecht liegt. Sehr praktisch ist die altbewährte Methode, das Kreuz während der Fadenaufhängung auf ein schmales Brett zu setzen, das man über die beiden geöffneten Türen eines Schrankes legt. Der Fußboden gilt dabei als Bühnenebene. Liegt sie zu tief, wird sie durch einen Hocker oder Tisch erhöht.

Die Fäden verknotet man zunächst locker nacheinander in den Ringösen des Marionettengerippes und befestigt danach an den entsprechenden Balken des Spielkreuzes. Auch diese Verbindung bleibt vorerst provisorisch. Erstens, damit man ausgleichen kann (also den Faden nicht zu kurz abschneiden!), zweitens, weil wir die Fäden beim Anziehen der Puppe noch einmal lösen müssen. Das ganze Gewicht der Puppe wird von den Schulterfäden getragen. Diese ziehen wir als erste ein. Dann folgen die beiden Kopffäden, die zum Stab B an den Gummiseilen führen. Das dritte Stadium der Lebenserweckung ist das Einziehen der »Beinmuskulatur«. Die Fäden, die vom Balken D dirigiert werden, müssen dicht über dem Kniegelenk angebracht werden. Da hier die Schraubösen fehlen, werden die Oberschenkel durchbohrt und die Fäden, nachdem sie von vorn durch die Bohrung gefädelt wurden, durch einen Knoten vor dem Zurückrutschen bewahrt.

Jetzt steckt schon ein recht munteres Leben in der Marionette, aber sie kann sich weder setzen noch eine Verbeugung machen. Beide Fähigkeiten gewinnt sie durch einen Faden, der vom Hüftbalken zum freien Ende des Spielkreuzbalkens A führt. Nun fehlen nur noch die Fäden für die Arme. Anspruchslose Spieler begnügen sich damit, die Handteller zu durchbohren und je einen im Handinnern verknoteten Faden zu den Enden des Balkens C zu führen. Sehr bald aber fällt auf, daß die primitive Muskulatur nur recht plumpe Hand- und Armbewegungen ermöglicht. Von einer »sprechenden Geste« kann keine Rede sein, weil der Arm stets im Schlepptau der Hand nachzieht und keine Eigenbewegung hat. Das wird ganz anders, wenn man etwa in der Mitte des Unterarms einen zweiten Faden anbringt und ihn ebenfalls zum Balkenende von C führt. Damit man im Eifer des Spiels die beiden Fäden nicht verwechselt, kennzeichnet man die Unterarmfäden praktischerweise mit einem farbigen Fähnchen. Zur Erhöhung der Griffsicherheit kann ein kleines Sperrhölzchen dienen, das die beiden jeweils benachbarten Fäden ein paar Zentimeter vor dem Zusammentreffen am Balkenende gegeneinander abspreizt.

Haben wir uns durch einen Gespenstertanz des Gerippes davon überzeugt, daß keines der Gelenke klemmt, so müssen wir alle Fäden wieder lösen, denn die Marionette soll ihr Gewand bekommen. Zuvor aber wird die Brust gepolstert, eventuell auch der Rücken. In jedem Falle bekommt auch der »Beckenknochen« ein schmales, rechteckiges Polster, das etwas länger ist als der Balken selbst. Vorsicht jedoch, daß dadurch die Beinbewegung nicht gehemmt wird!

Das Nähen der Kostüme legen wir vertrauensvoll in die Hände erfahrener Puppenschneiderinnen, die es gewohnt sind, mit Nadel und Faden umzugehen. Der Phantasie sind hier keine Grenzen gesetzt. Doch darf man nicht zu stark ins Detail gehen, da ja das Kostüm auf Fernwirkung abgestimmt bleiben soll. Beim Anziehen der Marionette muß man die einzelnen Spielfäden in eine Stopfnadel einfädeln und sie bei genauer Kontrolle des Kleiderfalls an der jeweiligen Befestigungsstelle durch den Stoff stechen. Dann dürfen sie endgültig befestigt werden. Damit ist die Marionette fertig, besitzt jedoch noch keine volle Bühnenreife. Die erhält sie durch eine kräftige Schrauböse, die genau im Schwerpunkt des ganzen Figuren-Arrangements von oben in das Spielkreuz gedreht wird. An dieser Öse wird die Figur, sobald sie längere Zeit auf der Bühne in Ruhe verharrt, oder während einer Auftrittspause am Laufdraht des Schnürbodens aufgehängt.

Die Marionettenbühne

Ähnlich wie beim Kasperlespiel kann man sich auch beim Marionettentheater mit einer Notbühne im Türrahmen oder mit einem provisorischen Bau aus Tischen und Decken behelfen. All die Liebe und Sorgfalt aber, die wir bei der Herstellung unseres Faden-Ensembles aufgewendet haben, tragen erst auf einer zünftigen Marionettenbühne ihre wirklichen Früchte.

Die elementaren Forderungen, die an eine derartige Bühne gestellt werden müssen, führen allerdings zu beträchtlichen Ausmaßen. Die Sprecher, Spieler

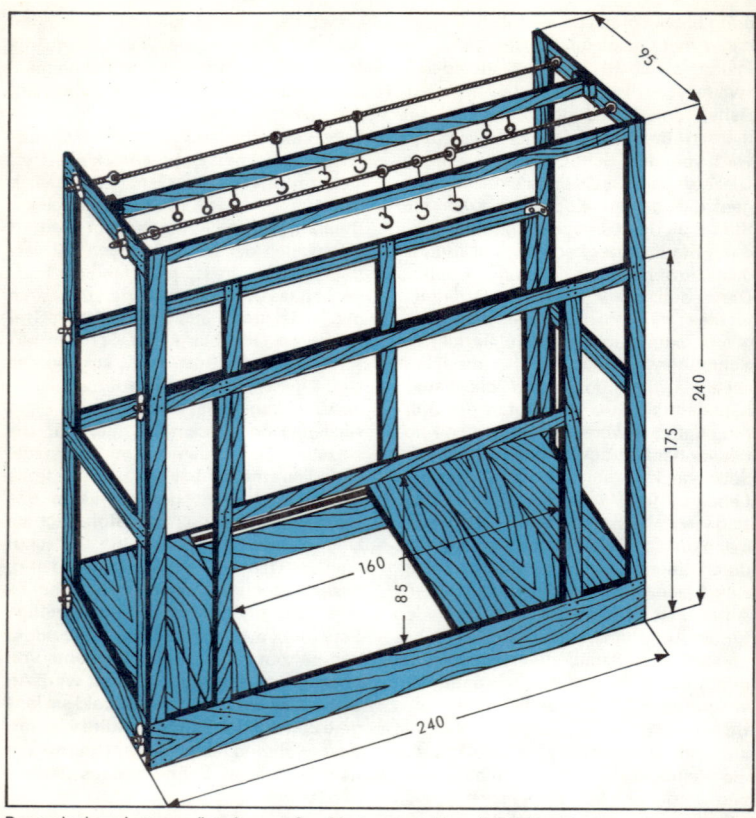

Das zerlegbare Lattengerüst einer großen Marionettenbühne (hier ohne Frontwandbespannung). Alle Wände sind als Einzelrahmen mit überplatteten Verbindungen ausgeführt und werden mit Hilfe von Winkellaschen und Schraubbolzen zum betriebsfertigen Gestell zusammengefügt

und Musikanten müssen erstens vor den Augen des Publikums verborgen sein. Zweitens müssen die Spieler relativ hoch stehen. Drittens schließlich muß Größe und Perspektive des Bühnenraumes auf die voll erscheinende Figurenhöhe abgestimmt sein.

Bei 42 cm großen Marionetten, wie wir sie als Beispiel gebaut haben, benötigen wir einen Bühnenrahmen von 160 mal 85 cm bei einer Tiefe von 95 cm. Das bedingt ein betriebsfertiges Gestell in den beachtlichen Abmessungen von 2,40 m Höhe, 2,40 m Breite und 95 cm Tiefe. Einen solchen Apparat können wir wahr-

scheinlich nicht als stationäre Dauereinrichtung bauen, ohne damit einen frühzeitigen Theaterskandal innerhalb der eigenen Wohnung zu erleben. Außerdem muß das ganze Gestell aus recht stabilen (sauber gehobelten) Latten errichtet werden. Sie sollen mindestens eine Stärke von 7 mal 2,5 cm haben. All das erfordert eine Konstruktion, deren gesamte Verbindungen mit Bolzen und Flügelmuttern gehalten werden, damit sie leicht auf- und abzubauen ist. Wo zwei Wände im Winkel zusammenstoßen, wird die Verbindung mit verschraubten Winkellaschen hergestellt.

Der Bau selbst und seine Grundmaße, die nach Wunsch abgewandelt werden können, sind aus unserer Werkzeichnung sichtbar. Zu beachten sind die leichte Neigung des Bühnenbodens zum Zuschauer und ein sehr strammer Sitz der oben über die ganze Breite des Bühnengestells verlaufenden Spannleiste. Sie hat die Aufgabe, das Gestell gegen die Zugwirkung der Drahtseile, die als Schnürboden dienen, abzustützen. An diesen Seilen, die praktischer als Latten sind, werden einmal Kulissen und Dekorationsstücke aufgehängt, zum andern laufen auf ihnen die Hängedrähte für die Spielkreuze der Figuren. Die Drähte, deren Längen wir aus einer geschmeidigen Litze zurechtschneiden, werden oben mit einem Laufring und unten mit einem Rundhaken bestückt, auf den man im Bedarfsfall die Öse des Spielkreuzes hängt.

Die waagerecht verlaufenden Seile des Schnürbodens werden auf einer Seite über Schlaufen und Schraubösen fest an der oberen Querlatte der Seitenwand befestigt. Auf der anderen Seite werden sie mit einem nicht zu kurzen Schraubbolzen verbunden, der durch eine Bohrung in der andern Querlatte greift und dort mit einer Flügelmutter (Unterlegscheibe!) gehalten wird. Diese Art der Anbringung gestattet es, die Seile jederzeit nachzuspannen. Aber bitte alle Seile rechts und links der Spannleiste gleichmäßig stramm anziehen, sonst kracht es im Gebälk des Theaters. Diese Spannleiste, die beiderseits in einem einfachen Lattenschuh liegt, kann man sehr gut als Teil des Schnürbodens ausnutzen, wenn man sie an der Unterseite mit einer Reihe von Schraubösen bestückt.

Die dekorative Verkleidung des Bühnenrahmens bleibt dem Geschmack des einzelnen überlassen. Man arbeite hier jedoch mit ruhigen Flächen und dezenten Farben, damit die Aufmerksamkeit des Beschauers nicht abgelenkt wird. Lose angebrachte Stoffverkleidungen sind besser als Sperrholzrahmen, da sie bei abgebautem Theater weniger Platz zum Unterbringen benötigen. Der Vorhang ist für uns nach dem Bau des Kasperletheaters kein Problem mehr.

Je länger die Winterabende werden und je näher das Weihnachtsfest heranrückt, um so emsiger wird die Tätigkeit in allen Bastlerwerkstätten, seien die Meister nun jung oder alt. Geht es doch nicht alleine um mancherlei Überraschungen, die Sankt Nikolaus seinen irdischen Mitarbeitern zu basteln aufgetragen hat und die termingerecht bereitstehen müssen, sondern auch darum, einige unerläßliche Requisiten für die würdige Gestaltung des Weihnachtszimmers zu schaffen.

Inhalt des Weihnachtsfestes ist die Geburt des Heilands im Stall zu Bethlehem. ».. und sie wickelte ihn in Windeln und legte ihn in eine Krippe; denn sie hatten sonst keinen Raum in der Herberge.« Von dieser Krippe ging die frohe Weihnachtsbotschaft aus in alle Welt, und die Krippe selbst wurde im Laufe der Jahrhunderte zum Symbol für das Wunder der Weihnacht. Immer wieder hat es nicht allein die Künstler, sondern auch unzählige namenlose, einfache Menschen aus dem Volk danach verlangt, das Geschehen der frommen Legende von Bethlehem bildhaft darzustellen. Sicherlich ist keine Szene aus der Menschheitsgeschichte so oft von Laienhänden in schlichter Einfachheit der Herzen nachgebildet worden wie jener Augenblick, da die Hirten vor der Krippe mit dem Christkindlein die Knie beugten und ihm ihre Geschenke brachten. Und da zeigt sich etwas durchaus Überraschendes und Wunderbares: Mag diese Szene mit noch so einfachen, naiven, ja sogar ungelenken Mitteln nachgestaltet sein, nichts kann den eigenartigen Zauber, der über diesen schlichten Gruppen liegt, zerstören. Vielmehr scheint es so, als würde die bildhafte Kraft der Krippenfiguren um so stärker, je naiver und »ungeistiger« sie geformt sind. Darin liegt auch für den künstlerisch weniger versierten Bastler eine starke Ermunterung, denn es geht bei der Weihnachtskrippe, wenn überhaupt, dann ganz zuletzt um die Kunst.

Krippenhaus und Krippenfiguren

Betrachtet man den Arbeitskomplex an einer Weihnachtskrippe als Ganzes, so haben wir zu unterscheiden zwischen der Szenerie, in der sich das Geschehen abspielt, und der figürlichen Darstellung des Vorganges selbst. Immer steht die Gruppe der handelnden Figuren im Vordergrund. Sie allein bleibt die Hauptsache, während das Krippenhaus nur den stimmungsvollen Hintergrund der Szene bildet. Bevor wir uns an den Bau des Krippenhauses machen, müssen wir uns darüber im klaren sein, in welche Landschaft wir den Ablauf unserer Weihnachtsgeschichte verlegen wollen. Bethlehem, die Stadt Davids, lag in Kleinasien. Wer also auf die landschaftliche Echtheit seiner Darstellung bedacht ist, wird sich seine Vorbilder im orientalischen Lebensraum suchen. Sehr viel näher aber rückt dem Herzen der ganze Inhalt der »Heiligen Nacht«, wenn wir ihn in die eigene Heimat verpflanzen und den Stall von Bethlehem als ärmliche Hütte auf dem Anwesen eines Gebirgsbauern, als Fischerhäuschen am Strand der See oder als strohgedeckten, halbzerfallenen Schafkotten aus der Lüneburger Heide bauen. Es geht ja doch bei der Weihnachtskrippe gar nicht um Milieuechtheit, um historische Treue oder um die Reinheit irgendeines Stils, sondern um die Nachbildung einer Begebenheit, die »größer ist als alle Vernunft«. Sie will nicht mehr sein als ein kleiner, intimer Kreis der Ruhe und der Besinnung innerhalb der Familie, in dem die Legende von der Heiligen Nacht mit einer schlichten Darstellung anschaulich gemacht ist.

Die Möglichkeiten für den Bau eines Krippenhauses vom einfachen Bretterverschlag bis zur anspruchsvollen gotischen Kapelle sind nahezu unbegrenzt. Bindende Richtlinien für die Anfertigung eines bestimmten Modells zu geben, hieße die Vorstellung des einzelnen auf ein totes Geleis schieben und die Phantasie einengen. Das aber soll gerade auf diesem Gebiet vermieden werden. Das hier gewählte Beispiel eines landschaftlich gebundenen Schafstalls als Krippenhaus ist also auch höchstens als eine bloße Anregung zu werten. Außerdem soll es uns als Anschauungsmaterial für wichtige Techniken dienen.

Die Größe der gesamten Anlage ist eine Angelegenheit des vorhandenen Raums und – wie alles andere – des persönlichen Geschmacks. Um nicht richtungs- und steuerlos zwischen Wunsch und Wirklichkeit dahinzutreiben, zeichnen wir uns zunächst eine Handskizze, die alles Wesentliche des uns vorschwebenden Bildes enthält, und fertigen danach einen Grundriß des Krippenbaus auf einer Sperrholzplatte an, die das Fundament für den ganzen Aufbau abgibt.

Dann ist es so weit, daß die Wände aufgerichtet werden können. Alle Verbindungsstellen werden verleimt und zusätzlich verschraubt. Man braucht das Krippenhaus, das ja keiner Beanspruchung ausgesetzt ist, nicht fest mit dem Grundbrett verbinden. Ein locker aufgestelltes Haus hat den Vorzug, daß man die Szenerie nach dem Fest abbauen und leicht verpacken kann. Beim abnehmbaren Haus nur müssen wir den Zusammenstoß der Wände durch eingeleimte Dreiecklatten verstärken.

Bei unserem Schafstall haben wir es mit einem Strohdach zu tun. Wir schneiden dafür die Dachflächen aus grauer Buchbinderpappe und decken sie vor dem Aufbringen auf die Wände – von unten beginnend – mit Stroh ein. Das Stroh wird lagenweise in kleinen Bün-

Arbeitsbeispiel für den Bau eines landschaftlich gebundenen Krippenmodells

Strohbedachung und leichter Dachstuhl aus Latten für ein Krippendach. Giebel und Hausboden bestehen aus Rundknüppeln. Der Fachwerkbau wird durch Furnierstreifen imitiert, die man auf die Wandplatten leimt

deln mit kräftigem Garn auf die Dachflächen genäht. Bevor man das Dach aufrichtet, versteift man seine an den Giebeln und an den Langwänden überhängenden Kanten mit schmalen Leisten aus Kiefernholz oder mit Streifen von einer Sperrholzplatte. Im First ziehen wir dem Dach einen genügend breiten, der Dachschräge angepaßten Firstbalken ein, während es am Mauerwerk der Wände von aufgeleimten Dreikantleisten gestützt und getragen wird. Eine solche Dreikantleiste muß auch dort, wo die Frontwand fehlt, eingezogen werden.

Die Befestigung des Daches an den beiden Giebeln ist abhängig von der Ausführung der Giebelwände. Werden diese als geschlossene Flächen im »Fachwerkbau« auf Sperrholzbasis aufgeführt, so kann man die Dachhaube einfach auf die sich ergebenden Giebeldreiecke der Wände setzen. Etwas umständlicher wird die Sache, wenn die Giebeldreiecke – wie in unserm Modellbeispiel – nicht als Mauerwerk, sondern als Knüppelwände ausgeführt sind. Da muß für jeden Giebel zuvor ein Lattendreieck gezimmert werden, das mit seiner Basis von innen gegen die Oberkante der Grundwand geleimt wird und den Dachstuhl abgibt. Wenn das Dach errichtet

ist, leimen wir ihm auf die Giebelkanten je zwei »altersgraue« Windladen, deren obere Enden sich im Firstwinkel überschneiden und dort zu stilisierten Pferdeköpfen ausgesägt werden. Altersgrau werden die Windladen durch einen Anstrich mit Temperafarbe. Auf die beiden Dreiecke der Giebel kleben wir von außen die einzelnen Knüppel der oberen Wandteile, nachdem innerhalb des Gebäudes die Längsbalken des Heubodens auf die beiden Basislatten der Dreiecke gelagert worden sind.

Nun müssen wir hier danach trachten, unserm ganzen Krippenstall das Kleid der Armut zu geben, über dem die Patina eines ehrwürdigen Alters liegt. So werden wir die Knüppelwände der Giebeldreiecke auch nicht aus nagelneuen, schnurgeraden Latten anfertigen, sondern aus trockenen Reisigstecken, die wir draußen im Walde sammeln. Aus dem gleichen Material bauen wir den Knüppelzaun, der sich teilweise um das Anwesen zieht. Die Eckpfosten der einzelnen Zaunstücke werden mit ihren verlängerten Enden in passende Bohrlöcher der Grundplatte gesteckt. Sie lassen sich so leicht abnehmen und verpacken.

Alt und roh mit der Axt zurechtgeschlagen müssen auch die Trägerpfosten des vorspringenden Dachteils wirken. Wir schneiden sie aus runden Naturhölzern zu, an denen das Vierkant mit dem Taschenmesser nur angedeutet wird. Besondere Hingabe verlangt auch das Altmachen des Strohdaches. Den silbergrauen Ton verwitterter Strohdächer erzielt man durch Bemalung mit Tempera- und Plakatfarben. Dort, wo das Strohdach ausgeflickt wurde, läßt man die Originalfarbe des Strohes stehen. Bemooste Partien werden »in natura« aufgeklebt.

Die Inneneinrichtung des Krippenhauses ist mehr als bescheiden. Auf den Balkenboden kommt eine dünne Lage Heu, die man von unten durch die Knüppelwand der Giebel sehen kann. Sie darf auch getrost etwas unordentlich durch die Balkendecke herabhängen. Im Innern führt eine Leiter auf den Heuboden, sonst aber beschränkt sich die Inneneinrichtung auf ein paar Futtertröge und Raufen an den Wänden. Sie werden nicht gar zu exakt aus gebeizten Sperrholzteilen zusammengeleimt und mit Heu gefüllt. Den Fußboden streuen wir aus geleimtem Sägemehl.

Sehr viel Liebe kann man auf eine plastische Gestaltung der Geländeformation verwenden, sofern die Größe der Grundplatte und der Stil des Gesamtmodells eine solche Ausführung rechtfertigen. Wem es nicht genügt, die Platte mit grün gefärbtem Sägemehl, das durch vorgestrichenen Leim gebunden wird, abzudecken, der kann aus feinmaschigem Draht, der mit Holzklötzchen unterlegt wird, ein hügeliges Gelände bauen. Das Drahtgerüst wird nacheinander mit mehreren Lagen von geleimtem Zeitungspapier überdeckt und mit einer dünnen Gipsschicht bestrichen. Nach dem Trocknen können mit Temperafarbe Rasenflächen und Wege in das Gelände gemalt werden. Die Übergänge zwischen den Papphügeln und dem Grundbrett gleichen wir mit Spachtelmasse oder mit einem Brei aus Gips und Leimwasser aus.

Man treibe es indessen nicht zu arg mit der Modellierung des Geländes. Allzu leicht übersteigt man bei der Kleinheit

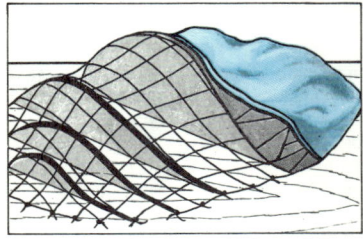

Maschendraht, Sperrholz und Leistenstücke ergeben das tragende Gerüst für ein Hügelgelände. Modellierung der Oberfläche mit Gips

des dargestellten Naturausschnittes die Maßstäbe. In jedem Falle achte man darauf, daß genügend Planflächen für die Aufstellung der Krippenfiguren vorhanden sind.

Wie eingangs schon gesagt, bleiben in der ganzen Szenerie die Figuren als Träger der Handlung die Hauptsache. Natürlich ist es gut, wenn derjenige, der sich an das Modellieren der Figuren begibt, etwas bildhauerische Begabung und Formgefühl mitbringt. Doch braucht der mit solchen Gaben weniger Bedachte durchaus nicht vor der gestellten Aufgabe zurückzuschrecken. Ein allzu starkes Bemühen um Perfektion ist eher dazu angetan, die auf Verinnerlichung gestimmte Wirkung des Ganzen zu zerstören als sie zu vertiefen. Es ist besser, wenn das Letzte ungesagt bleibt.

Wir werden aus diesem Grunde auch den bequemsten Weg, der zur Krippenfigur führt, verschmähen. Er führt zum Kauf eines hübsch bunten Bilderbogens, dessen Figuren man ausschneidet, auf Sperrholz klebt und sie hernach mit der Laubsäge aussägt. Es bleibt dann nur noch übrig, sie rückseits mit einem Fußklotz zu versehen und sie aufzustellen. Die Flächigkeit derartiger Figuren aber fügt sich nicht harmonisch in unseren räumlich gebauten Landschaftsausschnitt ein. Zum andern zerschwätzt ihre laute und vordergründliche Naturalistik die weihevolle Stille der Weihnacht.

Wir fertigen zu unserem räumlichen Krippenbild vollplastische Figuren. Dazu stehen uns die beiden Techniken des Modellierens im Sinne des Aufbaues und des Schnitzens aus dem vollen Holzblock zur Verfügung. Der noch ungeübte Laie wird sich dem Modellieren mit einer der käuflichen plastischen Massen oder mit Ton zuwenden. Dies nicht alleine wegen der leichteren Verformbarkeit des Materials, sondern hauptsächlich deswegen, weil das Modellieren Korrekturen nicht nur durch Materialwegnahme, sondern auch durch Hinzufügen zuläßt.

Ob Menschen oder Tiere dargestellt werden sollen, immer geht man von der Grundform des Rumpfes aus, fügt aus Tonwülsten — sofern mit dem billigen und durchaus haltbaren Ton gearbeitet wird — die Gliedmaßen hinzu und modelliert, sobald die Form in ihren rohen Umrissen erreicht ist, die Feinheiten durch. In diesem Stadium können Modellierholz und Modellierschlingen für den geschickten Modelleur zwar zu guten Hilfsmitteln werden, doch sollte man stets anstreben, nur mit der Hand die Endform zu erreichen. Alle technischen Hilfen verleiten dazu, daß man sich ins Detail verliert oder daß man sich zu einer Darstellungsstufe verführen läßt, der man vielleicht noch nicht gewachsen ist. Die Resultate solchen Bemühens sind zwangsläufig unbefriedigend. Man traue sich nicht zuviel zu! Es ist — wie schon erwähnt — durchaus nicht erforderlich, das Letzte auszudrücken. Die großzügige, nur andeutende Figur oder Geste wirkt in ihrer naiven Schlichtheit stärker als etwa ein bis in die letzte Falte durchmodelliertes Gesicht.

Wichtiger als Einzelheiten ist das Bemühen um annähernd richtige Proportionen des Ganzen. Der Anfänger tut deshalb gut daran, alle seine Figuren, ob sie nun sitzen, knien oder schreiten, aus der stehenden Figur zu entwickeln. Der Ton ist weich und läßt sich in jede Haltung drücken.

Größere Figuren, die unter der Last des feuchten Tons zusammenzusinken drohen, müssen über ein Drahtgestell, das ihnen sozusagen als Knochengerüst dient, modelliert werden. Solche Gestelle biegt man aus nicht zu starrem Draht mit Flach- oder Rundzange zurecht. Mit Holzklötzen, die man mit Blumendraht am Gestell festbindet, mit feinem Maschendraht oder mit einem Stück Ziegelgewebe kann man das Gestell von innen her weiter an die Außenfront herantreiben. Denn je kleiner die in der Figur verwendete Tonmenge ist, um so leichter wird die Figur, und um so geringer ist die Gefahr des Reißens während des Trockenprozesses. Man modelliere nicht mit zu fetten Tonen, da diese leichter reißen als magere.

Wer die Gelegenheit hat, sollte seine Tonfiguren brennen lassen. Doch auch »knochentrockene« Krippenfiguren sind sehr haltbar. Man bemalt sie in diesem Zustand mit Temperafarben und taucht sie, nachdem die Farbe getrocknet ist, in flüssiges Wachs oder ersatzweise in Stearin. Dadurch erreicht man nicht allein eine sehr schöne Oberfläche, sondern die Figuren werden auch wesentlich haltbarer.

Die beim Modellieren berücksichtigten Richtlinien müssen folgerichtig auch beim Bemalen eingehalten werden. Jede schreiende Farbgebung muß vermieden werden. Man verwende gedeckte, gebrochene Farben und stimme die Tönungen in den einzelnen Figuren, die zur Gruppe zusammengestellt werden sollen, aufeinander ab. Was in der Figur nicht als Form modelliert wurde, soll durch zweifelhafte Farbtricks nicht vorgetäuscht werden. So was nennt man schlicht, aber treffend Kitsch.

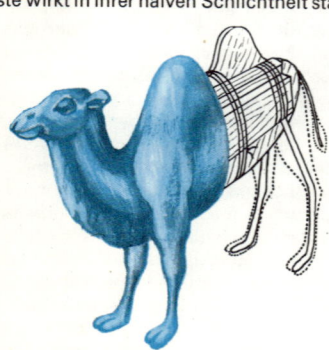

Größere Krippenfiguren aus Ton werden über einem möglichst leichten Gerüstkern modelliert

Auch holzgeschnitzte Figuren können grundiert und farbig angelegt werden

anzutasten. Auch bei der holzgeschnitzten Figur soll die plastische Durchführung nicht bis ins letzte Detail vorgetrieben werden. Fern von jeder Realistik soll die Umrißlinie in fließendem Rhythmus um die großflächige Form schwingen.

Auch Holzfiguren kann man nach dem Grundieren mit Plakatweiß und Kreide farbig anlegen. Das charakterlose Lindenholz verlangt in jedem Falle nach einer verschönernden Oberflächenbehandlung. Wer statt der Farbe bei seinen Figuren einen neutralen Holzcharakter bevorzugt, der beize das sauber geschliffene Lindenholz mit einer dünn angesetzten ockerfarbenen Spiritus- oder Wasserbeize, schleife vorsichtig mit Roßhaar nach und wachse die Figur mit reinem Bienenwachs (oder Bohnermasse) ein. Beim abschließenden Polieren mit einer Roßhaarbürste bekommt die Oberfläche einen schönen matten Glanz.

Sehr reizvolle, durch ihre reine Holzober-

Zum Schnitzen von Krippenfiguren aus dem Block verarbeiten wir das dem Messer in jeder Richtung willig folgende Lindenholz. Ein aus Plastillin oder Ton gefertigtes Modell kann als guter Wegweiser für die Arbeit dienen. Zumindest aber sollte man sich die Figur, die einem vorschwebt, mit Bleistift in verschiedenen Sichten skizzieren, ehe man die Arbeit am Holz beginnt. Aber auch dort setzt vor dem Messer der Bleistift an. Man zeichnet die Umrisse der Front- und Seitenansicht der Figur auf die entsprechenden Flächen des Holzklotzes und schneidet danach das grobe Profil mit der Säge heraus. Nach Wegnahme der Kanten tritt die plastische Form allmählich aus dem ursprünglichen Vierkant hervor, und man kann dazu übergehen, sich mit schmäleren Eisen vorsichtig an die endgültige Oberfläche heranzutasten.

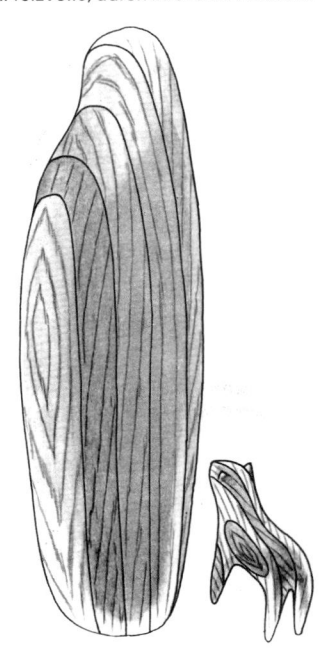

Figürliche Arbeiten aus Schichtholz bevorzugen die großzügig angelegte Form

fläche wirkende Figuren von Mensch und Tier für ein stark stilisiertes Krippenhaus lassen sich aus Schichtholz formen. Als Material verwenden wir Brettchen von verschiedenfarbigen Edelhölzern und starken Furnieren, die man als Abfall · in Holzhandlungen billig kaufen kann. Geeignete Hölzer sind u. a. Teak, Mahagoni, Nußbaum, Kirsche, Eiche, Ahorn. Die Bretter müssen völlig plan sein und werden mit einem guten Furnierkleber (Movicoll) unter Druck aufeinandergeklebt. Dabei ist auf Gleichlauf der Faser zu achten.

In der weiteren Arbeitspraxis verfährt man so, daß man die größte Silhouette der geplanten Figur auf das Mittelbrett zeichnet und aussägt. Danach werden die kleineren Querschnitte gesägt und beidseitig auf das Mittelbrett geklebt. Nach dem Trocknen erfolgt dann die Feinarbeit mit Eisen, Raspel und Sandpapier. Ist die Figur fertig ausgeformt, wird sie mit farblosem Wachs eingerieben und mit der Bürste poliert.

Der Entwurf für Schichtholz-Arbeiten soll die reine freie Form bevorzugen. Er darf getrost bis an die Grenze des Gegenständlichen vorstoßen. Wichtig auch ist eine harmonische Abstufung der Holzfarben in der Klebfolge der beiden Figurenhälften. Man muß sich vor Übertreibungen und Zebra-Effekten in acht nehmen. Das Ganze darf weder gekünstelt erscheinen, noch sollen die Holzfarben auf beiden Seiten in gleichlaufender oder regelmäßiger Folge in Erscheinung treten.

Die Weihnachtspyramide

Oben im Erzgebirge, wo seit alters her ein kunstfertiger Menschenschlag, der mit dem Schnitzmesser geschickt umzugehen versteht, zu Hause ist, hat man besonders eigenwillige Mittel gefunden, um seiner kindlichen Weihnachtsfreude Ausdruck zu verleihen. Lange bevor es in Deutschland Brauch wurde, einen Tannenbaum mit Kerzen zu schmücken, haben die Erzgebirgler überaus prächtige Weihnachtspyramiden gebaut, auf deren Drehtellern sie das ganze vom Bergwinter eingeschlossene Dorf mit seinen Bauern, Handwerkern, mit den Bergleuten, Jägern und allem Getier aus Stall und Wald zu einem bunten Tanz im Lichterglanz um die Krippe im Stall von Bethlehem erweckten.

Es gibt neben dem gemeinsamen Bau einer solchen Pyramide nicht viele Möglichkeiten, den langen Abenden der Adventszeit einen gleich schönen Inhalt zu geben. Die ganze Familie kann sich daran beteiligen und sich am gemeinsamen Werk in der gemeinsamen Erwartung des frohen Festes zusammenfinden.

Der Bau einer Weihnachtspyramide hat nicht nur eine kunsthandwerkliche, sondern auch eine sehr reale technische Seite, nämlich die Drehbewegung der Figurenscheibe − bei mehrstufigen Pyramiden sind es sogar mehrere Scheiben − um eine senkrecht stehende Achse. Als Motor dient ein mit der Achse fest verbundenes Flügelrad, das durch aufsteigende Warmluft in Bewegung gesetzt wird. Die Kerzen der Weihnachtspyramide haben also eine doppelte Aufgabe zu erfüllen. Sie sollen einmal das ganze fröhliche Weihnachtskarussell beleuchten, zum andern aber auch für den nötigen »Treibstoff« in Form von warmer Luft sorgen. Dieses technisch-physikalische Moment mit allen sich daraus für die Konstruktion ergebenden Folgerungen müssen wir beim Bau der Pyramide beachten. Es will zum erstenmal bei der Herstellung des Gerüstes beachtet werden, das dem aufsteigenden Luftstrom möglichst wenig Widerstand entgegensetzen soll. Zum andern aber muß die ganze Pyramide so angelegt sein, daß man sie leicht auf- und abbauen und auf kleinstem Raum weglegen kann. Da wir als Baumaterial fast ausschließlich Holz verwenden, können wir alle Verbindungen als leicht demontierbare Steck-Verbindungen ausführen.

Als Gerüstboden für eine kleine einstufige Pyramide wählen wir eine kreisrunde Sperrholzplatte von 8 mm Stärke mit 14 cm Durchmesser, deren Mittelpunkt genau fixiert wird. Er wird später zur

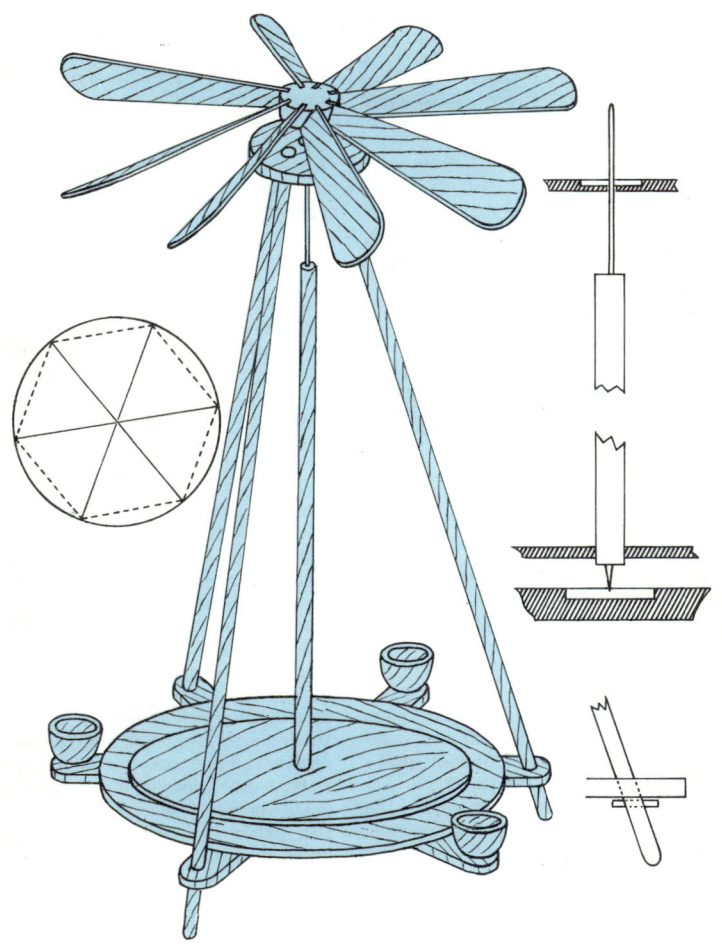

Das Gerüst einer einstufigen Weihnachtspyramide mit Figurenteller und Flügelrad. Die Schemazeichnungen veranschaulichen die beiden Drehlager der Achse, die untere Steckverbindung und die sechsfache Unterteilung der Bodenplatte

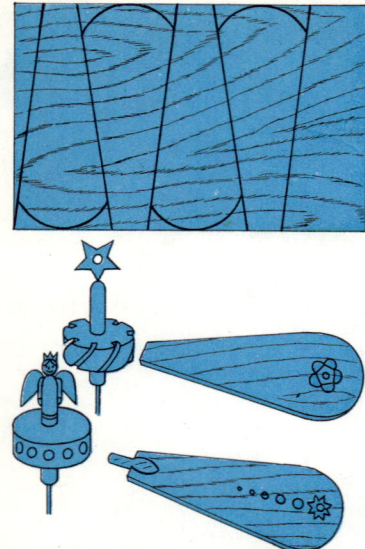

Der Bau des Flügelrades. Oben: Materialsparendes Schnittmuster für die einzelnen Flügelblätter. Unten: Die Nabe mit dem durchgehenden Achsendübel und den zwei Möglichkeiten der lösbaren Flügelbefestigung über schräggestellte Nuten oder Steckzapfen

Einführung des unteren Achsenlagers sehr wichtig. Im jetzigen Baustadium dient er uns als Richtpunkt für insgesamt 6 Haltebrettchen, die in gleichen Abständen voneinander mit 3 cm Vorstoß unter die Bodenplatte geleimt werden (sechsfache Unterteilung eines Kreises durch sechsmaliges Abtragen des Kreisdurchmessers auf der Peripherie). Stärke der Brettchen 5 mm, Breite 2,8 cm. Material: Sperrholz oder Buchenholz. Die vorstoßenden Köpfe der Brettchen werden des gefälligeren Aussehens wegen abgerundet.

Drei dieser Brettchen bestücken wir mit je einem Kerzenhalter, während die drei restlichen eine Durchbohrung bekommen, deren Stärke dem Durchmesser der drei Gestellstreben entspricht. Diese Streben fertigen wir als 28 cm lange, 9 mm starke Rundstäbe aus Buchenholz. Durch Rollen auf einem plan gespannten Sandpapierbogen werden sie kor-

rekt gerade geschliffen. 3 cm oberhalb ihrer leicht gerundeten Fußenden wird den Streben ein kleiner, quer zu ihrer Achse stehender Holzdübel eingeleimt, auf dem die Trägerbrettchen des Bodens ruhen, sobald man beim Zusammenbau des Ganzen die Streben von unten durch die Brettbohrungen gesteckt hat.

Am Kopf der Pyramide laufen die drei Streben in einer kreisförmigen Halteplatte zusammen, die wir aus dem gleichen Material wie die Bodenplatte arbeiten. Nur ist diese Platte sehr viel kleiner, sie mißt nur 4,5 cm im Durchmesser. Sie bekommt drei Durchbohrungen, in denen die Kopfenden der drei Seitenstreben münden. Der Bohrungsdurchmesser bleibt hier etwas hinter dem Querschnitt der Streben zurück. Dafür werden die Strebenköpfe leicht konisch zugefeilt, damit sie stramm und fest in der oberen Halterung sitzen. Bei Anlage der Bohrungen sowohl in der oberen Platte wie auch in den unteren Tragebrettchen ist zu berücksichtigen, daß die Streben nicht senkrecht stehen, sondern sich einander stark zuneigen. Es dürfen also auch die Wände der Bohrungen nicht senkrecht verlaufen. Dennoch bohrt man zunächst ein senkrechtes Loch und arbeitet die erforderliche Wandneigung danach mit der Rundfeile aus, ohne den Durchmesser des Loches zu vergrößern. Die unbeweglichen Teile der Pyramide sind damit fertig. Und wir wenden uns nun den Bau der Achse mit dem auf ihr angebrachten Figurenteller zu. Der Durchmesser des völlig plan geschliffenen kreisrunden Figurentellers aus 5 mm starkem Sperrholz ist 2 cm kleiner als derjenige der Bodenplatte. Mit seiner sehr genau zentrierten Bohrung soll er ohne zusätzliche Befestigung stramm auf der Achse sitzen. Ist die Bohrung etwas zu weit geraten, muß man sich mit einer Verleimung beider Teile helfen. Das ist weiter nicht schlimm, nur nimmt später das etwas sperrige Gebilde, wenn die Pyramide ihren 11½ Monate langen Jahresurlaub antritt, reichlich viel Platz weg.

Die Achse ist ein 10 mm starker Rundstab aus einwandfrei trockenem Buchenholz. Sie muß völlig gestreckt sein, genau senkrecht stehen und hundertprozentig rechtwinklig zum Figurenteller ausgerichtet sein. Länge des Stabes für unser Modellbeispiel 19 cm. Feinschliff der Achse wie oben bei den Gestellstreben.

Unser von Kerzenflammen gespeister Heißluftmotor entwickelt nicht gerade übermäßig viele Pferdestärken. Wir müssen unserer Achse also Lager bauen, die der Drehbewegung ein Minimum an Reibungswiderstand entgegenstellen. Das ist mit Holz nicht zu erreichen. Wir treiben deshalb zentral in das Fußende der Achse eine Grammophonnadel, und zwar so tief, daß ihre Spitze 5 bis 6 mm herausragt. Wer keine Grammophonnadel auftreiben kann, nimmt den Schaft eines dünnen Stahlnagels. Das Kopfende der Holzachse wird um 5 cm mit einem Stück Stricknadel verlängert, das man ebenfalls genau zentral in die »Seelenachse« des Holzstabs bohrt und notfalls verklebt.

Das Gegenlager des unteren Drehzapfens konstruieren wir aus einem 2-Pfg.-Stück, von dessen Oberfläche wir die Prägung wegfeilen und das wir in die Mitte der Bodenplatte einlassen. Wenn man das Lager sorgfältig genug aussticht, genügt es, die Münze darin festzuklemmen, sonst wird sie mit Uhu, Peligom oder Rudol verklebt.

Der weitsichtige Bastler hat bei der Vorrichtung der Bodenplatte deren sechsfache Unterteilung nicht bloß auf der Unterseite, sondern auch auf der Oberseite markiert. Wenn er jetzt nach dem Einlassen der Münze die Verbindungslinien zwischen den Teilungsstrichen auf der Peripherie zieht, so schneiden sich diese haargenau im Zentrum der Scheibe, markieren also auch den Mittelpunkt des 2-Pfg.-Stückes. Hier nun setzen wir einen scharfen Körner an und versetzen ihm einen kurzen Schlag mit dem Hammer. Damit haben wir ein Pfannenlager für den unteren Drehstift der Pyramidenachse geschaffen.

Auch das obere Achsenlager konstruieren wir aus einer Münze. Damit wir aber nicht zuviel bares Geld in unseren Bau

Große, zweistufige Weihnachtspyramide mit senkrechten Säulen. Der obere Figurenteller ist nicht drehbar am Lattenkreuz befestigt

investieren, begnügen wir uns hier mit einem 1-Pfg.-Stück, das in die Oberseite der oberen Gestellplatte eingelassen wird. Diese Platte wurde zuvor mit einer so starken zentralen Bohrung versehen, daß der hindurchgreifende Stricknadelkopf der Achse darin nicht schleifen kann. Ihre korrekte Obenführung bekommt die Achse durch eine der Stricknadeldicke angepaßte Bohrung im Mittelpunkt der Pfennigplatte. Man kann den senkrechten Lauf der Achse sehr genau austarieren, wenn man die zunächst unversenkte Münze mit der eingeführten Nadel so lange verschiebt, bis sich die Achse dreht, ohne zu schlagen. Dann reißt man mit einem spitzen Bleistift die als richtig ermittelte

Lage der Münze auf der Holzplatte an und hebt danach die Bettung aus.

Jetzt fehlt nur noch der Heißluftmotor in Form eines Flügelrades, das die ganze Anlage treibt. Als Nabe des Flügelrades verwenden wir ein 10 mm starkes Buchenholzrund von 2,7 cm Durchmesser. Weißbuche ist hierfür besser als Rotbuche. Die Nabe muß aus Hirnholz geschnitten werden, das heißt, ihre Faser muß parallel zur Faser der Achse verlaufen. Der Mittelpunkt der Nabe wird etwa 7 cm tief mit einem Loch angebohrt, in dem man die Nadelspitze der Achse festklemmt. Schöner wird der obere Abschluß der Pyramide allerdings, wenn man das Zentrum der Nabe 8 mm weit ausbohrt und dort einen durchgehenden, 3 bis 3,5 cm langen Rundholzdübel einleimt. In den unteren Zapfen des Dübels wird die Strickspitze der Achse festgeklemmt, während der obere Zapfen die Möglichkeit gibt, das ganze Werk mit einem Engel oder einem Stern zu krönen. Das Flügelrad einer Pyramide unserer Größenordnung kommt mit acht Flügeln aus. Größere Modelle mit zwei oder gar drei Figurentellern benötigen 12 bis 16 Flügel. Die Flügel schneiden wir als einzelne Blätter aus 1 mm starkem Buchenholz zurecht. Sie sind 10 cm lang, an der Nabe 1,6 cm, am Außenradius 4,5 cm breit. Die Ecken an der Außenkante werden abgerundet. Ober- und Unterseite der einzelnen Flügelblätter dürfen mit farbigen Mustern belebt werden.

Besondere Sorgfalt erfordert die Befestigung der Flügelblätter in der Nabe. Wer geschickt genug dazu ist, der sägt in gleichmäßigen Abständen acht schräg gestellte, parallel zueinander verlaufende Nuten in die Nabe, in denen die Blätter festgeleimt werden. Eine andere Art der Befestigung kommt dadurch zustande, daß man statt der schräg gestellten Nuten zentral ausgerichtete Bohrkanäle in die Nabenwand treibt. Die Flügelblätter werden in kleine Holzgabeln geleimt, deren Zapfen für die Bohrlöcher passend zugefeilt und in diese eingesteckt werden.

Das an unserm kleinen Modell durchexerzierte Bauprinzip bleibt sich in den Grundzügen stets gleich. Da aber die schräg gestellten Seitenstreben den freien Raum über dem Figurenteller stark einengen, ist diese Anordnung für größere, insbesondere für mehrstufige Pyramiden nicht geeignet. Die senkrecht auf den Außenpartien der Teller stehenden Figuren würden sich die Köpfe an den schrägen Streben stoßen. Man baut größere Modelle deshalb mit vier senkrecht stehenden Säulen, die oben von einem Lattenkreuz gehalten werden. Die Strickzadelführung der Achse greift bei dieser Konstruktion durch die Mitte des überplatteten Lattenkreuzes. Das Prinzip der runden Bodenplatte kann beibehalten werden. Nur lassen wir die Streben direkt in diese ein, während der übrige freie Raum zur Anbringung eines dichteren Kerzenkranzes ausgenutzt wird. Zusätzliche Kerzenhalter können auch auf halber Höhe der Streben angebracht werden. Soll die Pyramide mehrere drehbare Stufen bekommen, so nimmt der Durchmesser der Figurenteller nach oben hin ab.

Das obere Lattenkreuz mit seinen weit ausladenden Balken gestattet auch die sehr reizvolle Bereicherung der Pyramide durch eine feststehende Stufe. Sie wird, wie die Figurenteller, als runde Platte gearbeitet, bekommt jedoch eine so weite Zentralbohrung, daß die Achse sich darin frei drehen kann. Mit zwei eingeleimten Rundstäben wird diese stehende Stufe an einem durchlaufenden Schenkel des oberen Lattenkreuzes aufgehängt. Nun kann man auf dieser Platte die Krippe mit Joseph und Maria und dem Christkind in miniature aufbauen und auf einem darunterliegenden Teller die Hirten und die Weisen aus dem Morgenland um die Heilige Familie wandern lassen, während hoch oben über der Krippe Engel schweben.

Bei so großen Pyramiden, in denen die Unterbringung all dieser schmückenden Einzelheiten möglich ist, würden Vierkantstäbe und glatte Achsen recht prosaisch und technisch wirken. Wir werden uns also bemühen, ihre strenge Form

durch Kerb- und Linienschnitte aufzu-
lockern. Auch dürfen wir die kindliche
Fröhlichkeit, die im beweglichen Spiel
des Ganzen zum Ausdruck kommt, durch
eine recht farbenfrohe Bemalung von
Gestell und Figuren unterstreichen.

Wenn wir unsere Weihnachtspyramide
ganz im erzgebirgischen Stil vollenden
wollen, so arbeiten wir die Figuren aus
dem Rundstab heraus. Die Erzgebirgler
verwenden dazu einfach das reichlich
vorhandene Tannenholz der heimat-
lichen Wälder; für uns ist es leichter,
die Figuren aus Linden- oder Kastanien-
holz zu schneiden. Das verführerisch
weiche und leichte Pappelholz ist für
Schnitzereien jeder Art ungeeignet. Arme,
Engelflügel, Hirtenstäbe und sonstige
Zugaben werden gesondert aus Brettchen geschnitzt und den Figuren aufgeleimt. Auch Tierkörper lassen sich aus
dem Rundstab ableiten; Beine, Esels-
ohren und Ochsenhörner muß man
allerdings wieder montieren. Genau wie
die Krippenfiguren kann man auch die
Gestalten aus dem Pyramidenreigen
ganz und gar aus dem vollen Block
schnitzen. Die Arbeitstechnik ist bei
verkleinertem Maßstab hier wie dort die
gleiche. Mit eingeleimten Dübelzapfen
werden die fertigen Figuren in entsprechende Bohrlöcher auf die Dreh-
teller gesteckt. Hierbei ist auf eine gleichmäßige Gewichtsverteilung zu achten.
Jede Art von »Unwucht« muß im
Interesse einer reibungslosen und gleichmäßigen Drehung des Figurentellers auf
alle Fälle vermieden werden.

Der Nußknacker

Ein stets willkommener, weil hilfreicher
Gast unter dem Weihnachtsbaum ist
trotz seines barbarischen Aussehens der
Nußknacker. Sein Beruf ist alles andere
als leicht, denn ihm wurde vom Schicksal
die undankbare Aufgabe gestellt, für
andere Leute die härtesten Nüsse zu
knacken. Und während diese sich am
süßen Kern erfreuen, bleiben für ihn
bestenfalls die Schalen. So was prägt
Aussehen und Figur. Der Nußknacker ist

ein harter Bursche, und aus einem harten
Klotz müssen wir ihn deshalb wohl oder
übel auch anfertigen.

Ausgangsmaterial für unser Nußknackermännchen ist ein Vierkantblock von der
Größe der gewollten Figur. Alle weichen
oder leicht spaltbaren Hölzer sind der
schweren mechanischen Beanspruchung
des Nußknackers nicht gewachsen. Da
seine Herstellung indessen den Schweiß
der Edlen wert ist, greifen wir mutig zum
harten Buchen-, Ahorn- oder Birken-
holz. Das beste Material für den Körper
liefert die unverwüstliche Weißbuche.
Für den nußbrechenden Hebelarm eignet
sich außerdem hervorragend das zähe,
langfaserige Eschenholz.

Der brechende Hebelmechanismus mit
seinem in der Kehlkopfgegend des
Männchens sitzenden Drehpunkt ist die
Hauptsache. Brechkammer und Hebel
werden also auch zuerst gebaut, ehe es
an die plastische Bearbeitung der Figur
geht. Um uns vor Fehlkonstruktionen zu

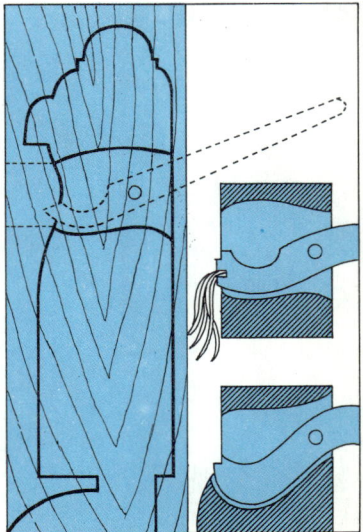

Schemazeichnung für die Anlage von Brechkammer und Hebel des Nußknackers. Die Höhlung der unteren Kammerpartie muß auf die
Form des vorderen Hebelarms abgestimmt
werden

schützen, legen wir in einem original-großen Profilaufriß des Klotzes die Höhe der Brechkammer, den Hebelsitz und den Ansatzpunkt der Hebelachse genau fest.

Nachdem wir die als richtig ermittelten Maße auf das Holz übertragen haben, wird der Mauldurchbruch ausgestemmt, die »Gaumenpartie« gehöhlt und der Hebel mit seiner Unterkiefermulde ausgeformt. Das ist wichtig, damit das Männchen nicht beim Hebeldruck die Nuß, statt sie zu zerknacken, in hohem Bogen ins Zimmer spuckt. Je weniger man die in der Längsrichtung des Hebels verlaufende Holzfaser anschneidet, um so besser. Wer ein großes Holzlager besitzt, suche sich ein Stück heraus, in dem die Hebelkrümmung schon von der Natur durch den Faserverlauf vorgezeichnet wurde.

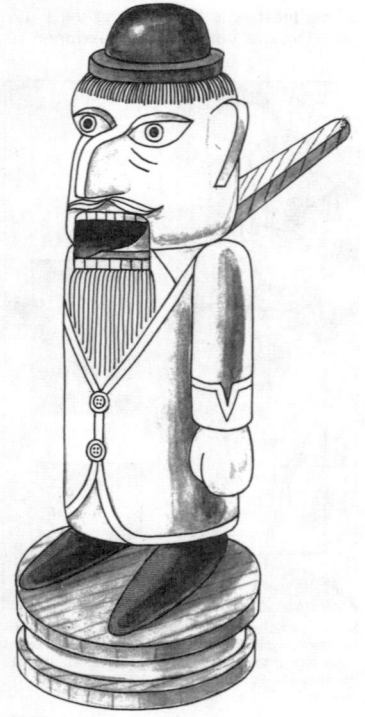

Jetzt können die Körperproportionen auf den Klotz skizziert und ausgearbeitet werden. Die Arme bleiben dabei unberücksichtigt und werden später aufgeleimt. Auch die Beine sollen nicht zu stark ausmodelliert werden, damit das Holz nicht unnötig geschwächt wird. Wer will, darf das Männchen, damit es sicher steht, auf eine kräftige Grundplatte dübeln. Besser noch ist es, das Ausgangsmaterial in der Länge so reichlich zu bemessen, daß es genügend Futter für einen standfesten Sockel hergibt. Wenn man das Ganze aus einem Stück arbeitet, erspart man sich nicht allein das Montieren, sondern vermeidet auch Nahtstellen und damit Zonen verminderter Haltbarkeit.

Wichtig ist der genaue Einbau des Hebels. Die Bohrung für den kräftigen Drehdübel durch die Halspartie der Figur und durch den Hebel muß in einem Arbeitsgang bei eingestecktem Hebel ausgeführt werden. Läuft der Bohrkanal nicht gerade, bekommt der Nußknacker die Maulsperre.

Bei einem flach gearbeiteten Vorderarm des Hebels hat das Männchen bei geschlossenem Mund dort, wo beim Menschen das Kinn sitzt, ein Loch. Nußknacker aus der alten Volkskunst, die oft als Bergknappen dargestellt sind, verdecken diesen Schönheitsfehler durch einen martialischen Bart, der ihnen als Fellstückchen am Unterkiefer wächst und lang auf die Brust niederwallt. Geschickte Holzschnitzer bilden die Vorderpartie des unteren Hebelarms als vollgerundetes Kinn aus. Diese Rundung aber muß mit dem Kreis, auf dessen Peripherie sich das Kinn beim Zubeißen bewegt, abgestimmt werden. Kreisdurchmesser ist der kürzere Arm des Hebels. Außerdem müssen wir die untere Partie der Mundhöhle so weit ausbuchten, daß der Kerl sein Maul weit genug aufsperren kann, um auch die dicksten Walnüsse zwischen die Zähne zu nehmen. Nach all dem bleibt nur noch ein herzhafter Griff in die Farbtöpfe zu tun, denn unser Nußknacker mit seinem robusten Körperbau kann eine recht kräftige bunte Bemalung mit Lackfarben vertragen. So geschmückt ist er das rechte Geschenk für eine »Julklapp«, die mit der Tür ins weihnachtliche Haus fällt.

Der Rauschgoldengel

Das gemütvolle Gegenstück zum humorig-grotesken Nußknackermännchen aus dem Winterwald ist der Rauschgoldengel, der so aussieht, als wäre er just aus dem geöffneten Himmelstor zur Erde herniedergeschwebt. Als Material für diese zarten Wesen kommt, wie der Name sagt, in erster Linie sogenanntes Rauschgold, das ist kräftiges Goldpapier, in Betracht. Man kann aber auch »Rauschsilber-Engel« herstellen, kann diese glitzernden Werkstoffe mit Seiden- und Pergamentpapieren oder auch mit farbigen Folien kombinieren, um das Engelsgewand lebendiger zu gestalten. Ein sehr kräftiger Werkstoff für große, plastische Rauschgoldengel sind vollmetallische Aluminiumfolien in Gold, Silber und anderen Farben. Mit diesem Material lassen sich prächtige Wirkungen erzielen. Die Folien können ähnlich wie kräftiges Papier verarbeitet werden, sie sind gut mit der Schere, aber schlecht mit dem Messer zu schneiden. Falten darf man sie allerdings nicht, denn sie bestehen ja aus Metall, das in den scharfen Knicken brechen würde. Diesen Mangel gleichen sie durch den Vorzug aus, daß man ihnen mit der Stricknadel oder mit einem harten Bleistift kräftige Schmuckmuster aufpunzieren kann (vgl. S. 102 f.).

Der Rauschgoldengel ist ein ausgesprochenes Phantasiegebilde, er darf und soll also auch unter freier Entfaltung der Phantasie möglichst unschematisch aufgebaut werden. Da unser Material nur wenig Stabilität besitzt, werden wir der Figur durch zwei kreuzweise gebundene Rundstäbe einen zusätzlichen Halt verleihen. Die waagerechten Balken des Kreuzes ergeben die Arme, während über dem kurzen oberen Ende der Kopf aus gehärtetem Wachs modelliert wird. Man kann Wachs durch Zusammen-

schmelzen mit Kolophonium oder Mastix im Wasserbad selbst härten. Zum Färben von Wachs verwende man nur reine Erdfarben. Einem aus fleischfarbenem Wachs modellierten Kopf kann man mit dem Lippenstift rote Backen und Lippen »schminken«. Für feinere Bemalungen löst man winzige Mengen von Wachsfarben in Terpentin und malt mit einem sehr weichen Pinsel. Zur Herstellung der geringen Farbmenge, die ein Engelkopf benötigt, genügt es, ein paar Tropfen Terpentin auf eine Untertasse zu geben und einen Wachsfarbenstift so lange in der Flüssigkeit zu reiben, bis die gewünschte Farbintensität erreicht ist. Die Farbe muß sofort verarbeitet werden, da das Terpentin schnell verfliegt. Einfachere Köpfe für kleine Engel macht man aus Holzkugeln, die mit Wasserfarbe bemalt werden.

Die Schulterpartie des Gestellkreuzes und die ersten Zentimeter des nach unten weisenden Balkens umwickeln

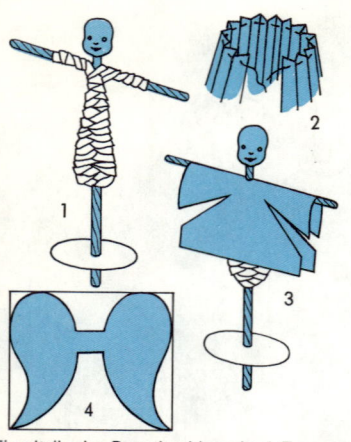

Einzelteile des Rauschgoldengels: 1 Tragegerüst mit Wicklung und Spreizteller für den Faltenrock – 2 Oberer Einzug des Faltenrocks – 3 Anlage des Obergewandes mit angeschnittenen Ärmeln – 4 Schnittmuster für die Flügel

wir mit ein paar Windungen einer Mullbinde, damit die Figur etwas Körper bekommt. Statt der Mullbinde kann man mit gleich gutem Erfolg Zellwolle verwenden, die mit kräftigem Garn umschlungen und festgelegt wird.

Auf diesem Körper läßt sich der weite Faltenrock sehr leicht mit ein paar Nadelstichen befestigen. Der Rock, auf dessen unterem Rand der Engel steht, wird nach dem auf Seite 161 beschriebenen Prinzip des Lampenschirmfaltens aus Goldpapier gefaltet und an seiner oberen Kante mit einer quer durch die Falten laufenden Schnur auf die erforderliche Taillenweite zusammengezogen. Seine elegante Unterweite bekommt das Gewand durch einen runden Teller aus kräftiger Pappe, den wir in der Mitte durchbohren und so weit auf den senkrechten Körperstab schieben, bis er den Faltenrock zur gewünschten Breite aufspreizt. Wenn eine Verzierung des unteren Rocksaumes aus einem andersfarbigen Papiermuster gewünscht wird, so muß dieses vor dem Falten in schmalen Streifen aufgeklebt werden. Soll der Faltenwurf des Rockes durch eine Farbe betont werden, so darf man diese Streifen aus farbigem Glanzpapier natürlich erst nach dem Falten des Rockes aufbringen.

Das Obergewand mit den angeschnittenen weiten Ärmeln fertigen wir aus einem doppelt gelegten Stück Aluminiumfolie von der Breite der Ärmel. Vorsicht beim Umlegen der Oberkante! Damit hier kein versehentlicher Knick oder gar Bruch entsteht, biegen wir die Folie sicherheitshalber über einem Bleistift oder Pinselstiel. Nachdem die Ärmel von beiden Seiten her keilförmig ausgeschnitten sind und Halsausschnitt nebst Rückenschlitz angebracht wurden, legen wir das Gewandstück auf die Armhölzer und kleben den unteren Teil als »Leibchen« um den Rockansatz in der Taille und verkleben die untere Ärmelnaht. Aluminiumfolie läßt sich mit Kunstharz- und Zelluloseklebern (Uhu, Peligom, Kö-Bastelfix) kleben. Ein Prägemuster kann die Ärmelsäume verzieren. Aus dem fügsameren Goldpapier schneiden wir das doppelt gelegte Mieder mit Halsausschnitt und Rückenschlitz, das nach dem Anziehen durch eine weiße Halskrause und einen gezackten farbigen Brustlatz ergänzt werden darf.

Einen Rauschgoldengel mit ausgebreiteten Armen wird man zumeist als Kerzenträger bauen. Weil zu seiner zarten Statur nur zierliche Wachskerzen passen, brauchen wir keine besonderen Kerzenhalter zu konstruieren. Es genügt eine kräftige Stecknadel, die von unten durch die Enden der Armhölzer gesteckt wird. Bevor man die Kerzen auf die Nadelschäfte steckt, unterlegt man sie mit tellerförmigen Tropfenfängern aus Aluminium-Folie.

Wer einen Engel mit weniger starren Armen wünscht, der statt der Kerzen ein Spruchband in Händen hält, zieht dem tragenden Gerüst statt der Querholzes einen doppelt geschlungenen Draht ein, der mit Zellwolle und Garn umwickelt und nach der gewollten Stellung der Arme gebogen wird. Auf die Endschlaufen werden Wachshände modelliert. Für das Oberkleid eines solchen Engels ist die Aluminiumfolie nicht geschmeidig genug. Es muß aus dem weicheren

212

Rauschgold gefertigt und darf mit andersfarbigem Glanzpapier belebt werden. Wegen ihrer Stabilität eignen sich die Aluminiumfolien aber besonders gut für die Flügel, deren Form wir zunächst auf Papier entwerfen und durch Druck mit einer Stricknadel auf die Folie pausen. Will man Flügel aus Goldpapier arbeiten, so muß man zwei Blätter aufeinanderkleben. Zur Erhöhung der Haltbarkeit schneidet man beide Flügel nach Möglichkeit aus einem einzigen Stück und klebt sie mit dem Mittelsteg auf die Rückenpartie der Figur. Aluminium-Flügel lassen sich zu Rundungen und Schwüngen formen, wenn man sie unter leichtem Druck zwischen Daumen und Zeigefinger hindurchzieht. Stärkere Rundungen werden über ein Rundholz gebogen. Das kann notwendig werden, wenn der Engel eine goldene Krone tragen soll, die wir aus gezackter Aluminiumfolie herstellen. Sein »natürlicher« Kopfschmuck sind Locken aus gesponnenem Glas, dem sogenannten Engelshaar. Damit ist unser Rauschgoldengel so prächtig geraten, daß er mit Sicherheit vom Christkind den ehrenvollen Auftrag bekommen wird, die Glocke zur Bescherung zu läuten. Damit aber gebührt ihm ein bevorzugter Platz unter dem Tannenbaum.

13 Zwischen Spiel und Sport

Leider ist nicht den ganzen Winter hindurch Weihnachten, aber erfreulicherweise ist nicht das ganze Jahr lang Winter. Klettert die Sonne höher auf ihrer Bahn, werden die Tage länger und erwacht die Natur aus ihrem Winterschlaf, so hält es auch den rechten Jungen nicht mehr im Zimmer. Der Sportplatz ruft den einen, den andern ruft die Prärie. Der stählerne Mustang wird geölt und aufgepumpt, dann geht es hinaus in die Berge, in Heide und Moor, in den Wald, an die See oder an den Strand des silbernen Lachswassers. Die große Zeit der Abenteuer, der Entdeckungsreisen und des sportlichen Wettstreits ist angebrochen.

Pfeil und Bogen

Eine der schönsten und elegantesten Arten des sportlichen Wettkampfes ist das bei uns zulande bisher nur wenig gewürdigte Bogenschießen. Hier wird der Sport, der nur aus der besonderen und fast jedem Jungen angeborenen Freude am Schießen ausgeübt wird, zu einer hohen Kunst, die weniger Kraft als Konzentration und Geschicklichkeit verlangt. Die Munition ist billig, das Schießen macht keinen Krach, und außerdem erfordert es weder einen Waffenschein noch umfangreiche Sicherheitsmaßnahmen. Eine Scheibe, in geschützter Sandgrube oder auf einem abgelegenen Stück Wiese aufgebaut, und schon ist der Schießstand fertig.

Ein gutes Rezept für den Bau eines leistungsfähigen Bogens finden wir bei – Goethe, oder, um ganz genau zu sein, bei des Dichterfürsten getreuem Trabanten Johann Peter Eckermann, der seine »Gespräche mit Goethe« gewissenhaft niederschrieb und sie der Nachwelt überlieferte. Eckermann erzählt seinem verehrten und an dem Thema höchst interessierten Meister eines Tags von seiner Liebe zum Bogenschießen und daß er sich einen Bogen aus einer »geschlachteten« Esche gebaut habe.

Unter den einheimischen Hölzern finden auch wir kein besseres Bogenmaterial als das langfaserige, sehr elastische Eschenholz. Über den Ausdruck »geschlachtet« hat sich der Geheimrat aus Weimar schon entsetzt. Eckermann kennzeichnet damit Leisten, die nicht vom Stamm heruntergesägt, sondern in der Längsrichtung abgespalten wurden. Wer durch gute Beziehungen zu einem Tischler oder Stellmacher (Wagner) zu einer »geschlachteten« Eschenleiste gelangen kann, der nutze das aus und schätze sich glücklich. Ein solches Holzstück bietet die Gewähr, daß die Faser unverletzt in seiner ganzen Länge erhalten geblieben ist. Leisten aus der Randzone des Baumes sind besser als solche aus dem Kern. Gänzlich ungeeignet sind Rundholzknüppel. Nur als grünes Holz sind sie, ebenso wie Weiden- oder Haselnußknüppel, für einfache »Flitzbögen« von kurzer Lebens- und Leistungsdauer zu verwenden.

Wer keine »geschlachtete« Esche auftreiben kann, begnüge sich mit einer gesägten, astfreien Vierkantleiste von etwa 22 mm Dicke und 26 mm Breite. Dieser Stärke entspricht eine Bogenlänge von 135 bis 140 cm Länge, doch darf die Länge getrost bis auf 160 cm ausgedehnt werden. Man baue sich indessen seinen Bogen nicht übertrieben lang. Eine Faustregel besagt, daß der mit einem Ende auf den Boden gestellte Bogen nicht über die Augenhöhe des Schützen hinausragen soll. Auch bei der Auswahl einer gesägten Leiste achte man darauf, daß die Holzfaser parallel mit der Leistenkante verläuft. Die Oberkante wird glatt gehobelt und mit der Ziehklinge sauber verputzt. Nachdem die Kanten zur Rundung gebrochen sind, wird die Frontseite des Bogens nicht mehr mit einem Werkzeug angetastet. Die Faser soll in ihr möglichst nicht angeschnitten werden, wir laufen sonst Gefahr, daß der Bogen beim Schießen aufspleißt.

Die erforderliche Verjüngung des Bo-genholzes nach den Enden zu wird zunächst nur an den Seitenflächen vorgenommen, wobei circa $\frac{1}{5}$ der Gesamt-Bogenlänge als Mittelpartie in voller Breite stehenbleibt. Gleichzeitig mit dem Schwächen der Seitenflächen werden die Kanten gerundet, so daß der Stab

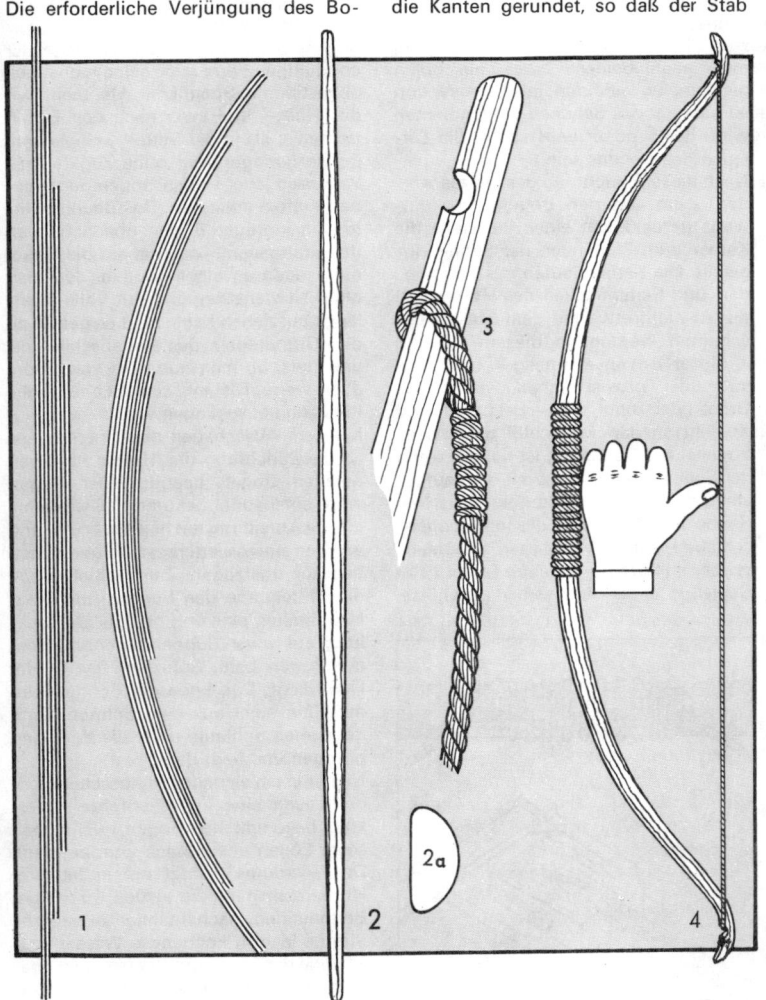

Der Bogen aus Eschenholz: 1 Verlauf und Anschnitt der Holzfaser im Innenbogen — 2 Profil des Bogenholzes in der Aufsicht — 2a Querschnittprofil — 3 Sitz und Form der Sehnenkerbe — 4 Der gespannte Bogen. Die richtige Spannung wird mit der Daumenprobe ermittelt

einen leicht nach innen aufgewölbten Querschnitt bekommt. In der Aufsicht zeigt die Latte danach ein linsenförmiges Profil. Die ganze Arbeit darf nur mit Raspel und Ziehklinge oder mit der frisch gebrochenen Kante eines Glasscherbens ausgeführt werden. Man versuche nicht, mit dem Hobel schneller zum Ziel zu kommen. Die Verjüngung muß nach beiden Seiten hin völlig gleichmäßig verlaufen; je liebevoller und sorgfältiger das Schaben vorgenommen wird, desto höher wird später die Leistung des Bogens sein.

Nach dieser Zurichtung des Holzes werden, 2 cm von den Bogenenden einwärts gerückt, mit einer Rundfeile die Kerben zum Einhängen der Sehne eingefeilt. Die Kerben laufen nur über Vorder- und Seitenflächen des Holzes und dürfen nicht etwa mit dem Messer geschnitten werden. In diesem Zustand wird der Bogen erstmalig – und zwar mit einer provisorischen Sehne aus Draht oder Bindfaden – gespannt, und es geht an den Feinschliff des Innenbogens. Die Spannung ist richtig, wenn der Schütze seine Faust mit dem aufgestellten Daumen gerade noch zwischen Sehne und Mittelpunkt des Innenbogens schieben kann. Mit dieser »Daumenprobe« soll der Bogen auch später beim Schießen stets auf seine gleichblei-

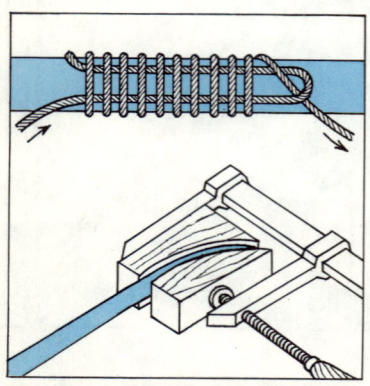

Oben: Das Festlegen der Schnurwicklung im Mittelteil des Bogens – Unten: Formklötze für das Biegen der geschweiften Bogenenden

bende Spannung hin kontrolliert werden. Wieder greifen wir nun zur Ziehklinge oder zum Glasscherben und schleifen aus dem Innenbogen nach den Enden zu so viel Holz weg, bis dieser eine gleichmäßig flach verlaufende Rundung angenommen hat.

Durch dieses Ausschaben des Innenbogens bekommt der Bogen neben der endgültigen Form auch seine individuell abgestimmte Spannkraft. Je mehr wir das Holz – und zwar nach den Enden zu stärker als in der Mitte – schwächen, um so geringer wird seine Zugkraft. Es kann also jeder seinen Bogen den eigenen Kräften anpassen. Das Bauen übertrieben kräftiger Bögen überlasse man den Kraftmeiern. Man hat auf die Dauer nur Freude an einem Bogen, den man ohne Überanstrengung auf volle Pfeillänge ausziehen kann. Und es gehört zu den Grundregeln des Bogenschießens, daß stets, ob man nun über kurze oder über weite Distanz schießt, auf volle Pfeillänge ausgezogen wird.

Mit dem Ausschaben des Innenbogens ist die Zurichtung des Holzes für einen geraden Bogen beendet. Der Bogen wird entspannt, bekommt eine nochmalige Abreibung mit heißem Leinöl und wird mit einem wetterbeständigen Kunstharzlack überzogen. Zum Schluß erhält die Mittelpartie des Bogens über zwei Handbreiten eine eng gelegte Umwicklung aus einer dünnen Schnur, damit der Bogen beim Schießen fest in der Hand liegt. Das Ende der Schnur wird mit Hilfe einer aus dem Schnuranfang gebildeten Schlaufe unter die Wicklung gezogen und liegt damit fest.

Nicht nur ein eleganteres Aussehen, sondern auch eine etwas erhöhte Federkraft bekommt der Bogen, wenn man seine Enden etwas nach vorn aufbiegt. Das allerdings gelingt nur in feuchter Hitze. Man muß die letzten 15 cm der Bogenenden nacheinander etwa eine Stunde lang in kochendes Wasser stellen, ehe das Holz zum Biegen weich genug ist. Die Enden werden sodann bei voller Hitze mit Schraubzwingen zwischen zwei Holzklötze gepreßt, deren Form genau nach der gewünschten Biegung vorgerichtet wurde. Nach frühestens 24 Stunden ist das Holz so weit getrocknet, daß man die Formklötze entfernen darf. Die Biegung wird sich auch bei Dauergebrauch des Bogens nicht wieder verlieren.

Als Bogensehne verwendet man Stahldraht, starke Leinen- oder Hanfschnüre, die kräftig eingewachst werden, Rohseide oder Fortisan. Je dünner und stärker die Sehne, desto besser der Schuß. Die Schlingen einer Hanfsehne, mit denen diese in Bogenkerben gehängt wird, werden durch Zurückschlagen der Schnurenden, Einflechten in den Strang und Umwickeln mit dünnem Bindfaden hergestellt. Die Schlingen dürfen nicht zu eng sein und sollen ein müheloses Entspannen des Bogens nach jedem Schießen erlauben. Wer kein dauerhaftes Material zur Hand hat, kann fertige Sehnen aus dem Sportgeschäft beziehen.

Die Pfeile sollen völlig gestreckt, im ganzen leicht, doch vorn etwas schwerer als hinten sein. Ihre Länge (im Schnitt 65 cm) soll der ungefähren Armlänge des Schützen entsprechen. Ganz einfache, allerdings nicht sehr haltbare Pfeile schneidet man aus gerade gewachsenem, trockenem Schilfrohr und beschwert sie vorn mit einem ca. 7 cm langen Stück von einem gut fingerdicken grünen Holunderast, das man einfach auf die Pfeilspitze schiebt. Die Nocke zum Anlegen an die Sehne muß man unmittelbar hinter einem Knoten im Schaft des Rohres schneiden.

Leistungsfähigere Pfeile fertigen wir uns aus gut durchgetrocknetem Kiefern-, Ahorn- oder Lindenholz. Auch Weidenholz ist gut geeignet. Die Schäfte sind bei einem Durchmesser von 11 mm entweder zylindrisch oder leicht konisch, das heißt am vorderen Ende etwas stärker als hinten. Geschickte Bastler spleißen ihren Pfeilen eine Hartholzspitze ein und bestücken sie mit einer Stahlkappe, die man sich aus einer schwachen Spazierstock-Zwinge anfertigen kann. Die Hartholzspitze läßt sich dadurch ersetzen, daß man ein Stückchen Metallrohr auf die Pfeilspitze schiebt. Vor scharf

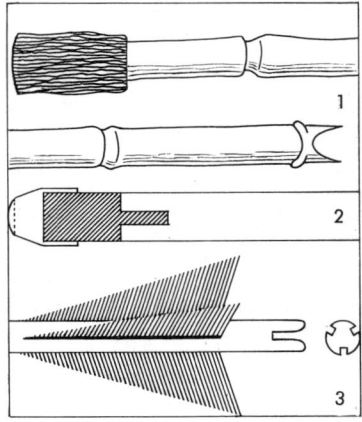

Pfeile: 1 Pfeil aus Schilfrohr mit Holunderspitze – 2 Pfeil mit Hartholzspitze und Stahlkappe – 3 Pfeilende mit Nocke und Steuerfedern

zugeschliffenen Pfeilspitzen, insbesondere vor den lanzettförmigen Spitzen der sogenannten Baumpfeile, muß ausdrücklich gewarnt werden. Sie sind zu nichts anderem da, als Unheil und Baumfrevel anzurichten! Wir schießen grundsätzlich weder auf lebende Ziele noch auf Bäume, sondern ausschließlich auf die für diesen Zweck bestimmte Scheibe.

Sehr wesentlich ist die rückwärtige Ausbildung des Pfeiles. Die Nocke, mit welcher der Pfeil auf die Sehne gesetzt wird, soll nicht geschnitten, sondern mit der Feile gekerbt werden. Auch soll sie nicht zu weit sein. Ein aufgelegter Pfeil mit exakt gefeilter Nocke darf durch sein eigenes Gewicht nicht herabfallen, wenn man ihn senkrecht nach unten hängenläßt. 3,5 cm oberhalb der Nocke werden in 6 cm Länge die drei Steuerfedern auf den Schaft geleimt. Mehr Halt bekommen sie allerdings, wenn man sie in schmale Nuten, die man mit dem Messer aus der Schaftlänge aushebt, versenkt. Die besten Steuerfedern ergeben Truthahnfedern, aber auch Gänsefedern sind gut geeignet. Die Federn werden durch Längstrennung ihrer Kiele zu Fahnen gerissen und so auf den Schaft geleimt, daß die Strahlen der Fiederung nach hinten

weisen. Die Federspitze zeigt also zur Nocke. Auf Form werden die Federn erst nach dem Aufkleben geschnitten.
Eine zünftige Scheibe, auf der die auf Papier- oder Sackleinwand gemalten Ringscheiben befestigt werden, fertigen wir aus Stroh an. Einfache Strohscheiben schießt man im Spiralgang aus gedrehten Strohseilen von 7 cm Dicke auf. Vernäht werden die Rundungen mit Hanfgarn. Eine solche Scheibe wird mit einem Bezug aus rund geschnittener Sackleinwand überspannt. Die Ringscheiben steckt man auf ihr mit Nägeln, deren Köpfe mit Leder- oder Pappscheiben unterlegt sind, fest.
Derartige Scheiben sind zwar gut, aber für starke Bogen zu unsicher. Hochleistungsscheiben baut man aus handgedroschenem Roggenstroh, dessen Halme auf 15 cm Länge zugeschnitten sind. Die Stücke werden auf einen Tisch gestellt und mit starkem Draht, besser noch mit Stahlbändern, auf den vorschriftsmäßigen Scheibendurchmesser von 1,2 m zusammengepreßt. Die einzelnen Halmstücke stehen bei dieser Anordnung in Richtung des auftreffenden Pfeiles und werden nicht zerschlagen. Leider ist eine solche »turnierfähige« Scheibe recht schwer und unhandlich. Aufgestellt wird die Scheibe auf einem dreibeinigen Lattenbock mit einem Neigungswinkel von 15°. Höhe des Zen-

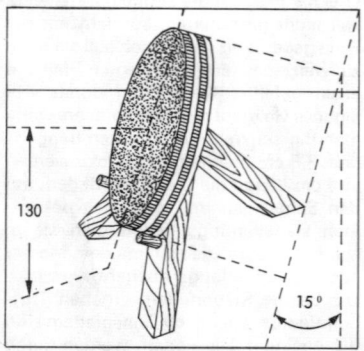

130

15°

Hochleistungsscheibe aus geschnittenen Strohhalmen auf dem Lattenbock. Neigungswinkel der Scheibe 15 Grad, Höhe des Zentrums 130 cm

trums über dem Boden 1,30 m. Das Zentrum der zünftigen zehnkreisigen Bogenscheibe mißt 12,2 cm im Durchmesser und trägt die Farbe Gold. Also auch mit unserem selbstgebauten Bogen: Alle Pfeile ins Gold!

Die Armbrust

Von der Treffsicherheit guter Bogenschützen berichtet eine Geschichte aus Südamerika. Nach ihr bringen viele der dort heimischen Indios das Kunststück fertig, einen Pfeil so in die Luft zu schießen, daß er genau auf einem vorausberechneten Punkt vor ihnen wieder zur Erde fällt. In dem Augenblick, in dem sich der Pfeil auf seinem Kulminationspunkt umwendet, stellen sie den rechten Fuß vor und lassen »kühl bis ans Herz hinan« die messerscharfe Pfeilspitze durch die Lücke zwischen der großen und der nächsten Zehe in die Erde zischen.
Wir wollen aus dieser Geschichte gar nicht einmal den Schluß ziehen, daß es außer Angler- und Jägerlatein offenbar auch ein Bogenschützenlatein gibt. Die Treffsicherheit können wir durch eifriges Training sicherlich auch erreichen. Für den Beweis aber stehen unsere europäischen Zehen reichlich eng. Wer indessen das zeitraubende Training für diesen Scherz scheut, der verwende seinen Witz darauf, sich mit einer Armbrust eine kalte Waffe zu bauen, deren Treffsicherheit die des Bogens noch übertrifft.
Die Armbrust ist ihrem Wesen und ihrer Konstruktion nach nichts anderes als ein vervollkommneter Bogen. Ihre Hauptbestandteile sind der Schaft mit Kolben und Schneller und der Bügel mit der Sehne. Dieser Bügel, in dem der einfache Bogen wiederkehrt, ist mit seiner Mitte im vorderen Teil des Schaftes fest verkeilt.
Bei der einfachen Armbrust ist die Schaftoberkante zu einem geraden, offenen Bolzensteg ausgekehlt. Mit ihr werden ausschließlich Bolzen oder kurze Pfeile, sogenannte »Strahlen« verschos-

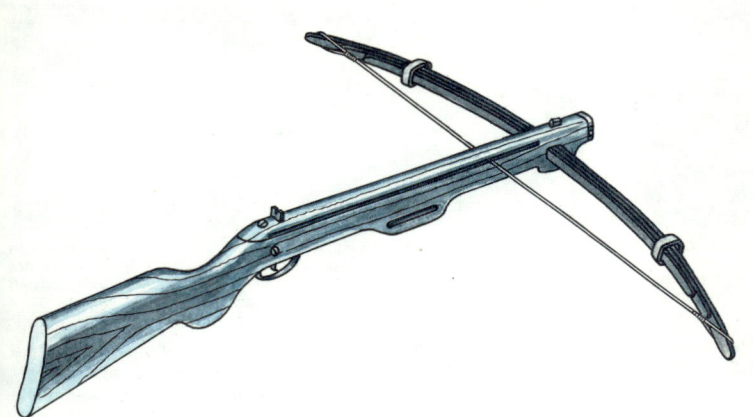

Armbrust mit verdecktem Lauf, Zieleinrichtung und dreiblättrigem Bügel

sen. Diesem Modell in mehrfacher Hinsicht überlegen ist die Armbrust mit verdecktem Lauf. Aus ihr können außer Bolzen auch Ton- und Bleikugeln verschossen werden. Außerdem gestattet der verdeckte Lauf die Anbringung einer Visiereinrichtung aus Korn und Kimme, womit die Schußgenauigkeit wesentlich gesteigert werden kann.

Wie vom Gewehr, so gilt auch von der Armbrust das Wort: »Der Lauf schießt, aber der Kolben trifft.« Von einer Armbrust mit verzogenem Kolben ist also keine Treffsicherheit mehr zu erwarten. Wir müssen, ganz besonders da bei der Armbrust Kolben, Schaft und damit auch der wesentliche Teil des Laufes aus einem einzigen Stück gearbeitet sind, ein erstklassiges, hartes Holz verarbeiten, das sich nicht verzieht. Sehr gut, aber teuer ist Nußbaumholz, aus dem auch die Kolben hochwertiger Jagdwaffen hergestellt werden. Aber auch Ahorn und feinfaserige Esche sind brauchbare Hölzer. Nur im Notfalle sollte man auf Buchenholz zurückgreifen. Es reißt leicht und »steht« schlecht. Gegen Feuchtigkeit ist es recht empfindlich.

Soll sich der Lohn für die Zeit und die Sorgfalt, die wir auf den Bau einer Armbrust verwenden, später in einer bleibenden Schußsicherheit auswirken, so dürfen wir bei der Auswahl des Holzes weder leichtfertig noch knauserig sein. Eine verläßliche Armbrust erfordert ein völlig gesundes, astfreies und erstklassiges Bohlenstück, in dessen Größe alle Maße des Schaftes und des Kolbens enthalten sind.

Lauf und Kolbenlänge machen die Gesamtlänge unserer fertigen Waffe aus. Nun gilt zwar die Regel, daß die Treffsicherheit um so größer ist, je länger der Lauf, doch dürfen wir sie nur mit Einschränkungen auf die Wirklichkeit anwenden, um im Endeffekt nicht bei einer unhandlichen Kanone zu landen. Wir begnügen uns also mit einem Bohlenstück von 84 cm Länge und 17 cm Breite. Die große Breite wird notwendig durch die Neigung des 27 cm langen Kolbens zum übrigen Schaftteil. Der Neigungswinkel beträgt etwa 10°. Übertriebene Abwinkelungen des Kolbens sind zu vermeiden, weil dadurch die Faser zu stark angeschnitten und die Haltbarkeit des Ganzen geschwächt wird. Die Dicke der Bohle richtet sich nach dem Kaliber der Armbrust, also nach dem Durchmesser des Laufes. In unserm Fall ist ein Kaliber von 15 mm angenommen. Das erfordert bei einer Wandstärke des Laufes von 10 mm eine Bohlendicke von 3,5 cm. Doch auch bei

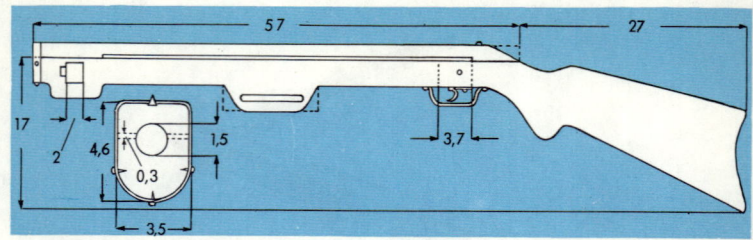

Bauzeichnung der Armbrust mit Ausnahme des Bügels. Das Seitenprofil zeigt: Laufdecke, Kolben und Schaft mit Bügeldurchbruch, Handschutz, Abzug und Abzugsbügel. Unten: Die Bohrung des Laufs in Schaft und Laufdecke mit der Verschraubung des auf die Holzoberfläche zurückgesetzten Messingbeschlags an der Laufmündung

kleineren Kalibern, etwa bei 10 mm, wähle man kein zu schwaches Ausgangsmaterial, da der Kolben eine gewisse Stärke haben muß, wenn er gut in der Schulter liegen soll.

Die Herstellungspraxis beginnt, wie üblich, mit der Anfertigung einer maßstabgerechten Bauzeichnung, nach der wir das Profil des Armbrustschaftes auf das Holz übertragen. Nachdem die rohe Kontur mit der Schweifsäge vorgesägt wurde, wenden wir uns praktischerweise erst einmal den beiden Durchbrüchen für den Bügel und die Abzugseinrichtung zu. Je weiter der Bügel nach vorn rückt, um so größer seine Zugkraft. 6 cm hinter der Mündung liegt die vordere Kante des 2,5 cm hohen Bügeldurchbruchs, dessen Breite sich nach der Art der Bügelkonstruktion richtet. Sie bewegt sich zwischen 2 und 2,5 cm. Die Oberkante des Durchbruchs muß einen Mindestabstand von 7 mm von der oberen Schaftkante halten. Die Seitenwandungen sind sehr sorgfältig auszustemmen. Sie sollen genau rechtwinklig zur Seelenachse der Armbrust stehen. Eine kleinere, den Schaft gleichfalls ganz durchdringende Nut ist zum Verkeilen des Bügels im Durchbruch da.

Eine andere Art der Bügelbefestigung besteht darin, daß man die Stirn des Schaftes, etwa 1 cm unterhalb der Mündung beginnen, um die Bügeldicke absetzt, den Bügel in diese Nut einpaßt und ihn mit zwei Schnurwicklungen befestigt. Die Wicklung greift dabei durch eine quer durch den Schaft verlaufende

Bohrung. Bei dieser Konstruktion, die sich jedoch bestenfalls bei sehr schwachen Armbrüsten bewährt, kann die Bügelverstärkung am Schaft ganz fehlen. An die Haltbarkeit dieser Konstruktion sind allerdings keine übertriebenen Erwartungen zu stellen, denn auch ein schwacher Bügel entwickelt im Augenblick des Zurückschnellens eine nicht zu unterschätzende, nach vorn wirkende Zugkraft.

Der Durchbruch für die Abzugsvorrichtung verläuft in einer lichten Weite von 6 mm im Gegensatz zum Bügeldurchbruch von oben nach unten. Die Rückwand der schmalen Kammer liegt in Ansatzhöhe der rückwärtigen Auflage der Laufdecke. Für die raumsparende und auf leichten Fingerdruck reagierende Abzugsvorrichtung mit dem Nockenschneller unseres Modells genügt eine Kammer von nur 3,7 cm Länge, da der Abzugsbügel nur einen geringen Ausschlag benötigt. Der Schaft wird also nur wenig geschwächt. Außerdem hat diese Vorrichtung den Vorteil, daß man sie durch eine leicht zu bauende und ebenso leicht zu bedienende Sicherung sichern kann.

Zunächst jedoch wenden wir uns, nachdem die Durchbrüche ausgestemmt sind, mit Sorgfalt, Sandpapier und Raspel der Ausformung von Kolben und Schaft einschließlich der Bügelverstärkung und des Handschutzes zu. Alle harten Kanten und Ecken werden sanft gerundet, denn die Armbrust soll nicht nur gut in der Hand liegen, sondern auch ein gefälliges

Aussehen bekommen. Mit Bedacht bestimme man den Ansatzpunkt des Handschutzes. Ausgesprochen langarmige Schützen brauchen eine »langgeschaftete« Armbrust und rücken den Handschutz um 2 bis 3 cm nach vorn. In jedem Falle soll der Handschutz vor dem Schwerpunkt der Waffe liegen. Eine kopflastige Armbrust ermüdet den Schützen und läßt »Aug´ und Hand« sehr schnell unsicher werden. Die beste Armbrust ist diejenige, die man sich mit der dazu notwendigen Toleranz gegenüber der Bauzeichnung selbst »in die Hand« gebaut hat.

Der nächste Arbeitsgang ist die Zurichtung des Laufes und seiner Decke. Als Decke verarbeiten wir eine Latte von 57 cm Länge und 1,8 cm Dicke des gleichen Holzes, aus dem auch der Schaft gearbeitet wurde. Breite der Decke gleich Breite des Schaftes, also 3,5 cm.

Die Zurichtung beginnt damit, daß sowohl die Oberfläche des Schaftes wie auch die Deckfläche der oberen Latte mit der Rauhbank (Putzhobel) absolut und einwandfrei plan gerichtet werden. Dann reißt man mit dem Streichmaß den in den beiden Flächenmitten liegenden Laufdurchmesser an, sticht dessen Mulde mit einem Hohleisen vor und schleift sie zunächst am Schaft auf genaue Form mit halbkreisförmigem Querschnitt aus. Diese etwas langwierige Arbeit muß mit äußerster Delikatesse ausgeführt werden, denn wird der Armbrust dabei die Seelenachse »verbogen«, so ist später von ihr gerechtfertigtes kein Treffer zu erwarten. Am ehesten kommt man zu einem ideal gestreckten Lauf, wenn man sich einen genügend langen, also etwa 30 cm messenden Rundeisenstab besorgt, dessen Durchmesser etwas kleiner als das zu schleifende Kaliber ist. Diesen Stab umlegt man mit Schmirgelleinen und schleift damit die ganze Lauflänge bis zur erforderlichen Tiefe und zum richtigen Profil aus. Achtung, der Lauf endet an der vorderen Wand der Abzugskammer. Wer den rückwärtigen Teil des Schaftes ausschleift, macht noch keinen Hinterlader aus der Armbrust.

Genauso verfährt man anschließend mit der Laufdecke. Auch bei ihr darf das rückwärtige Ende in einer Länge von 6 cm nicht durchgeschliffen werden, sondern muß in voller Stärke stehenbleiben. Danach werden von den Seitenwandungen der Decke 3 mm Höhe für die Laufnut der Sehne weggestochen. Die Laufnut beginnt 8 cm hinter der Mündung und endet 6 cm vor dem hinteren Abschluß. Aufgebracht wird die Decke durch eine zuverlässige Verleimung der vorn und hinten stehengebliebenen Stege. Die Leimung am hinteren Abschluß bekommt einen zusätzlichen Halt durch eine senkrecht in den Schaft getriebene Messing-Holzschraube mit Linsenkopf, während die vordere Leimstelle durch einen 10 mm breiten Streifen aus Messingblech verstärkt wird, den man straff um die Mündung zieht und mit drei kleinen Messingschrauben im Schaft befestigt. Diesen Beschlag an der Mündung bringen wir allerdings erst auf, nachdem auch die oberen Kanten der Decke so weit gerundet sind, daß sie sich dem Querschnittsprofil des Laufes harmonisch angleichen, und wenn ihre rückwärtige Partie der Schaftform angeglichen ist.

Bei der Herstellung des Bügels können wir sehr viel von dem verwenden, was wir schon beim Bogenbau (vgl. S. 214 ff.) gelernt haben. Auch den Arm-

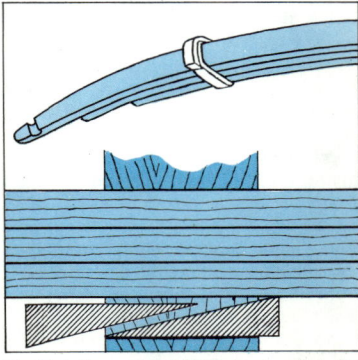

Die Verkeilung des Bügels in der Nut des Schaftdurchbruchs. Die Breite des Durchbruchs richtet sich nach Art und Stärke des Bügels

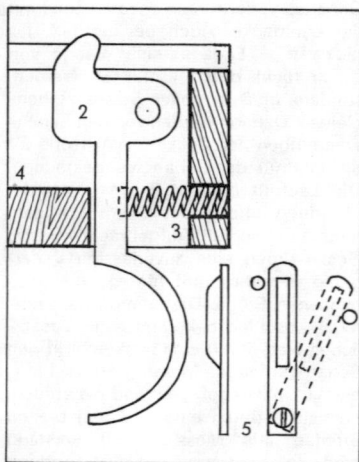

Abzugsvorrichtung und Sicherung der Armbrust: 1 Laufnut – 2 Schnellernocke und Abzug – 3 Abzugsfeder mit Lagerklotz im Klammerrücken – 4 Vorderes Gegenlager des Abzugschaftes – 5 Schwenkbarer Sicherungsflügel mit Anschlagpunkten in der Aufsicht und im Profil

brustbügel fertigen wir aus Eschenholz, und zwar bleibt es dem Geschmack des einzelnen überlassen, ob er einen einphasigen Bogenbügel als »Treibladung« baut oder einen mehrblättrigen nach Art und Aussehen einer Wagenfeder. Von der Art des Bügels ist, wie schon erwähnt, die Breite des Bügeldurchbruchs durch den Schaft abhängig. Sie darf beim einfachen Bogen geringer sein, denn wir kommen dabei mit einer Bogenstärke von 12 mm Mittendicke völlig aus. Übertriebene Bügellängen sind zu vermeiden. Für unser Modell genügt eine Spannweite von 80 cm. Je geringer übrigens der Abstand zwischen Bügel und Nocke des Schnellers, um so kürzer darf die Spannweite des Bügels sein. Seine Zugkraft nimmt mit seiner Verkürzung zu, aber auch die Gefahr des frühzeitigen Ermüdens und damit des Brechens.

Beim Bau eines mehrblättrigen Bügels genügen insgesamt drei Blätter von 2,5 cm Höhe in Stärken von höchstens 8 mm. Das kürzeste Blatt liegt im Innenbogen, das längste außen. Seine Breite wird wie beim Bogen nach den Enden zu verjüngt. Weiter werden, genau wie dort so auch hier, die Enden mit den Kerben für die Sehne versehen. Die einzelnen Blätter werden nicht verleimt, sondern durch zwei Bindungen aus geschmälten Weidenruten zusammengehalten. Diese verleimen wir nur auf der Frontplatte des Außenbogens. Damit bleibt den einzelnen Blättern genügend Bewegungsfreiheit während des Spannens. Im Durchbruch des Schaftes wird der Bügel mit zwei gegenläufigen, langfasig angeschliffenen Teilen fest verkeilt. Statt des Eschenholzes verwenden einige Armbrustkonstrukteure Stahlblätter für den Bügel. Diese sind jedoch schwer, machen die Armbrust leicht kopflastig und geben einen sehr harten Schuß. Die gerade nicht unbedingt angenehme Härte des Schusses wird noch durch die Bestückung der Armbrust mit einer Stahlsehne statt des flexiblen Fortisans gesteigert. Eine Stahlsehne ist zwar sehr haltbar, aber sehr viel härter als Holz. Bei ihrer unvermeidlichen Reibung während des Vorschnellens in der Laufkerbe zerreibt sie bald die Oberkante des Schaftes. Da ist es schon besser, man wählt das kleinere Übel und kauft von Zeit zu Zeit eine neue Sehne. Im übrigen gilt, wie für den Bogen so auch für die Armbrust, die Regel: Nach dem Schießen Bügel entspannen!

Ein technischer Leckerbissen für jeden passionierten Bastler ist die Abzugsvorrichtung, deren Bau und Wirkungsweise aus unserer in Originalgröße wiedergegebenen Bauzeichnung hervorgehen. Abzug und Schnellernocke werden in einem Stück aus 5 mm starkem Messing gefeilt. Breite des Schnellerwinkels 8 mm, Bohrung für das Drehlager 4 mm Durchmesser. Die Achse des Drehlagers fertigen wir aus einer genügend langen Messing-Holzschraube mit versenkbarem Kopf, deren von Haus aus konischen Schaft man zylindrisch feilt. Die so zugerichtete Schraube wird quer durch den vorgebohrten Schaft gezogen. Ist sie zu lang, so daß die Spitze auf der Gegenseite durch das Holz dringt, so schadet das nichts. Die auf Schaftwandung niedergefeilte Spitze stört durchaus nicht; ganz im Gegenteil.

Mit viel Liebe muß die Nocke des Schnellers ausgeformt werden. Ihre Vorderfläche ist dachartig abgeflacht, damit die Sehne beim Spannen der Armbrust leicht darüber hinweggleiten und hinter der Nocke einrasten kann. Die Rückwand der Nocke ist – von der Seite gesehen – ganz leicht gekehlt, um der gespannten Sehne eine sichere Lagerung zu geben. In der Aufsicht zeigt die Nocke ein nach vorwärts gewölbtes Profil. Würden wir die scharfen Seitenkanten stehenlassen, so würden sie beim Durchziehen des Abzugs wie zwei Keile auf die Sehne wirken und sie spätestens beim dritten Schuß durchschnitten haben.

Für das Zurückschnellen des Abzugs nach dem Schuß in die Ruhestellung sorgt eine Druckfeder (Durchmesser 5 mm), die auf den unteren, senkrechten Hebel des Abzugs wirkt. Sie wird hier in eine 2 mm tiefe Bohrung gelagert, die in der rückwärtigen Wand des Abzugsschaftes angebracht wird. Ein solides Gegenlager findet die Feder zwischen zwei 6 mm starken Holzklötzchen, die man in die rückwärtige Kammernische leimt. Beim Zusammenbau wird zunächst nur das obere Klötzchen mit seiner gerundeten Unterfläche eingeklebt. Dann schiebt man die gesamte Abzugsvorrichtung mit der Feder in die Kammer, dreht die Achse ein und verschließt das Federlager mit dem unteren Klötzchen. Nach vorne wird der Abzugsschaft gegen den von hinten wirkenden Federdruck ebenfalls durch einen eingeleimten Holzklotz abgestützt, so daß er in der Ruhestellung nicht über die Senkrechte hinausgedrückt werden kann. Beim Bau der ganzen Abzugsvorrichtung halte man sich stets vor Augen, daß sie trotz ihrer Kleinheit einer sehr starken Belastung ausgesetzt ist. Sie muß also sehr solide gearbeitet werden. Ehe man anfängt, ihre Einzelteile in Metall auszuführen, fertige man sich zur Probe ein Modell aus Sperrholz oder starker Pappe an. Außerdem muß die Abzugsvorrichtung eingebaut werden, bevor man die Laufdecke aufbringt. Andernfalls verbaut man sich den oberen Zugang zur Abzugskammer.

Auf die Anbringung eines Sicherungsflügels sollte niemand verzichten! Er ist als einfacher, um eine Holzschraube als Achse schwenkbarer Metallhebel an der Unterseite des Schaftes angebracht und legt sich als Sperre hinter den Abzugsbügel. Zwei Messingnägel mit Rundköpfen dienen dabei als den Ausschlag begrenzende Anschlagpunkte. Der Sicherungsflügel, der durch einfachen Daumendruck von der Seite betätigt wird, besteht aus 1,5 mm starkem Messingblech, dem eine Drucknocke als Angriffsfläche für den Daumen aufgelötet wird. Sehr einfach kommt man zu einem Sicherungsflügel, wenn man den Schieber von einem leichten, geraden Türriegel, wie solche zur Feststellung von Möbeltüren Verwendung finden, abmontiert. Ein derartiger Schieber hat von Hause aus schon einen Druckknopf für den Daumen.

Aus einem 1,5 mm starken Messingstreifen wird der Abzugsbügel gebogen, dessen Halteteile wir der eleganteren Form halber um ihre eigene Stärke in das Holz des Schaftes einlassen. Befestigung mit linsenköpfigen Messingschrauben. Die Kanten des Bügels werden von innen nach außen gerundet.

Buchstäblich ihre Krönung erhält die Armbrust ganz zum Schluß durch ihre Zieleinrichtung aus Kimme und Korn. Je größer der Abstand zwischen beiden, um so sicherer das Zielen. Beide Teile – das dachförmige, nach vorn abfallende Korn und die Kimme mit ihrer Mittelkerbe – werden aus Horn oder aus einem kräftigen Stück vom Rinderknochen zugefeilt. Materialstärke 4 mm. Für die Kimme benötigen wir ein etwas dickeres Stück, denn sie hat einen schwalbenschwanzförmigen Fuß.

Das Korn verleimen wir von vornherein fest in einer kleinen Nut, die dicht hinter dem Messingbeschlag an der Mündung in die Laufdecke gegraben wird. Das Korn muß genau und ohne Verkantung gegen die Seelenachse in der Laufmitte sitzen. Seine genaue Höhe ist beim Einschießen der Armbrust auszutesten. Man fertige das Korn also nicht zu niedrig, damit man später von seiner Höhe etwas wegfeilen kann, wenn sich herausstellt, daß der Schuß zu tief liegt. Etwas mühevoller wird das Ausheben des rechtwinklig zur Seelenachse liegenden schwalbenschwanzförmigen Lagerschuhs für die Kimme, die von der Seite in diesen Schuh eingeschoben wird. Sehr wichtig ist, daß die Oberkante der Kimme absolut waagerecht liegt. Der genaue Sitz der Kimme kann erst während des Einschießens ermittelt werden. Er ist gegeben, wenn man durch leichtes Verschieben der Kimme in ihrem Schuh erreicht hat, daß der Schuß nicht mehr nach rechts oder links ausweicht, sondern genau auf der senkrechten Achse der Scheibe liegt. Ist das der Fall, markiert man den Sitz der Kimme durch einen feinen Messerschnitt über ihren Fuß und über das Holz der Laufdecke, nimmt sie aus dem Schuh heraus und klebt sie bei Deckung der beiden Eichstriche endgültig fest. Ein Verkeilen der Kimme in dem beidseits offenen Lagerschuh legt sie unverrückbar fest. Die Herstellung der Munition ist denkbar einfach. Wir schneiden und schleifen sie als 10 cm lange, dem Durchmesser des Laufes angepaßte Bolzen aus Hartholz. Ihr Kopfstück wird möglichst weit ausgebohrt und zur Beschwerung mit Blei ausgegossen. Danach feilen wir den Kopf rund. Das rückwärtige Ende bleibt flach. Damit sind wir fertig. Es empfiehlt sich jedoch selbst für gute Schützen nicht, nach Äpfeln auf dem Kopf eines Kame-

raden zu schießen. Bessere Ziele sind aus Sperrholz gesägte Schützenadler oder für Meister der Armbrust Kinderluftballons, die man aus sicherer Deckung an dünnem Faden steigen läßt.

Der Bumerang

Auch in unserer technisch hochentwickelten Zeit, deren Kindern die alte Mutter Erde so langweilig und hausbacken geworden zu sein scheint, daß es sie zur Erkundung fremder Sterne in den Weltenraum hinaustreibt, gibt es immer noch Dinge, die es trotz ihres ehrwürdigen Alters verstanden haben, ihre letzten Geheimnisse vor dem forschenden Blick des Menschen zu verbergen. Zu diesen rätselhaften Dingen gehört die sagenumwobene Wurfkeule der Australneger, die in der zivilisierten Welt unter der Bezeichnung Bumerang bekannt geworden ist. Der Name leitet sich her von dem australischen Wort »wumera«, womit die Eingeborenen allerdings nicht nur die berühmte »Kehrwiederkeule« bezeichnen, sondern auch einen Wurfknüppel, den sie sozusagen als verlängerten Arm zum Schleudern ihrer Speere über weite Strecken benutzen. Dieser Doppelsinn des Wortes hat zu vielen Irrtümern Anlaß gegeben.
Der aus einer Bastlerwerkstatt hervorgegangene Bumerang ist mehr noch als der im australischen Busch gewachsene zum guten Teil eine Glückssache. Glückssache insofern, als man ihn wohl wegwerfen kann, er aber nicht immer wiederkehrt. Das aber ist nicht in jedem Falle eine Angelegenheit der Herstellung, sondern auch eine Frage der Wurftechnik. Man muß das richtige Werfen des Bumerangs genauso üben wie das Treffen im Schießen mit Pfeil und Bogen oder mit der Armbrust. Die gesamte Bumerangfrage hängt buchstäblich in der Luft, nämlich in der Mechanik des Luftraums. »Mit Hebel und mit Schrauben« alleine kommen wir hier nicht auf die Schliche. Trotzdem, oder gerade deswegen, gehört der Selbstbau eines Bumerangs zu den interessantesten

Kimme und Korn und deren Einbau in die Laufdecke. Die beidseitige Verkeilung der Kimme erfolgt erst nach dem Einschießen der Armbrust

»Freiluftbasteleien«, die man sich denken kann. Von der stets neuen Freude über die ans Wunderbare grenzenden Kurvenflüge der gelungenen Keule ganz zu schweigen.

Der Bumerang ist 60 bis 65 cm lang, mißt an der Außenkante etwa 90 cm und ist 7 cm breit. Die Stärke des Holzes ist verhältnismäßig gering. Sie beträgt am Scheitel des gewölbten Querschnitts nur etwa 2,5 cm. Die Länge der beiden Schenkel verhalten sich zueinander wie 4:5, der Winkel des Knies liegt bei etwa 140°. All diese Maße sind indessen nur Annäherungswerte. Es gehört zu den vielen Merkwürdigkeiten des Bumerangs, daß er es mit ihnen nicht gar so streng nimmt. Selbst der Winkel des Knies ist von untergeordneter Bedeutung. Die Rundung darf sich ohne schädliche Auswirkungen in weiten Grenzen zwischen einem spitzen und einem stumpfen Winkel bewegen. Die wesentlichen Eigenschaften des Bumerangs werden von keinen Besonderheiten an den »Tragflächen« der Arme bestimmt.

Zunächst einmal: Wie kommen wir zu einem gesunden Holz von der richtigen Biegung? Der Australneger, sofern er nicht längst im Besitz einer modernen Büchse ist, trabt durch den Busch, bis er einen Baumast von geeigneter Krümmung gefunden hat. Wären wir nicht im Besitz hervorragender Leime und Kleber, so wäre es auch für uns die einfachste, es ihm gleichzutun. Aus einem geraden Brett nämlich dürfen wir die Form keineswegs heraussägen. Der Bumerang würde schon beim ersten Aufprallen auf die Erde im Knie auseinanderbrechen. Das aber verwehren wir ihn dadurch, daß wir die rohe Form aus insgesamt vier Brettern im Winkel zusammenkleben. Dazu sind Kaltleime oder Kunstharzkleber wegen ihrer Feuchtigkeitsbeständigkeit geeignet.

Gutes Bumerangholz liefert die Esche oder auch die Fichte. Wir benötigen zwei völlig gesunde, erstklassig abgelagerte Bretter von 1 cm und zwei von 1,5 cm Dicke. Sie müssen sehr sauber und plan gehobelt sein und werden mit über Kreuz laufenden Stoßfugen im Knie so aufeinandergeklebt, daß die beiden dünnen Bretter unten, die dickeren oben liegen.

Der Vorzug dieser Klebfolge zeigt sich im nächsten Arbeitsgang, in dem die Oberseite – das ist zugleich die linke Seite des Bumerangs – mit Raspel, Sandpapier und Ziehklinge zu einer sanften, gleichmäßig nach den Rändern zu abfallenden Wölbung ausgeformt wird. Dabei werden gleichzeitig die Schenkel nach außen hin leicht verjüngt und an ihren Enden abgerundet. Wir klebten also deswegen das dickere Brett nach oben, damit der größte Teil der Wölbung aus einem Stück herausgearbeitet werden kann. Zudem wird die Leimfuge nicht unnötig geschmälert und damit geschwächt. Statt der Rundung kann man der rechten Bumerangseite auch eine dachartige Form geben, nur ist dabei auf einen sehr gleichmäßigen Verlauf des nicht zu scharfen Grates in der Mitte der Flächen zu achten.

Beim Ausformen der Oberseite haben wir zudem die unterschiedliche Länge der beiden Winkelschenkel zu berücksichtigen. Sie sollen trotz ihrer Längendifferenz gleich schwer sein. Wir müssen also den längeren Schenkel etwas dünner und schmäler schaben als den kürzeren. In dieser Gewichtsgleichheit trotz unterschiedlicher Länge der Schenkel liegt ein Teil der vielen Eigentümlichkeiten der Wurfkeule begründet. Am stärksten aber werden sie bestimmt durch die Verwindung der unteren, also der rechten Seiten der beiden Schenkel. Diese zwar winzige, aber überaus wichtige Verwindung – wahrscheinlich das wesentlichste Konstruktionsmerkmal des Bumerangs überhaupt – erreicht man dadurch, daß man die bei Aufsicht auf die plane Unterseite des Bumerangs nach links weisenden äußeren Partien der Schenkel leicht abschrägt. Dadurch werden die Enden schraubenförmig verdreht und geben der Keule beim Wurf jenen Drall, der sie zu ihren überraschenden Flugfiguren befähigt. Der Höhenunterschied in der Verwindung darf höchstens 3 bis 4 mm betragen und

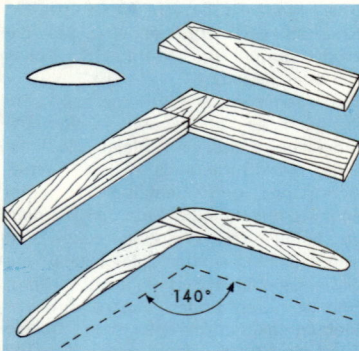

Das Zusammenleimen des Bumerangholzes mit versetzten Leimfugen zum Knie von etwa 140 Grad. Daneben Querschnittprofil der Schenkel

muß vorsichtig mit der Ziehklinge geschabt werden. Dabei das richtige Maß zu finden, ist vorwiegend eine Angelegenheit des Ausprobierens. Ein ungefähres Schema für den Verlauf der Abschrägung ergibt sich, wenn man von der Mitte des Knies eine Hilfslinie zur unteren Ecke des nach links weisenden Schenkels, eine zweite zur oberen Ecke des nach rechts weisenden zieht. Annähernd an dieser Linie setzt die Schrägung an und fällt mit ihrer sehr schwachen Neigung bis zur gegenüberliegenden Schenkelkante ab. Dies gilt jedoch nur für die untere Hälfte der Schenkellänge, denn nur in diesen Partien liegt die Verwindung.

Die Bumerangs der Australneger haben keine angeschliffene Verwindung an der Unterseite, sondern sowohl Ober- wie auch Unterseite sind bei ihnen leicht gewölbt. Der Drall wird durch Biegen des Holzes über dem Feuer erreicht und während des Werfens hin und wieder aufgefrischt. Auch unsere durch Spanabnahme bewirkte Verwindung kann verlorengehen, wenn sich das Holz in der Luftfeuchtigkeit verzieht. Es ist deshalb gut, seinen Bumerang, ähnlich wie einen Tennisschläger, bei Nichtgebrauch in eine Spannvorrichtung zu klemmen, in der man die Abschrägung der Verwindung durch Holzklötzchen aufkeilen kann. Wenn man bei feuchtem Wetter

und nassem Boden wirft, so biege man die Schraubenform durch Drehen des Bumerangs mit den Händen hin und wieder auf.

Das richtige Funktionieren des Bumerangs im Sinne einer Kehrwiederkeule ist nun, wie bereits erwähnt, keineswegs alleine eine Frage der Anfertigung, sondern in hohem Maße auch des richtigen Werfens. Man packt dazu die Keule wie eine aufrecht gestellte Sichel an einem Schenkel und hält sie so, daß die gewölbte Seite nach links zeigt. Der Wurf erfolgt nicht genau horizontal, sondern leicht erhöht geradeaus. Dabei gibt man dem Bumerang durch ein kurzes Zurückreißen des Wurfarms im Augenblick des Abflugs eine möglichst starke Rotation mit. Diese darf allerdings nicht ganz in der Senkrechten verlaufen, sondern muß einen leichten Schlag nach rechts mit auf den Weg bekommen. Darin liegt das Hauptgeheimnis des ganzen Wurfs! Die zweite wichtige Regel besagt, daß man stets gegen den Wind werfen soll. Andernfalls wird aus der besten Kehrwiederkeule eine »Nimmerwiedersehenskeule«, wie sie schon Joachim Ringelnatz besungen hat.

Eine besonders starke Rotation erreicht man durch einen leicht nach unten gerichteten Wurf, wenn man den Bumerang also etwa von einem Hügel oder Abhang talabwärts schleudert. Der Bumerang

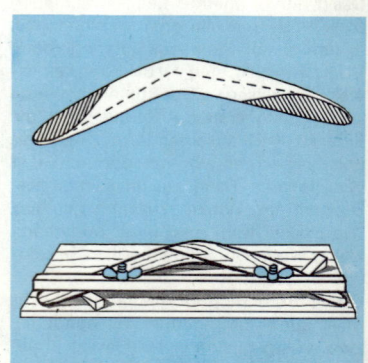

Die linksseitige Verwindung der Schenkelenden. Unten: Spannbrett für den fertigen Bumerang

wird bei einem annähernd parallel zur Erdoberfläche erfolgenden Wurf zunächst etwa 10 m geradeaus fliegen, wobei er sich aus der Senkrechten in die Waagerechte dreht. Dann legt er sich in eine Linkskurve und steigt gleichzeitig fast senkrecht nach oben. Hat er seinen Kulminationspunkt erreicht, kehrt er im wirbelnden Gleitflug zum Werfer zurück. Manchmal umrundet er den Werfer, schlägt in dessen Rücken eine zweite, kleinere Schleife und fällt dann mit wiegender Bewegung — ganz ähnlich wie ein Stück Blech, das langsam im Wasser untergeht — zur Erde nieder.

Die einzelnen Flüge des Bumerangs gleichen sich selten. Läßt schon sein Bau einen großen Spielraum für allerlei Zufälligkeiten offen, so kommen beim Wurf die verschiedenen Witterungseinflüsse hinzu: Windrichtung und Windstärke, Feuchtigkeit und Luftströmungen. Die eindrucksvollsten Würfe und Flugfiguren erreicht man bei Sonnenschein. Der Bumerang liebt heißes, trockenes Wetter, das Wetter seiner fernen Heimat Australien.

Bilder aus der Luft

Es gibt so etwas wie eine Saison der Spiele. Geheimnisvollen und offenbar uralten Gesetzen folgend, tauchen im Rhythmus der Jahreszeiten immer wieder die gleichen Spielarten auf. Mit dem ersten Schneeglöckchen kommen die Kreisel ans Licht und mit den Primeln die Rollschuhe. Wie die Puppenwagen im Frühling und im Sommer zu den kleinen Mädchen gehören, so gehört zum Jungen im Herbst der Drachen.

Die idealen Abmessungen eines einfachen Spitzdrachens seien hier nicht verraten; das muß man selbst ausprobieren, um ein rechter Drachenbauer zu werden. Und das Probieren kostet ja nur ein paar Pfennige: Ein paar Bogen Papier, ein paar 10-mm-Leisten, davon für den ersten Versuch eine längere (etwa 120 cm), eine kürzere (90 cm), ein paar Meter Schnur, etwas Leim. Die Leisten werden an ihren freien Enden

mit dem Taschenmesser so eingekerbt, daß eine Schnurschlinge Halt bekommt. Dann werden die beiden Leisten genau über Kreuz gelegt und mit Schnur fest zusammengebunden, nachdem man auf den Kreuzungspunkt einen Tropfen Leim (nicht zu viel!) aufgebracht hat. Die Schlingen der Schnur, mit denen nun die vier Enden des Kreuzes zur Verspannung verbunden werden, legt man in die Kerben der Leisten, so daß sie nicht wegrutschen können. Jetzt wird das Papier zurechtgeschnitten, und zwar so, daß es an allen vier Seiten 1,5 cm größer ist als die Verspannung des Drachengestells. Dann wird das Holzkreuz auf einer Seite mit Leim bestrichen und auf das Papier geklebt, wobei natürlich wieder auf allen Seiten 1,5 cm Rand bleibt. An den vier Ecken wird der Papierrand in der Breite der Leisten weggeschnitten, der ganze überstehende Rand mit Leim bestrichen und nach innen über die Verspannungsschnur geklebt. Wenn der Leim trocken ist, wird an jede der Ecken eine Schnur gebunden. Und nun kommt eine wichtige Sache: das Auswiegen. Man nimmt die vier freien Enden der Schnüre zusammen und hebt den Drachen an. Am besten ist es, wenn man dabei sein Ende auf dem Fußboden aufsitzen läßt und die Spitze um 30 bis 40 cm hebt. Beim Abheben vom Fußboden muß die Querleiste genau waagerecht liegen, wobei alle vier Schnüre gleichmäßig straff angezogen sein müssen. Haben wir das erreicht, so werden die vier Schnüre fest untereinander und mit der langen Führungsschnur verknotet. Schließlich bekommt der Drachen, damit er vor dem Wind »steht« und nicht »tanzt«, einen Schwanz, eine mehrere Meter lange Schnur, die am Hinterende des Drachens angebunden wird. In den Schwanz werden je nach Länge (ausprobieren, wie lang er sein muß!) mehrere Papierschleifen eingeknotet. Sein Ende wird mit einer kleinen Schraubenmutter beschwert (oft genügt auch hier eine Papierschleife). Wer mit einem solchen Drachen seine Erfahrungen gesammelt hat, kann nun darangehen, einen Luftbild-Drachen zu bauen.

Bevor wir damit beginnen, haben wir allerdings eine luftpolizeiliche Nuß zu knacken. Sicherlich ist es allgemein bekannt, daß auch der Drachensport heutigentags bestimmten luftpolizeilichen Vorschriften unterworfen ist. Diese Vorschriften werden um so strenger gehandhabt, je näher man sich mit seinem Drachen an einen Flugplatz begibt. Nicht allgemein bekannt aber ist wahrscheinlich, daß man in Deutschland ohne Erlaubnis des zuständigen Luftamtes keine Luftbildaufnahmen machen darf. Das gilt auch für harmlose Fotos aus der Drachenperspektive. Ehe also jemand seinen fertigen Drachen zum erstenmal mit einer Kamera an Bord aufsteigen läßt, hole er die Genehmigung des Luftamtes zum Start ein. Wer das versäumt, läuft Gefahr, Kamera und Drachen zu verlieren. Die Adresse des zuständigen Luftamtes erfährt man übrigens auf dem Polizeirevier.

Wenn einmal die Genehmigung versagt werden sollte, so braucht man trotzdem noch nicht auf den Bau des Drachens zu verzichten. Man kann damit nämlich auch Fallschirme abwerfen, Flugblätter verteilen, Segelflugmodelle starten oder andere aerotechnische Kurzweil treiben. Wir beginnen den Bau des ganzen Flugapparates mit der Konstruktion der »Tragfläche«, die ihrer Form nach ein abgeflachter Spitzdrachen ist. Die Benennung der Einzelteile in der folgenden Beschreibung läuft mit derjenigen unserer Bauzeichnung parallel. Bitte also dort vergleichen.

Zwei Kiefernholzleisten (a) von 150 cm Länge und 6 mal 12 mm Querschnitt ergeben den Längsbalken des Drachenkreuzes. Sie werden mit ihren rückwärtigen, also zum Schwanz weisenden Partien über 90 cm hinweg hochkant zusammengeleimt und auf halber Strecke ihrer nicht verleimten vorderen Enden durch die Leiste (b) auf ca. 6,5 cm lichte Weite auseinandergespreizt. Damit die Verleimung der beiden Leisten an der Stelle ihrer Trennung nicht aufreißt, werden hier zwei kleine Dreiecke aus 2 mm dickem Sperrholz (c) auf beide Seiten des Längsbalkens geschraubt. In

der vorderen Spitze drückt man die Leisten dann wieder zusammen und hält sie ebenfalls ein aufgeleimtes und zusätzlich verschraubtes Sperrholzstückchen gleicher Stärke (d) in ihrer Lage fest.

Die durch die Aufspreizung der beiden Mittellatten gewonnene Fläche ermöglicht eine sichere Montage des Kameratisches (e), der gleichfalls aus 2 mm starkem Sperrholz besteht. Die beiden Schmalseiten der Tischplatte werden trapezförmig verjüngt. Länge des Tisches 20 cm, Mittelbreite 10 bis 11 cm. Am rückwärtigen Ende der Tischplatte bleibt ein ca. 2 cm breiter Zapfen stehen, hinter den man später die Gummiringe (Weckringe) der Kamerahalterung festlegt. Um ein Abgleiten der Kamera nach den Seiten hin zu verhüten, werden zwei Halteleisten, deren Abstand den Abmessungen des Kamerakörpers entspricht, links und rechts auf die Tischplatte geleimt.

Die Kamera liegt mit dem Gesicht nach unten auf diesem Tischchen und schaut mit ihrem »Adlerauge« durch eine Bohrung in der Platte, deren Weite sich nach dem Durchmesser der Objektivfassung richtet. Im allgemeinen wird man dabei mit einem Durchmesser von 5 cm auskommen. Damit die Kamera nicht verschrammt, polstern wir die Oberfläche des Trägertisches und die Innenkanten der seitlichen Stützleisten mit einem Schaumgummibelag.

Wichtig ist die Neigung des Trägertisches gegen den Längsbalken des Drachens. Sie muß etwa 20° betragen. Damit wird erreicht, daß Aufnahme-Ebene und Bild-Ebene trotz Schrägstellung des Drachens im Wind parallel zueinander verlaufen. Diese Neigung des Tisches kommt dadurch zustande, daß man seine rückwärtige Fläche mit zwei trapezförmigen Brettchen gegen die Latten des Längsbalkens abstützt.

Bei der Herstellung des Querbalkens begegnet uns erstmalig in der Baupraxis das hervorstechendste Konstruktionsmerkmal unseres Foto-Drachens. Es liegt in den beiden seitlich angeordneten Stabilisierungs-Rotoren, die dem Dra-

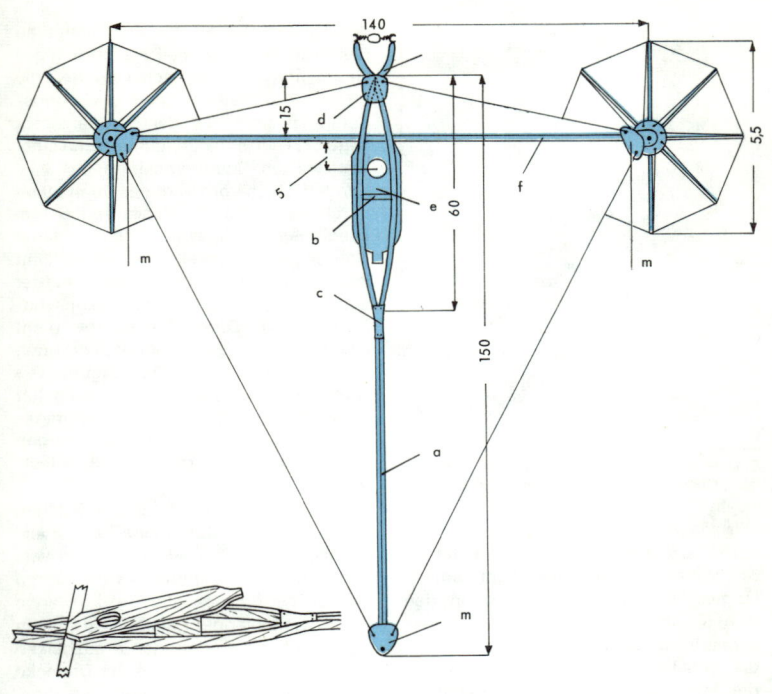

Werkzeichnung des Luftbild-Drachens mit Kameratisch, Stabilisierungsrotoren und selbsttätig wirkender Auslösevorrichtung. Die Folge der Kennbuchstaben setzt sich im Bild S. 230 fort

chen auch bei böigem Wind einen ruhigen Stand in der Luft sichern. Die beiden Rotoren müssen, um ihre Aufgabe erfüllen zu können, gegenläufig sein. Und zwar sollen beide nach außen ziehen. Das bedeutet, daß der rechts liegende Rotor rechtsherum, der linke dagegen linksherum laufen muß.

Trotz dieser Rotoren aber kann auch unser Drachen nicht auf einen Schwanz verzichten. Dies nicht der Schönheit wegen, sondern weil er damit genau eingetrimmt werden muß. Der Schwanz besteht aus einer etwa 6 m langen Schnur, in deren Ende – je nach Bedarf – ein oder mehrere Papierbüschel als Windfänger eingeknotet werden.

Der Querbalken (f) besteht aus einer 140 cm langen Kiefernholzleiste mit

einem Querschnitt von 6 × 10 mm, die mit einer zweiten Leiste, dem Rotorträger (g), kombiniert ist. Der Rotorträger darf bei gleichem Leistenquerschnitt 6 cm kürzer sein als der Querbalken, da er gestreckt verläuft, der Querbalken in der Mitte aber in einem stumpfen Winkel von 165° abgeknickt ist. Dieser Winkel ist für die Flugeigenschaft eines Drachens in den hier angegebenen Abmessungen von ausschlaggebender Bedeutung und muß genau eingehalten werden. Die Konstruktion des Winkels setzt voraus, daß man den Querbalken in der Mitte teilt und die beiden Hälften nach Abschrägung der Sägeschnitte in der richtigen Neigung neu zusammenstößt. Begreiflicherweise muß diese Verbindung versteift werden.

229

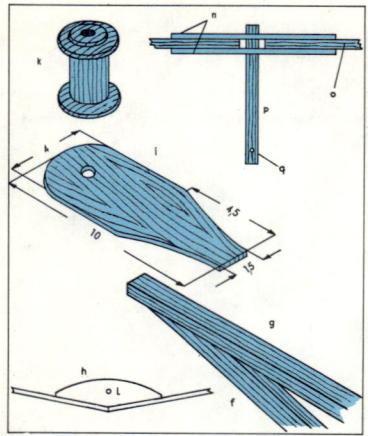

Einzelelemente der Rotoren und Rotorträger.
Buchstabenreihe ist Fortsetzung aus Bild S. 229

Wir sägen zu diesem Zweck eine Winkelstütze (h) aus einem 10 mm starken Kiefernholzbrett mit 3,4×12 cm Kantenlängen zurecht, die hochkant in den Winkel eingeleimt und zusätzlich verschraubt wird. Dazu ist es erforderlich, die Innenkante der Stütze vorher von der Mitte aus nach beiden Seiten im Winkel von 165° abzuschrägen, während die gegenüberliegende Außenkante der Stütze abgerundet wird.
Die Enden des abgewinkelten Querbalkens werden nun, nachdem sie genügend weit abgeschrägt wurden, mit den Enden des gestreckten Rotorträgers fest verbunden, so daß ein gleichschenkliges Spantendreieck mit nach oben weisender Grundlinie entsteht. Auf die Enden der Trägerleiste leimen wir nun die Haltestege (i) für die Rotoren, die aus 2 mm dickem Sperrholz gesägt werden. Länge 10 cm, Breite 4 cm. Der außen liegende Kopf der Stege wird gerundet, der aufgeleimte Fuß in Länge von 4,5 cm bis auf 1,5 cm verjüngt.
Als Dreh- und Führungslager (k) dienen zwei kleine Garnrollen, die mit ihrem glatten Ende auf den Köpfen der Haltestege verschraubt werden. Die 7 mm weiten Bohrungen werden als Durchbrüche in den Stegplatten fortgesetzt.

Wir können nun an den Zusammenbau des Gestells und an die Bespannung des Drachens gehen. Zunächst werden die beiden Kreuzbalken, deren Kreuzungspunkt 15 cm hinter der Drachenspitze liegt, mit Hilfe einer Verleimung und einer kreuzweisen Schnurwicklung fest verbunden. Nach vorn wird der Querbalken durch einen Rundholzstab von 6 mm Durchmesser abgestützt, der in einer Bohrung der Winkelstütze (l) verleimt ist und dessen anderes Ende in der vorderen Spitze des Längsbalkens befestigt wird. Diese Stützstrebe dient zugleich den Gummiringen, die den Fotoapparat halten, als Befestigung. Die Gummiringe werden einfach in doppelter Schlaufe um diesen Stab herumgeschlungen, über die Kamera gezogen und hinter der Nocke des Tisches festgelegt.
Nach alldem bekommt nun der Drachen sein Seitenprofil durch eine Schnurverspannung, die über alle vier Ecken verläuft. Die Verspannung wird durch kleine Sperrholzdreiecke (m) von etwa 6 cm Seitenlänge gehalten, die man zuvor auf die Enden der Kreuzbalken geschraubt hat. Die Ecken der Dreiecke werden mit zwei Bohrungen versehen, in denen man die Schnur verknoten kann. In der Spitze des Schwanzdreiecks wird ein zusätzliches Bohrloch als »Schwanzwurzel« angebracht. Durch das Verspannungsdreieck in der Spitze erhalten die beiden hier zusammentreffenden Latten des Längsbalkens eine doppelseitige Beplankung. Dadurch wird dem nach außen wirkenden Zug der auseinandergespreizten Leisten ein zusätzlicher Riegel vorgeschoben.
Für die Bespannung des Drachens genügt Packpapier oder das von Papierhandlungen geführte starke, farbige Pergamentpapier, das als »Drachenpapier« gehandelt wird. Muß das Papier aus zwei Bögen gestückt werden, lege man die Naht so, daß sie mit dem Längsbalken gleichläuft. Man kann jedoch auch die ganze Bespannung aus einem Stück nach der Drachenform zuschneiden und die Mittelachse durch einen Kniff markieren. Zum Bespannen legt

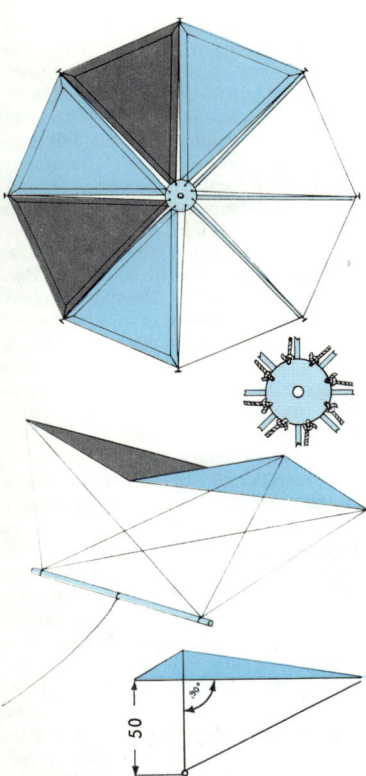

Bespannung der Rotoren und die Stabwaage des Drachens. Die Schnurführung der Fesselung liegt außerhalb des Kamerabildwinkels

Streifen. Auch darf das Guckloch für das Kamera-Auge, das eine kräftige Randverstärkung bekommt, nicht vergessen werden.

Der Bau der beiden Stabilisierungsrotoren ist Präzisionsarbeit in Holz. Beide Rotoren müssen bei einem Durchmesser von 51,5 cm gleich schwer sein. Wir gehen bei jedem Rotor von zwei kreisrunden Scheiben (n) aus 2 mm starkem Sperrholz aus, deren Zentrum 6 mm weit ausgebohrt wird. (Bohrung aller vier Scheiben genau senkrecht in einem Arbeitsgang ausführen!) Zwischen die beiden Scheiben werden strahlenförmig acht Kiefernleisten (o) von 25 cm Länge (Querschnitt 4×6 mm) eingeleimt und zusätzlich verstiftet, wobei auf einen genau gleichmäßigen Abstand der einzelnen Speichen zu achten ist. Ein 6,8 cm langer Buchenholzdübel (p) von 6 mm Durchmesser ergibt die Rotorenachse. Der Dübel wird fest in den beiden Bohrungen der Sperrholzplatten verleimt und muß einwandfrei lotrecht zum Speichenkranz stehen, da sonst der Rotor während des Laufens schlägt und flattert. 5 mm von ihrem unteren Ende entfernt bekommt die Achse eine 2 mm starke Querbohrung

man das Papier glatt auf den Tisch, bestreicht die Unterseiten des Spantenwerks mit Leim und setzt das Holzgestell auf das Papier. Danach werden die Kanten des Papiers eingeleimt, glatt über die Seitenschnüre gezogen und festgeklebt. Die Kunst dabei ist, daß die Bespannung stramm und faltenlos sitzt, ohne daß die Schnurverspannung eingezurrt wird. Unsere besondere Sorgfalt haben wir der Bespannung im Bereich des Kameratisches zu widmen. Sie muß hier sehr fest auf den beiden Streben des Längsbalkens und der Spreizleiste (b) liegen. Man verstärke sie an diesen neuralgischen Punkten durch zusätzliche

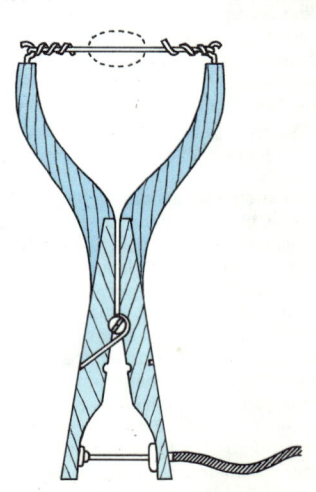

Die selbsttätige (chemisch wirkende) Auslösevorrichtung für den Kameraverschluß

(q), durch die nach der Montage ein kleiner Sicherungssplint gesteckt wird. Eine Unterlegscheibe verhindert, daß der Splint während des Rotorenlaufs die Sperrholzhalterung beschädigt. Zur Verringerung des Reibungswiderstandes legen wir eine zweite Unterlegscheibe zwischen den Rotor und das obere Auflager der Garnrolle.

Die Bespannung des Rotors beginnt damit, daß in die Stirnflächen aller acht Speichen 20 mm lange Drahtstifte so weit hineingeschlagen werden, daß ihre Köpfe noch gut 2 mm herausragen. Sodann bohrt man in die Randzone der oben liegenden Rundplatte des Rotors acht kleine Löcher (ca. 2 mm Durchmesser), die jeweils genau zwischen zwei Speichen liegen. Beide Vorrichtungen dienen zur Befestigung der Verspannungsschnur, die im ersten Gang rundherum über die Stirnenden der acht Speichen geführt wird. Sodann bindet man einzelne Schnüre mit einem Ende in die Bohrungen der Mittelscheibe, zieht das andere Ende straff, befestigt es am Drahtstift des benachbarten Speichenbalkens und schlägt den Stift danach ganz in die Leiste hinein. Die sich so ergebenden größeren der beiden Flächen zwischen Schnur und Speiche werden nach der Praxis der Drachenbespannung mit Papier zu Flügelblättern geschlossen. Wenn man dabei die Farbe des Bespannungspapiers in der Flügelfolge wechselt, bekommt der Rotor ein etwas freundlicheres und interessanteres Gesicht.

Wir hatten anfangs darauf hingewiesen, daß die beiden Rotoren gegenläufig sein müssen, das heißt, daß sich der rechte rechtsherum, der linke linksherum drehen muß. Man erreicht diesen Effekt dadurch, daß man bei einem Rotor die zentral gerichteten Verspannungsschnüre stets zu den rechts benachbarten Speichenköpfen zieht, bei dem andern dagegen nach den linken Köpfen.

Zu den mancherlei Besonderheiten unseres Luftbild-Drachens gehört auch eine Spezialaufhängung. Die normale, »mittschiffs« liegende Waage eines einfachen Spitzdrachens können wir nicht gebrauchen, weil sie mitten im Blickfeld der Kamera liegen würde. Wir müssen die Fesselung so bauen, daß sie außerhalb des Kamera-Bildwinkels verbleibt. Wie man das sehr einfach mit Hilfe einer Stabwaage erreicht, zeigt die Führung der Fesselleinen in unserer Bauzeichnung. Ein 60 cm Buchenrundstab von 15 mm Durchmesser rückt alle Schnüre so weit nach außen, daß sie die Aufnahme nicht mehr stören können. Die Schnüre werden nicht direkt an den Enden des Rundstabs befestigt, sondern laufen auf jeder Seite in einem Metallring zusammen. Erst diese beiden Ringe befestigt man am Holz. Abstand des Waagestabs, um dessen Mitte die Halteleine geschlungen wird, vom Längsbalken des Drachenkreuzes 50 cm. Die vom Schwanzende zum Waagestab verlaufenden Schnüre müssen so bemessen werden, daß der Stab genau senkrecht unter dem Querbalken des Drachenkreuzes liegt.

Damit ist der flugtechnische Teil des Drachenbaues beendet, und wir stehen vor dem Problem der automatischen Auslösung des Kameraverschlusses. Zusätzliche Apparaturen von großem Gewicht können wir uns nicht leisten, denn wir dürfen einem Drachen von den hier angegebenen Abmessungen keine größere Nutzlast als maximal 800 g zumuten. Der Ausweg aus diesem Dilemma führt über einen chemischen »Zeitzünder«, der nur wenige Gramm wiegt und dessen mechanische Teile in der Hauptsache aus einem gewöhnlichen Drahtauslöser und einer weit greifenden Wäscheklammer bestehen. Die Griffhebel der Klammer werden durch zwei geschweifte Leisten verlängert, die man aus 8 mm starkem Buchenholz zurechtsägt. Dann werden in die Stirnenden dieser Verlängerungsleisten zwei kleine Schraubhaken gebohrt. Nach dieser Zurichtung der Griffhebel weiten wir die Maulweite der Klammer durch Abflachen der Innenseiten so weit auf, daß die aufgespannte Klammer den Druckknopf des Drahtauslösers zwischen die Kiefern nehmen kann. In einer Nut, die man von vorn in den Unterkiefer der Klammer sägt, wird der Drahtauslöser festgehalten. Die so präparierte Klammer befestigen wir mit einer Holzschraube, deren Schaft durch die Federwicklung greift, auf dem oberen Plankenbrettchen der Drachennase, und zwar so, daß die mit den Schraubenhaken bestückten Hebelenden der Klammer nach vorn weisen.

Das chemische Element der Auslösevorrichtung besteht aus einem 2 mm breiten und etwa 12 cm langen Streifen Zinkblech, den wir aus einer alten Dachrinne gewinnen. Mit diesem Streifen wird die Klammer gespannt, indem man seine Enden zu Ösen umbiegt und diese auf die Schraubhaken der verlängerten Klammerschenkel hängt. Um die Mitte des Zinkblechstreifens legen wir schließlich noch einen Wattebausch, der mit ein paar Wicklungen aus dünnem Kupferdraht festgehalten wird. Damit ist die Auslösevorrichtung, nachdem auch der Drahtauslöser in das Klammermaul eingehängt wurde, zwar fertig, aber sie ist noch nicht chemisch aktiv. Das erst wird sie durch einige Tropfen Salzsäure, mit denen man den Wattebausch tränkt

(äußerste Vorsicht!). Die Säure hat den Zinkblechstreifen nach etwa 10 Minuten zerfressen, so daß die Klammer zuschnappt und den Kameraverschluß auslöst. In dieser Zeit also muß der Drachen gestartet sein und seinen Aufnahmestandpunkt eingenommen haben.

Die Verzögerungszeit läßt sich weitgehend durch die Breite des Zinkstreifens beeinflussen; pro Millimeter braucht die Säure etwa 5 Minuten, um das Metall zu zerfressen. Dabei spielt begreiflicherweise das Alter des Zinks eine wesentliche Rolle. Während neues Blech relativ widerstandsfähig ist, hält solches, das schon zwanzig Jahre Dachrinnendienst auf dem Buckel hat, nicht lange.

Eine sehr einfache Signalvorrichtung zeigt dem Bodenpersonal an, ob der chemische Fotograf seine Aufnahme geschossen hat. Man zieht eine durchlöcherte Postkarte auf den Zinkstreifen. Sobald sie zu Boden flattert, ist dies das Signal zum Einholen des Drachens, denn leider muß nach jeder Aufnahme der Kameraverschluß wieder gespannt und die Auslösevorrichtung neu aktiviert werden.

14 Für unsere Zoologiefreunde

Tiere zu halten ist vor allem anderen eine Verpflichtung. Daß der Zweck ein improvisiertes Mittel heiligt, ist ein Standpunkt, der für uns unter keinen Umständen gelten darf. Es ist ganz gleichgültig, ob sich jemand Tiere hält, um aus ihrer Aufzucht einen wirtschaftlichen Nutzen zu gewinnen, oder ob er sie in seine nächste Umgebung holt, um sich lediglich an ihrem Vorhandensein zu freuen. In beiden Fällen verlangt der Mensch vom Tier einen Dienst, und dafür gebührt dem Tier der Dank des Menschen. Das braucht durchaus nicht in falsche Sentimentalität auszuarten. Aus solchen Regungen erwachsen meistens nur »Wohltätigkeitsbestrebungen«, die dem Tier mehr Schaden als Wohlbehagen bereiten.

Ein Tier, das im Stall oder Käfig gehalten wird, lebt mehr oder weniger in der Unfreiheit, in der Gefangenschaft. Unsere erste Verpflichtung dem Tier gegenüber besteht darin, ihm außer einer auskömmlichen, seiner Art entsprechenden Nahrung eine Unterkunft zu bieten, die den Verhältnissen seines natürlichen Lebensraumes Rechnung trägt, die ihm möglichst viel Bewegungsfreiheit bietet und ihm die zwangsläufige Beschränkung auf einen kleinen Raum nicht als gar zu schmerzliche Einengung seiner Lebensweise empfinden läßt.

Das Aquarium

All diese Voraussetzungen für ein gutes und gesundes Gedeihen können wir nahezu in Vollendung den Bewohnern eines Aquariums bieten.

Aquarien werden als sogenannte Vollglasaquarien oder als Gestellaquarien gehandelt. Vollglasaquarien sind, wie ihr Name andeutet, in einem Stück aus Glas gegossen. Ihr Vorteil liegt in ihrer absoluten Dichte, ihr Nachteil in ihren starren, genormten Maßen und darin, daß die Wände oft nicht völlig plan sind. Sie ergeben aus diesem Grunde in der Durchsicht Verzerrungen. Größere Becken dieser Art erweisen sich auf Grund von Materialspannungen als ziemlich empfindlich und platzen leicht. Die

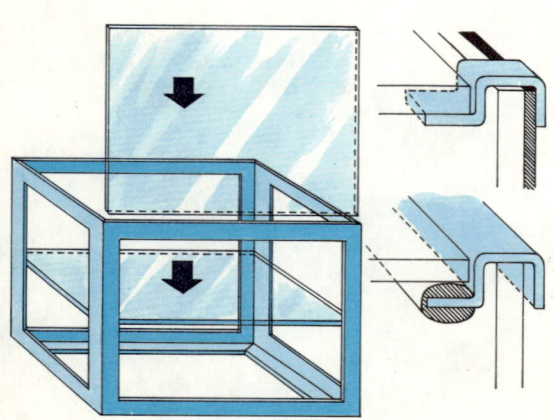

Bauprinzip des Gestellaquariums und Haltevorrichtungen für den Deckel

Selbstherstellung von Vollglasaquarien ist ausgeschlossen.

Der Bau eines Gestellaquariums ist zwar nicht ausgeschlossen, bleibt aber für den Unerfahrenen höchst problematisch. Boden und Wandungen seines Behälters bestehen nicht aus einem Stück, sondern aus einzelnen Spiegelglasscheiben, die wasserdicht in einem Gestell aus Winkelstahl verkittet sind. Der kaum in Erscheinung tretende Schönheitsfehler der undurchsichtigen Kanten bei dieser Konstruktion wird durch wesentliche Vorteile aufgewogen: freie Wahl jedes gewünschten Maßes, Vermeidung von Spannungen im Glas, planparallele, verzerrungsfreie Scheiben, kein Totalverlust im Falle eines Unglücks. Die einzelnen Scheiben lassen sich auswechseln.

Die größte Schwierigkeit beim Selbstbau eines Gestellaquariums bietet die Herstellung des stählernen Gestelles, dessen Einzelteile nahtlos zusammengeschweißt werden müssen, sofern das Bassin haltbar und dicht werden soll. Auch müssen die Lagerflächen völlig plan gerichtet werden und dürfen weder in sich noch gegeneinander verkantet werden. Schon geringe Toleranzen gegenüber dieser Präzisionsforderung bewirken, daß später durch den von innen wirkenden Wasserdruck Spannungen in den Scheiben auftreten, die bei Erschütterungen oder schon bei Temperaturschwankungen zu Brüchen führen können.

Wenn man eine zuverlässige Werkstatt zur Verfügung hat, die ein Gestell in den gewünschten Abmessungen herstellt, so kann ein Mutiger die übrigen Arbeiten selbst ausführen. Dazu gehört zuallererst ein gründlicher, zuverlässig deckender Anstrich des Gestells mit Mennige (siehe S. 50). Als Scheiben für Boden und Seitenwände verwenden wir je nach Größe des Aquariums 5 bis 6 mm starkes Spiegelglas, das sehr genau auf die richtigen Maße zugeschnitten werden muß. Ob man das selber macht, ist eine Frage des Selbstvertrauens, der Risikofreudigkeit und eines guten Glaserdiamanten. Scheiben mit geschliffenen Kanten sind besser als solche mit rohem Schnitt.

Das Einkitten der Scheiben in das Gestell ist die zweite Klippe des Eigenbaus. Einen guten Kitt zum Befestigen und Abdichten der Scheiben ergibt Bleioxyd (Bleiglätte, Bleimennige), das man mit Wasserglas zu einem steifen Brei verrührt. Vorsichtig beim Umgang mit Bleioxyd, denn es ist wie alle Bleiverbindungen giftig! Ein auf Kunststoffbasis hergestellter Kitt, der in Fischhandlungen viel zum Verglasen von Karpfenbassins verwendet wird, ist der Kitt »K 33«. Die Schwierigkeit beim Verglasen mit beiden Kitten liegt darin, daß die Kittnähte völlig frei von Luftbläschen bleiben müssen und daß der Kitt nur einem sehr flinken Arbeiter Zeit für die nötige Sorgfalt läßt, die das Verglasen erfordert. Der Kitt wird sehr schnell hart und läßt sich dann nicht mehr bewegen.

Beim Festlegen der Beckenmaße suche man seine Spezialwünsche mit einigen Regeln, die sich für die Aquarium-Praxis als günstig erwiesen haben, in Einklang zu bringen. Das Becken soll weder zu flach (von vorn nach hinten gemessen) noch zu hoch sein. In beiden Fällen wird die Wassermenge im Verhältnis zu ihrer Berührungsfläche mit der Luft zu groß. Auf der andern Seite führt das Bestreben, die Oberfläche des Wassers durch eine übersteigerte Tiefenausdehnung zu vergrößern, zu dem Nachteil, daß dadurch die Beobachtung der Aquariumbewohner erschwert wird.

Die Höhe des Aquariums darf ein paar Zentimeter mehr messen als die Tiefenausdehnung, da einmal die Sandschicht des Bodens etwas Raum beansprucht, zum andern das Becken sowieso nicht »randvoll« mit Wasser gefüllt wird.

Die rote Mennige des Stahlrahmens wird, wenn das Becken fertig ist und eine mehrtägige Dichtigkeitsprüfung erfolgreich bestanden hat, mit Lackfarbe überstrichen. Sehr viel eleganter allerdings wirkt eine sorgfältig gearbeitete Verkleidung aus dünnen Massivholzleisten, hinter der man das kalt wirkende Gestell verbirgt. Die als Rahmen ausgeführten Einzelteile der Verkleidung werden auf der Innenseite mit Bootslack

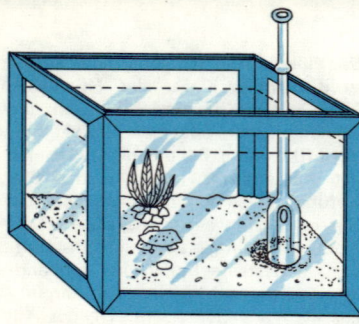

Schlammheber und Schlammgrube sorgen für die Sauberhaltung des Aquariumbodens

gestrichen und mit sauber ausgerichteten linsenköpfigen Messingschrauben aneinandergeschraubt.

Das Aquarium-Becken wird schließlich durch einen Glasdeckel vervollständigt, für den eine Scheibenstärke von 3 mm ausreicht. Um zu vermeiden, daß das Kondenswasser, das sich auf der Unterseite des Deckels sammelt, zwischen Gestell und Holzverkleidung dringt, wird der Deckel auf Träger gelagert, die auf der Beckenwandung hängen. Die Träger biegt man aus Messing oder Zinkblech. Besser noch als diese sind Deckscheibenleisten aus Gummi, die man aus der Zoohandlung beziehen muß.

Boden und Bepflanzung

Die meisten Aquariumpflanzen ziehen ihre Nahrung nicht aus dem Grund, in dem sie wurzeln, sondern aus dem sie umgebenden Wasser. Statt eines Humusbodens, der das Wasser trüben würde, kommen wir also mit einem grobkörnigen Fluß- oder Grubensand aus, der feucht und schichtweise in das noch leere Becken eingebracht wird. Der Sand wird vorher mehrfach ausgewaschen, bis das Spülwasser vollkommen klar abläuft. Die Höhe des Sandbodens richtet sich nach der Größe des Beckens. Sehr große Aquarien benötigen bis zu 10 cm Bodenhöhe, bei kleineren genügt eine mittlere Höhe von 4 bis 5 cm. Der Boden soll nicht flach verlaufen, sondern nach der Schauseite des Aquariums hin leicht

abfallen. Außerdem ist es vorteilhaft, an einer der beiden Schmalseiten eine Vertiefung im Boden als »Schlammgrube« anzubringen. Hier sammeln sich im Laufe der Zeit die nicht verwerteten Abfallstoffe, die man mit einem Schlammheber leicht absaugen kann.

Will man Pflanzen mit tiefgreifenden Wurzeln eine etwas kräftigere Nahrung bieten, so kann man auf dem Grund des Beckens zunächst eine Schicht von ungewaschenem Sand oder Torfmull aufbringen und diese mit ausgewaschenem Sand überdecken.

An die Bepflanzung geht es erst, nachdem das Becken zur Hälfte mit Wasser gefüllt ist. Die Bewässerung muß vorsichtig und langsam vor sich gehen, damit der Boden nicht aufgewühlt wird. Am einfachsten ist die Methode, das Wasser aus einem in Höhe des oberen Beckenrandes aufgestellten Eimer durch einen angesaugten dünnen Schlauch in den Behälter laufen zu lassen. Dabei hält man die Schlauchmündung dicht über dem Boden gegen die Gefäßwandung und läßt das Wasser am Glas hinablaufen.

Das biologische Gleichgewicht

In einem gut eingerichteten Aquarium sorgen die Unterwasserpflanzen mit ihrem Sauerstoff-Kohlensäure-Austausch im Verein mit den Vertretern der Fauna für die Einhaltung des biologischen Gleichgewichts als Voraussetzung für einen gesunden Lebensraum.

Je weniger wir in diesen Lebensraum eingreifen, um so besser. Dennoch kommen wir — von der Fütterung der Fische ganz zu schweigen — um manche Hilfestellung für das Aquarium nicht herum, da im Zimmer schließlich andere Verhältnisse herrschen als draußen in der freien Natur. Diese Hilfen bestehen — insbesondere bei sehr stark besetzten Aquarien — in einer künstlichen Anreicherung des Wassers mit Sauerstoff, in der Filterung und der Beheizung des Wassers. Selbstgebastelte Geräte, die diese lebenswichtigen Aufgaben übernehmen, bleiben in den allermeisten Fällen zweifelhaft, denn wenn sie nicht sehr zuverlässig funktionieren, bringen sie mehr Enttäuschung und Schaden als Nutzen und zwingen obendrein zu störenden Eingriffen in das Aquarium-Leben.

Man leistet sich und den stummen Bewohnern seines Aquariums einen weitaus besseren Dienst, wenn man sich das Filter, den Belüfter und die elektrische Heizung — denn nur eine solche kommt in Frage — fertig aus der Zoo-Handlung besorgt. Die Betriebskosten dieser Geräte sind außerordentlich gering. Die Heizung soll an der tiefsten Stelle des Bodens liegen, damit eine gleichmäßige Erwärmung des Wassers gewährleistet ist. Man darf sie zwar hinter Steinen oder Pflanzen verstecken, doch niemals im Boden vergraben.

Auf dem Gebiet des Aquariumfilters ist schon viel herumexperimentiert worden, und es hat lange gedauert, bis man zu brauchbaren Resultaten gelangte. Es stehen heute sehr leistungsfähige Innenfilter zur Verfügung, die, mit einer Luftpumpe kombiniert, gleichzeitig die Durchlüftung des Beckens übernehmen und sehr leicht zu säubern sind. Derartige Filter halten das Wasser in einem 70-l-Becken über eine Woche lang vollständig klar. Beginnende Trübung des Wassers ist immer ein Zeichen dafür, daß der Filtersatz verschmutzt ist und entweder gereinigt oder erneuert werden muß.

Ein nicht unwesentlicher Faktor im biologischen Gleichgewicht ist das Licht. Wenn am Standort des Aquariums nicht gerade hervorragende Lichtverhältnisse gegeben sind, sollte man eine zusätzliche künstliche Beleuchtung keinesfalls einsparen. Zwar nicht billig in der Anschaffung, aber im Ausgleich dafür sehr billig im Betrieb sind Vakuum-Leuchtröhren, die überdies den Vorteil haben, daß ihr Spektrum dem des natürlichen Sonnenlichts sehr nahekommt. Sie sind also Fisch und Pflanze besonders zuträglich. Man montiert sie entweder an die Vorderleiste der Holzverkleidung oder — besser noch — mit unterlegten Asbestscheiben auf die Innenseite des Deckels.

Das Terrarium

Technisch sehr viel einfacher als der Bau eines Aquariums ist die Eigenanfertigung eines Terrariums, denn es braucht, weil es Landbewohnern als Unterkunft dient, nicht wasserdicht zu sein; zumindest nicht in der ganzen Höhe seiner Wandung. Die rein handwerkliche Seite der Angelegenheit erfordert allerdings einige Geschicklichkeit. Zudem müssen wir uns von vornherein darüber klar sein, welche Tiere wir halten wollen. Gehört unsere ganze Liebe den Echsen, so kommen wir mit einem sogenannten trockenen Terrarium aus, während Lurche, Schildkröten, Salamander und Molche ein feuchtes Terrarium verlangen. Ein Zwischending von Aquarium und Terrarium schließlich ist das Aquaterrarium, das wegen seines großen biologischen Spielraums besonders vielseitige Studien gestattet. Verständlicherweise verlangt ein Aquaterrarium mit seinem langsamen Übergang vom Teich zum trockenen Ufer relativ viel Platz, doch ist es gut, auch die anderen Typen nicht zu klein anzulegen. Ein Mindestmaß von 60 cm Breite, 40 cm Tiefe und 45 cm Höhe sollte nicht unterschritten werden.

Die Entscheidung für ein trockenes oder feuchtes Terrarium bestimmt das Baumaterial. Dabei ist zu bedenken, daß auch ein trockenes Terrarium nicht ganz ohne Feuchtigkeit auskommt, denn Bepflanzung und Boden sind stets mehr oder weniger wasserhaltig. Wohl dürfen wir das Gerüst für ein trockenes Terrarium aus Holz herstellen, aber es muß Hartholz (Eiche) sein und mit Firnis imprägniert werden, ehe man ihm einen wasserabweisenden Schutzanstrich gibt. Dazu ist der altbewährte Bootslack hervorragend geeignet.

Für den Bau eines Terrariumbehälters gibt es keine feste Norm. Proportionen und konstruktive Besonderheiten werden weitgehend vom Geschmack des Erbauers und von der Lebensweise der Tiere bestimmt, denen der fertige Behälter als gesunde Wohnstatt dienen soll. Wir beginnen den Terrariumbau mit der

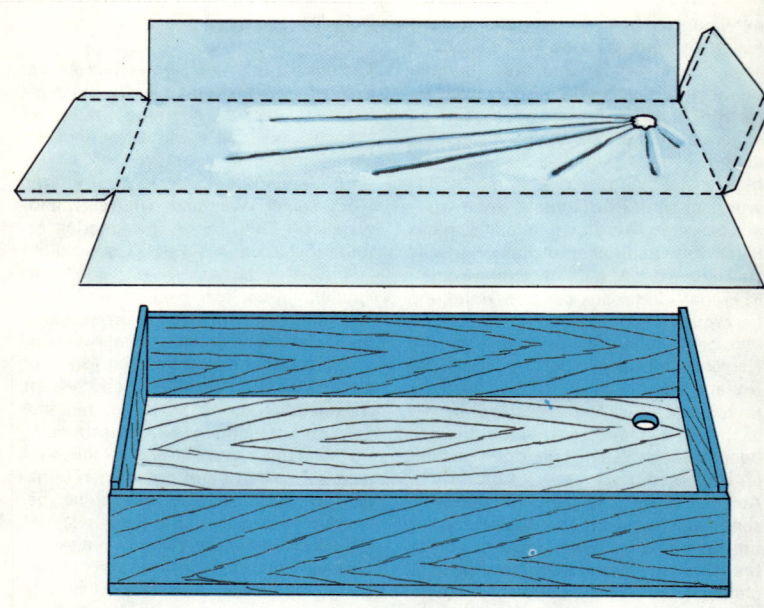

Erste Baustufe des Terrariums. Unten: Das kastenförmige Bodenstück mit den in der Höhe zurückgesetzten Langwänden. Oben: Zuschnitt und Abkanten des Zinkblechs für die Bodenwanne mit Abflußöffnung und Drainagenuten

Anfertigung des Bodenteils, der als Kasten aus 10 mm starken Brettern mit einer Grundfläche von 60×40 cm (Außenmaß) zusammengenagelt wird. Geschickte und auf Qualität bedachte Bastler werden die Seitenbretter verzinken. Die Wandungen stehen auf dem Boden. Dieser bekommt in der linken oder rechten vorderen Ecke eine Durchbohrung von 15 mm Durchmesser. Soll der Kasten mit stumpfen Ecken zusammengestoßen werden, so ist beim Zuschnitt der Bretter für die Kastenwände darauf zu achten, daß die Seitenbretter um 2 cm kürzer gehalten werden als die Schmalseiten der Bodenplatte, denn Front und Rückwand des Kastens sollen über die Seitenwände hinweggreifen. Die Kastenhöhe – einschließlich Boden – beträgt 10 cm, doch dürfen nur die Seitenwände diese volle Höhe bekommen. Front- und Rückwand werden nur 9,5 cm hoch. Dies ist, ebenso wie das

Übergreifen der Langwände über die kürzeren Seitenteile, wegen der späteren Falzkonstruktion für die Glasscheiben wichtig. Unser Terrarium erhält nämlich, vom hölzernen Bodenkasten abgesehen, an der Rück- und Frontseite je eine Glaswand, während die Seitenwände der besseren Durchlüftung wegen mit Drahtgaze bespannt werden.

Ehe wir jedoch an den Bau der Wände gehen, wird eine Zinkwanne angefertigt, deren Grundfläche der des Bodenkastens entspricht und die die Aufgabe hat, das Kastenholz vor der Feuchtigkeit des Bodengrundes zu schützen. Ihre Wandhöhe beträgt durchgehend 10 cm. Die Wanne wird aus verzinktem Eisenblech, und zwar aus einem Stück, aufgebogen. Beim Zuschnitt läßt man links und rechts der beiden kurzen Wandbleche zwei 5 mm breite Lötstege stehen, auf denen die senkrechten Zusammenstöße der Wände, nachdem alle Kanten rechtwinklig abgekantet sind, verlötet werden. Die Lötstege liegen bei der fertigen Wanne innen. Das bedeutet, daß beim Zuschnitt des Bleches die Teile für die Schmalwände um die doppelte Materialstärke kürzer gehalten werden müssen als die entsprechenden Seitenkanten der Grundfläche. Die Grundfläche der Wanne wiederum muß in beiden Ausdehnungen um das Doppelte der Materialstärke plus 2 mm hinter dem Innenmaß des Holzkastens zurückbleiben. Wer diese Maßreduzierung unberücksichtigt läßt, bekommt später seine Wanne nicht in den Kasten hinein. Ganz vorsichtige Leute bauen deshalb erst die Wanne und zimmern nachher den Holzkasten um sie herum. Vor dem Löten wird rechts vorn im Wannenboden, und zwar genau der Lage des Loches im Kastenboden entsprechend, ebenfalls ein Loch gebohrt. Das Loch im Blech hat allerdings nur einen Durchmesser von 10 mm. Beide Öffnungen sind zum Abfließen der überschüssigen und durch den Grund sickernden Flüssigkeit da. Um dem Sickerwasser den Weg zu diesem »Sammler« zu erleichtern, schlagen wir mit einem sehr stumpfen Flachmeißel, besser noch mit einer Schrotpunze (vgl. S. 103), ein paar Drainagenuten in das Bodenblech, die strahlenförmig vom Loch über die Grundfläche laufen (weiche Unterlage!). Wer ein übriges tun will, lötet, nachdem die Wanne geschlossen ist, ein 15 mm langes Stückchen Eisenrohr von 10 mm Innendurchmesser als Ablauftülle auf das Bodenblech. Beim Einsetzen der Wanne greift dieser Rohrstutzen durch die Bohrung im Kastenboden und verhindert, daß Feuchtigkeit zwischen Blecheinsatz und Holzboden sickert.

Alle Wände des Terrariums werden als

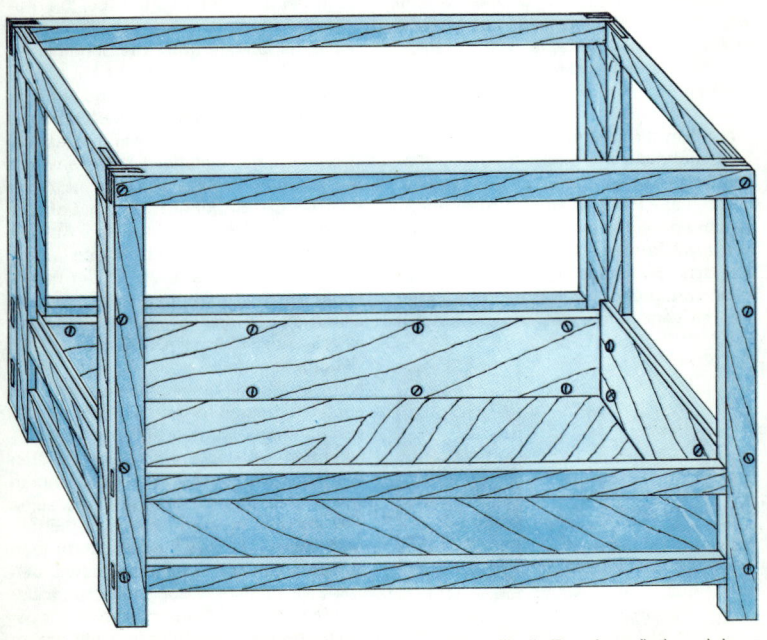

Aufbau der mit Schlitz und Zapfen verbundenen Lattenrahmen für die Terrariumwände und deren Verschraubung mit dem Bodenteil. Bodenwanne und Gazebespannung sind der Deutlichkeit halber nicht gezeigt, das vorn rechts liegende Abflußloch wird von der Frontwand verdeckt

Holzrahmen mit je einem Zwischenholm aus 1,5 × 3 cm starken Latten hergestellt. Die Latten liegen stets in einer Ebene, müssen also sauber überplattet werden. Schöner, aber schwieriger ist eine Verbindung mit Schlitz und Zapfen. Sie hat zudem den Vorzug, daß sie nur verleimt zu werden braucht. Alle sonstigen Verbindungen an den Holzteilen der Wände müssen verleimt und zusätzlich verschraubt werden. Nägel sind nach Möglichkeit zu vermeiden, da versehentlich durchgenagelte Spitzen zu einer Gefahr für die Tiere werden können.

Bei einem 45 cm hohen Behälter brauchen wir für die senkrechten Rahmenholme 48 cm lange Latten, da deren unteren 3 cm für die Fußhöhe benötigt werden. Die Füße sind wichtig, damit der Holzboden von unten Luft bekommt. Länge der querlaufenden Latten in den Seitenteilen 40 cm, in der Front- und Rückwand 63 cm. Die Oberkante aller Rahmen-Mittelholme liegt auf gleicher Höhe mit der Oberkante des Bodenkastens, Abstand zwischen den beiden unteren Holmen in jedem Rahmen also 6 cm.

Nachdem die oberen Felder der beiden Seitenrahmen mit einer kräftigen, fliegendichten Drahtgaze bespannt sind, werden alle Rahmen stumpf zusammengestoßen, wobei die zwei längeren über die zwei kürzeren hinweggreifen, und mit dem Bodenkasten fest verschraubt (Verschraubung des Kastens von innen her mit versenkten Messingschrauben).

Die Eckenausführung der Haltenuten für die Glasscheiben in Front- und Rükkenwand des Terrariums

Danach kann die Bodenwanne eingesetzt werden.

Die oberen, bisher noch leeren Flächen der Vorder- und Rückwand sollen verglast werden, und zwar sollen die Glasscheiben leicht herausnehmbar sein. Als Glas verwenden wir Fensterglas von 3 bis 3,5 mm Stärke erster Güteklasse, das wir auf 59,8x33,5 cm zuschneiden.

Die beiden senkrechten Holme der Vorderwand verhindern das Herausfallen der Scheibe nach vorn. Auf die Innenflächen der zwei anschließenden senkrechten Holme der Seitenteile leimen wir je eine Leiste mit einem Querschnitt von 1x2,6 mm, so daß in Verbindung mit den Vorderholmen zwei 4 mm breite senkrecht verlaufende Nuten entstehen, in denen die Scheibe sicher ruht. Dadurch, daß wir die vordere Wand des Bodenkastens 5 mm niedriger hielten als die Seitenwände, ragt nun der Mittelholm des Rahmens 5 mm über die Kastenwand hinaus. Damit ist die Vorderwand der Bodennut für die Scheibe gegeben. Wir haben nichts weiter zu tun, als die Scheibe einzusetzen und auf ihrer Rückseite eine 5x6 mm starke Leiste auf die Oberkante der Kastenwand zu leimen. Hierdurch erstens die Kastenwand auch vorn ihre volle Höhe erreicht, zweitens ist die Bodennut für die Scheibe nach rückwärts geschlossen. An der Rückwand des Terrariums finden wir die gleichen Verhältnisse wie an der Frontwand vor und verfahren dort genauso. Damit stehen die Terrariumwände, und es fehlt nur noch der Deckel.

Wir arbeiten ihn als flach liegenden Rahmen aus den gleichen Leisten, aus denen auch das Gestell besteht. Die Ecken dieses Rahmens werden auf Gehrung geschnitten und mit einer eingeleimten Blattfeder verstärkt. Der Deckelrahmen soll in das Gestell hineingreifen, seine Außenmaße müssen also dem lichten Maß zwischen den Gestellwandungen entsprechen. Als Scharniere verwenden wir zwei kleine Möbelscharniere oder Klavierband. Ein kleines Einsteck- oder Kastenschloß in Verbindung mit einem Schubladengriff ergibt einen idealen Deckelverschluß. Das Auflager für den

Deckel árbeiten wir aus zwei Leisten mit einem Querschnitt von 1 cm im Quadrat, die mit 1,5 cm Abstand von der Oberkante auf die Querholme der Seitenwände geleimt werden. Front- und Rückwand müssen frei bleiben, da wir uns sonst die Nuten der Glaswände verbauen. Damit das Herausnehmen der rückwärtigen Glaswand nicht behindert wird, muß das Klavierband, wenn ein solches verwandt wird, eingestemmt werden. Es bleibt dem einzelnen überlassen, ob er den Deckel verglasen oder mit Drahtgaze bespannen will. Wenn er verglast werden soll, so muß man an der Innenkante der Rahmenleisten, ehe sie zum Viereck geschlossen werden, einen Kittfalz anhobeln, denn der Deckel wird am besten nach Art eines Fensters verglast. Wer keinen Nuthobel besitzt, muß den Kittfalz ausstemmen. Als praktisch hat sich ein Deckel erwiesen, der zu zwei Dritteln verglast und dessen in der Mitte liegendes Drittel mit Gaze bespannt ist. Die Herstellung eines Rahmens für einen solchen Deckel ist etwas mühevoller, denn wir müssen seine Gesamtfläche durch zwei schmälere Querleisten (1,5 × 1,5 cm) dreiteilen. Auch diese Leisten bekommen an einer Seite einen Kittfalz. Dafür bleibt der Mittelteil der beiden Rahmenleisten an den Langseiten ungefalzt. Die dreigeteilte Deckelform erweist sich als vorteilhaft, wenn man sein Terrarium an kühlen Tagen von oben mit einer Heizsonne beheizen will. Die weit elegantere Art der Beheizung, die bei einem Behälter für tropische oder subtropische Bewohner wichtig ist, besteht in einer Infrarot-Heizschlange, die man unter den Deckelrahmen montiert.

Die Inneneinrichtung des Terrariums

In die Wanne des Behälters bringen wir den Bodengrund in drei Schichten ein. Zuunterst liegt eine Sickerschicht aus Ziegelschotter oder grobem Split, dann folgt eine Lage aus trockenem Torfmull oder aus Torfplatten, die schließlich mit der Oberschicht abgedeckt wird. Das Abflußloch im Wannenboden überdeckt man vorteilhafterweise mit einem kleinen, kantig gebrochenen Blumentopfboden, um Verstopfungen des Abflusses zu verhüten.

Die Oberschicht muß auf die Lebensgewohnheiten der Terrariumbewohner Rücksicht nehmen. In einem vorwiegend trockenen Terrarium herrscht Sand vor, haben wir aber Tiere, die gern buddeln, so schaffe man ihnen ein Reservat aus lockerer, lehmhaltiger Erde. Ausgesprochen feuchte Terrarien mit tropischer Bepflanzung verlangen Kompost- und Lauberde.

Flache Feldsteine, die mit kleineren Steinen unterlegt werden, dienen den Tieren als Unterschlupf. Auch kann man kurze Stücke von engen Drainageröhren und Flintsteinbrocken gut zum Höhlenbau ausnutzen. In jedem Falle aber vermeide man scharfkantige oder rauhe Steine. Man bereitet den Tieren damit keine Freude.

Die Bepflanzung soll sparsam sein, damit das Terrarium kein undurchschaubarer Dschungel wird. Zarte und hochstämmige Pflanzen sind für das Terrarium ungeeignet. Auch empfiehlt es sich nicht, die Pflanzen direkt in den Bodengrund zu setzen, sondern man muß sie in Töpfen und Blumenschalen unterbringen, die man im Boden versteckt. Die Methode erleichtert das Auswechseln der Pflanzen und das Sauberhalten des Behälters.

Ob ein Wasserbecken notwendig ist, entscheidet die Besetzung des Terrariums. Bauen wir nicht gerade eine Spezial-

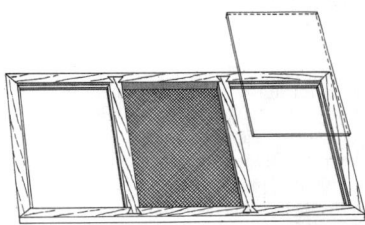

Der dreigeteilte Deckel des Terrariums. Nur die beiden Seitenflächen werden verglast, das Mittelfeld erhält eine Gazebespannung, die auf der Innenseite des Deckels befestigt wird

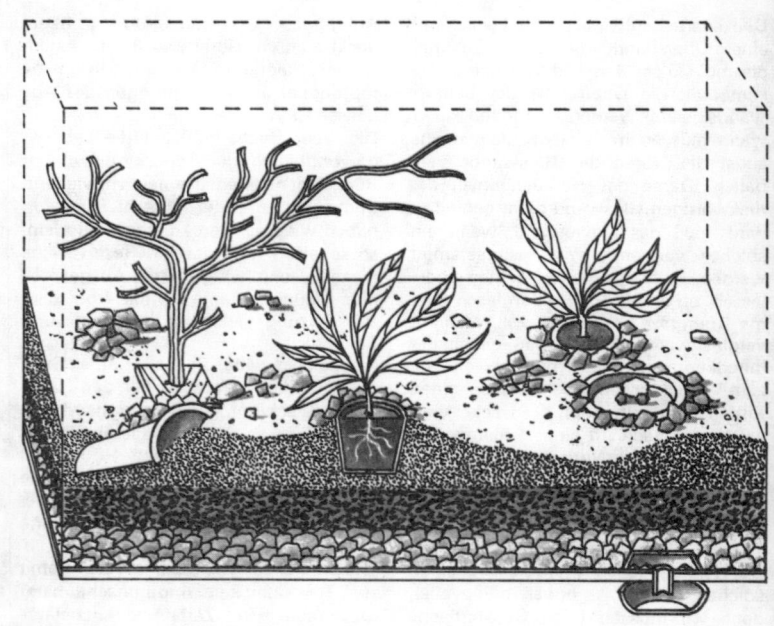

Schnittmodell von der Inneneinrichtung eines Terrariums. Der Boden ist in drei Schichten eingebracht. Die Bepflanzung wird nicht direkt in den Boden, sondern in Töpfe gesetzt

Sumpflandschaft für Frösche, so kommen wir mit kleineren, flachen »Teichen« aus. Dazu eignen sich innen nichtglasierte Keramikschalen, wenn sie keine steilen Wände haben. Am besten bleibt es, man formt sich selber Behälter aus feinem Beton, dem man ein Sperrmittel (z. B. »Ceresit«) zugesetzt hat. Für die kleinen Gefäße genügt es, ihre Form in fest gestampftem, feuchtem Sand auszumodellieren und von Hand mit 1,5 bis 2 cm Wandstärke zu schütten. Beton gut feucht als inniges Gemisch aus 1 Teil Zement auf 4 Teile Sand ansetzen; fertige Form kräftig klopfen, bis Schwitzwasser an die Oberfläche tritt. Langsam und gut austrocknen lassen. Der Beton muß vor direkter Sonnenbestrahlung geschützt und soll während des ersten Tages mehrfach mit der Gießkanne berieselt werden. Auch in ein flaches Wasserbecken mit sanft abfallenden Rändern gehören ein paar Steine.

Sehr beliebt bei manchen Tieren sind Kletterbäume aus trockenem Holz. Wir bauen sie aus möglichst reich verzweigten, entrindeten Baumästen, die in einen Sockelklotz eingekeilt werden. Sehr schön verzweigte Äste liefern der Pflaumenbaum, die Traueresche oder alte, oft zurückgeschnittene Hecken.

Die Auswahl der Pflanzen und Tiere für das Terrarium wie auch für das Aquarium ist ein umfangreiches Studiengebiet für sich, auf das hier nicht näher eingegangen werden kann. Beide Komplexe aber — der Bau des Hauses und die Lebensweise seiner Bewohner — sind nicht voneinander zu trennen und müssen harmonisch aufeinander abgestimmt werden. Es ist selbstverständlich, daß dabei die Erwartungen der Kreatur im Vordergrund stehen und durch eine ihren Bedürfnissen angepaßte Gestaltung des Lebensraumes berücksichtigt werden müssen.

Das Vogelheim im Eigenheim

Je seltener dem Menschen unseres technischen Zeitalters die unmittelbare Begegnung mit der Natur und ihren Geschöpfen gemacht wird, um so stärker wird sein Wunsch, sich ein Stückchen Natur in die Wohnung zu holen, um sich ganz privat daran zu erfreuen. Die erste Verwirklichung dieses Wunsches ist der Blumentopf auf der Fensterbank. Dann folgt der Kanarienvogel, der Wellensittich oder der Dompfaff im Käfig. Für Körnerfresser hat sich der Drahtkäfig wegen seiner Zweckmäßigkeit allgemein durchgesetzt. Dach und Wände dieses Käfigs bestehen aus Drahtstäben, während der Sockel mit einer Bodenschublade aus Blech gearbeitet ist. Das nicht rostende fugenlose Material hat gegenüber dem Holz den Vorzug, daß es leicht zu säubern ist und dem Ungeziefer keine Brutstätten bietet.

Der Versuch, einen Drahtkäfig, der nicht nur zweckmäßig und dauerhaft, sondern auch schön ist, selbst herzustellen, dürfte ausnahmslos in einem enttäuschenden Resultat enden. Wohl aber ist es für einen geschickten Bastler durchaus möglich, einen Kistenkäfig zu bauen, in dem man Weichfresser hält, zum Beispiel Rotkehlchen, Fliegenschnäpper, Amseln oder Nachtigallen. Diese Vögel sind vornehmlich Buschbewohner, sie ziehen sich gern ins Halbdunkel zurück und fühlen sich im Kistenkäfig sicherer und geborgener als im allseitig freien Drahtkäfig. Außerdem schützen die geschlossenen Wände die empfindlichen Tiere vor Zugluft.

Beim Kistenkäfig besteht nur die Frontwand aus Drahtstäben, Rückwand, Seitenwände und der 5 cm hohe Sockel werden aus Holz gearbeitet. Wir dürfen für alle Holzteile des Käfigs nur erstklassiges, gesundes Hartholz verwenden, das keinerlei Risse aufweist und gegen Insektenbefall imprägniert ist. Zum weiteren Schutz gegen Schädlinge und Ungeziefer wird alles Holzwerk mehrfach mit einer guten Lackfarbe gestrichen. Den Innenanstrich hält man in hellen Farbtönen. Die Decke des Käfigs wird, ähnlich wie beim Terrarium, als flach liegender Leistenrahmen gebaut, der mit einer kräftigen Kunststoff-Folie bespannt wird. Die Decke soll so gebaut sein, daß sie herausnehmbar ist oder aufgeklappt werden kann.

Der Boden des Käfigs wird durch eine 2 cm hohe Schublade aus Weiß- oder Messingblech geschützt. Sie wird durch einen entsprechenden Falz in die Sockelfront-Wand eingeschoben und bekommt links und rechts eine sichere Führung durch zwei Holzleisten, die auf den Käfigboden geleimt werden. Schmale viertelrunde Leisten decken die Oberkante der Schublade ab und verhindern das Ausstreuen des Bodensandes, mit

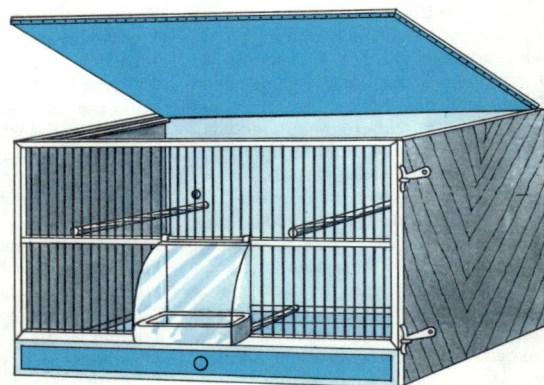

Kistenkäfig mit aufklappbarer Decke, abnehmbarer Frontwand und Schublade im Sockel. Die Decke ist als Lattenrahmen mit Folienbespannung gearbeitet

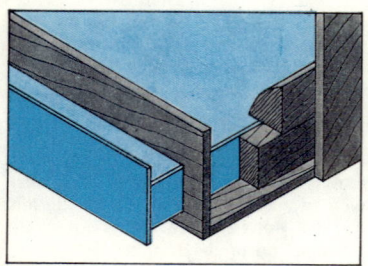

Führung der Bodenschublade im Käfigsockel.
Viertelrunde Leisten decken die Oberkanten der
Schublade ab und halten den Boden sauber.

dem die Schublade zur Hälfte gefüllt
wird.

Der Käfig soll möglichst groß gehalten
werden. Seine wichtigste Raumausdeh-
nung ist die Länge. Als Mindestmaß gilt
das Fünffache der Körperlänge desjenigen Vogels, der in ihm unterge-
bracht werden soll. Bodenvögel benötigen einen besonders langen Käfig ohne
Sitzstange, in dem sie genügend Lauf-
raum finden. Dafür darf ein solcher Käfig
flach gehalten werden.

Die größte handwerkliche Fertigkeit erfordert der Bau der vorderen Drahtwand,
die ebenfalls so konstruiert werden soll,
daß sie zum Großreinemachen abgenommen werden kann. Das erreicht man
am einfachsten durch einen Rahmen-
bau aus 10 mm starken Latten. Dieser
Rahmen bekommt einen querlaufenden
Mittelholm, der zur Stabilisierung der
senkrechten Drahtstäbe dient. Damit die
Vorderwand jedoch nicht unnötig plump
wird, arbeiten wir den Mittelholm nur
7 mm hoch. Größe des Rahmens gleich
Frontwand des Käfigs abzüglich der
Sockelhöhe. Die Eckverbindungen werden auf Gehrung geschnitten und durch
eine eingeleimte Feder verstärkt. Zuvor
aber müssen die drei querlaufenden Latten zur Aufnahme der Drahtstäbe prä-
pariert werden. Als Stäbe verwenden
wir hartgezogenen Messingdraht. Länge
der Stäbe gleich Rahmenhöhe minus
1 cm. Der Abstand der Stäbe muß nach
der Größe der Käfiginsassen bestimmt
werden. Sie sollen zwar nicht unnötig
eng stehen, doch auch nicht so weit,
daß die Vögel den Kopf hindurchstecken
und sich womöglich erdrosseln können.
Nachdem alle Stäbe und Latten auf die
richtige Länge zugeschnitten sind, wird
zunächst der Mittelholm mit senkrecht
verlaufenden, durchgehenden Bohrungen versehen, die der Stärke und dem
Abstand der Stäbe entsprechen. Der
Mittelholm gilt sodann als Muster für die
weiteren Bohrungen im Ober- und
Unterholm. Diese Hölzer werden jedoch
nur 5 mm tief angebohrt, und zwar der
Unterholm von der Oberkante, der Oberholm von der Unterkante her. Danach
wird der Rahmen bis auf seine Oberseite
geschlossen, und man kann nun die
einzelnen Drahtstäbe durch die Löcher
im Mittelholm in die Unterholmboh-
rungen stecken. Zum Schluß wird der
Oberholm als Deckel draufgesetzt, und
die Drahtwand ist fertig.

Schon bei der Bohrung des Mittelholms
ist allerdings zu berücksichtigen, daß in
der Frontwand eine Öffnung für das
Badehäuschen frei bleiben muß. Auf
dessen Breite also darf auch der Mittelholm nur angebohrt werden. Die für
diese Partie erforderlichen Drahtstäbe
sind um den Abstand von Unter- zu
Mittelholm plus 1 cm kürzer als die
durchgehenden Stäbe. Die entstehende
Öffnung wird bei ausgehängtem Bade-
haus durch eine kleine Gittertür geschlossen, die aus schwächeren Latten
und ohne Mittelholm nach dem gleichen
Prinzip gebaut wird wie die ganze Wand.
Wem diese Arbeit zu diffizil ist, baut die
Frontwand als geschlossenes Gitter und
schafft in einer der beiden Seitenwände
ein geeignetes Türchen, in dessen Öffnung das Glashaus eingehängt werden
kann. Die Befestigung der Frontwand
am Käfiggerüst erfolgt am einfachsten
über zwei Schwenkhaken an den Seiten-
wänden. Sie greifen in zwei Ringösen,
die in entsprechender Höhe in die Seitenholme des Rahmens gedreht werden. Die
Frontwand ruht bei dieser Anordnung
auf der Oberkante der vorderen Sockelwand.

Wichtig ist die richtige Anbringung der
Sitzstangen innerhalb des Käfigs. Wir
schneiden sie aus Buchenholz-Rund-

stäben auf die richtige Länge zu und schleifen sie mit Sandpapier und Ziehklinge sauber ab. Ihr rückwärtiges Ende wird mit der Rundfeile zu einem kurzen Dorn abgesetzt, der in eine entsprechende Bohrung in der Rückwand paßt, während das Vorderende einen 3 bis 4 mm tiefen Einschnitt mit der Feinsäge bekommt. Mit dieser Kerbe wird der Stab auf einen Gitterstab der Frontwand gehängt. Die untere Sitzstange in Höhe der Sockelwand liegt in der Mitte des Käfigs, dagegen sind die zwei oberen möglichst weit an die beiden Seitenwände gerückt, damit der Vogel, wenn er von einem Stab zum andern springen will, seine Flügel rühren muß. Bei größeren Käfigen bringt man auch unten zwei Stäbe an, doch müssen sie so angeordnet werden, daß sie von den oberen Stangen aus von den Tieren nicht beschmutzt werden. Das gleiche gilt für die Aufstellung der Futter- und Trinknäpfe, die man einfach auf den Boden stellt, wenn die Größe des Käfigs es gestattet.

Nistkästen

Über die reine Liebhaberei hinaus in das Gebiet des praktischen Vogelschutzes führt der Bau von Nistkästen, mit denen wir unseren gefiederten Freunden die Wohnungssuche wesentlich erleichtern können. Wer einen eigenen Garten hat, lockt mit guten Nistgelegenheiten die einheimische Vogelwelt auf seinen Grund und Boden und schafft sich damit neben der Freude an den Sängern obendrein eine sehr eifrige Gesundheitspolizei, die unter den Schädlingen des Gartens aufräumt.

Der Bau von Nistkästen ist für jeden, der mit Holz und Säge umzugehen versteht, eine höchst einfache Sache und läuft schließlich auf das Zusammennageln eines kistenförmigen Gehäuses aus kräftigen, wetterfesten Brettern (2 cm Stärke) hinaus. Das Nageln allerdings muß mit Vorsicht geschehen, denn es darf keine durchgenagelte Spitze als Dolch ins Innere der Höhlung ragen.

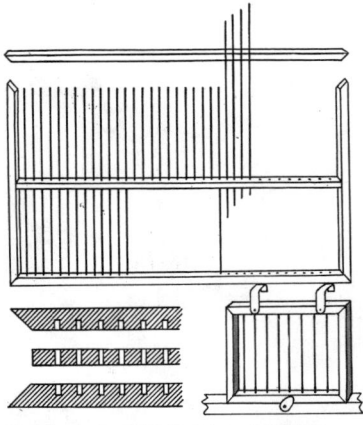

Bauprinzip der Käfig-Drahtwand. Der Rahmen wird nach Einführung der Drahtstäbe mit dem Oberholm geschlossen. Unten: Bohrmuster für die Rahmenholme und Gittertürchen für die Badehausöffnung

Unter dem Mangel an geeigneten Nistgelegenheiten leiden besonders die Höhlenbrüter. Zu ihnen gehören alle Meisenarten, die Kleiber, Stare, das Gartenrotschwänzchen, die Spechte, aber auch der Trauerfliegenschnäpper und die Hohltaube. Wollen wir ihnen mit einem vordringlichen Wohnungsbauprogramm helfen, so dürfen wir ihnen allen — außer dem sehr wählerischen Specht — getrost den gleichen Kastentyp anbieten. Er muß sich nur in der Größe nicht nur dem einzelnen Bewohner angleichen, sondern auch dessen oft sehr kopfstarker Familie. Nistkästen für kleinere Vögel sollten einen nutzbaren Innenraum von 24 cm Höhe bei einer Grundfläche von 12x12 cm haben. Vögel von Starengröße benötigen eine Mindestgrundfläche von 15x 15 cm bei einer Innenraumhöhe von 25 cm Höhe. Der Größe des Vogels muß auch das kreisrunde Einflugloch angepaßt werden. Während Blau- und Sumpfmeisen mit einem Flugloch von nur 3 cm Durchmesser auskommen, brauchen Stare und Wendehälse mindestens 4,5 cm weite Schlupflöcher. Abstand des Flugloches vom Dach 5 bis 6 cm.

Die Nistkästen für Halbhöhlenbrüter, zu denen beispielsweise die Bachstelze, das Rotkehlchen und das Hausrotschwänz-

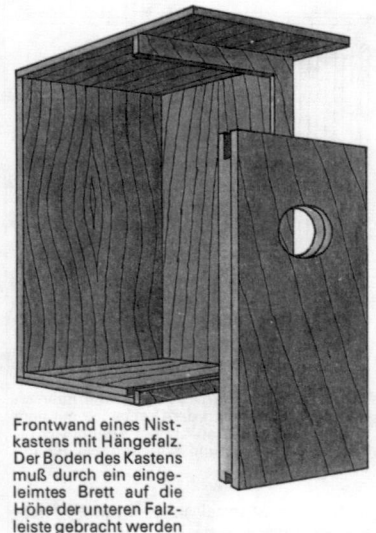

Frontwand eines Nistkastens mit Hängefalz. Der Boden des Kastens muß durch ein eingeleimtes Brett auf die Höhe der unteren Falzleiste gebracht werden

chen gehören, unterscheiden sich von den bisher besprochenen Modellen dadurch, daß sie wesentlich flacher gehalten werden. (Nutzbare Innenraumhöhe 12 bis 14 cm.) Außerdem erhalten sie kein Einflugloch, sondern die Vorderwand wird nur bis zu zwei Dritteln der Kastenhöhe geschlossen, so daß unter dem vorspringenden Flachdach ein geräumiger Einschlupfspalt entsteht.

Das Bild des Staren, der auf einer Anflugstange vor seinem Nistkasten sitzt und sein Lied in den Frühling schmettert, bleibt eine Ausnahme. Die meisten Vogelarten fliegen ihre Nisthöhle direkt an.

Soll eine Sitzstange angebracht werden, so wird sie in eine passende Bohrung gekeilt, die ein paar Zentimeter unterhalb des Flugloches, nach links oder rechts aus der Mittelachse herausrückt, in die Frontwand gebohrt wurde.

Das Dach des Nistkastens wird mit Dachpappe genagelt. Es ist pultförmig nach hinten geneigt und springt vorn um 3 bis 4 cm vor. Die Vorderfront sollte stets so gebaut werden, daß man sie, auch ohne daß der Kasten abgenommen wird, herausnehmen kann. Das wird um so notwendiger, je stärker der Kasten bewohnt ist, denn im Laufe der Zeit wird so viel Genist in den Kasten getragen, daß schließlich kein Platz mehr darin für ein neues Gelege vorhanden ist. Außerdem siedelt sich allerlei Ungeziefer in dem alten »Hausrat« an. Man sollte also die Kästen in jedem Herbst säubern.

Am einfachsten löst man das Problem der zu öffnenden Frontwand, indem man sie als Tür mit zwei Scharnieren baut, die durch Haken und Stielösen verschlossen wird. Eine solche Türe aber muß, um das Eindringen von Zugluft zu verhüten, einen Falz bekommen. Den erreicht man durch eine rundlaufende Anschlagleiste, oder besser noch durch einen von innen auf das Türblatt geleimten Leistenrahmen. Wer sich die Sache ganz einfach machen will, setzt die Vorderwand lose in das Kastengehäuse, wobei wiederum ein Leistenrahmen als Anschlag dient, und verschraubt die Wand links und rechts mit je zwei Messingschrauben. Das Öffnen erfordert aber jedesmal die Mitnahme eines Schraubenziehers.

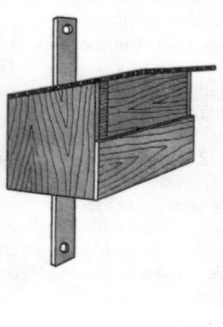

Nistkasten für Höhlenbrüter und Halbhöhlenbrüter. Die Frontwand des linken Kastens ist als Tür mit Scharnieren und Hakenverschluß ausgebildet

Sehr elegant ist eine Vorderwand mit Hängefalz. Sie erfordert indessen einigen Aufwand an Material und Arbeit. Zunächst muß die Tür einen Rahmen erhalten, der fest auf die Front des Kastens geschraubt wird und sowohl oben wie unten genügend breit zum Einrasten des Türfalzes ist. Dieser Türfalz wird von einem auf das Türblatt geleimten Brett gebildet, an dessen Ober- und Unterkante man eine genügend breite Nut ausgehoben hat. Damit man den Falz einhängen kann, muß die Nut an der Oberkante des Brettes etwa 6 mm tiefer gehobelt werden als unten.

Ist der fertige Nistkasten mit Firnis und einem Lackanstrich (nur Außenanstrich) wetterfest gemacht, wird er möglichst im Schatten, und zwar grundsätzlich so aufgehängt, daß sein Flugloch nach Osten oder Südosten weist. Niemals darf es der Wetterseite zugekehrt sein, also nach Westen zeigen. Auch nach Süden geöffnete Kästen sind wegen der Hitzeeinstrahlung bei den Vögeln unbeliebt. Schließlich darf der Kasten nicht nach rückwärts geneigt sein. Er soll senkrecht stehen, allenfalls darf er etwas nach vorn gekippt werden. Der Nistkasten wird nicht direkt an den Baum genagelt, sondern ihm wird an der Rückwand eine kräftige senkrecht stehende Tragleiste aufgeschraubt, die ihrerseits am Baum befestigt wird. Wo die Aufhängung an der Rückwand Schwierigkeiten bereitet, verlegt man die Tragleiste an eine der beiden Kastenseitenwände. Zu berücksichtigen ist schließlich, daß man nicht zu viele Nistkästen aufhängt. Ein brütendes Vogelpaar beansprucht ein freies Revier von mindestens 25 m im Umkreis. In diesem Raum wird es keine »Konkurrenz« von gleicher Art dulden. Hierin liegt der Grund dafür, daß eigentlich günstig hängende Kästen oft unbewohnt bleiben.

Wollen wir die durch gute Nistgelegenheiten angelockten Vögel im Garten wirklich heimisch machen, so gehört dazu unbedingt die Anlage einer oder mehrerer Tränken. Unsere einheimischen Vogelarten brauchen, ganz besonders im Sommer, mehrmals am Tage Wasser.

Bieten wir es ihnen in der Nähe des Brutplatzes, so ersparen wir ihnen dadurch oft weite Flüge und machen sie bodenständig.

Flache, roh gebrannte Tonschalen oder Blumenschalen aus Kunststein, in die man mehrere, die Wasseroberfläche knapp überragende Steine legt, ergeben sehr brauchbare Tränken, wenn man stets für frisches Wasser sorgt. Sie werden von den Gefiederten besonders gern angeflogen, wenn man sie im Boden versenkt und ihren Rand mit Bruchstücken von Natursteinplatten überdeckt.

Nach der auf Seite 242 besprochenen Praxis kann man Tränken aus Beton direkt in den Boden bauen. Es ist dabei allerdings gut, das eigentliche Becken nicht in die Humuserde zu setzen, sondern zunächst eine etwa 6 cm starke Unterbettung aus fest gestampftem Kies zu schütten. Die selbstgefertigten Becken machen es möglich, von den starren, industriellen Formen abzuweichen und der Tränke eine »zufällige« naturbedingte Umrißlinie zu geben.

In einem Stück gestampfte Betonbecken darf man getrost bis zu ziemlicher Größe (etwa 1 m Durchmesser) ausführen, wenn man dem in der Erde verborgenen Außenprofil nur eine genügend flach verlaufende, gewölbte Linie gibt. Bei dieser Form kann der Bodenfrost das Becken heben, ohne daß es zerbricht. Große Becken bekommen eine mindestens 8 cm tiefe Kiesbettung. Darauf wird zunächst eine 6 bis 8 cm starke Decke aus Rauhbeton (1 Teil Zement auf 10 Teile Grubenkies) geschüttet, die mit etwa 2 cm starkem Feinbetonschicht überdeckt wird. Einen Sperrzusatz bekommt nur der Feinbeton. Die Mittelpartie solch großer Becken kann vertieft werden, wenn man die Betonschicht entsprechend dicker anlegt und die Tiefe durch einen Holzklotz oder Bretterrahmen beim Schütten aus der Betondicke ausspart. Nachdem der Beton abgebunden hat, wird der Klotz entfernt. Damit erhalten wir Raum für eine Bepflanzung des Beckens mit Wasserpflanzen. Soll auch der Rand der Tränke, der wiederum mit Steinplatten getarnt wird, bepflanzt werden, so versenke man rings um das Becken einen Kranz von hochkant gestellten Ziegelsteinen in die Erde, damit die Wurzeln der Pflanzen nicht unter das Becken wachsen.

Nach dem gleichen Prinzip läßt sich aus Beton sehr schön ein Stückchen Bachlauf formen, der in Verbindung mit einer sinngemäßen Bepflanzung zugleich eine Zierde des Gartens sein kann. Wo immer die Verhältnisse es gestatten, eine Tränke mit Zu- und Ablauf zu bauen, sollte man von dieser Möglichkeit Gebrauch machen. Die zu- und abfließende Wassermenge braucht nur sehr gering zu sein, trotzdem bietet eine so angelegte Tränke ihren durstigen Gästen stets frisches Wasser. Eine recht brauchbare ringförmige Wasserstelle liefert schließlich ein zur Hälfte aufgeschnittener Autoreifen, den man in den Boden gräbt.

Die Bezeichnung »Tränke« trifft den Zweck der Wasserstelle nur zur Hälfte, denn an ihr sollen die Vögel nicht nur Trinkwasser finden, sondern sie soll ihnen auch im Sommer die so notwendige Badegelegenheit bieten. Vögel baden mit Vorliebe in den frühen Morgenstunden und am späten Nachmittag. Sie tun das mit Eifer und Hingabe und übersehen dabei leicht die anschleichende Katze oder den herabstoßenden Sperber. Die Badestellen dürfen deshalb nicht zu dicht umpflanzt werden und müssen vor allem, 3 bis 5 m von Gebüsch und Hecken entfernt, frei im Garten stehen, damit sie nicht in ihr Gegenteil verkehrt und zu Vogelfallen werden.

Wenn wir all diese Dinge beherzigen, wenn wir uns obendrein bemühen, die Nistgelegenheiten und Wasserstellen harmonisch in die von der Natur geschaffene Szenerie einzuordnen, so wird der Erfolg unserer Bemühungen nicht ausbleiben. Die Freude an den gefiederten Gästen unseres Gartens wird zu jenem innerlich befriedigenden Erlebnis werden, das uns alle wünschen und das wir ja in all den Bastelarbeiten, die wir bis hierher gemeinsam ausgeführt haben, suchen. So bleibt zum Schluß nichts mehr, als auf ein Goethe-Wort zu verweisen, das als Motto über diesem ganzen Buch stehen könnte:

»Will's aber einer anders halten,
So mag er nach Belieben schalten.«

Schlagwortregister

A

Abbeizen 40
Abbinden 40
Abkanten 40
Abrichten 40
Abschrecken 40
Absetzsäge 40
Abziehstein 38
Abzugsbügel 220, 222
Abzugsvorrichtung 222 f
Acella 21
Ahorn 16
Alabaster 40
Aluminium 18, 96, 180 f
Aluminiumfolie 211
Amboß 33
Ampere 40
Anhänger (Schmuck) 172 ff
Anschlagwinkel 31
Appretur 109
Aquarellfarbe 95
Aquarium 234 ff
Aquariumbeleuchtung 237
Aquariumfilter 237
Aquariumheizung 237
Aquaterrarium 237
Arbeitsplatte 28 ff
Ardal 22
Arkansasstein 40
Armbänder 169 ff
Armbrust 218
Aufbaukeramik 144 ff
Auftiefen 88 f
Aufziehen 98 f
Ausglühen 98
Ausnageln 40
Außenglasur 149 ff
Außentaster 31
Azeton 40

B

Backenfutter 41
Balleisen 27
Balsaholz 41

Band 41
Bandstahl 41
Bankhaken 29 f
Bast 130
Bastardfeile 32, 41
Batik 109 ff
Befiederung (Pfeile) 217
Beizen 41
Beizen (Holz) 85
Beizen (Metall) 98
Belgische Brocken 38
Bepflanzung (Aquarium) 236
Beton 41
Bienenwachs 84 f, 110, 211 f
Bildhauereisen 27
Bildpunze 102 f
Bindemittel 41
Binderanstrich 41
Binsen 128
Birke 16
Birnbaum 16, 92
Biskuitbrand 148
Blaudruck 112
Blech 97
Blechmeißel 41
Blechschere 41, 98
Blei 18
Blei-Amboß 96
Bleioxyd 235
Bleiweiß 41
Blindholz 15, 42
Blockschrift 89
Bodenkreuz 135 ff
Bogen 214 ff
Bogensehne 217
Bohrer 25
Bohrer (Bildhauereisen) 27
Bohrwinde 25
Bördeleisen 35, 42, 107
Bördeln 42, 107
Borke 12
Bostik 22
Brand, offener 177
Buchsbaum 17, 92
Bügel (Armbrust) 220 ff
Bügelsäge 25
Bunsenbrenner 42, 98, 177